基于需求
立足实践
服务成长

上海市职业院校
教师培训课程开发成果集

主　编 —— 竺建伟

副主编 —— 周齐佩

华东师范大学出版社

·上海·

图书在版编目(CIP)数据

　　基于需求、立足实践、服务成长:上海市职业院校教师培训课程开发成果集/竺建伟主编.—上海:华东师范大学出版社,2020
　　ISBN 978 - 7 - 5760 - 0984 - 2

　　Ⅰ.①基… Ⅱ.①竺… Ⅲ.①中等专业学校—教师—师资培训—上海—文集 Ⅳ.①G718.3 - 53

　　中国版本图书馆 CIP 数据核字(2020)第 209711 号

基于需求、立足实践、服务成长
　　——上海市职业院校教师培训课程开发成果集

主　　编　竺建伟
责任编辑　李　琴
特约审读　李　鑫
责任校对　杨　丽　时东明
装帧设计　庄玉侠

出版发行　华东师范大学出版社
社　　址　上海市中山北路 3663 号　邮编 200062
网　　址　www.ecnupress.com.cn
电　　话　021 - 60821666　行政传真 021 - 62572105
客服电话　021 - 62865537　门市(邮购)电话 021 - 62869887
地　　址　上海市中山北路 3663 号华东师范大学校内先锋路口
网　　店　http://hdsdcbs.tmall.com

印 刷 者　上海龙腾印务有限公司
开　　本　787×1092　16 开
印　　张　32.25
字　　数　722 千字
版　　次　2021 年 2 月第 1 版
印　　次　2021 年 2 月第 1 次
书　　号　ISBN 978 - 7 - 5760 - 0984 - 2
定　　价　88.00 元

出 版 人　王　焰

本书编写委员会

指导单位　上海市教育委员会

编写单位　上海市教育委员会教育技术装备中心

主　　　编　竺建伟

副　主　编　周齐佩

主要编写人员　赵晓伟　匡　瑛　蔡　跃　张　勤

　　　　　　　朱建柳　关月梅　赵　宏　王　静

　　　　　　　尚晓萍　夏国忠

前　言

　　职校教师专业发展，既是教师本人的初心，也是学校的重要任务，更是从事职教师资培训工作者的使命。如何进一步做好本市中等职业学校教师培训工作，服务教师专业发展，一直是各方关注和力求突破的课题。上海市教育委员会教育技术装备中心受上海市教育委员会的委托，具体承担本市中等职业学校教师培训工作的组织、管理、协调与服务等相关工作，一直在着力加强教师培训需求调研、岗位能力要求研究、培训基地建设、培训方案开发、培训成果培育与推广等相关工作。

　　自 2013 年以来，上海市教育委员会教育技术装备中心根据本市中等职业学校教师培训工作实际，本着"基于需求、立足实践、服务成长"的理念，整体规划、系统开发上海市中等职业学校教师培训课程，依托相关市级教师培训基地，邀请相关专家，组建课题组，历时两年完成了《基于需求、立足实践、服务成长——上海市职业院校教师培训课程开发成果集》(以下简称《成果集》)，在开发基础上，又分别在相关市级培训基地进行了几年的试点应用和修订完善，并最终出版。

　　本《成果集》包含上海市中等职业学校教师专业发展研究、校长培训课程体系、德育干部培训课程体系、中层干部培训课程体系、班主任培训课程体系、专业教师培训课程体系和新进教师培养培训课程体系等部分。这些课程体系既相对独立，又汇成一体，形成相对完整、较为系统的培训课程图谱，是培训工作的依据，对于规范市级教师培训工作具有重要作用，对于引导区级和校本培训也具有重要意义。

　　在整个开发过程中，相关领导、专家等给予很多宝贵的支持和指导，各课题组倾心倾情倾力，付出了很多努力，在此，一并表示衷心感谢！同时，期待后续能够得到更多宝贵意见和建议，让本成果集不断完善并发挥更大作用！

目　录

上海市中等职业学校
教师专业发展研究

上海市中等职业学校教师专业发展研究课题组

课题组成员

组　长：周齐佩　上海市教委教育技术装备中心党总支书记、副主任
　　　　石伟平　原华东师范大学职业教育与成人教育研究所所长
副组长：匡　瑛　华东师范大学职业教育与成人教育研究所党支部书记，教授
　　　　林克松　华东师范大学职业教育与成人教育研究所
　　　　付雪凌　华东师范大学职业教育与成人教育研究所
成　员：林克松　华东师范大学职业教育与成人教育研究所
　　　　付雪凌　华东师范大学职业教育与成人教育研究所
　　　　涂三广　华东师范大学职业教育与成人教育研究所
　　　　王启龙　华东师范大学职业教育与成人教育研究所
　　　　傅建东　原上海商学院高职学院副院长
　　　　朱建柳　上海市交通学校副校长
　　　　陈明宏　原上海市宝山职业技术学校副校长
　　　　赵晓伟　上海市教委教育技术装备中心

目　录

MU　LU

近年来,上海中等职业学校教师队伍建设取得了长足发展,为推动上海中等职业教育发展做出了重要贡献。但是,从长远发展来看,上海中职学校教师在专业知识、专业能力等方面还有待提高,专业发展空间仍然很大。在"十三五"即将到来之际,摸清目前上海中职教师专业发展的现状和问题,梳理国外主要发达国家中职学校教师专业发展的有效经验,从而提出有效促进上海中职教师专业发展的对策建议,对上海未来制定中职教师专业发展相关政策方案或有裨益。

一、上海市中等职业学校教师专业发展的背景研究

(一)宏观背景:国家日益重视中职教师专业发展

新世纪以来,国家从"大力发展职业教育"朝"加快发展现代职业教育"转型,在这一过程中,政府始终把职教师资队伍建设作为加强和发展现代职业教育内涵建设的重点和关键环节,不断加大投入力度,加快建设步伐,并出台大量政策和规章。

2012 年,国务院专门召开了新中国第一次全国教师工作会议,颁发了《国务院关于加强教师队伍建设的意见》,指出要通过建立教师学习培养制度、完善教师培养培训体系、建立完善教师专业标准体系等手段大力提高教师专业化水平;与此同时,教育部印发了《关于"十二五"期间加强中等职业学校教师队伍建设的意见》和《关于进一步完善职业教育教师培养培训制度的意见》,指出"十二五"期间,中央财政将继续投入至少 26 亿元专项资金,用于实施职业院校专业骨干教师培训、中等职业学校青年教师企业实践等方面建设,未来要以推动教师专业化为引领,以加强"双师型"教师队伍建设为重点,以创新制度和机制为动力,以完善培养培训体系为保障,以实施素质提高计划为抓手,进一步充实数量、提高素质、规范管理、加强保障,加快建设一支数量充足、素质优良、结构合理、特色鲜明、专兼结合,适合职业教育改革发展要求的高素质专业化教师队伍。

2013 年 9 月 20 日,国家颁布了《中等职业学校教师专业标准(试行)》,标志着我国中等职业学校教师专业发展有了基本的依据,对中等职业学校合格教师有了基本判断标准,教师自身专业发展有了更加明确的方向,对我国中等职业学校教师专业化发展产生深远影响。

(二)中观背景:上海发展现代职业教育的重要诉求

作为我国最为发达的地区,上海市政府正在建设适应上海经济产业升级转型、国际化大都市发展方向和四大中心目标定位的现代职教体系,职教教师队伍建设成为支撑和服务上海现代职教体系建设的关键和核心。《上海市中长期教育改革和发展规划纲要(2010—2020年)》指出,要"建设现代职业教育师资队伍",将在优化教师队伍结构,提高兼职教师的比例(使中职专业教师中来自企业的兼职教师比例不低于 30%),完善职业教育师资培训和服务

机制等方面着手加强建设。2011年,上海市教委下发了《上海市中等职业教育师资培养培训行动计划(2011—2015)》,对教师的工作目标、培训任务及措施都作了具体的规定。

在政策引领下,最近几年,国家和上海市对中职教师队伍建设投入了大量的人力、财力和物力,上海市中等职业学校教师专业发展呈现出独特的优势。至2011年,上海市普通中专和职业高中教职工总数为1.31万人,其中专任教师0.79万人,占教职工总数的60.3%。在专任教师中,本科及以上学历教师达到了92.7%,副高级以上职称教师达到了23.4%;文化基础课、专业课和实习指导课教师三者的比例分别为38.6%、57.3%和4.1%,专业课教师发挥了重要的教学主导作用。目前,中青年教师已成为专任教师的主体,40岁以下的中青年教师达到了56.1%,为中职教育的进一步发展奠定了坚实的基础。总体来看,上海市中职教师队伍的优势体现在三点:一是学历较高,大部分年轻教师具有研究生学历;二是教学理念比较先进,对于现代教育理念有很强的意识和充分的认识;三是整体教师实践能力强于其他地区。

但是,由于中等职业教育师资队伍发展整体比较薄弱,历史欠账较多,上海中等职业教育师资队伍建设依旧面临一系列的问题,从长远发展来看,教师队伍的"双师"素质和"双师"结构亟待加强。一是"双师型"教师占专任教师的比例不足40%,亟需从整体上提高专任教师的"双师"素质;二是很多中青年专业课教师都是从学校到学校,缺乏实践经验和动手能力,学校中既懂工艺、又有丰富实践经验和动手能力的高级技能人才短缺,"双师"结构尚未形成;三是教师的专业分布不均衡问题亟待解决。

鉴于此,加强中职教师专业发展,促进上海市职教教师质量全面提升和整体科学发展成为上海职业教育内涵发展的主要环节。中职教师专业发展问题不解决,将对上海建设现代职教体系、经济产业成功转型、四个中心建设、面向国际化发展形成无形挑战甚至产生阻碍作用。

(三) 微观背景:上海中等职业教育面临的现实挑战

近几年,上海中职教育发展迅速,办学条件及中职学校基础能力建设得到了加强,但与提高上海这一国际大都市的综合竞争力的要求仍然相距甚远。中职教育发展面临诸多困境,主要表现为:一方面,中职学校培养出的拥有熟练操作技能的毕业生不能满足市场的大量需求,另一方面,中职学校的生源质量堪忧的情况非常严峻,办学规模呈现萎缩趋势。困境产生的原因是多方面的,比如社会对中职教育存有偏见、中职教育自身的教育模式老化、中职教育缺乏吸引力等,在这些原因中,中职教育师资力量薄弱是主要原因。近几年,随着上海市中等职业学校学生生源质量的下降,中等职业学校教师的教育难度提高了,工作压力也随之加大,上海市中等职业学校在稳定师资及引进优秀师资方面屡屡碰壁。但是上海的经济发展需要中等职业教育,而要发挥上海市中等职业教育的特殊功能,提高教育质量,培养出满足社会需求的人才,做好中职教育的内涵建设,离不开强大的师资力量。所以,调查清楚上海中职教师专业发展的现实情况和问题,并启动有针对性的改革,这对提高上海市中等职业学校教师质量有一定的借鉴意义。

二、上海市中等职业学校教师专业发展的问题及归因

基于上海市中等职业学校教师专业发展调研报告(附件1)的内容,结合本研究团队的理

性判断和认识,我们总结了上海市中等职业学校教师专业发展的若干问题,并分析问题产生的可能原因。其中,前五个问题指向中职教师专业知识、专业能力,以及专业发展动力所存在的问题,后五个问题指向中职教师专业发展的路径或形式,以及影响因素所存在的问题。

(一) 对专业发展结构的认识与《中等职业学校教师专业标准(试行)》基本一致

《中等职业学校教师专业标准(试行)》基本内容由三个维度、十五个领域、六十项基本要求构成。三个维度包括专业理念和师德、专业知识、专业能力。另外,《标准》的基本理念包括四个方面,即师德为先、学生为本、能力为重、终生学习。从问卷调研结果来看,上海中职教师对专业发展内涵、内容的认识与《中等职业学校教师专业标准(试行)》基本一致。半数以上的教师都认为专业发展内容包括"专业理念和师德"、"专业能力"和"专业知识"的发展,而且,80%以上的教师将"专业理念和师德"置于专业发展结构之首。

(二) 最欠缺和期望提高有关课程、教学的知识和能力

《中等职业学校教师专业标准(试行)》将专业知识划分为教育知识、职业背景知识、课程教学知识和通识性知识四个方面,将专业能力分为七个方面:教学设计、教学实施、实习实训组织、班级管理与教育活动、教育教学评价、沟通与合作、教学研究与专业发展。从问卷调研结果来看,80%以上的中职教师将"课程教学知识"列为"专业知识"的认知之首;同样,80%以上的中职教师将"教学设计、实施和评价能力"作为"专业能力"的认知之首。由此可见,有关课程、教学的知识和能力是上海中职教师最为欠缺和期望提高的。

(三) 专业发展的自主性有待加强

尽管上海市中职教师的专业化素养获得了稳步的提升,其教学能力、教学质量在全国处于先进水平,但其专业化发展理念仍待加强。调研结果发现,很多教师仅仅忙碌于日常事务,忙于应付学校的各项指令,被动地奔波于日常事务,缺少个人专业发展的主动性和积极性,一大批教师并没有完全理解中职教师的角色,没有真正把握中职教师角色对一名中职教师的要求,导致其仅仅知道学校要求自己做什么,而不知道自己应该积极主动去做什么,总是被动地跟随学校的管理转,缺少目标追求。例如,有的新任教师将"双师型"教师仅仅理解为"双证型"教师,因而把自己的主要精力用在考证上,由于对"双师型"教师内涵认知的偏差,而造成教师专业化发展的偏差。又比如,有的新任教师认为教师发展的目标就是要进行职称的评定,从助理讲师到讲师再到高级讲师,仅仅围绕职称评定来发展自身的能力和素质,最终造成个体仅仅是为评定职称而专业发展,而不是为了专业发展去评定职称,目的和手段最终产生了错位。

(四) 教师专业教学质量观有待发生质变

从问卷调查的结果来看,在上海新一轮课程改革背景下,大多数中职学校专业教师跟进课改的理念,认同专业教学的质量以培养学生的职业能力为关键。但是,在专业教学质量观上,仍受固有思维的影响,近2/3的教师认为专业教学的质量是知识与技能的结合,专业教学

质量观还处在从知识传授向职业能力培养的过渡阶段。

众所周知,知识与技能的盲目结合不能实现学生职业能力的培养,学生学到的专业的理论知识是作为掌握工作岗位所需要的技能的基础,质量最终体现在学生是否能够学以致用,动手操作,能够让工作单位满意,毕业后不仅能胜任单一工作岗位,还能够找到岗位群。因此,从这个角度出发,目前上海中职教师专业教学质量观有待发生质变,促进大部分教师不仅在表层上而且在行动上深度认同能力本位的课改理念。

(五) 存在较为普遍的专业发展倦怠现象

从调查访谈来看,很多中职教师存在着不同程度的职业倦怠感,其中老年教师较年轻教师严重,男教师较女教师严重,年轻女教师倦怠感较低。中职教师的职业倦怠主要表现在三个方面:①不良的情绪体验。把教学工作当作简单的重复,感到枯燥乏味,工作没有劲头,疲惫、沮丧、消沉。②工作缺少成就感、价值感,感到付出与收获不成比例。③出现专业发展"高原现象"。表现在教师评上副高级职称后,以及45岁以上的教师开始出现发展停滞,甚至开始走下坡路等。

依据访谈调查,导致中职教师出现专业发展倦怠的原因大致有三个方面:①长时间超负荷工作量引起职业倦怠。②正在进行的教学改革给教师带来了新的心理压力。职业教育正在进行深度的教学改革,教师培训倡导的新教学方式、新教学理念对传统的教学方式带来了冲击,新旧教学模式的冲突,使有的老师"不知道该怎么讲课了"。③校长的影响很大。如果校长在某些事情上,如时间与资源的分配、对教师的评价、给某种成就作宣传等事情上表现出明显的偏爱,那么,各个学科的教师就会出现心理不平衡。

当然,据访谈研究可知,陷入倦怠的老师大多仍然尽职尽责,努力工作,但有的教师不再努力工作、奉献他人。前者专业素质保持低水平发展或停滞,但未达到最佳发展境界,后者出现发展停滞甚至倒退。可见克服职业倦怠,促进中职教师的持续专业发展是值得探讨的问题。

(六) 专业发展平台和机制有待加强建设

经过多年的建设,上海市已经拥有3个国家级职教师资培训基地,15个市级职教师资培训基地,2个名校长培训基地,在师资培养培训中发挥了良好的作用。但是,在中职教师专业发展困难的调查结果中可以看到,70%以上的教师将专业发展困难归于"缺乏专业能力提升的平台与机制",而其余因素选择率均低于40%。可见,建设完善中职师资的培养培训平台和机制刻不容缓。

(七) 基于互动、交流、合作的教师专业发展形式比较薄弱

不论是"对专业知识与能力提升主要途径的认识"还是"对专业发展影响因素的认知",教师互动交流、团队合作等专业发展形式的选择率都相对较低,这从侧面反映出目前上海市中职教师专业发展主要以"单兵作战"为主。事实上,教师学习是基于合作的专业共同体学习,贡献与分享是教师学习的核心机制。基于互动、交流、合作的教师专业发展形式不仅能够扩大教师知识获取的来源,增强教师专业实践能力,而且能够减轻教师专业发展过程中的

孤独感。因此,未来上海中职教师专业发展在制度设计上要强化基于互动、交流、合作的教师专业发展形式。

(八) 专业发展路径以"自上而下"的专门培训为主

目前,国内外关于教师专业发展路径的主流观点是:教师专业发展既需要"自上而下"的专门培训,更依赖于"自下而上"的基于学校工作场所的非正式学习。从问卷调查结果中可以看到,不管是"专业理念与师德"还是"专业知识"与"专业能力",80%的教师都将其发展路径首先归为"专项培训"。且不论专项培训是否有效、能否保证一定能够促进教师专业发展,就教师专业发展的路径而言,只有多元、统整的专业发展路径才最有利于发展效果的提升。缺乏路径整合的发展行动容易使学习呈现单一以及同一性质,进而削弱专业发展质量。因此,未来上海在保障中职教师专业培训机会和质量的基础之上,非常有必要强调中职教师基于学校工作场域的非正式学习,发挥"自上而下"和"自下而上"专业发展路径的协同作用。

(九) 专业培训的针对性和有效性有待进一步提高

近年来,上海市中职教育一直坚持实施中、高级教师"360、540"学时培训及认证工作,广泛开展了教师教育理念培训、中层管理干部的管理能力培训、班主任工作培训、专业教师的能力发展培训以及名师名校长培养工程等多种培训活动,基本实现了全员培训,这在一定程度上促进了教师的专业发展。但通过访谈调研我们发现,尽管一些中职教师认为获得培训机会是一件对自己专业发展十分有利的事情,但也有一些教师并不认为这些培训切实提高了他们自身的专业能力和教学能力,有些教师反而认为这些培训干扰了他们正常的教学、工作以及生活秩序。

出现上述情况的原因大致如下:1. 培训时间大多以牺牲教师法定节假日为代价。2. 培训模式与一线教师、管理干部、"双师型"教师、名师、名校长的要求还没有做到有机衔接。3. 培训内容与专业教学标准还不能有机结合。4. 培训教材、培训课程指南、名校长和名教师网络讲堂等资源还没有得到有效开发。

(十) 教师到企业学习的效果有待提升

问卷调研发现,教师普遍希望每2年有2个月甚至更多时间深入企业实践学习,企业学习对教师提高专业能力意义重大。但是,访谈得知,目前上海市中职教师到企业学习的效果并不如意。究其原因大致有以下几点:第一,缺乏中职教师到企业学习的相关政策、法规。不仅对企业行业的权利义务规定不明,而且对接受教师到企业实践的企业激励不足。第二,缺失专门负责教师到企业实践的机构和平台。第三,企业接收中职教师学习实践的积极性不高。第四,学校缺乏统筹规划。当前的职业学校在选派教师到企业实践上没有形成合理有效的制度,选派的教师可能没意愿,而想去实践锻炼的老师可能没机会。第五,学习时间和工作时间矛盾。职业学校的师资力量相对匮乏,教学任务繁重,如果教师脱产到企业中实践,且时间较长,实践的效果可以得到保证,但无疑加重了同专业其他老师的负担。而如果是利用双休日、寒暑假等时间下企业,则是侵占了教师的个人时间,加重了教师自身的负担,教师处于学校教学和企业锻炼的双重压力之下,不仅难以保证教学和实践的效果,而且不利于教师自身的可持续发展。

三、提升上海市中等职业学校教师专业发展水平的对策建议

基于上述上海中职学校教师专业发展所存在的问题,结合《上海市中等职业学校教师专业发展研究调研报告》以及《上海市中等职业学校教师专业发展研究国别报告》的相关结论,以下将从宏观、中观和微观三个层面提出提升上海市中等职业学校教师专业发展水平的对策建议。

(一)提升上海中职教师专业发展的宏观建议

1. 继续加强上海市中职教师的学历教育

通过学历教育培养中职学校教师是从根本上改善职教师资队伍,提高师资队伍整体水平的主要途径。尽管较之全国,上海中职教师学历水平整体偏高,大多数教师具有本科学历,年轻教师普遍具有研究生学历,但上海中职教师学历发展仍有较大空间,一是大面积将本科学历升为研究生学历,二是丰富已经拥有研究生学历教师的知识结构。另外,通过学历教育,从在职教师中选拔潜力巨大、德才兼备、充满热情的人进行重点培养,使之加速成长,成为专业带头人或骨干教师,或者对专业带头人或骨干教师进行培养,使其真正发挥在学校建设上的带头作用。

2. 市政府层面建立中职新教师入职规范和培训制度

(1)规范中职教师入职门槛。从各国实际情况和相关的研究看,各国的共同特征是在获得教学资格前,要有一段雇佣试用期,期限长短不一,目的在于积累相关工作经验,而只有在取得教师资格证书之后才有可能进入职业学院任教。上海中职师资来源可以而且应该多样,但职业资格标准应该规范,对相关的实践经验和教学能力应充分明确。在基本的教师标准体系之中,应将"双师型"师资的认定标准建立起来,细化相关操作规程,避免目前简单的"双证"、"双能力"或"双职称"等认定办法,形成一种职业教育独有的教师资格认定体系。

(2)建立市级中职新教师入职统一培训。职业教育的复杂性、教师专业发展的特殊性以及中职教师来源的多样性决定了必须将新教师培训作为一项重要工作,并科学化运作,做到入职先有培训。中职新教师培训要求凸显中职教师职业能力特点以及新入职教师知识结构特点,使参培教师能完整理解自己的工作角色及相关法规政策,规划好自己在中职教育中的职业生涯,具备高水平的中职教育教学工作能力,能在较长时期内适应中职教育教学工作,并具备专业能力持续发展所需要的中职教育基础理论知识,为建设现代化的上海中职教育提供高质量的师资来源。

3. 构筑上海中职教师"三位一体"错位培训体系

充分利用行业、企业、高校、职业院校的力量,完善"三位一体"的师资培训体系。中职教育要进一步整合资源,必须明确定位,分类指导,要积极探索校企合作培养教师的模式,形成以高等院校为龙头,以重点中职为主体,以校本培训为基础,以专业培训为特色的"国家级培训、市级培训、校本培训"三位一体的中等职业学校错位师资培训体系。同时,要进一步规范

和完善国家级和市级师资培训工作,继续推进"360"、"540"培训,充分发挥专业教研组织、课改特色实验学校和开放实训中心等在教师培训中的积极作用。进一步扩大培训体系的适合对象范围,把中职学校校长、专业骨干教师、班主任、德育工作者、管理干部、兼职教师等全部纳入培训体系框架内,满足不同对象的多元化培训需求。

4. 完善教师下企业实践相关的政策法规

一是要明确政府、企业、学校、教师在教师下企业实践中的权利和义务,为教师下企业实践提供明确的法律保障;二是要明确教师到企业实践过程中的实践目的、实践内容、组织实施、监督管理和考核,如对学校教师进企业实践的人数、比例、进修时间、提交成果、工作量计算、工资发放、职称评定等进行细化,使之具有可操作性,使教师下企业实践真正做到有法可依。

5. 完善中职教师企业实践相应的激励机制

政府以财政和税收减免等政策,重点支持和帮助一批大型企业作为教师企业实践示范基地,对于接纳教师到内部进行实践的企业,物质方面可进行经济上的补偿,如按培训教师的人数给予补贴、减免税收,或按其贡献多少进行一定比例的退税政策等,而精神方面则可通过颁发给企业优秀培训基地等荣誉称号,创建品牌效应,以此来鼓励企业为接纳教师实践制定严格的企业实践方案。另外,还要进行过程管理和结果考核,引领示范教师到企业实践开展。

(二) 提升上海中职教师专业发展的中观建议

1. 全面深入调研上海中职教师专业培训需求

建议在市教委层面组织专业人员系统、科学地进行一次上海中职教师专业培训需求调研,真正摸清楚中职教师专业发展究竟缺什么、想要什么,哪些专业知识、专业能力是可以通过专业培训实现的,哪些靠专业培训是无法实现或效果不明显的,哪些专业知识、专业能力是必须通过高校来进行的,哪些专业知识、专业能力是必须通过校企合作或教师到企业实践进行的,哪些专业知识、专业能力是中职学校基于校本教研就能够实现的。

还需要通过科学的调研搞清楚:中职教师普遍期待什么样的培训内容、培训方式以及培训时间如何安排,如果教师自身对培训不感兴趣或者内心抵制,则培训质量大打折扣。

另外,还必须搞清楚:中职校长、新入职教师、骨干教师、专业负责人、文化课教师、班主任等不同教师群体的培训需求。

2. 通过分析工作任务科学选择、确定中职教师培训内容

职业学校教师培训内容的安排不仅要关注内容广度上的全面性,同时更要着重考虑两个方面:实践性与系统性。实践性一方面要加强与企业的联系,立足于真实的工作情境,保障专业教学效果的可实现性,另一方面务必要从教师的教学实践出发,照顾到教师自身的教学与发展需要,尽量提供菜单式的培训课程供教师选择,减少行政压力,关注个体的发展需要。

系统性要求避免由于培训的零散性带来培训知识的相互重复与割裂,系统化的培训内

容体系在避免资源浪费的同时,将教师在教学实践中的问题以及工作任务以阶段性或者层级性的逻辑组织起来,从而使不同的专题紧紧围绕实际问题或者任务展开。

基于实践性和系统性两项要求,建议在市教委层面组织专业人员系统、科学、分层次开展上海中职教师工作任务和职业能力分析工作,并应用于专业培训。

3. 建立上海中职教师培训师资库

在培训师资问题上,要从培训目的出发,聘请某方面具备深厚理论或者实践基础的专业人士,尤其是专业领域内,要建立各专业的专家人才资源库,为专业教师的培训提供专业化的保障,并对专业人才资源进行一定的职业教育教学培训,加强对职业教育教师培训师资的管理。

4. 为中职教师构筑多样化、差异化的成长平台

科学的目标体系应当对不同水平、不同层次、不同专业、不同任课类型的教师参训都做一个明确的规定,在保证职业教师培训的灵活性、针对性的同时,为教师培训内容的选择以及参训责任的明细提供较为广阔的空间。

推进教师培训专业化进程的同时,也可以促进模块、工作场所导向职校教师培训的实施,通过不同的教师能力或者知识的获得路径以及水平的融合和互认,促进灵活一致的教师培训体系的建立,从而培养稳定的高质量的教学人员,使其拥有高尚的工作价值观、强烈的责任感以及达到高水平专业化。

5. 建构一套科学合理的教师培训质量评价体系

建议按照对形成培训质量的支撑(培训项目内部要素)评价、促进教学质量提高(直接成果)评价、社会贡献和影响(培训中、远期成果)评价三个方面,以层次化的评价指标设计构建上海中职教师培训质量评价体系。

第一,在对形成培训质量的支撑评价中,把投入培训的要素和管理作为一级评价指标,把培训方案、培训条件、培训管理和培训考核方式和标准作为二级评价指标,把培训需求分析、培训内容、培训目标、培训模式、培训考核、培训师资、实训设施、企业合作、管理制度、管理团队、数据信息化、生活服务作为三级评价指标。

第二,在对是否促进教学质量提高的评价中,将工作能力的提升作为一级评价指标;把敬业精神培育、课堂教学、教学管理、双证书获取、课程建设、教学研究和实践教学作为二级评价指标;把工作态度与行为、对学生的态度与行为、个人修养与行为、教学设计、教学实施、实训实习实施、班级管理、沟通与合作、教学研究与专业发展、岗位胜任力作为三级评价指标。

第三,在对社会贡献和影响评价中,把参与培训者的专业化发展作为一级评价指标,把参与培训者的素质结构、知识结构、能力结构、教书育人和社会认同作为二级评价指标。其中,素质结构包括:职业道德和职业素质、职业理解与认识、心理素质和团结协作、主动承担工作和爱岗敬业。知识结构包括:人文通识性知识、专业理论知识、课程教学知识、专业知识更新。能力结构包括:专业教学和实践能力、处理问题及应急工作能力、接受及应用新技术能力、语言表达和文字书写能力、人际沟通能力。教书育人包括:传递知识的热情,培养学生

的职业兴趣、学习兴趣和自信，平等地与学生进行沟通交流，建立良好的师生关系，致力于提高所有学生的成就，维护学生的合法权益，积极与家长进行沟通合作，共同促进学生发展。社会认同包括：送训单位满意度、学生和家长对受训者的教学工作满意程度、教学研究和科研的成果、政府或教育部门表彰或奖励。

6. 成立专门的运行机构和教师到企业实践的平台

教师到企业实践的一大困难在于信息沟通的不畅，教师难以找到心仪的企业，企业也难以找到符合自己需求的教师。而成立专门的运行机构，实现教师到企业实践的平台化，教师的信息与企业的信息就都可以集中在平台上，由专门的机构负责收集和运行，这样就等于为教师和企业提供了有效沟通和对接的途径，会大大增加教师和企业之间成功对接的机会。

7. 优化体制机制大力创建上海中职名师工作室

名师工作室工程旨在营造一个对优秀人才有吸引力、有利于骨干教师和专业带头人成长的良好氛围，从而创造一个激发全体教师共同努力提高自身素质的大环境。

名师工作室整体运行模式的建立和外部支持是其真正能高效运行的基础。因为没有整体运行模式设计和目标定位，名师工作室将没有方向和目标，无所适从，有形无实，甚至不了了之；没有强有力的外部支持，名师工作室也将寸步难行。因此，上海市需要从名师工作室整体运行模式入手，给予名师工作室强有力的外部环境和政策支持。另外，激发名师工作室内部活力，建立起适合于每个工作室特点的内部运行机制，是保证工作室整体高效运行的关键；行之有效的考核评价机制的建立则是促进名师工作室按照预定的方案创造性地高效运行的保证。

（三）提升上海中职教师专业发展的微观建议

1. 多种途径激发教师专业发展的积极性和主动性

教师的积极性和主动性是师资培养培训工作取得成效的关键。

第一，对各级教育主管部门来说，必须要关心教师身心健康，重视教师的终身学习培训，在保证教师的培训时间和培训经费的同时也要尊重教师法定节假日时间。

第二，对于学校来讲，要尽快建立教师生涯发展管理制度，帮助教师制定职业生涯发展规划，树立职业生涯发展观念，准确定位自身的职业发展路径，正确认识教师职业生涯发展中的压力和矛盾，不断提高知识修养和实际动手能力，为终生职业教育生涯做好准备，在整体上形成主动进修和有效学习的机制与氛围。

2. "送、下、带、引、聘"五位一体建设中职双师型师资队伍

"送"即选拔部分教师到重点院校的对口专业进行深造；"下"即让部分教师下到基层企、事业单位（包括校外实习、实训基地）进行锻炼；"带"即以老带新、以强带弱，定期对中青年教师有针对性进行实习、实训的培训；"引"即从生产一线引入管理人员、技术人员担任专业教学工作；"聘"即聘请本行业本专业的专家、企业家担任特聘教师，对现场技术技能水平要求较高的、专业性非常强的课程，聘请现场技术人员讲学，并请他们做兼职教师，保证学生能够

得到"双师"教育。

3. 利用现代教育技术加强中职学校教师培训资源的整合

第一，要充分利用现有的政策、课程、教学、管理等各方面专家资源，建立全面的专家信息资源库，供师资培训选择。

第二，可以充分利用现代教育技术，在国家级培训的 80 个培训包基础上，结合上海中职课程改革与专业建设特点，进一步开发若干个市级中职师资培训包，建设网络课程，实现优质资源共享，全面提高中职师资培训质量和水平。

第三，可以充分发挥名校长、名师的作用，利用信息行业、网站等媒体资源，凝聚全市职业教育的专业力量和优秀教师，开发若干个网络名校长讲堂和名师讲堂，与各学校校园网链接，扩大名师名校长对中职发展的影响力。

4. 推广中职教师专业发展的"项目制"

要使上海中职教师能够适应以综合能力为导向的职业教育课程改革要求，必须打破学科式的教师培训课程体系，以提高教师应用能力与动手能力为导向，为此可采取以能力为本位、以实际工作过程为出发点、以解决教师应用能力与动手能力训练为导向的"项目制"专业发展策略。项目主要来自企业技术研发项目、学校科研课题项目以及个人业余承揽的社会性质项目。通过项目学习，使教师了解企业的用人标准，熟悉岗位工作能力要求，掌握相应的操作技能，并能把所学运用到实际教学过程中。"项目制"的中职教师专业发展路径需要注意：

（1）项目内容与实际工作内容的同步性。项目内容必须是企业或职业活动中典型的工作任务，把工作任务作为学习载体或学习的中心，按照项目或课题实施，实现学习内容与企业实际工作的吻合。

（2）项目内容具备综合性。中职教师专业发展学习内容要以企业典型的工作任务为中心，教师在完成工作任务过程中，不断处理出现的各种综合问题，使其理论知识得到进一步验证，提高实际操作技能。通过实际工作场景的锻炼，教师可以把自己的实际经验转化为教学经验，顺利解决今后课程教学中遇到的难点、疑点问题。

（3）"做中学"和"学中做"结合。教师在实施某一具体工作任务时，理论知识的学习和实际动手操作已经没有明显的先后顺序和界限划分，而是边学习理论知识，边实际操作。因而，专业学习也不必将理论教学和实践教学分开进行，而是在项目的实施过程中使实践和理论真正做到一体化。

（4）个体发展和团队发展结合。项目实施可以是单个教师完成，也可以是多位教师合作完成。一般项目需要 2—3 个成员共同完成。其中，不仅要有统一的领导和小组成员的协调配合，而且随着整个项目的实施细化，需要每一个成员都独立地开展自己的工作，同时与其他成员保持密切的沟通和联系，最终完成项目任务。

（5）项目成果要具体化。项目成果一般强调先呈现以典型产品或服务为载体的工作任务，理论知识的学习建立在工作任务完成的基础上。通过工作分析所获得的"工作任务"是形式化的，项目实施则强调要通过完成工作任务来获得具体典型的产品或服务。

5. 推广中职教师专业发展的"师带徒制"

鼓励中职学校安排相同专业或邻近领域有经验的教师担任导师,为新教师在教学设计、教学实践和个人专业成长等方面提供长期的咨询和指导。

第一,指导教师应当根据新教师的个人任教情况以及入职辅导标准,制定基本的培养要求、发展目标及行动计划。

第二,指导教师应当帮助新教师明确学习方向,认真观察新教师的上课情况,掌握新教师在教学、专业等方面的进展情况,为新教师提供与其他同事交流合作的机会。

第三,指导教师应当定期总结新教师的教学情况,总结经验,指出不足,并在此基础上调整新教师的培训目标及专业发展方向。

参考文献

CAN KAO WEN XIAN

［1］教育部. 国家中长期教育改革和发展规划纲要（2010—2020 年）［EB/OL］. http://www. gov. cn/jrzg/2010-07/29/content_1667143. htm.

［2］教育部职业教育与成人教育司. 关于"十二五"期间加强中等职业学校教师队伍建设的意见［EB/OL］. http://www. moe. gov. cn/srcsite/A07/moe_950/201112/t20111224_129045. html.

［3］上海市教育委员会. 上海市中等职业教育师资培养培训行动计划（2011—2015 年）［EB/OL］. https://wenku. baidu. com/view/d7de79a366ec102de2bd960590c69ec3d4bbdb49. html.

［4］贺文瑾,石伟平. 我国职教师资队伍专业化建设的问题与对策［J］. 教育发展研究,2005(10):73－78.

［5］顾文明. 谈"双师型"教师的培养途径和措施［J］. 中国职业技术教育,2008(6):34－35.

［6］鲁昕. 师资队伍建设是职业教育又好又快发展的关键［J］. 中国职业技术教育,2009(19):6－10.

［7］徐国庆. 美国职业教育教师职业资格证书制度研究——以俄亥俄州为例［J］. 外国教育研究,2011(1):90－96.

［8］徐国庆. 从项目化到制度化:我国职业教育教师培养体系的设计［J］. 教育发展研究,2014(5):19－25.

［9］唐智彬,石伟平. 国际视野下我国职教师资队伍建设的问题与思路［J］. 教师教育研究,2012(2):57－62.

［10］张伟罡. 上海中职师资队伍建设策略分析［J］. 教育发展研究,2012(9):81－84.

［11］王继平. 中国职业教育发展报告 2013［M］. 北京:高等教育出版社,2014.

［12］胡艳,郝国强. 中职教师专业发展及其影响因素研究［J］. 中国职业技术教育,2014(19):39－46.

《上海市中等职业学校教师专业发展研究》

调 研 报 告

上海市教委教育技术装备中心
华东师范大学职业教育与成人教育研究所
完成日期：2015 年 4 月

目　录

MU　LU

一、调研目的

（1）以《中等职业学校教师专业标准（试行）》为主要分析框架，通过基本数据的分析全面了解上海市中职教师队伍专业建设整体现状，为科学规划上海中职师资队伍建设提供决策建议；

（2）以《中等职业学校教师专业标准（试行）》为主要分析框架，通过基本数据的分析了解不同人口统计学变量下的中职教师专业发展的差异性；

（3）通过访谈调研较为深入地了解中职教师专业发展的基本情况以及影响中职教师专业发展的影响因素。

二、调研方法

1. 文献法

通过上海市公共数据系统，寻找上海市中等职业学校教师队伍现状基本数据（包括教师结构、学历、数量、来源、年龄、职称等方面），并对基本数据进行分析和国际比较，找出上海市中等职业学校教师现存的结构性和面上的问题，为科学设计、统筹规划、整体推进上海市中等职业学校教师专业发展作理论铺垫。

2. 问卷法

设计问卷，通过问卷调查获得上海市中职学校教师专业发展的基本情况。具体包括中职教师对职业现状的满意程度，对教师到企业实践、中职教师专业标准、中职教师能力结构、中职教师专业发展路径等问题的看法和建议。问卷调查的目的在于从面上了解上海市中职教师对专业发展的理解和认可程度。

3. 访谈法

访谈调查的目的在于从点上了解上海市中职教师专业发展的现状和问题，以及改进的建议。一方面，以中职学校校长、中职学校专业课骨干教师、中职新入职教师为访谈对象，从实然的视角了解其对专业发展相关问题的认识和认可程度，了解其对教师专业发展的建议。另一方面，以职业教育研究领域专家学者为访谈对象，从应然的视角了解其对中职教师专业发展的理解和建议。

三、调研工具

本调研在听取上海市教委相关领导意见、专家意见的基础上，自编《上海市中等职业学校教师专业发展调查问卷》。问卷属于半结构性,共设 23 道题,其中 1—22 题为结构性问题,23 题为开放性问题。开放性问题由两部分内容构成,其中,1—7 题调查样本的背景信息,具体包括教师的性别、年龄、教龄、工作岗位、职称、学历、职业资格证书持有情况。8—22 题调查中职教师对专业发展的认识和满意程度,包括教师对专业发展内涵的认识、教师对专业发展内容的认识、教师对专业发展途径的认识、教师对专业发展影响因素的认识、教师对专业发展评价的认识。《上海市中等职业学校教师专业发展调查问卷》的具体维度、项目如下表所示。

表 1 《上海市中等职业学校教师专业发展调查问卷》的结构和内容

一级维度	题项分布	具体内容
教师背景变量	第 1—7 题	教师性别、年龄、教龄、工作岗位、职称、学历、持有职业资格证书情况
教师对专业发展内涵的认识	第 10 题、第 11 题、第 13 题、第 14 题	教师对专业发展结构、专业理念与师德、专业知识、专业能力的基本内涵的认识
教师对专业发展内容的认识	第 9 题、第 15 题、第 16 题、第 17 题	教师对到企业实践、教学设计、教学实施、班级管理的认识
教师对专业发展途径的认识	第 12 题、第 18 题	教师对专业理念与师德、专业知识与能力发展途径的认识
教师对专业发展影响因素的认识	第 19 题、第 20 题、第 21 题	教师对专业发展内部动力、外部因素和困难的认识
教师对专业发展评价的认识	第 22 题	教师对专业发展成功之处的认识

四、问卷调研结果 1:上海市中职教师专业发展的现状

了解上海市中职教师专业化发展的现状,是我们进一步找到促进上海市中职教师专业发展路径的必要前提,只有在清晰把握现状的基础上,才能对症下药,提出切实可行的建议和举措。本课题组针对上海市中职教师专业发展现状这一主题进行了实证调查研究,自编《上海市中等职业学校教师专业发展研究课题调查问卷》,采取分层随机抽样的方法,一共选取了 50 所上海市中等职业学校为样本,并在这些学校中,随机、分层抽取了 1 500 名教师为调查对象,问卷回收了 1 399 份,回收率为 93.26%。问卷采用 SPSS17.0 统计软件,对数据进行描述统计分析、多重响应分析等,从而得出分析结果。

(一)上海市中职教师专业发展调研对象的人口统计学情况

为了能够清楚地了解当前上海市中职教师专业发展的现状,有必要先掌握当前上海市中等职业学校教师的人口统计学状况。在本次调查中,所调查的人口统计学变量包括教师性别结构、教师年龄结构、教师职教教龄结构、教师工作岗位结构、教师职称结构、教师学历

结构、教师持有职业资格证书结构。

1. 教师性别结构

如图1所示,在被调查的1 399份问卷中,男性教师523人,占被调查教师的37.4%;女性教师869人,占被调查教师的62.1%;缺失7人,占被调查教师的0.5%。

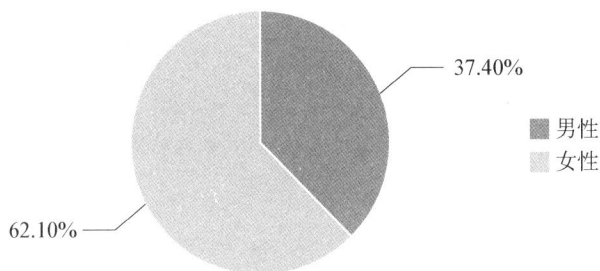

图 1   被调查教师的性别结构

2. 教师年龄结构

如图2所示,在被调查的1 399份问卷中,30岁及以下教师206人,占被调查教师的14.7%;31—40岁教师526人,占被调查教师的37.6%;41—50岁教师446人,占被调查教师的31.9%;50岁以上教师210人,占被调查教师的15.0%;缺失11人,占被调查教师的0.8%。

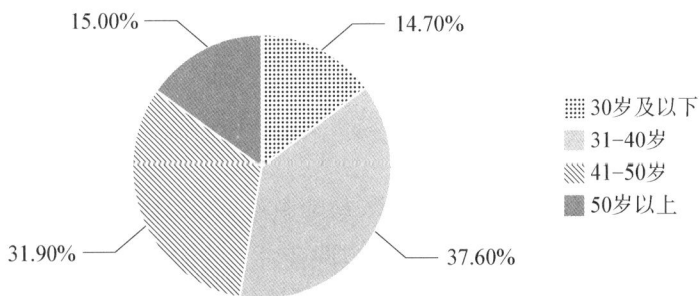

图 2   被调查教师的年龄结构

3. 教师职教教龄结构

如图3所示,在被调查的1 399份问卷中,职教教龄在2年及以内的教师81人,占被调查教师的5.8%;职教教龄在2—5年的教师136人,占被调查教师的9.7%;职教教师教龄在6—10年的教师252人,占被调查教师的18.0%;职教教龄在10年以上教师919人,占被调查教师的65.7%;缺失11人,占被调查教师的0.8%。

4. 教师工作岗位结构

如图4所示,在被调查的1 399份问卷中,工作岗位为专业理论教师的人数为553人,占被调查教师总数的39.5%;职教教师岗位为专业实训(指导)教师的人数为241人,占被调查

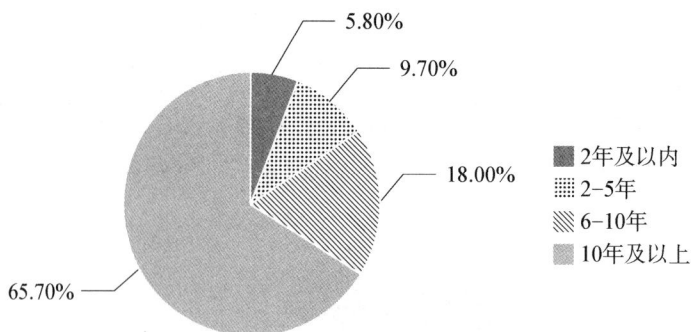

图 3　被调查教师的职教教龄结构

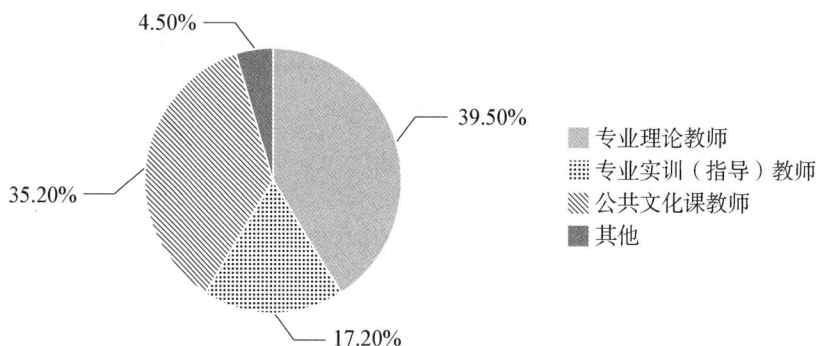

图 4　被调查教师的工作岗位结构

教师总人数的 17.2%;职教教师岗位为公共文化课教师的人数为 492 人,占被调查教师总数的 35.2%;职教教师岗位为其他的人数为 63 人,占被调查者总数的 4.5%;缺失 50 人,占被调查者总数的 3.6%。

5. 教师职称结构

如图 5 所示,在被调查的 1 399 份问卷中,教师职称为初级的人数 358 人,占被调查总人数的 25.6%;教师职称为中级的人 709 人,占被调查者人数的 50.7%;教师职称为副高级的人数 290 人,占被调查者总人数的 20.7%;教师职称为正高级的人数 17 人,占被调查总人数的 1.2%;缺失 25 人,占被调查总人数的 1.9%。

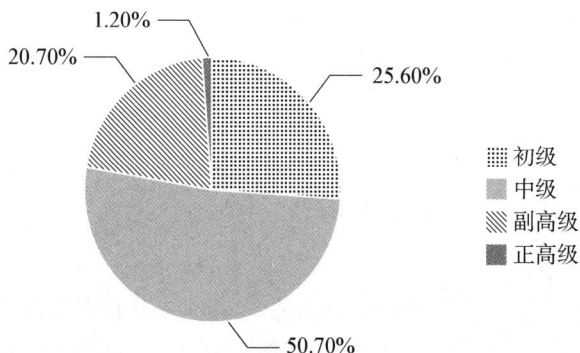

图 5　被调查教师的职称结构

6. 教师学历结构

如图 6 所示,在被调查的 1 399 份问卷中,最高学历为专科及以下者为 78 人,占被调查总人数的 5.6%;最高学历为本科的为 1 096 人,占被调查总人数的 78.3%;最高学历为硕士研究生及以上者为 214 人,占被调查总人数的 15.2%;缺失 11 人,占被调查总人数的 0.8%。

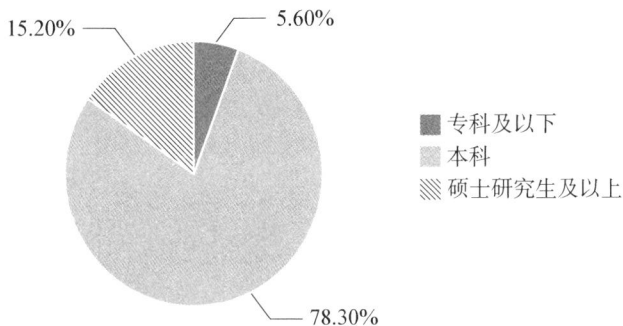

图 6 被调查教师的学历结构

7. 教师持有职业资格证书结构

如图 7 所示,在被调查的 1 399 份问卷中,被调查教师具有所教授专业职业资格证书的人数 1 055 人,占被调查总人数的 75.4%;不具有职业资格证书的人数 325 人,占被调查总人数的 23.2%;缺失 19 人,占总人数的 1.1%。

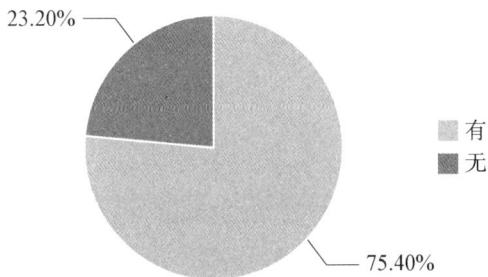

图 7 被调查教师持有职业资格证书的结构

(二) 上海市中职教师对专业发展内涵的认知情况

本课题组在调查清楚上海市中职教师人口统计学变量的基础上,进一步探索了上海市中职教师对中职教师专业发展内涵的认知情况,试图从一线中职教师中分析中职教师专业发展的内涵,并试图廓清这一理论概念。关于中职教师对中职教师专业发展内涵的认知,主要试图从中职教师对专业理念与师德的认知、中职教师对专业发展结构的认知、中职教师对专业知识的认知、中职教师对专业能力的认知这四个方面来阐述、分析。

1. 中职教师对专业发展理念与师德内涵的认知

通过对上海市 1 399 名中职教师对专业发展理念与师德认知情况的调查,得出了如下调研结果,如图 8 所示:84.8%的教师认为专业理念与师德包括"职业理解与认知";86.2%的教师认为专业理念与师德包括"教育教学态度与行为";81.7%的教师认为专业理念与师德包括"个人修养与行为";78.6%的教师认为专业理念与师德包括"对学生的态度与行为"。

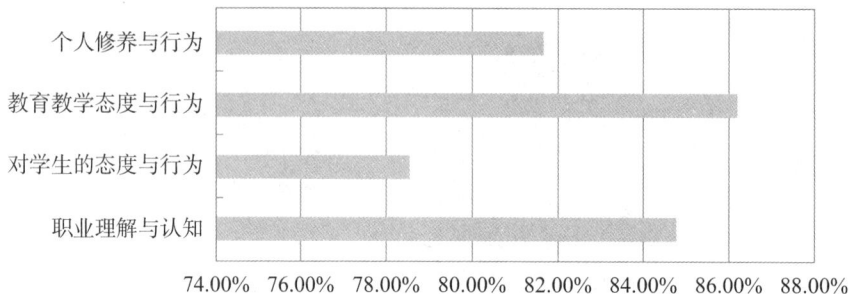

图 8 被调查者对中职教师专业化理解与师德的认知

2. 中职教师对专业发展结构的认知

通过对上海市 1 399 名中职教师对教师专业发展结构的认知情况的调查,得出了如下调研结果,如图 9 所示:85.3%的教师认为教师专业发展结构包括"专业理念与师德";82.0%的教师认为教师专业发展结构包括"专业能力";76.8%的教师认为教师专业发展结构包括"专业知识"。

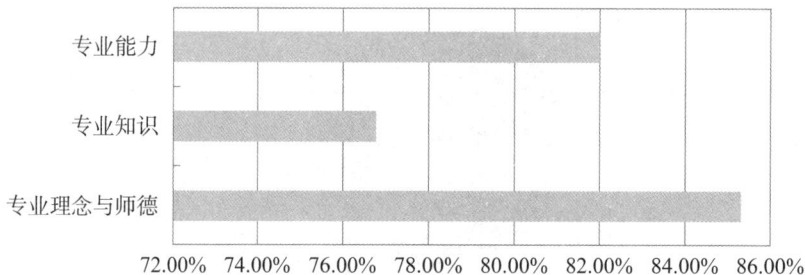

图 9 被调查者对中职教师专业化发展结构的认知

3. 中职教师对专业知识内涵的认知

通过对上海市 1 399 名中职教师对教师专业化发展所需专业知识的认知情况调查,得出了如下调研结果,如图 10 所示:89.3%的教师认为教师专业知识的内涵包括"课程教学知识";80.9%的教师认为教师专业知识的内涵包括"教育知识";80.6%的教师认为教师专业知识的内涵包括"职业背景知识";74.5%的教师认为教师专业知识的内涵包括"通识性知识"。

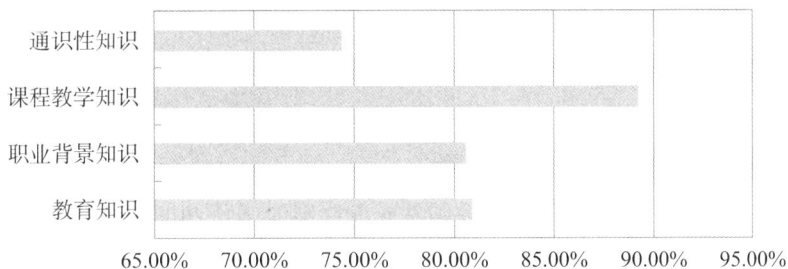

图 10　被调查者对中职教师专业知识内涵的认知

4. 中职教师对专业能力内涵的认知

通过对上海市 1 399 名中职教师对教师专业能力基本内涵认知的调查,得出了如下调研结果,如图 11 所示:94.6%的教师认为教师专业能力应包括"教学设计、实施与评价能力";81.9%的教师认为教师专业能力应包括"实习实训能力";73.4%的教师认为教师专业能力应包括"班级管理能力";73.2%的教师认为教师专业能力应包括"教育科研能力"。

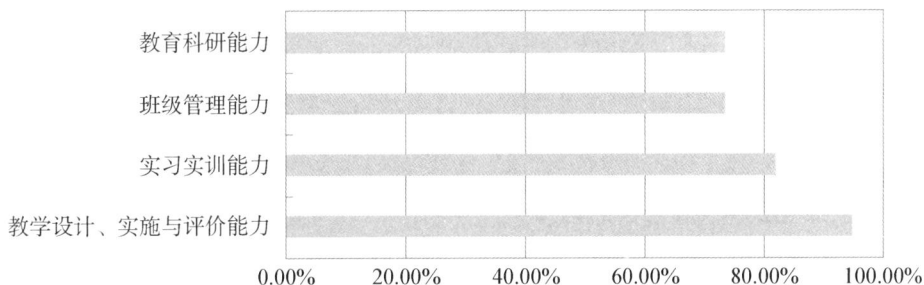

图 11　被调查者对中职教师专业能力内涵的认知

结　论:

(1)中职教师认为:"教育教学态度与行为"、"职业理解与认知"是教师专业发展理念与师德内涵最为重要的两个方面。

(2)中职教师认为:"专业理念与师德"、"专业能力"是教师专业发展结构最重要的两个方面。

(3)中职教师认为:"课程教学知识"与"教育知识"是教师专业知识最为重要的两个方面。

(4)中职教师认为:"教学设计、实施与评价能力"与"实习实训能力"是教师专业能力最为重要的两个方面。

(三) 上海市中职教师对专业发展内容的认知情况

在基本廓清上海市中职教师对专业化发展内涵认知情况的基础上,本课题组试图进一步探索上海市中职教师对教师专业发展内容的认知情况。关于中职教师对中职教师专业发展内容的认知,主要试图以中职教师对企业实践、教学设计、教学实施和班级管理的认知情况为主要内容。

1. 中职教师对到企业实践时间的认知

通过对上海市 1 399 名中职教师对教师到企业实践时间认知的调研,得出了如下调研结果,如图 12 所示:57.0%的教师认为教师应该以 2 个月/每两年的频率到企业去实践;24.1%的教师认为教师应该以 6 个月/每两年的频率到企业去实践;12.8%的教师则认为应该以一年/每两年的频率到企业去实践。

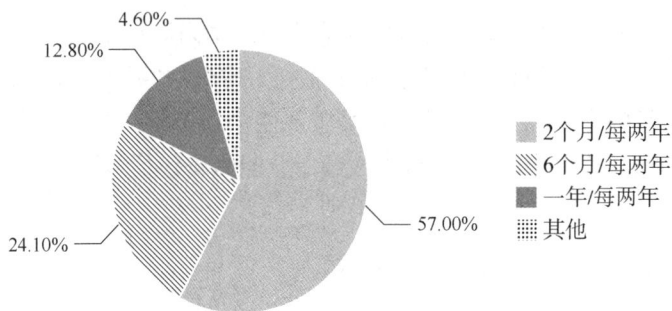

图 12　被调查者对中职教师到企业实践时间的认知

2. 中职教师对教学设计内容的认知

通过对上海市 1 399 名中职教师对教学设计认知情况的调研,得出了如下调研结果,如图 13 所示:90.6%的教师认为教学设计的内涵包括了"根据培养目标设计教学目标和教学计划";85.7%的教师认为教学设计的内涵包括了"基于职业岗位工作过程设计教学过程和教学情境";80.5%的教师认为教学设计的内涵包括了"引导和帮助学生设计个性化的学习计划";但仅有 53.3%的教师认为教学设计的内涵包括了"参与校本课程开发"。

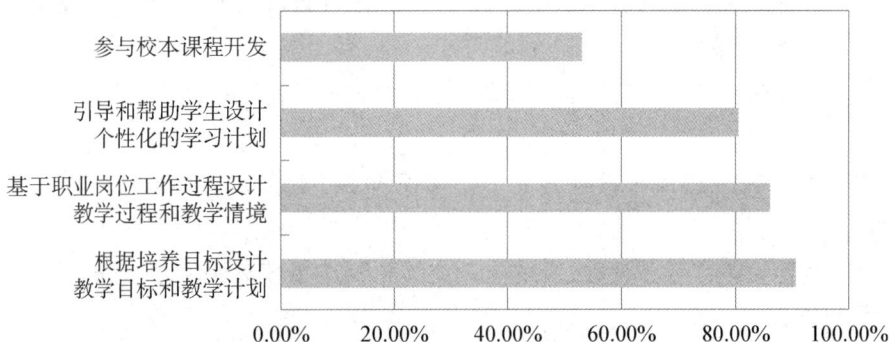

图 13　被调查者对中职教师教学设计内容的认知

3. 中职教师对教学实施内容的认知

通过对上海市 1 399 名中职教师对教学实施认知情况的调研,得出了如下调研结果,如图 14 所示:67.3％的教师认为教学实施的内涵应包括"有效调控教学过程";87.1％的教师认为教学实施的内涵应包括"培养学生的参与意识和学习兴趣";76.8％的教师认为教学实施的内涵应包括"学做一体,实施有效教学";58.3％的教师认为教学实施的内涵应包括"充分利用现代教育技术"。

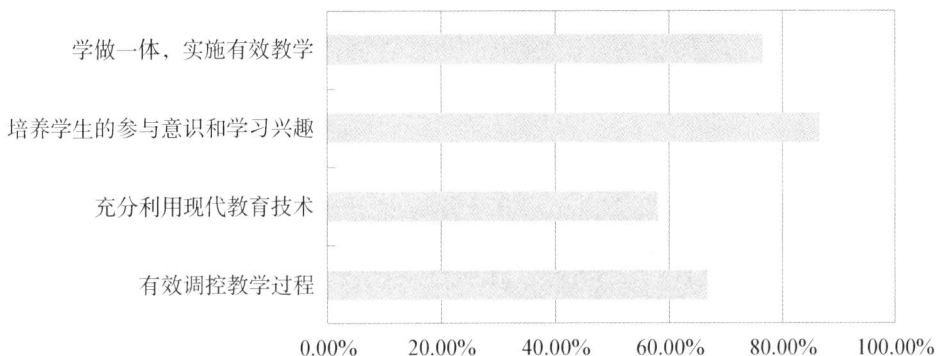

图 14　被调查者对中职教师教学实施内容的认知

4. 中职教师对班级管理内容的认知

通过对上海市 1 399 名中职教师对班级管理认知情况的调研,得出了如下调研结果,如图 15 所示:72.3％的教师认为班级管理的内涵应包括"学生思想品德和职业道德养成";72.1％的教师认为班级管理的内涵应包括"学生学习和生活方面的心理疏导";50.4％的教师认为班级管理的内涵应包括"突发事件处理";41.7％的教师认为班级管理的内涵应包括"学生就业与生涯指导"。

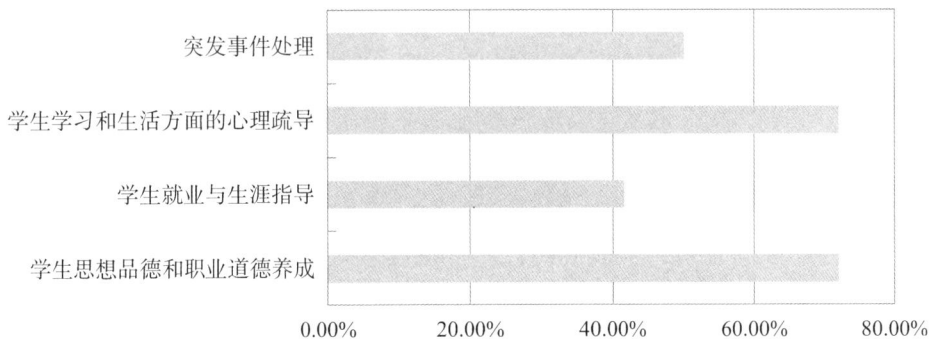

图 15　被调查者对中职教师班级管理内容的认知

💬 **结 论:**

（1）中职教师认为："2个月/每两年"、"6个月/每两年"是中职教师最为支持的两种到企业实践的时间安排方式。

（2）中职教师认为："根据培养目标设计教学目标和教学计划"与"基于职业岗位工作过程设计教学过程和教学情境"是教学设计内容最为重要的两个方面。

（3）中职教师认为："培养学生的参与意识和学习兴趣"、"学做一体，实施有效教学"是教师教学实施内容最为重要的两个方面。

（4）中职教师认为："学生学习和生活方面的心理疏导"与"学生思想品德和职业道德养成"是中职教师班级管理内容最为重要的两个方面。

（四）上海市中职教师对专业发展途径的认知情况

前文已对上海市中职教师对专业化发展内涵、专业化发展内容的认知现状进行了阐述，为了进一步深化认识中职教师专业化发展的现状，本课题组进一步探索了上海中职教师对专业发展途径的认知情况，主要从专业理念与师德和专业知识与能力的发展途径这两个方面进行阐述。

1. 中职教师对专业理念与师德发展途径的认知

通过对上海市1 399名中职教师对专业理念与师德发展途径认知的调研，得出了如下调研结果，如图16所示：87.1%的教师认为培养专业理念与师德的主要途径是通过"专业（专项）培训"；76.8%的教师认为培养专业理念与师德的主要途径是通过"自我学习与反思"；67.3%的教师认为培养专业理念与师德的主要途径是通过"专家引领"；58.3%的教师认为培养专业理念与师德的主要途径是通过"岗位实践"。中职教师认为："专业（专项）培训"、"自我学习与反思"是中职教师专业理念与师德发展最为重要的两个途径。

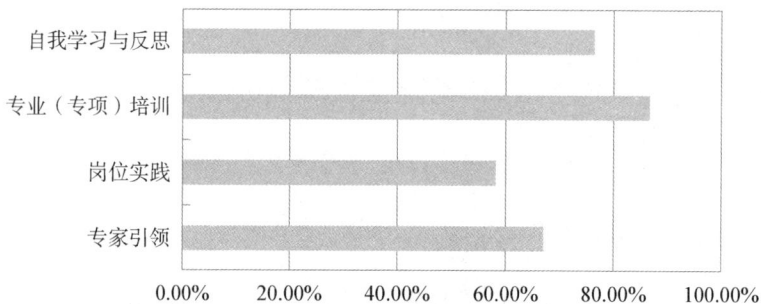

图16 被调查者对中职教师专业理念与师德发展途径的认知

2. 中职教师对专业知识与能力提升主要途径的认知

通过对上海市1 399名中职教师对专业知识与能力提升途径的认知调研，得出了如下调研结果，如图17所示：87.7%的教师认为中职教师专业知识与能力提升主要通过"专业（专项）培训"；80.2%的教师认为中职教师专业知识与能力提升主要通过"参加岗位实践"；

71.5％的教师认为中职教师专业知识与能力提升主要通过"学历教育与进修"；70.4％的教师认为中职教师专业知识与能力提升主要通过"自我学习与反思"；49.5％的教师认为中职教师专业知识与能力提升主要通过"同行或跨界交流"。

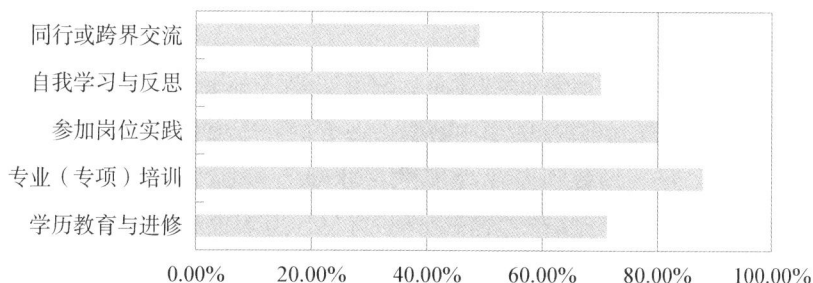

图 17　被调查者对中职教师专业知识和能力提升主要途径的认知

📣 结　论：

（1）中职教师认为："专业（专项）培训和"自我学习与反思"是中职教师专业理念与师德发展的主要途径。

（2）中职教师认为："专业（专项）培训"与"参加岗位实践"是教师获得专业知识和能力提升的主要途径。

（五）上海市中职教师对专业发展影响因素的认知情况

中职教师专业发展会受到很多外在和内在因素的影响,找到这些影响,并阐明何种因素是制约当前中职教师专业发展的主要因素,就成为进一步促进中职教师专业发展的必要前提。为了实现这一目标,本课题组对中职教师专业发展的影响因素也进行了调查,主要从专业发展的内部动力、专业发展的外部因素和专业发展的困境三个方面着手进行探讨。

1. 中职教师对专业发展影响因素的认知

通过对上海市 1 399 名中职教师对专业化发展影响因素的认知现状的调研,得出了如下调研结果,如图 18 所示：79.2％的教师认为中职教师专业发展的影响因素包括了"教师专业

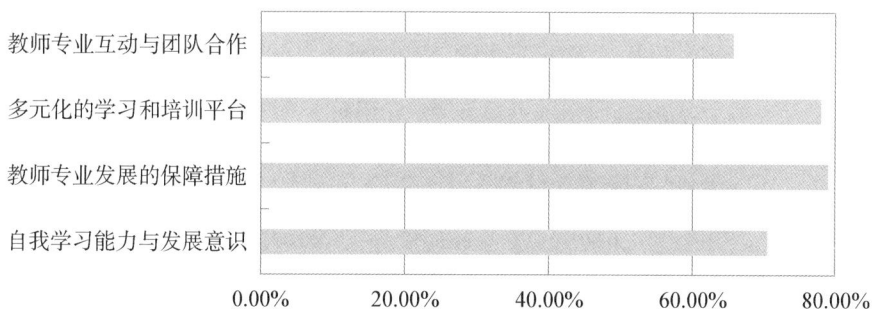

图 18　被调查者对中职教师专业发展影响因素的认知

发展的保障措施";78.2％的教师认为中职教师专业发展的影响因素包括了"多元化的学习和培训平台";70.6％的教师认为中职教师专业发展的影响因素包括了"自我学习能力与发展意识";65.9％的教师认为中职教师专业发展的影响因素包括了"教师专业互动与团队合作"。

2. 中职教师对专业发展动力的认知

通过对上海市 1 399 名中职教师对专业发展动力的认知现状调研,得出了如下调研结果,如图 19 所示:77.8％的教师认为中职教师专业发展的主要动力包括"更新知识,提高素质";66.9％的教师认为中职教师专业发展的主要动力包括"使学生获得更好的发展";56.9％的教师认为中职教师专业发展的主要动力包括"追求更高的收入";56.9％的教师认为中职教师专业发展的主要动力包括"更好实现人生价值";56.4％的教师认为中职教师专业发展的主要动力包括"适应教育改革的新要求";55.7％的教师认为中职教师专业发展的主要动力包括"追求职务职称的提升"。

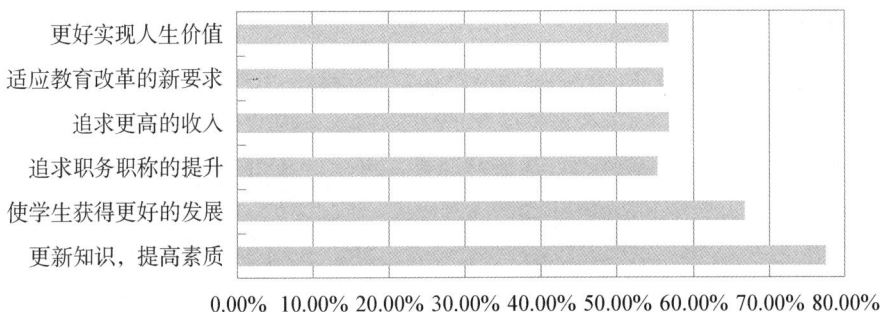

图 19　被调查者对中职教师专业发展动力的认知

3. 中职教师对专业发展困难的认知

通过对上海市 1 399 名中职教师对中职教师专业发展困难的认知现状调研,得出了如下调研结果,如图 20 所示:73.8％的教师认为中职教师专业发展面临的主要困难是"缺乏专业

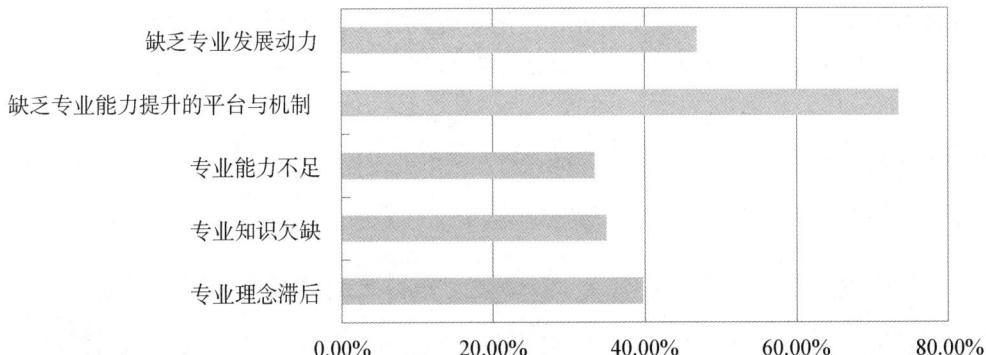

图 20　被调查者对中职教师专业发展困难的认知

能力提升的平台与机制";47.0%的教师认为中职教师专业发展面临的主要困难是"缺乏专业发展动力";39.8%的教师认为中职教师专业发展面临的主要困难是"专业理念滞后";35.3%的教师认为中职教师专业发展面临的主要困难是"专业知识欠缺";34.0%的教师认为中职教师专业发展面临的主要困难是"专业能力不足"。

结　论：

（1）中职教师认为："教师专业发展的保障措施"、"多元化的学习和培训平台"是影响中职教师专业发展的最重要因素。

（2）中职教师认为："更新知识、提高素质"、"使学生获得更好的发展"是中职教师专业发展最为主要的动力。

（3）中职教师认为："缺乏专业能力提升的平台与机制"、"缺乏专业发展动力"是中职教师专业发展面临的最大困难。

（六）上海市中职教师对专业发展评价的认知情况

何谓成功的教师专业化发展，以何为标准去评价中职教师专业发展的成就和不足是本次调研一个十分重要的问题。通过对上海市1 399名中职教师对专业化发展评价的认知现状调研，得出了如下调研结果，如图21所示：74.2%的中职教师认为教师专业化发展的成功之处体现在"学生获得良好发展"；71.5%的中职教师认为教师专业化发展的成功之处体现在"业务水平的提高"；65.9%的中职教师认为教师专业化发展的成功之处体现在"个人修养的完善"；57.7%的中职教师认为教师专业化发展的成功之处体现在"受到社会的更多尊重"；56.3%的中职教师认为教师专业化发展的成功之处体现在"职务职称的提升"；52.4%的中职教师认为教师专业化发展的成功之处体现在"经济收入提高"；32.2%的中职教师认为教师专业化发展的成功之处体现在"取得更高的学历"。

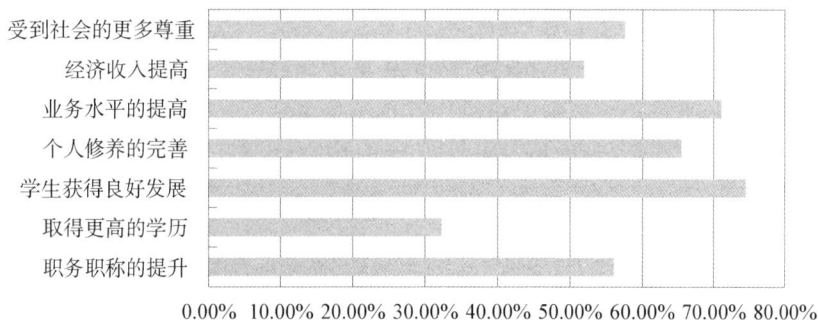

图21　被调查者对中职教师专业发展评价的认知

结　论：

中职教师认为："学生获得良好发展"、"业务水平的提高"与"个人修养的完善"这三个方面是评价中职教师专业发展的最为主要的三个方面。

五、问卷调研结果2：上海市中职教师专业发展认知的差异分析

(一) 上海市中职教师对专业发展内涵认知的差异情况分析

前文已对中职教师对专业发展内涵认知现状进行了统计分析,并得出了中职教师对专业发展内涵认知的基本现状,然而这并不足以帮助我们认识这一研究对象的全貌,为了进一步分析中职教师对专业发展内涵认知的情况,我们以人口统计学为背景变量,探讨中职教师对专业发展内涵认知的差异情况,即不同人口统计学变量背景下,中职教师对专业发展内涵的认知是否存在着差异,这一差异又是否明显。

1. 中职教师对专业发展理念与师德内涵认知的差异情况分析

专业发展理念与师德观念对一名中职教师的专业发展有着十分重要的意义,是一名中职教师应该具备的基本素质,前文已经探讨了中职教师对教师专业发展理念与师德内涵认知的现状,然而却并未分析不同人口统计学变量背景下,教师对专业发展理念与师德内涵认知的差异。因此,本部分内容正是为了弥补这一不足,进一步深化对这一问题的认知。

(1) 不同性别中职教师对专业发展理念与师德内涵认知的差异分析。

通过对上海市1 399名不同性别中职教师对专业发展理念与师德内涵认知的差异分析,得出了如下调研结果,如表2所示:在职业理解与认知这一维度上,女性教师的选择次数要比男性教师多出23%;在对学生态度与行为这一维度上,女性教师的选择次数要比男性教师多出24%;在教育教学态度与行为这一维度上,女性教师要比男性教师多出27.5%;在个人修养与行为这一维度上,女性教师的选择次数要比男性教师多出23.9%。再经过 χ^2 检验(百分比同质性检验)后发现:不同性别教师在前三个选项上的百分比存在着明显不同,而在后两个选项上的态度相同。前四个选项的 χ^2 和 p 值分别为(4.436,0.035)、(12.716,0.000)、(9.301,0.002)与(1.396,0.237)。

表2 不同性别中职教师对专业发展理念与师德内涵认知的差异分析表

	职业理解 与认知	对学生的 态度与行为	教育教学 态度与行为	个人修养 与行为	其他
男	30.9%	27.3%	29.8%	28.9%	0.1%
女	53.9%	51.3%	56.4%	52.8%	0.5%

注：%为勾选本选项次数与总体人数的比值。

(2) 不同年龄中职教师对专业发展理念与师德内涵认知的差异分析。

通过对上海市1 399名不同性别中职教师对专业发展理念与师德内涵认知的差异分析,得出了如下调研结果,如表3所示:在职业理解与认知这一维度上,31～40岁这一年龄阶段教师选择这一选项的人数最多,达到了31.8%,而50岁以上年龄段教师选择这一选项的人数最少,

仅为 11.5%；在对学生态度与行为这一维度上，31—40 岁年龄段教师选择这一选项的人数最多，达到 30.7%，而 50 岁以上年龄段教师选择这一选项的人数最少，仅为 9.6%；在教育教学态度与行为这一维度上，31—40 岁这一年龄段教师选择这一选项的人数最多，为 33.7%，而 50 岁及以上这一年龄段教师选择这一选项的人数最少，仅为 11.4%；在个人修养与行为这一维度上，31—40 岁这一年龄段教师选择这一选项的人数最多，达到了 31.4%，而 50 岁以上教师选择这一选项的人数最少，仅有 11.4%。再经过 χ^2 检验(百分比同质性检验)后发现：不同年龄教师在前三个选项上的百分比存在着明显不同，而在后两个选项上的态度相同。前四个选项的 χ^2 和 p 值分别为(11.615,0.009)、(22.127,0.000)、(12.954,0.005)与(5.358,0.147)。

表 3　不同年龄中职教师对专业发展理念与师德内涵认知的差异分析表

	职业理解与认知	对学生的态度与行为	教育教学态度与行为	个人修养与行为	其他
30 岁及以下	13.6%	13.2%	13.4%	13.0%	0.1%
31—40 岁	31.8%	30.7%	33.7%	31.4%	0.3%
41—50 岁	27.8%	25.0%	27.8%	25.9%	0.1%
50 岁以上	11.5%	9.6%	11.4%	11.4%	0.7%

注：%为勾选本选项次数与总体人数的比值。

（3）不同职教教龄中职教师对专业发展理念与师德内涵认知的差异分析。

通过对上海市 1 399 名不同职教教龄中职教师对专业发展理念与师德内涵认知的差异分析，得出了如下调研结果，如表 4 所示：在职业理解与认知、对学生的态度与行为、教育教学态度与行为、个人修养与行为这四个维度上，都是 10 年以上教龄的教师选择次数最高，达到 50%以上，都是 2 年及以内教龄的教师选择次数最小，都在 5%左右。再经过 χ^2 检验(百分比同质性检验)后发现：不同职教教龄教师除了在第二个选项上的认知存在差异外，在其他四个选项上都不存在显著差异。前四个选项的 χ^2 和 p 值分别为(1.690,0.639)、(8.971,0.030)、(3.360,0.339)与(5.125,0.163)。

表 4　不同职教教龄中职教师对专业发展理念与师德内涵认知的差异分析表

	职业理解与认知	对学生的态度与行为	教育教学态度与行为	个人修养与行为	其他
2 年及以内	5.3%	5.3%	5.5%	5.1%	0%
2—5 年	8.3%	8.6%	8.8%	8.7%	0.1%
6—10 年	15.1%	13.8%	15.5%	14.0%	0%
10 年以上	56.0%	50.9%	56.4%	53.9%	0.5%

注：%为勾选本选项次数与总体人数的比值。

（4）不同工作岗位中职教师对专业发展理念与师德内涵认知的差异分析。

通过对上海市 1 399 名不同工作岗位中职教师对专业发展理念与师德内涵认知的差异分析，得出了如下调研结果，如表 5 所示：在职业理解与认知这一维度上，专业理论教师在这一选项上的选择次数最高，达到了 34.5%，而专业实训（指导）教师在这一选项上的选择次数最小，仅为 15.4%；在其他维度上，其调研结果同职业理解与认知这一维度上的结果基本一致，专业理论课教师的选择次数都是最多的。再经过 χ^2 检验（百分比同质性检验）后发现：不同工作岗位教师在第二、三、四个选项上存在显著的认知差异，而在第一和第五个选项上并不存在认知差异。前四个选项的 χ^2 和 p 值分别为（0.879，0.830）、（15.001，0.002）、（17.583，0.001）与（9.116，0.028）。

表 5　不同工作岗位中职教师对专业发展理念与师德内涵认知的差异分析表

	职业理解与认知	对学生的态度与行为	教育教学态度与行为	个人修养与行为	其他
专业理论教师	34.5%	33.8%	36.6%	34.1%	0.1%
专业实训（指导）教师	15.4%	11.8%	13.8%	12.9%	0.1%
公共文化课教师	30.4%	29.2%	32.3%	30.5%	0.3%
其他	4.1%	3.6%	3.4%	4.0%	0.1%

注：%为勾选本选项次数与总体人数的比值。

（5）不同职称中职教师对专业发展理念与师德内涵认知的差异分析。

通过对上海市 1 399 名不同职称中职教师对专业发展理念与师德内涵认知的差异分析，得出了如下调研结果，如表 6 所示：在这四个选项上，中级教师的选择次数都是最高的，而正高级教师的选择次数都是最低的。再经过 χ^2 检验（百分比同质性检验）后发现：不同职称教师在五个选项上都不存在显著的认知差异，前四个选项的 χ^2 和 p 值分别为（2.715，0.438）、（3.023，0.338）、（1.946，0.584）与（1.606，0.658）。

表 6　不同职称中职教师对专业发展理念与师德内涵认知的差异分析表

	职业理解与认知	对学生的态度与行为	教育教学态度与行为	个人修养与行为	其他
初级	22.8%	21.5%	21.8%	21.6%	0.1%
中级	43.6%	39.9%	45.1%	42.0%	0.4%
副高级	17.2%	16.6%	18.4%	17.2%	0.1%
正高级	1.1%	0.8%	1.1%	0.8%	0

注：%为勾选本选项次数与总体人数的比值。

（6）不同学历中职教师对专业发展理念与师德内涵认知的差异分析。

通过对上海市 1399 名不同职称中职教师对专业发展理念与师德内涵认知的差异分析，得出了如下调研结果，如表 7 所示：在这四个选项上，本科学历层次教师的选择次数都是最高的，而专科及以下教师的选择次数都是最低的。再经过 χ^2 检验（百分比同质性检验）后发现：不同学历教师在前四个选项上都存在显著的认知差异。前四个选项的 χ^2 和 p 值分别为（6.806,0.033）、（20.226,0.000）、（12.197,0.002）与（9.219,0.010）。

表 7　不同学历中职教师对专业发展理念与师德内涵认知的差异分析表

	职业理解 与认知	对学生的 态度与行为	教育教学 态度与行为	个人修养 与行为	其他
专科及以下	4.1%	2.9%	3.9%	3.7%	0
本科	66.7%	62.5%	68.4%	64.4%	0.7%
硕士研究生及以上	13.9%	13.1%	13.5%	13.5%	0

注：％为勾选本选项次数与总体人数的比值。

（7）中职教师是否拥有职业资格证书对专业发展理念与师德内涵认知的差异分析。

通过对上海市 1399 名不同职称中职教师对专业发展理念与师德内涵认知的差异分析，得出了如下调研结果，如表 8 所示：在这四个选项上，具有职业资格证书的教师选择次数都是最高的，而没有职业资格证书教师的选择次数都是最低的。再经过 χ^2 检验（百分比同质性检验）后发现：持有职业资格证书的教师和没有持有资格证书的教师在这五个选项上的认知都不存在显著的差异。前四个选项的 χ^2 和 p 值分别为（0.046,0.830）、（0.799,0.371）、（2.193,0.139）与（0.973,0.324）。

表 8　中职教师是否持有职业资格证书对专业发展理念与师德内涵认知的差异分析表

	职业理解 与认知	对学生的 态度与行为	教育教学 态度与行为	个人修养 与行为	其他
有	65.1%	59.6%	65.3%	62.2%	0.5%
无	19.7%	19.0%	21.0%	19.8%	0.1%

注：％为勾选本选项次数与总体人数的比值。

结　论：

通过对上海市 1399 名不同人口统计学变量背景下中职教师对专业发展理念与师德内涵认知的差异分析，得出了如下结论：

不同性别教师在前三个选项上的百分比存在着明显不同，而在后两个选项上的态度相同；不同年龄教师在前二个选项上的百分比存在着明显不同，而在后两个选项上的态度相同;不同职教教龄教师除了在第二个选项上的认知存在差异外,在其他四个选项上都不存在显著差异;不同工作岗位教师在第二、三、四个选项上存在显著的认知差异,而在第一和第五个选项上并不存在认知差异;不同职称教师在五个选项上都不存在显著的认知差异;不同学历教师在前四个选项上都存在显著的认知差异;持有职业资格证书的教师和没有资格证书的教师在这五个选项上的认知都不存在显著的差异。

2. 中职教师对专业发展结构认知的差异情况分析

专业发展结构是指中职教师专业化发展的方向和内容,对我们正确认识中职教师专业化发展的方向具有十分重要的意义。前文已经探讨了中职教师对教师专业发展结构认知的现状,然而却并未分析不同人口统计学变量背景下,中职教师对专业发展结构认知的差异。因此,本部分内容正是为了弥补这一不足,深化对这一问题的认知。

(1)不同性别中职教师对专业发展结构认知的差异分析。

通过对上海市 1 399 名不同性别中职教师对专业发展结构认知的差异分析,得出了如下调研结果,如表 9 所示:在专业理念与师德这一选项上,女性教师的选择人数比男性教师的选择人数多出了 24.1%;在专业知识这一选项上,女性教师的选择人数比男性教师的选择人数多出了 24.7%;在专业能力这一选项上,女性教师选择人数比男性教师的选择人数多出了 24.8%。再经过 χ^2 检验(百分比同质性检验)后发现:不同性别中职教师在前三个选项上的认知上存在显著差异,而在最后一个选项认知上不存在显著差异。这四个选项上的 χ^2 和 p 值分别为(4.436,0.035)、(12.716,0.000)、(9.301,0.002)与(1.396,0.237)。

表 9　不同性别中职教师对专业发展结构认知的差异分析表

	专业理念与师德	专业知识	专业能力	其他
男	30.6%	26.0%	28.6%	1.3%
女	54.7%	50.7%	53.4%	1.3%

注:%为勾选本选项次数与总体人数的比值。

(2)不同年龄中职教师对专业发展结构认知的差异分析。

通过对上海市 1 399 名不同年龄段中职教师对专业发展结构认知的差异分析,得出了如下调研结果,如表 10 所示:在专业理念与师德这一选项上,31—40 岁这一阶段教师的选择人数最多,而 50 岁及以下这一年龄段教师的选择人数最少;在专业知识这一选项上,31—40 岁这一年龄阶段教师的选择次数最多,而 50 岁及以上年龄阶段选择这一选项的人数最少;在专业能力这一选项上,31—40 岁年龄阶段教师选择这一选项的人数达到 31.5%,而 50 岁及以上年龄阶段教师选择这一选项的次数最少,仅有 10.8%。再经过 χ^2 检验(百分比同质性检验)后发现:不同年龄中职教师在第二、三个选项上的认知上存在显著差异,而在第一和第四个选项上不存在认知差异。这四个选项上的 χ^2 和 p 值分别为(4.920,0.178)、(13.643,0.003)、(9.716,0.021)与(3.272,0.352)。

表 10　不同年龄中职教师对专业发展结构认知的差异分析表

	专业理念与师德	专业知识	专业能力	其他
30 岁及以下	13.1%	12.1%	12.6%	0.1%
31—40 岁	32.7%	30.6%	31.5%	1.2%
41—50 岁	27.6%	24.3%	27.1%	0.7%
50 岁及以上	11.9%	9.7%	10.8%	2.7%

注：％为勾选本选项次数与总体人数的比值。

（3）不同职教教龄中职教师对专业发展结构认知的差异分析。

通过对上海市 1 399 名不同职教教龄中职教师对专业发展结构认知的差异分析，得出了如下调研结果，如表 11 所示：在四个选项上，10 年及以上教龄的教师选择的次数都是最多的，前三个选项达到了 50％以上，而职教教龄在 2 年及以内的教师的选择次数都是最小的。再经过 χ^2 检验（百分比同质性检验）后发现：不同职教教龄中职教师在第一个选项上存在显著差异，而在其他选项上不存在差异。这四个选项上的 χ^2 和 p 值分别为（12.537,0.006）、（3.400,0.334）、（1.591,0.661）与（2.600,0.457）。

表 11　不同职教教龄中职教师对专业发展结构认知的差异分析表

	专业理念与师德	专业知识	专业能力	其他
2 年及以内	5.5%	4.8%	4.9%	0.1%
2—5 年	8.8%	8.1%	8.3%	0
6—10 年	13.9%	13.4%	14.3%	0.7%
10 年及以上	57.1%	50.5%	54.5%	1.9%

注：％为勾选本选项次数与总体人数的比值。

（4）不同工作岗位中职教师对专业发展结构认知的差异分析。

通过对上海市 1 399 名不同工作岗位中职教师对专业发展结构认知的差异分析，得出了如下调研结果，如表 12 所示：在四个选项上，专业理论教师选择的次数都是最多的，前三个选项达到了 30％以上，而专业实习教师的选择次数都是最少的，在 15％以内。再经过 χ^2 检验（百分比同质性检验）后发现：不同工作岗位中职教师在第一和第二个选项上存在显著差异，而在后两个选项上不存在显著差异。这四个选项上的 χ^2 和 p 值分别为（13.471,0.004）、（19.011,0.000）、（6.868,0.076）与（3.726,0.293）。

（5）不同职称中职教师对专业发展结构认知的差异分析。

通过对上海市 1 399 名不同职称中职教师对专业发展结构认知的差异分析，得出了如下调研结果，如表 13 所示：中级职称教师在四个选项的选择次数都是最高的，而高级教师在这

表 12　不同工作岗位中职教师对专业发展结构认知的差异分析表

	专业理念与师德	专业知识	专业能力	其他
专业理论教师	33.9%	34.3%	35.3%	0.5%
专业实习教师	14.0%	11.7%	13.9%	0.5%
公共文化课教师	33.0%	27.5%	29.1%	1.1%
其他	4.4%	3.3%	3.6%	0.3%

注：％为勾选本选项次数与总体人数的比值。

表 13　不同职称中职教师对专业发展结构认知的差异分析表

	专业理念与师德	专业知识	专业能力	其他
初级	22.1%	20.1%	21.1%	0.4%
中级	43.5%	39.9%	41.7%	1.6%
副高级	18.6%	15.9%	18.2%	0.5%
高级	1.2%	0.8%	0.9%	0.1%

注：％为勾选本选项次数与总体人数的比值。

四个选项上的选择次数都是最低的。再经过 χ^2 检验（百分比同质性检验）后发现：不同职称中职教师在这四个选项上都不存在显著的认知差异。这四个选项上的 χ^2 和 p 值分别为（3.280,0.350）、（0.703,0.872）、（2.900,0.407）与（3.669,0.300）。

（6）不同学历中职教师对专业发展结构认知的差异分析。

通过对上海市 1 399 名不同学历层次中职教师对专业发展结构认知的差异分析，得出了如下调研结果，如表 14 所示：中级教师在这四个选项上的选择次数是最高的，最高达到了 66.9％，高级教师在这四个选项的选择次数则是最低的。再经过 χ^2 检验（百分比同质性检验）后发现：不同学历中职教师在第二和第三个选项上存在显著的认知差异，而在第一和第四个选项上不存在显著的认知差异。这四个选项上的 χ^2 和 p 值分别为（4.059,0.131）、（12.176,0.002）、（15.769,0.000）与（1.247,0.536）。

表 14　不同学历层次中职教师对专业发展结构认知的差异分析表

	专业理念与师德	专业知识	专业能力	其他
初级	4.4%	3.5%	3.6%	0
中级	66.9%	59.8%	64.2%	2.3%
副高级	13.9%	13.4%	14.0%	0.4%
高级	0.1%	0.1%	0.1%	0

注：％为勾选本选项次数与总体人数的比值。

(7) 中职教师是否拥有职业资格证书对专业发展结构认知的差异分析。

通过对上海市 1 399 名中职教师对专业发展结构认知的差异分析,得出了如下调研结果,如表 15 所示:在四个选项上,拥有职业资格证书的教师其选择频率都高于没有职业资格证书的教师。再经过 χ^2 检验(百分比同质性检验)后发现:具有职业资格证书的教师和不具有职业资格证书的教师在这四个选项上并不存在显著的认知差异。这四个选项上的 χ^2 和 p 值分别为(0.790,0.374)、(1.750,0.186)、(0.933,0.334)与(0.479,0.489)。

表 15　中职教师是否具有职业资格证书对专业发展结构认知的差异分析表

	专业理念与师德	专业知识	专业能力	其他
有	64.8%	57.9%	62.2%	1.9%
无	20.6%	19.0%	19.9%	0.8%

注:％为勾选本选项次数与总体人数的比值。

结　论:

通过对上海市 1 399 名不同人口统计学变量背景下中职教师对专业发展结构内涵认知的差异分析,得出了如下结论:

不同性别中职教师在前三个选项上的认知上存在显著差异,而在最后一个选项认知上不存在显著差异;不同年龄中职教师在第二、三个选项上的认知上存在显著差异,而在第一和第四个选项上不存在认知差异;不同职教教龄中职教师在第一个选项上存在显著差异,而在其他选项上不存在差异;不同工作岗位中职教师在第一和第二个选项上存在显著差异,而在后两个选项上不存在显著差异;不同职称中职教师在这四个选项上都不存在显著的认知差异;不同学历中职教师在第二和第三个选项上存在显著的认知差异,而在第一和第四个选项上不存在显著的认知差异;具有职业资格证书的教师和不具有职业资格证书的教师在这四个选项上并不存在显著的认知差异。

3. 中职教师对专业知识内涵认知的差异分析

中职教师专业知识的内涵和内容,是确定中职教师专业化发展路径的重要依托。前文已经分析了中职教师对教师专业化发展中专业知识内涵认知的现状,然而却并未分析不同人口统计学变量背景下,中职教师对专业知识结构认知的差异。因此,本部分研究内容正是为了弥补这一不足,深化对这一问题的认知。

(1) 不同性别中职教师对专业知识内涵认知的差异分析。

通过对上海市 1 399 名不同性别中职教师对专业知识内涵认知的差异分析,得出了如下调研结果,如表 16 所示:女性教师在专业知识的四个选项上,选择次数都要高于男性教师,而且除了其他这一选项外,都高了 20% 左右。再经过 χ^2 检验(百分比同质性检验)后发现:

不同性别中职教师在第一、三、四这三个选项上存在显著的认知差异,而在第二、第五这两个选项上并不存在显著的认知差异。这五个选项上的 χ^2 和 p 值分别为(12.577,0.000)、(0.813,0.367)、(7.292,0.007)与(8.165,0.004)、(0.000,0.997)。

表 16 不同性别中职教师对专业知识内涵认知的差异分析表

	教育知识	职业背景知识	课程教学知识	通识性知识	其他
男	27.8%	29.5%	32.0%	25.7%	0.4%
女	53.1%	51.1%	57.4%	48.8%	0.7%

注:%为勾选本选项次数与总体人数的比值。

(2) 不同年龄中职教师对专业知识内涵认知的差异分析。

通过对上海市 1 399 名不同年龄中职教师对专业知识内涵认知的差异分析,得出了如下调研结果,如表 17 所示:在五个选项上,31—40 岁这一年龄阶段的教师勾选最多,而都是 50 岁及以上者勾选的次数最少。再经过 χ^2 检验(百分比同质性检验)后发现:不同年龄中职教师在第一、四这两个选项上存在显著认知差异,而在第二、三和五这三个选项上不存在显著差异。这五个选项上的 χ^2 和 p 值分别为(16.477,0.001)、(7.477,0.058)、(6.201,0.102)与(22.520,0.000)、(0.681,0.878)。

表 17 不同年龄中职教师对专业知识内涵认知的差异分析表

	教育知识	职业背景知识	课程教学知识	通识性知识	其他
30 岁及以下	13.1%	12.8%	13.0%	12.6%	0.1%
31—40 岁	32.0%	31.1%	34.8%	30.1%	0.4%
41—50 岁	25.3%	25.5%	29.0%	22.5%	0.3%
50 岁以上	10.6%	11.1%	12.6%	9.4%	0.3%

注:%为勾选本选项次数与总体人数的比值。

(3) 不同职教教龄中职教师对专业知识内涵认知的差异分析。

通过对上海市 1 399 名不同职教教龄中职教师对专业知识内涵认知的差异分析,得出了如下调研结果,如表 18 所示:在五个选项上,10 年及以上教龄教师选择的次数都是最多的,而 2 年以内的新教师在选择次数上都小于其他教龄的教师。再经过 χ^2 检验(百分比同质性检验)后发现:不同职教教龄中职教师在五个选项上都不存在显著差异。这五个选项上的 χ^2 和 p 值分别为(7.822,0.050)、(2.162,0.540)、(1.032,0.793)与(5.852,0.119)、(3.406,0.333)。

表 18　不同职教教龄中职教师对专业知识内涵认知的差异分析表

	教育知识	职业背景知识	课程教学知识	通识性知识	其他
2 年及以内	5.5%	5.1%	5.1%	4.7%	0.1%
2—5 年	8.6%	8.2%	8.8%	8.2%	0
6—10 年	14.6%	14.8%	16.4%	13.9%	0.3%
10 年及以上	52.3%	52.5%	59.0%	47.7%	0.4%

注：％为勾选本选项次数与总体人数的比值。

（4）不同工作岗位中职教师对专业知识内涵认知的差异分析。

通过对上海市 1 399 名不同工作岗位中职教师对专业知识内涵认知的差异分析，得出了如下调研结果，如表 19 所示：在五个选项上，专业理论课教师的选择次数是最高的，而专业实习课教师的选择次数是最低的。再经过 χ^2 检验（百分比同质性检验）后发现：不同工作岗位中职教师在第二个选项上存在显著认知差异，而在其他四个选项上并不存在显著差异。这五个选项上的 χ^2 和 p 值分别为（2.549,0.467）、（11.799,0.008）、（1.910,0.591）与（4.953,0.175）、（4.398,0.222）。

表 19　不同工作岗位中职教师对专业知识内涵认知的差异分析表

	教育知识	职业背景知识	课程教学知识	通识性知识	其他
专业理论课	32.7%	34.5%	36.5%	31.5%	0.1%
专业实习课	14.0%	12.7%	15.4%	12.1%	0.4%
公共文化课	30.5%	29.0%	33.0%	27.5%	0.4%
其他	3.6%	4.1%	4.3%	3.2%	0.1%

注：％为勾选本选项次数与总体人数的比值。

（5）不同职称中职教师对专业知识内涵认知的差异分析。

通过对上海市 1 399 名不同职称中职教师对专业知识内涵认知的差异分析，得出了如下调研结果，如表 20 所示：在五个选项上，中级教师的选择次数都是最多的，而高级教师的选择次数都是最低的。再经过 χ^2 检验（百分比同质性检验）后发现：不同职称中职教师在五个选项上不存在显著认知差异。这五个选项上的 χ^2 和 p 值分别为（4.716,0.194）、（1.340,0.720）、（1.389,0.708）与（7.736,0.052）、（0.913,0.822）。

（6）不同学历中职教师对专业知识内涵认知的差异分析。

通过对上海市 1 399 名不同学历中职教师对专业知识内涵认知的差异分析，得出了如下调研结果，如表 21 所示：本科学历教师在五个选项上的选择次数是最高的，硕士研究生及以上学历教师的选择次数是最低的。再经过 χ^2 检验（百分比同质性检验）后发现：不同学历中

表 20　不同职称中职教师对专业知识内涵认知的差异分析表

	教育知识	职业背景知识	课程教学知识	通识性知识	其他
初级	22.0%	21.6%	23.1%	20.9%	0.1%
中级	41.8%	40.8%	46.4%	38.5%	0.7%
副高级	15.9%	17.2%	18.6%	14.2%	0.3%
高级	1.1%	0.9%	1.2%	0.9%	0

注：％为勾选本选项次数与总体人数的比值。

表 21　不同学历中职教师对专业知识内涵认知的差异分析表

	教育知识	职业背景知识	课程教学知识	通识性知识	其他
专科及以下	3.9%	4.4%	4.6%	2.5%	0
本科	64.5%	63.1%	70.8%	59.7%	0.8%
硕士研究生及以上	12.4%	13.1%	13.9%	12.2%	0.3%

注：％为勾选本选项次数与总体人数的比值。

职教师在第四个选项上存在显著认知差异,而在其他四个选项上并不存在显著差异。这五个选项上的 χ^2 和 p 值分别为(4.004,0.135)、(2.514,0.285)、(3.526,0.172)与(20.855,0.000)、(0.973,0.615)。

(7) 中职教师有无职业资格证书对专业知识内涵认知的差异分析。

通过对上海市 1 399 名中职教师对专业知识内涵认知的差异分析,得出了如下调研结果,如表 22 所示:在这五个选项上,具有职业资格证书的中职教师的选择次数要明显多于不具备职业资格证书的教师。再经过 χ^2 检验(百分比同质性检验)后发现:教师是否具有职业资格证书对教师是否在五个选项上存在认知差异并没有影响。这五个选项上的 χ^2 和 p 值分别为(2.677,0.102)、(0.005,0.944)、(0.362,0.548)与(1.101,0.294)、(0.872,0.350)。

表 22　中职教师有无职业资格证书对专业知识内涵认知的差异分析表

	教育知识	职业背景知识	课程教学知识	通识性知识	其他
有	60.8%	61.8%	68.5%	56.4%	0.7%
无	20.1%	19.0%	20.7%	18.3%	0.4%

注：％为勾选本选项次数与总体人数的比值。

结　论:

通过对上海市 1 399 名不同人口统计学变量背景下中职教师对专业知识内涵认知的差

异分析,得出了如下结论:

不同性别中职教师在第一、三、四这三个选项上存在显著的认知差异,而在第二、第五这两个选项上并不存在显著的认知差异;不同年龄中职教师在第一、四这两个选项上存在显著认知差异,而在第二、三和五这三个选项上不存在显著差异;不同职教教龄中职教师在五个选项上都不存在显著差异;不同工作岗位中职教师在第二个选项上存在显著认知差异,而在其他四个选项上并不存在显著差异;不同职称中职教师在五个选项上不存在显著认知差异;不同学历中职教师在第四个选项上存在显著认知差异,而在其他四个选项上并不存在显著差异;教师是否具有职业资格证书对教师是否在五个选项上存在认知差异并没有影响。

4. 中职教师对专业能力内涵认知的差异分析

中职教师专业能力是中职教师成功胜任教师岗位的重要凭证,中职教师专业能力包括的层面和内容,是确定中职教师专业化发展路径的重要依托。前文已经分析了中职教师对教师专业化发展中专业能力内涵认知的现状,然而却并未分析在不同人口统计学变量背景下,中职教师对专业能力认知的差异。因此,本部分研究内容正是为了弥补这一不足,深化对这一问题的认知。

（1）不同性别中职教师对专业能力内涵认知的差异分析。

通过对上海市 1 399 名不同性别中职教师对专业能力内涵认知的差异分析,得出了如下调研结果,如表 23 所示:女性教师在专业知识的四个选项上,选择次数都要高于男性教师,而且除了其他这一选项外,都高了 20% 左右。再经过 χ^2 检验(百分比同质性检验)后发现:不同性别中职教师在第一和第四两个选项上存在显著认知差异,而在其他选项上并不存在显著差异。这五个选项上的 χ^2 和 p 值分别为(13. 984,0. 000)、(0. 009,0. 926)、(1. 251,0. 263)与(18. 138,0. 000)、(1. 119,0. 290)。

表 23 不同性别中职教师对专业能力内涵认知的差异分析表

	教学设计、实施与评价的能力	实习实训能力	班级管理能力	教育科研能力	其他
男	33.7%	30.5%	26.4%	23.8%	0.4%
女	60.9%	51.4%	47.0%	49.3%	0.3%

注:％为勾选本选项次数与总体人数的比值。

（2）不同年龄中职教师对专业能力内涵认知的差异分析。

通过对上海市 1 399 名不同年龄中职教师对专业能力内涵认知的差异分析,得出了如下调研结果,如表 24 所示:在五个选项上,31—40 岁年龄组教师的选择次数是最高的,而 50 岁及以上组在前四个选项上的选择次数都是最低的。再经过 χ^2 检验(百分比同质性检验)后发现:不同年龄中职教师在第一个选项上存在显著认知差异,而在其他选项上并不存在显著差异。这五个选项上的 χ^2 和 p 值分别为(12. 016,0. 007)、(0. 919,0. 821)、(2. 461,0. 482)与

(7.799,0.050)、(0.417,0.937)。

表24　不同年龄中职教师对专业能力内涵认知的差异分析表

	教学设计、实施与评价的能力	实习实训能力	班级管理能力	教育科研能力	其他
30岁及以下	13.9%	12.4%	11.2%	10.6%	0.1%
31—40岁	36.8%	30.7%	28.6%	29.7%	0.3%
41—50岁	30.4%	26.4%	22.9%	21.8%	0.1%
50岁以上	13.5%	12.4%	10.8%	11.0%	0.1%

注：%为勾选本选项次数与总体人数的比值。

（3）不同职教教龄中职教师对专业能力内涵认知的差异分析。

通过对上海市1 399名不同职教教龄中职教师对专业能力内涵认知的差异分析,得出了如下调研结果,如表25所示：在除去"其他"这一选项的前四个选项中,10年及以上教龄教师的选择次数是最高的,其他教龄组的教师选择次数都较低。再经过 χ^2 检验(百分比同质性检验)后发现：不同职教教龄中职教师在第五个选项上存在显著认知差异,而在其他选项上并不存在显著差异。这五个选项上的 χ^2 和 p 值分别为(1.877,0.598)、(3.999,0.262)、(1.322,0.724)与(0.193,0.979)、(8.620,0.035)。

表25　不同职教教龄中职教师对专业能力内涵认知的差异分析表

	教学设计、实施与评价的能力	实习实训能力	班级管理能力	教育科研能力	其他
2年及以下	5.6%	4.8%	4.2%	4.2%	0.1%
2—5年	8.7%	7.8%	7.1%	6.5%	0
6—10年	16.9%	15.8%	13.6%	13.6%	0.4%
10年及以上	63.4%	53.5%	48.5%	48.8%	0.1%

注：%为勾选本选项次数与总体人数的比值。

（4）不同工作岗位中职教师对专业能力内涵认知的差异分析。

通过对上海市1 399名不同工作岗位中职教师对专业能力内涵认知的差异分析,得出了如下调研结果,如表26所示：在除"其他"的四个选项上,专业理论课教师的选择次数都要比其他岗位教师选择的次数高。再经过 χ^2 检验(百分比同质性检验)后发现：不同工作岗位中职教师在第一、二和四这三个选项上存在显著认知差异,而在其他选项上并不存在显著差异。这五个选项上的 χ^2 和 p 值分别为(24.335,0.000)、(13.332,0.004)、(1.932,0.587)与(16.588,0.001)、(5.923,0.115)。

表 26　不同工作岗位中职教师对专业能力内涵认知的差异分析表

	教学设计、实施与评价的能力	实习实训能力	班级管理能力	教育科研能力	其他
专业理论课教师	39.7%	34.8%	28.8%	31.1%	0
专业实训教师	15.3%	15.4%	12.9%	10.5%	0.3%
公共文化课教师	35.3%	27.9%	27.9%	28.3%	0.3%
其他	4.2%	3.5%	3.6%	3.1%	0.1%

注：％为勾选本选项次数与总体人数的比值。

（5）不同职称中职教师对专业能力内涵认知的差异分析。

通过对上海市 1 399 名不同职称中职教师对专业能力内涵认知的差异分析,得出了如下调研结果,如表 27 所示：在五个选项上,中级教师的选择次数都明显高于其他三个职称教师的选择次数。再经过 χ^2 检验(百分比同质性检验)后发现：不同职称中职教师在五个选项上都不存在显著差异。这五个选项上的 χ^2 和 p 值分别为(2.392,0.495)、(1.912,0.591)、(1.406,0.704)与(4.629,0.201)、(0.201,0.977)。

表 27　不同职称中职教师对专业能力内涵认知的差异分析表

	教学设计、实施与评价的能力	实习实训能力	班级管理能力	教育科研能力	其他
初级	24.1%	21.9%	19.6%	18.2%	0.1%
中级	49.2%	41.5%	38.2%	37.5%	0.4%
副高级	20.4%	17.5%	14.9%	16.9%	0.1%
正高级	1.1%	1.1%	1.0%	0.8%	0

注：％为勾选本选项次数与总体人数的比值。

（6）不同学历中职教师对专业能力内涵认知的差异分析。

通过对上海市 1 399 名不同职称中职教师对专业能力内涵认知的差异分析,得出了如下调研结果,如表 28 所示：在除"其他"外的四个选项上,本科学历层次教师的选择次数都明显高于其他学历层次的教师选择次数。再经过 χ^2 检验(百分比同质性检验)后发现：不同学历中职教师在第一、四这两个选项上存在显著认知差异,而在其他选项上并不存在显著差异。这五个选项上的 χ^2 和 p 值分别为(57.074,0.000)、(0.034,0.983)、(1.963,0.375)与(19.379,0.000)、(5.002,0.082)。

（7）中职教师是否具有职业资格证书对专业能力内涵认知的差异分析。

通过对上海市 1 399 名中职教师对专业能力内涵认知的差异分析,得出了如下调研结果,如表 29 所示：具有职业资格证书的教师在五个选项上的选择频率都显著高于没有职业

表 28　不同学历中职教师对专业能力内涵认知的差异分析表

	教学设计、实施 与评价的能力	实习实训 能力	班级管理 能力	教育科研 能力	其他
专科及以下	4.0%	4.6%	3.7%	2.7%	0.1%
本科	76.3%	65.2%	59.1%	58.3%	0.3%
硕士研究生及以上	14.3%	12.0%	10.6%	12.1%	0.3%

注：％为勾选本选项次数与总体人数的比值。

表 29　中职教师是否具有职业资格证书对专业能力内涵认知的差异分析表

	教学设计、实施 与评价的能力	实习实训 能力	班级管理 能力	教育科研 能力	其他
有	72.7%	63.6%	56.3%	55.9%	0.4%
无	21.9%	18.4%	17.1%	17.4%	0.3%

注：％为勾选本选项次数与总体人数的比值。

资格证书的教师的选择频率。再经过 χ^2 检验（百分比同质性检验）后发现：教师是否具有职业资格证书对教师是否在五个选项上存在认知差异并没有影响。这五个选项上的 χ^2 和 p 值分别为（1.187,0.276）、（2.440,0.118）、（0.065,0.799）与（0.035,0.852）、（0.754,0.385）。

💬 结　论：

通过对上海市1 399名不同人口统计学变量背景下中职教师对专业能力内涵认知的差异分析，得出了如下结论：

不同性别中职教师在第一和第四这两个选项上存在显著认知差异，而在其他选项上并不存在显著差异；不同年龄中职教师在第一个选项上存在显著认知差异，而在其他选项上并不存在显著差异；不同职教教龄中职教师在第五个选项上存在显著认知差异，而在其他选项上并不存在显著差异；不同工作岗位中职教师在第一、二和四这三个选项上存在显著认知差异，而在其他选项上并不存在显著差异；不同职称中职教师在五个选项上都不存在显著差异；不同学历中职教师在第一、四这两个选项上存在显著认知差异，而在其他选项上并不存在显著差异；教师是否具有职业资格证书对教师是否在五个选项上存在认知差异并没有影响。

（二）上海市中职教师对专业发展内容认知的差异情况分析

在基本廓清上海市中职教师对专业化发展内涵认知差异情况的基础上，本课题组试图进一步探索上海市中职教师对教师专业发展内容认知的差异情况。关于中职教师对中职教师专业发展内容认知的差异情况分析，主要从中职教师对企业实践、教学设计、教学实施和班级管理的认知差异情况为主要内容入手。

1. 中职教师对到企业实践时间认知的差异分析

到企业进行实践是职业教育教师专业化发展同其他教育机构最大的不同之处，也是职业院校教师专业化发展最有特色的一个部分。前文已经分析了中职教师对到企业实践时间认知的现状，然而却并未分析在不同人口统计学变量背景下，中职教师对这一问题认知的差异。因此，本部分研究内容正是为了弥补这一不足，深化对这一问题的认知。

（1）不同性别中职教师对到企业实践时间认知的差异分析。

通过对上海市 1 399 名不同性别中职教师对到企业实践时间认知的差异分析，得出了如下调研结果，如表 30 所示：在四个选项上，除"其他"选项以外，女性教师的选择次数都要高于男性教师的选择次数。再经过 χ^2 检验（百分比同质性检验）后发现：不同性别中职教师在第一、三这两个选项上存在显著认知差异，而在其他选项上并不存在显著差异。这四个选项上的 χ^2 和 p 值分别为（4.768，0.029）、（0.002，0.965）、（4.680，0.031）与（3.036，0.081）。

表 30　不同性别中职教师对到企业实践时间认知的差异分析表

	2 个月/每两年	6 个月/每两年	一年/每两年	其他
男	19.8%	9.1%	6.2%	2.4%
女	38.0%	15.3%	6.9%	2.3%

（2）不同年龄中职教师对到企业实践时间认知的差异分析。

通过对上海市 1 399 名不同年龄中职教师对到企业实践时间认知的差异分析，得出了如下调研结果，如表 31 所示：除"其他"选项外，31—40 岁年龄组教师在四个选项上的选择次数都明显高于其他年龄段学生的选择。再经过 χ^2 检验（百分比同质性检验）后发现：不同年龄中职教师在第四个选项上存在显著认知差异，而在其他三个选项上并不存在显著差异。这四个选项上的 χ^2 和 p 值分别为（0.805，0.848）、（2.423，0.489）、（1.167，0.761）与（13.745，0.003）。

表 31　不同年龄层次中职教师对到企业实践时间认知的差异分析表

	2 个月/每两年	6 个月/每两年	一年/每两年	其他
30 岁及以下	8.9%	4.2%	1.9%	0
31—40 岁	22.2%	9.8%	4.7%	1.3%
41—50 岁	18.7%	7.5%	4.0%	1.9%
50 岁以上	8.1%	3.0%	2.4%	1.5%

注：％为勾选本选项次数与总体人数的比值。

（3）不同职教教龄中职教师对到企业实践时间认知的差异分析。

通过对上海市 1 399 名不同职教教龄中职教师对到企业实践时间认知的差异分析，得出了如下调研结果，如表 32 所示：在四个选项上，10 年及以上教龄教师的选择频率是最高的，2 年及以内的新教师选择频率较低。再经过 χ^2 检验（百分比同质性检验）后发现：不同职教教龄中职教师在四个选项上都不存在显著的认知差异。这四个选项上的 χ^2 和 p 值分别为 $(2.067, 0.559)$、$(5.349, 0.148)$、$(0.984, 0.805)$ 与 $(0.820, 0.845)$。

表 32　不同职教教龄中职教师对到企业实践时间认知的差异分析表

	2 个月/每两年	6 个月/每两年	一年/每两年	其他
2 年及以内	2.8%	2.3%	0.5%	0.3%
2—5 年	5.6%	2.6%	1.3%	0.3%
6—10 年	10.5%	4.3%	2.7%	0.8%
10 年及以上	38.8%	15.3%	8.5%	3.4%

注：％为勾选本选项次数与总体人数的比值。

（4）不同工作岗位中职教师对到企业实践时间认知的差异分析。

通过对上海市 1 399 名不同工作岗位中职教师对到企业实践时间认知的差异分析，得出了如下调研结果，如表 33 所示：在前两个选项上，专业理论课教师的选择次数最多，而在第三个选项（一年/每两年）这一选项上，公共文化课教师的选择次数是最多的。再经过 χ^2 检验（百分比同质性检验）后发现：不同工作岗位中职教师在第三和第四个选项上存在显著认知差异，而在其他两个选项上并不存在显著差异。这四个选项上的 χ^2 和 p 值分别为 $(1.309, 0.727)$、$(2.979, 0.395)$、$(15.649, 0.001)$ 与 $(8.562, 0.036)$。

表 33　不同工作岗位中职教师对到企业实践时间认知的差异分析表

	2 个月/每两年	6 个月/每两年	一年/每两年	其他
专业理论课教师	24.3%	10.5%	3.3%	2.9%
专业实训教师	10.5%	3.5%	3.9%	0.1%
公共文化课教师	20.0%	9.8%	5.2%	1.5%
其他	2.6%	1.2%	0.4%	0.1%

注：％为勾选本选项次数与总体人数的比值。

（5）不同职称中职教师对到企业实践时间认知的差异分析。

通过对上海市 1 399 名不同职称中职教师对到企业实践时间认知的差异分析，得出了如下调研结果，如表 34 所示：在四个选项上，中级教师的选择次数都是最高的，而高级教师的选择次数都是最低的。再经过 χ^2 检验(百分比同质性检验)后发现：不同职称中职教师在四个选项上都不存在显著的认知差异。这四个选项上的 χ^2 和 p 值分别为$(2.350,0.503)$、$(2.974,0.396)$、$(3.377,0.337)$与$(4.861,0.182)$。

表34 不同职称中职教师对到企业实践时间认知的差异分析表

	2个月/每两年	6个月/每两年	一年/每两年	其他
初级	14.1%	7.2%	4.2%	0.5%
中级	29.6%	12.8%	6.4%	2.9%
副高级	13.2%	4.3%	2.3%	1.4%
高级	0.7%	0.1%	0.3%	0

注：%为勾选本选项次数与总体人数的比值。

(6) 不同学历中职教师对到企业实践时间认知的差异分析。

通过对上海市1399名不同学历中职教师对到企业实践时间认知的差异分析,得出了如下调研结果,如表35所示：在四个选项中,本科学历教师的选择次数都是最高的,而专科及以下学历教师的选择次数是最低的。再经过 χ^2 检验(百分比同质性检验)后发现：不同学历中职教师在第三个选项上存在显著认知差异,而在其他三个选项上并不存在显著差异。这四个选项上的 χ^2 和 p 值分别为$(4.926,0.085)$、$(1.419,0.492)$、$(7.164,0.028)$与$(2.213,0.331)$。

表35 不同学历中职教师对到企业实践时间认知的差异分析表

	2个月/每两年	6个月/每两年	一年/每两年	其他
专科及以下	2.4%	1.7%	1.5%	0
本科	45.6%	19.4%	9.9%	3.9%
硕士研究生及以上	9.7%	3.4%	1.6%	0.8%

注：%为勾选本选项次数与总体人数的比值。

(7) 中职教师是否具有职业资格证书对到企业实践时间认知的差异分析。

通过对上海市1399名中职教师对到企业实践时间认知的差异分析,得出了如下调研结果,如表36所示：具有职业资格证书的教师在四个选项上的选择次数都明显高于不具有职业资格证书的教师选择。再经过 χ^2 检验(百分比同质性检验)后发现：教师是否具有职业资格证书对教师的选择并没有影响。这四个选项上的 χ^2 和 p 值分别为$(0.039,0.843)$、$(0.515,0.473)$、$(0.029,0.864)$与$(0.522,0.470)$。

表36 中职教师是否具有职业资格证书对到企业实践时间认知的差异分析表

	2个月/每两年	6个月/每两年	一年/每两年	其他
有	44.0%	19.1%	9.7%	3.4%
无	13.7%	5.2%	3.1%	1.3%

注：%为勾选本选项次数与总体人数的比值。

结 论：

通过对上海市1 399名不同人口统计学变量背景下到企业实践时间认知的差异分析，得出了如下结论：

不同性别中职教师在第一、三这两个选项上存在显著认知差异，而在其他选项上并不存在显著差异；不同年龄中职教师在第四个选项上存在显著认知差异，而在其他三个选项上并不存在显著差异；不同职教教龄中职教师在四个选项上都不存在显著的认知差异；不同工作岗位中职教师在第三和第四个选项上存在显著认知差异，而在其他两个选项上并不存在显著差异；不同职称中职教师在四个选项上都不存在显著的认知差异；不同学历中职教师在第三个选项上存在显著认知差异，而在其他三个选项上并不存在显著差异；教师是否具有职业资格证书对教师的选择并没有影响。

2. 中职教师对教学设计内容认知的差异分析

中职教师的教学设计能力是体现中职教师专业化素养的关键因素，对中职教师成功实施课堂教学具有十分重要的意义。前文已经分析了中职教师对教学内容设计认知的现状，然而却并未分析在不同人口统计学变量背景下，中职教师对这一问题认知的差异。因此，本部分研究内容正是为了弥补这一不足，深化对这一问题的认知。

（1）不同性别中职教师对教学设计内容认知的差异分析。

通过对上海市1 399名不同性别中职教师对教学设计能力认知的差异分析，得出了如下调研结果，如表37所示：在五个选项上，女性教师的选择次数都要高于男性教师的选择次数。再经过 χ^2 检验（百分比同质性检验）后发现：不同性别中职教师在第一、三这两个选项上存在显著认知差异，而在其他选项上并不存在显著差异。这五个选项上的 χ^2 和 p 值分别为(12.163,0.000)、(3.803,0.051)、(8.147,0.004)与(0.048,0.827)、(1.781,0.182)。

表37 不同性别中职教师对教学设计内容认知的差异分析表

	男	女
根据培养目标设计教学目标和教学计划	31.9%	58.7%
基于职业岗位工作过程设计教学过程和教学情境	30.7%	55.0%

	男	女
引导和帮助学生设计个性化的学习计划	27.9%	52.6%
参与校本课程开发	19.6%	33.7%
其他	0	0.4%

注：%为勾选本选项次数与总体人数的比值。

(2) 不同年龄中职教师对教学设计内容认知的差异分析。

通过对上海市 1 399 名不同年龄中职教师对教学设计内容认知的差异分析，得出了如下调研结果，如表 38 所示：在五个选项中，41—50 岁年龄段教师的选择次数是最多的，而 50 岁及以上年龄阶段教师的选择次数是最低的。再经过 χ^2 检验（百分比同质性检验）后发现：不同年龄中职教师在第二、四这两个选项上存在显著认知差异，而在其他选项上并不存在显著差异。这五个选项上的 χ^2 和 p 值分别为(3.978,0.264)、(14.795,0.002)、(2.292,0.514)与(8.700,0.034)、(6.789,0.079)。

表 38　不同年龄中职教师对教学设计内容认知的差异分析表

	30 岁及以下	31—40 岁	41—50 岁	50 岁及以上
根据培养目标设计教学目标和教学计划	13.8%	34.5%	29.2%	13.2%
基于职业岗位工作过程设计教学过程和教学情境	13.1%	33.8%	27.4%	11.4%
引导和帮助学生设计个性化的学习计划	12.1%	31.2%	25.3%	11.9%
参与校本课程开发	9.0%	21.5%	15.7%	7.1%
其他	0	0	0.1%	0.3%

注：%为勾选本选项次数与总体人数的比值。

(3) 不同职教教龄中职教师对教学设计内容认知的差异分析。

通过对上海市 1 399 名不同职教教龄中职教师对教学设计内容认知的差异分析，得出了如下调研结果，如表 39 所示：在这五个选项中，10 年及以上职教教龄的教师选择次数最多，而 2 年及以内的新教师选择次数最少。再经过 χ^2 检验（百分比同质性检验）后发现：不同职教教龄中职教师在第四个选项上存在显著认知差异，而在其他选项上并不存在显著差异。这五个选项上的 χ^2 和 p 值分别为(3.553,0.314)、(4.364,0.225)、(1.885,0.597)与(15.049,0.002)、(1.489,0.685)。

(4) 不同工作岗位中职教师对教学设计内容认知的差异分析。

通过对上海市 1 399 名不同工作岗位中职教师对教学设计内容认知的差异分析，得出了如下调研结果，如表 40 所示：在这五个选项中，专业理论教师的勾选次数是最多的。再经过

表39　不同职教教龄中职教师对教学设计内容认知的差异分析表

	2年及以内	2—5年	6—10年	10年及以上
根据培养目标设计教学目标和教学计划	5.3%	8.6%	15.9%	60.8%
基于职业岗位工作过程设计教学过程和教学情境	5.0%	8.2%	16.3%	56.1%
引导和帮助学生设计个性化的学习计划	4.8%	7.8%	14.9%	53.1%
参与校本课程开发	2.7%	6.7%	10.4%	33.5%
其他	0	0	0	0.4%

注：％为勾选本选项次数与总体人数的比值。

表40　不同工作岗位中职教师对教学设计内容认知的差异分析表

	专业理论教师	专业实习教师	公共文化课教师	其他
根据培养目标设计教学目标和教学计划	36.9%	15.7%	34.1%	3.9%
基于职业岗位工作过程设计教学过程和教学情境	35.9%	13.9%	31.3%	4.2%
引导和帮助学生设计个性化的学习计划	33.1%	13.9%	29.6%	3.8%
参与校本课程开发	23.1%	10.5%	16.8%	2.5%
其他	0.3%	0	0.1%	0

注：％为勾选本选项次数与总体人数的比值。

χ^2 检验（百分比同质性检验）后发现：不同工作岗位中职教师在第四个选项上存在显著认知差异，而在其他选项上并不存在显著差异。这五个选项上的 χ^2 和 p 值分别为（4.142，0.247）、（6.865，0.076）、（0.468，0.926）与（9.646，0.022）、（1.185，0.757）。

（5）不同职称中职教师对教学设计内容认知的差异分析。

通过对上海市1399名不同职称中职教师对教学设计内容认知的差异分析，得出了如下调研结果，如表41所示：在这五个选项中，中级教师的选择次数是最高的，而正高级教师的选择次数是最低的。再经过 χ^2 检验（百分比同质性检验）后发现：不同职称教师在五个选项上都不存在显著差异。这五个选项上的 χ^2 和 p 值分别为（4.269，0.234）、（0.161，0.984）、（5.795，0.122）与（4.230，0.238）、（1.156，0.764）。

表41　不同职称中职教师对教学设计内容认知的差异分析表

	初级	中级	副高级	正高级
根据培养目标设计教学目标和教学计划	23.4%	46.0%	20.0%	1.2%
基于职业岗位工作过程设计教学过程和教学情境	22.3%	44.4%	18.0%	1.1%

续表

	初级	中级	副高级	正高级
引导和帮助学生设计个性化的学习计划	22.0%	41.3%	16.4%	1.2%
参与校本课程开发	15.3%	26.4%	10.7%	0.8%
其他	0	0.3%	0.1%	0

注：%为勾选本选项次数与总体人数的比值。

（6）不同学历中职教师对教学设计内容认知的差异分析。

通过对上海市 1 399 名不同学历中职教师对教学设计内容认知的差异分析，得出了如下调研结果，如表 42 所示：在这五个选项中，本科学历教师的选择次数是最多的，而专科及以下教师的选择次数较少。再经过 χ^2 检验（百分比同质性检验）后发现：不同学历教师在第一和第三两个选项上存在显著差异，而在其他选项上并不存在显著差异。这五个选项上的 χ^2 和 p 值分别为（11.876,0.003）、（3.922,0.141）、（12.913,0.002）与（3.038,0.219）、（0.768,0.681）。

表 42　不同学历中职教师对教学设计内容认知的差异分析表

	专科及以下	本科	硕士研究生及以上
根据培养目标设计教学目标和教学计划	4.4%	73.3%	13.0%
基于职业岗位工作过程设计教学过程和教学情境	4.4%	68.3%	13.0%
引导和帮助学生设计个性化的学习计划	3.5%	64.1%	12.8%
参与校本课程开发	2.6%	41.9%	8.7%
其他	0	0.4%	0

注：%为勾选本选项次数与总体人数的比值。

（7）中职教师是否具有职业资格证书对教学设计内容认知的差异分析。

通过对上海市 1 399 名中职教师对教学设计内容认知的差异分析，得出了如下调研结果，如表 43 所示：在这五个选项上，具有职业资格证书的选择次数明显多于不具有职业资格证书的教师选择次数。再经过 χ^2 检验（百分比同质性检验）后发现：教师是否具有职业资格证书对教师的选择并没有影响。这五个选项上的 χ^2 和 p 值分别为（2.268,0.132）、（2.059,0.151）、（0.010,0.920）与（3.464,0.063）、（0.159,0.690）。

表 43　中职教师是否具有职业资格证书对教学设计内容认知的差异分析表

	有	无
根据培养目标设计教学目标和教学计划	68.6%	22.1%
基于职业岗位工作过程设计教学过程和教学情境	66.4%	19.5%

	有	无
引导和帮助学生设计个性化的学习计划	61.5%	19.0%
参与校本课程开发	42.2%	11.1%
其他	0.3%	0.1%

注：%为勾选本选项次数与总体人数的比值。

结　论：

通过对上海市1 399名不同人口统计学变量背景下对教学内容设计认知的差异分析，得出了如下结论：

不同性别中职教师在第一、三两个选项上存在显著认知差异，而在其他选项上并不存在显著差异；不同年龄中职教师在第二、四两个选项上存在显著认知差异，而在其他选项上并不存在显著差异；不同职教教龄中职教师在第四个选项上存在显著认知差异，而在其他选项上并不存在显著差异；不同工作岗位中职教师在第四个选项上存在显著认知差异，而在其他选项上并不存在显著差异；不同职称教师在五个选项上都不存在显著差异；不同学历教师在第一和第三两个选项上存在显著差异，而在其他选项上并不存在显著差异；教师是否具有职业资格证书对教师的选择并没有影响。

3. 中职教师对教学实施内容认知的差异分析

中职教师的教学实施能力是中职教师专业化发展中一个很重要的组成部分，对中职教师顺利组织和实施课堂教学具有十分重要的意义。前文已经分析了中职教师对教学实施内容认知的现状，然而却并未分析在不同人口统计学变量背景下，中职教师对这一问题认知的差异。因此，本部分研究内容正是为了弥补这一不足，深化对此问题的认知。

（1）不同性别中职教师对教学实施内容认知的差异分析。

通过对上海市1 399名不同性别中职教师对教学实施内容认知的差异分析，得出了如下调研结果，如表44所示：在五个选项上，女性教师的选择次数都要高于男性教师的选择次数。再经过 χ^2 检验（百分比同质性检验）后发现：不同性别教师在第三个选项上存在显著差异，而在其他选项上并不存在显著差异。这五个选项上的 χ^2 和 p 值分别为（0.871,0.351）、（0.079,0.779）、（9.654,0.002）与（0.019,0.889）、（1.090,0.297）。

表44　不同性别中职教师对教学实施内容认知的差异分析表

	男	女
有效调控教学过程	24.3%	43.1%
充分利用现代教育技术	21.9%	36.4%

续表

	男	女
培养学生的参与意识和学习兴趣	30.5%	56.5%
学做一体,实施有效教学	28.5%	48.4%
其他	0.1%	0.7%

注:%为勾选本选项次数与总体人数的比值。

(2) 不同年龄中职教师对教学实施内容认知的差异分析。

通过对上海市 1 399 名不同年龄中职教师对教学实施内容认知的差异分析,得出了如下调研结果,如表 45 所示:31—40 岁年龄段教师在前四个选项上的选择次数最高,而 50 岁以上年龄段教师在前四个选项上的选择次数最低。再经过 χ^2 检验(百分比同质性检验)后发现:不同年龄教师在第二和第四个选项上存在显著差异,而在其他选项上并不存在显著差异。这五个选项上的 χ^2 和 p 值分别为(1.247,0.742)、(8.065,0.045)、(0.273,0.965)与(9.287,0.026)、(5.971,0.113)。

表 45　不同年龄中职教师对教学实施内容认知的差异分析表

	30 岁及以下	31—40 岁	41—50 岁	50 岁及以上
有效调控教学过程	10.5%	25.2%	21.5%	10.1%
充分利用现代教育技术	10.2%	21.7%	17.4%	9.0%
培养学生的参与意识和学习兴趣	12.8%	33.1%	28.1%	13.1%
学做一体,实施有效教学	12.0%	30.7%	23.4%	10.8%
其他	0.1%	0.1%	0.1%	0.4%

(3) 不同职教教龄中职教师对教学实施内容认知的差异分析。

通过对上海市 1 399 名不同职教教龄中职教师对教学实施内容认知的差异分析,得出了如下调研结果,如表 46 所示:10 年及以上教龄的教师在这五个选项上都是选择次数最多的,而 2 年及以内的新教师其选择次数都是最低的。再经过 χ^2 检验(百分比同质性检验)后发现:不同职教教龄教师在五个选项上都不存在显著差异。这五个选项上的 χ^2 和 p 值分别为(3.970,0.265)、(6.250,0.100)、(0.570,0.903)与(5.246,0.155)、(1.649,0.648)。

表 46　不同职教教龄中职教师对教学实施内容认知的差异分析表

	2 年及以内	2—5 年	6—10 年	10 年及以上
有效调控教学过程	3.7%	6.9%	11.7%	45.0%
充分利用现代教育技术	4.1%	6.1%	10.8%	37.3%

	2 年及以内	2—5 年	6—10 年	10 年及以上
培养学生的参与意识和学习兴趣	5.2%	8.0%	15.7%	58.2%
学做一体,实施有效教学	4.6%	7.9%	13.8%	50.5%
其他	0	0	0.3%	0.5%

注:%为勾选本选项次数与总体人数的比值。

（4）不同工作岗位中职教师对教学实施内容认知的差异分析。

通过对上海市 1 399 名不同工作岗位中职教师对教学实施内容认知的差异分析,得出了如下调研结果,如表 47 所示:专业理论教师在这五个选项中的选择次数都是最高的,而专业实习教师的选择次数都是最低的。再经过 χ^2 检验(百分比同质性检验)后发现:不同工作岗位教师在第二和第三两个选项上存在显著差异,而在其他选项上并不存在显著差异。这五个选项上的 χ^2 和 p 值分别为(3.120,0.374)、(7.974,0.047)、(13.336,0.004)与(3.005,0.391)、(2.601,0.457)。

表 47　不同工作岗位中职教师对教学实施内容认知的差异分析表

	专业理论教师	专业实习教师	公共文化教师	其他
有效调控教学过程	27.1%	10.9%	25.2%	3.6%
充分利用现代教育技术	24.3%	11.5%	19.2%	3.2%
培养学生的参与意识和学习兴趣	35.8%	13.7%	33.5%	4.1%
学做一体,实施有效教学	31.8%	14.2%	27.1%	3.8%
其他	0.1%	0.1%	0.6%	0

注:%为勾选本选项次数与总体人数的比值。

（5）不同职称中职教师对教学实施内容认知的差异分析。

通过对上海市 1 399 名不同职称中职教师对教学实施内容认知的差异分析,得出了如下调研结果,如表 48 所示:在这五个选项中,中级教师的选择次数是最多的,而正高级职称教师的选择次数是最低的。再经过 χ^2 检验(百分比同质性检验)后发现:不同职称教师在五个选项上都不存在显著差异。这五个选项上的 χ^2 和 p 值分别为(1.953,0.582)、(4.345,0.227)、(1.137,0.768)与(1.084,0.781)、(0.695,0.874)。

（6）不同学历中职教师对教学实施内容认知的差异分析。

通过对上海市 1 399 名不同学历中职教师对教学实施内容认知的差异分析,得出了如下调研结果,如表 49 所示:本科学历教师的选择次数是最高的,而专科及以下学历教师的选择

表 48 不同职称中职教师对教学实施内容认知的差异分析表

	初级	中级	副高级	正高级
有效调控教学过程	17.5%	33.7%	15.0%	1.0%
充分利用现代教育技术	16.5%	28.4%	12.3%	0.8%
培养学生的参与意识和学习兴趣	22.3%	45.5%	18.6%	1.0%
学做一体,实施有效教学	20.5%	39.4%	15.8%	1.0%
其他	0.1%	0.4%	0.3%	0

注：%为勾选本选项次数与总体人数的比值。

表 49 不同学历中职教师对教学实施内容认知的差异分析表

	专科及以下	本科	硕士研究生及以上
有效调控教学过程	3.3%	55.0%	8.9%
充分利用现代教育技术	4.1%	45.4%	8.7%
培养学生的参与意识和学习兴趣	4.0%	70.2%	12.8%
学做一体,实施有效教学	3.5%	61.2%	12.0%
其他	0	0.8%	0

注：%为勾选本选项次数与总体人数的比值。

次数是最低的。再经过 χ^2 检验(百分比同质性检验)后发现：不同学历教师在第三和第四个选项上存在显著差异,而在其他选项上并不存在显著差异。这五个选项上的 χ^2 和 p 值分别为(4.982,0.083)、(3.465,0.177)、(12.776,0.002)与(7.003,0.030)、(1.541,0.463)。

(7) 中职教师是否具有职业资格证书对教学实施内容认知的差异分析。

通过对上海市 1 399 名中职教师对教学实施内容认知的差异分析,得出了如下调研结果,如表 50 所示：具有职业资格证书教师在五个选项上的选择次数都要明显多于没有职业资格证书教师的选择次数。再经过 χ^2 检验(百分比同质性检验)后发现：教师是否具有职业资格证书对教师的选择并没有影响。这五个选项上的 χ^2 和 p 值分别为(0.295,0.587)、(0.466,0.495)、(1.165,0.280)与(0.339,0.560)、(2.345,0.126)。

表 50 中职教师是否具有职业资格证书对教学实施内容认知的差异分析表

	有	无
有效调控教学过程	51.9%	15.5%
充分利用现代教育技术	44.0%	14.2%

	有	无
培养学生的参与意识和学习兴趣	66.0%	21.1%
学做一体,实施有效教学	58.4%	18.5%
其他	0.4%	0.4%

注:%为勾选本选项次数与总体人数的比值。

💬 结 论:

通过对上海市 1 399 名不同人口统计学变量背景下对教学实施内容认知的差异分析,得出了如下结论:

不同性别教师在第三个选项上存在显著差异,而在其他选项上并不存在显著差异;不同年龄教师在第二和第四个选项上存在显著差异,而在其他选项上并不存在显著差异;不同职教教龄教师在五个选项上都不存在显著差异;不同工作岗位教师在第二和第三个选项上存在显著差异,而在其他选项上并不存在显著差异;不同职称教师在五个选项上都不存在显著差异;不同学历教师在第三和第四个选项上存在显著差异,而在其他选项上并不存在显著差异;教师是否具有职业资格证书对教师的选择并没有影响。

4. 中职教师对班级管理内容认知的差异分析

中职教师的班级管理能力亦是中职教师专业化发展的重要内容之一,是否能够顺利地组织班级同学进入正常的教学秩序,是考验中职教师教学管理能力的一项重要指标,前文已经分析了中职教师对班级管理能力认知的现状,然而却并未分析在不同人口统计学变量背景下,中职教师对这一问题认知的差异。因此,本部分研究内容正是为了弥补这一不足,深化对此问题的认知。

(1)不同性别中职教师对班级管理内容认知的差异分析。

通过对上海市 1 399 名中职教师对班级管理内容认知的差异分析,得出了如下调研结果,如表 51 所示:在五个选项中,女性教师的选择次数要明显多于男性教师的选择次数。再经过 χ^2 检验(百分比同质性检验)后发现:不同性别教师在五个选项上都不存在显著差异。这五个选项上的 χ^2 和 p 值分别为(0.002,0.960)、(0.002,0.969)、(0.034,0.854)与(0.061,0.805)、(0.841,0.359)。

表 51　不同性别中职教师对班级管理内容认知的差异分析表

	男	女
学生思想品德和职业道德养成	26.9%	45.4%
学生就业与生涯指导	15.6%	26.1%

	男	女
学生学习和生活方面的心理疏导	27.0%	45.1%
突发事件处理	18.6%	31.8%
其他	0.8%	0.8%

注：%为勾选本选项次数与总体人数的比值。

(2) 不同年龄中职教师对班级管理内容认知的差异分析。

通过对上海市 1 399 名不同年龄中职教师对教学实施内容认知的差异分析,得出了如下调研结果,如表 52 所示:31—40 岁年龄段教师在前四个选项上的选择次数最高,而 50 岁以上年龄段教师在前四个选项上的选择次数最低。再经过 χ^2 检验(百分比同质性检验)后发现:不同年龄教师在第四和第五两个选项上存在显著差异,而在其他选项上并不存在显著差异。这五个选项上的 χ^2 和 p 值分别为(1.838,0.607)、(7.690,0.053)、(3.785,0.286)与(19.122,0.000)、(13.031,0.005)。

表 52　不同年龄中职教师对班级管理能力内容认知的差异分析表

	30 岁及以下	31—40 岁	41—50 岁	50 岁及以上
学生思想品德和职业道德养成	10.4%	27.7%	22.5%	11.6%
学生就业与生涯指导	7.7%	16.3%	12.2%	5.6%
学生学习和生活方面的心理疏导	10.8%	26.8%	24.5%	10.1%
突发事件处理	9.7%	20.2%	13.7%	6.8%
其他	0.5%	0.4%	0	0.7%

注：%为勾选本选项次数与总体人数的比值。

(3) 不同职教教龄中职教师对班级管理内容认知的差异分析。

通过对上海市 1 399 名不同职教教龄中职教师对班级管理内容认知的差异分析,得出了如下调研结果,如表 53 所示:10 年及以上职教教龄教师在这五个选项上的选择频次是最高的,2 年及以内的新教师的选择频次是最低的。再经过 χ^2 检验(百分比同质性检验)后发现:不同职教教龄教师在第二和第四两个选项上存在显著差异,而在其他选项上并不存在显著差异。这五个选项上的 χ^2 和 p 值分别为(3.194,0.363)、(9.285,0.026)、(4.836,0.184)与(12.908,0.005)、(1.936,0.586)。

(4) 不同工作岗位中职教师对班级管理内容认知的差异分析。

通过对上海市 1 399 名不同工作岗位中职教师对班级管理内容认知的差异分析,得出了如下调研结果,如表 54 所示:专业理论课教师在这五个选项上的选择次数都是最高的,而专

表53　不同职教教龄中职教师对班级管理能力内容认知的差异分析表

	2年及以内	2—5年	6—10年	10年及以上
学生思想品德和职业道德养成	3.7%	6.8%	12.7%	49.0%
学生就业与生涯指导	2.3%	5.3%	7.7%	26.4%
学生学习和生活方面的心理疏导	4.4%	7.4%	12.3%	48.1%
突发事件处理	3.8%	5.9%	9.7%	31.0%
其他	0	0.3%	0.4%	1.0%

注：%为勾选本选项次数与总体人数的比值。

表54　不同工作岗位中职教师对班级管理能力内容认知的差异分析表

	专业理论课	专业实习教师	公共文化课	其他
学生思想品德和职业道德养成	30.1%	11.9%	26.8%	3.2%
学生就业与生涯指导	17.6%	7.0%	14.6%	2.2%
学生学习和生活方面的心理疏导	27.8%	12.5%	28.1%	3.2%
突发事件处理	23.3%	8.7%	16.0%	2.4%
其他	0.7%	0.3%	0.6%	0.1%

注：%为勾选本选项次数与总体人数的比值。

业实习教师的选择次数是最低的。再经过 χ^2 检验（百分比同质性检验）后发现：不同工作岗位教师在第四个选项上存在显著差异，而在其他选项上并不存在显著差异。这五个选项上的 χ^2 和 p 值分别为（1.887,0.596）、（1.554,0.670）、（4.245,0.236）与（10.738,0.013）、（0.413,0.938）。

（5）不同职称中职教师对班级管理内容认知的差异分析。

通过对上海市1399名不同职称中职教师对班级管理内容认知的差异分析，得出了如下调研结果，如表55所示：中级职称教师在前四个选项中的选择频次都是最高的，而正高级职称教师在这四个选项中的选择频次都是最低的。再经过 χ^2 检验（百分比同质性检验）后发现：不同职称教师在第三个选项上存在显著差异，而在其他选项上并不存在显著差异。这五个选项上的 χ^2 和 p 值分别为（3.516,0.319）、（5.707,0.127）、（8.704,0.033）与（6.752,0.080）、（2.170,0.538）。

（6）不同学历中职教师对班级管理内容认知的差异分析。

通过对上海市1399名不同学历中职教师对班级管理内容认知的差异分析，得出了如下调研结果，如表56所示：本科学历教师在这五个选项上的选择次数都是最高的，而专科及以

表 55　不同职称中职教师对班级管理能力内容认知的差异分析表

	初级	中级	副高级	正高级
学生思想品德和职业道德养成	17.5%	37.7%	15.6%	1.1%
学生就业与生涯指导	12.2%	21.7%	7.6%	0.3%
学生学习和生活方面的心理疏导	19.6%	36.2%	15.7%	0.4%
突发事件处理	15.2%	24.7%	9.9%	0.6%
其他	0.7%	0.6%	0.4%	0

注：％为勾选本选项次数与总体人数的比值。

表 56　不同学历中职教师对班级管理能力内容认知的差异分析表

	专科及以下	本科	硕士研究生及以上
学生思想品德和职业道德养成	4.0%	57.5%	10.7%
学生就业与生涯指导	1.9%	33.5%	6.1%
学生学习和生活方面的心理疏导	3.6%	58.1%	10.5%
突发事件处理	2.9%	39.5%	7.9%
其他	0	1.5%	0.1%

注：％为勾选本选项次数与总体人数的比值。

下学历教师的选择次数都是最低的。再经过 χ^2 检验(百分比同质性检验)后发现：不同学历教师在五个选项上都不存在显著差异。这五个选项上的 χ^2 和 p 值分别为(0.070,0.966)、(0.989,0.610)、(1.720,0.423)与(0.789,0.674)、(1.231,0.540)。

（7）中职教师是否持有职业资格证书对班级管理内容认知的差异分析。

通过对上海市 1 399 名中职教师对班级管理内容认知的差异分析，得出了如下调研结果，如表 57 所示：具有职业资格证书教师在这五个选项上的选择频次要高于没有职业资格证书教师的选择次数。再经过 χ^2 检验(百分比同质性检验)后发现：教师是否具有职业资格证书对教师的选择并没有影响。这五个选项上的 χ^2 和 p 值分别为(0.009,0.924)、(0.182,0.670)、(0.182,0.670)与(0.128,0.720)、(0.013,0.910)。

表 57　中职教师是否具有职业资格证书对班级管理内容认知的差异分析表

	有	无
学生思想品德和职业道德养成	55.2%	17.2%
学生就业与生涯指导	31.5%	10.2%

续表

	有	无
学生学习和生活方面的心理疏导	54.7%	17.3%
突发事件处理	38.3%	12.2%
其他	1.2%	0.4%

注：%为勾选本选项次数与总体人数的比值。

💬 结 论：

通过对上海市 1 399 名不同人口统计学变量背景下对班级管理内容认知的差异分析，得出了如下结论：

不同性别教师在五个选项上都不存在显著差异；不同年龄教师在第四和第五两个选项上存在显著差异，而在其他选项上并不存在显著差异；不同职教教龄教师在第二和第四两个选项上存在显著差异，而在其他选项上并不存在显著差异；不同工作岗位教师在第四个选项上存在显著差异，而在其他选项上并不存在显著差异；不同职称教师在第三个选项上存在显著差异，而在其他选项上并不存在显著差异；不同学历教师在五个选项上都不存在显著差异；教师是否具有职业资格证书对教师的选择并没有影响。

（三）上海市中职教师对专业发展途径认知的差异情况分析

前文已对上海市中职教师在不同人口统计学背景变量下，中职教师对专业化发展内涵、专业化发展内容的认知现状差异进行了阐述分析，为了进一步深化对中职教师专业化发展的现状的认识，本课题组进一步探索了上海中职教师对专业发展途径认知的差异现状，主要从中职教师对专业理念与师德和专业知识与能力发展途径的认知差异这两个方面进行阐述。

1. 中职教师对专业理念与师德发展途径认知的差异分析

具备较好的专业理念与师德素养是任何一名中职教师都应该具备的基本素质，也是中职教师实现专业化发展的必备要素，前文已经分析了中职教师实现专业理念与道德发展路径认知的现状，然而却并未分析在不同人口统计学变量背景下，中职教师对这一问题认知的差异。因此，本部分内容正是为了弥补这一不足，深化对此问题的认知。

（1）不同性别中职教师对专业理念与师德发展途径认知的差异分析。

通过对上海市 1 399 名不同性别中职教师对专业理念与师德发展途径认知的差异分析，得出了如下调研结果，如表 58 所示：女性教师在五个选项上的选择次数要大于男性教师。再经过 χ^2 检验（百分比同质性检验）后发现：不同性别教师在第一、三、四这三个选项上存在显著差异，而在其他选项上并不存在显著差异。这五个选项上的 χ^2 和 p 值分别为（10.191，0.001）、（3.319，0.069）、（6.789，0.009）与（7.267，0.007）、（0.522，0.470）。

表58 不同性别中职教师对专业理念与师德认知的差异分析表

	专家引领	岗位实践	专业 （专项）培训	自我学习 与反思	其他
男	22.3%	28.5%	29.7%	25.8%	0.3%
女	44.7%	51.3%	54.4%	48.9%	0.8%

注：％为勾选本选项次数与总体人数的比值。

（2）不同年龄中职教师对专业理念与师德发展途径认知的差异分析。

通过对上海市 1 399 名不同年龄中职教师对专业理念与师德发展途径认知的差异分析,得出了如下调研结果,如表59所示：31—40 岁年龄阶段教师在前四个选项上的选择次数是最高的,而 50 岁及以上年龄组教师的选择次数最少。再经过 χ^2 检验(百分比同质性检验)后发现：除第四个选项外,不同年龄教师在其他四个选项上都存在显著的差异。这五个选项上的 χ^2 和 p 值分别为(13.364,0.004)、(18.214,0.000)、(15.052,0.002)与(3.609,0.307)、(8.157,0.043)。

表59 不同年龄中职教师对专业理念与师德认知的差异分析表

	专家引领	岗位实践	专业 （专项）培训	自我学习 与反思	其他
30 岁及以下	11.1%	12.4%	13.1%	11.8%	0.1%
31—40 岁	26.9%	32.1%	33.4%	27.8%	0.1%
41—50 岁	20.9%	25.4%	26.6%	24.7%	0.3%
50 岁以上	8.2%	9.9%	11.0%	10.4%	0.5%

注：％为勾选本选项次数与总体人数的比值。

（3）不同教龄中职教师对专业理念与师德发展途径认知的差异分析。

通过对上海市 1 399 名不同教龄中职教师对专业理念与师德发展途径认知的差异分析,得出了如下调研结果,如表60所示：10 年及以上职教教龄在这五个选项上的选择次数是最多的,而 2 年及以内职教教龄教师的新教师选择次数是最低的。再经过 χ^2 检验(百分比同质性检验)后发现：不同教龄教师在所有选项上都不存在显著差异。这五个选项上的 χ^2 和 p 值分别为(2.562,0.464)、(2.351,0.503)、(3.992,0.262)与(0.136,0.987)、(2.560,0.464)。

表60 不同职教教龄中职教师对专业理念与师德认知的差异分析表

	专家引领	岗位实践	专业 （专项）培训	自我学习 与反思	其他
2 年及以内	4.3%	4.8%	5.5%	4.3%	0
2—5 年	6.8%	8.4%	8.6%	7.4%	0.1%

续表

	专家引领	岗位实践	专业 （专项）培训	自我学习 与反思	其他
6—10 年	12.9%	14.4%	15.0%	13.5%	0
10 年及以上	43.0%	52.1%	55.1%	49.6%	0.9%

注：％为勾选本选项次数与总体人数的比值。

（4）不同工作岗位中职教师对专业理念与师德发展途径认知的差异分析。

通过对上海市 1 399 名不同工作岗位中职教师对专业理念与师德发展途径认知的差异分析，得出了如下调研结果，如表 61 所示：专业理论教师在五个选项上的选择次数是最高的，而专业实习教师在五个选项上的选择次数最低。再经过 χ^2 检验(百分比同质性检验)后发现：不同工作岗位教师在第四个选项上存在显著差异，而在其他选项上并不存在显著差异。这五个选项上的 χ^2 和 p 值分别为(3.243,0.356)、(0.910,0.823)、(1.347,0.718)与(16.553,0.001)、(3.328,0.344)。

表 61　不同工作岗位中职教师对专业理念与师德认知的差异分析表

	专家引领	岗位实践	专业 （专项）培训	自我学习 与反思	其他
专业理论教师	27.9%	33.0%	34.9%	33.0%	0.3%
专业实习教师	11.0%	13.8%	14.6%	11.1%	0
公共文化教师	25.0%	29.2%	30.7%	26.7%	0.4%
其他	2.8%	3.9%	4.1%	3.7%	0.1%

注：％为勾选本选项次数与总体人数的比值。

（5）不同职称中职教师对专业理念与师德发展途径认知的差异分析。

通过对上海市 1 399 名不同职称中职教师对专业理念与师德发展途径认知的差异分析，得出了如下调研结果，如表 62 所示：中级教师在五个选项上的选择次数最高，而正高级教师在五个选项上的选择次数最低。再经过 χ^2 检验(百分比同质性检验)后发现：不同职称教师在五个选项上都不存在显著差异。这五个选项上的 χ^2 和 p 值分别为(0.168,0.983)、(2.559,0.465)、(4.097,0.251)与(2.057,0.561)、(1.476,0.688)。

表 62　不同职称中职教师对专业理念与师德认知的差异分析表

	专家引领	岗位实践	专业 （专项）培训	自我学习 与反思	其他
初级	17.4%	21.5%	22.7%	18.9%	0.3%
中级	34.5%	41.4%	43.8%	38.5%	0.4%

	专家引领	岗位实践	专业 （专项）培训	自我学习 与反思	其他
副高级	14.3%	15.9%	16.6%	16.2%	0.4%
正高级	0.8%	1.1%	1.1%	1.1%	0

注：％为勾选本选项次数与总体人数的比值。

（6）不同学历中职教师对专业理念与师德发展途径认知的差异分析。

通过对上海市1 399名不同学历中职教师对专业理念与师德发展途径认知的差异分析，得出了如下调研结果，如表63所示：本科学历教师在五个选项上的选择次数最多，专科及以下教师在这五个选项上的选择次数最少。再经过 χ^2 检验（百分比同质性检验）后发现：不同学历教师在第一、第三、第四这三个选项上存在显著差异，而在其他选项上并不存在显著差异。这五个选项上的 χ^2 和p值分别为(14.660,0.001)、(3.176,0.204)、(9.657,0.008)与(9.511,0.009)、(1.997,0.368)。

表63　不同学历中职教师对专业理念与师德认知的差异分析表

	专家引领	岗位实践	专业 （专项）培训	自我学习 与反思	其他
专科及以下	2.5%	4.1%	3.9%	3.1%	0.1%
本科	52.4%	62.4%	66.3%	59.6%	0.9%
硕士研究生及以上	11.9%	13.1%	13.8%	11.9%	0

注：％为勾选本选项次数与总体人数的比值。

（7）中职教师是否具有职业资格证书对专业理念与师德发展途径认知的差异分析。

通过对上海市1 399名中职教师是否持有职业资格证书对专业理念与师德发展途径认知的差异分析，得出了如下调研结果，如表64所示：具有职业资格证书教师的选择次数明显多于没有职业资格证书的教师。再经过 χ^2 检验（百分比同质性检验）后发现：是否具有职业资格证书对教师在选项一上的选择产生了显著影响，而在其他选项上并不存在显著差异。这五个选项上的 χ^2 和p值分别为(6.067,0.014)、(0.037,0.847)、(0.458,0.498)与(0.914,0.339)、(0.011,0.915)。

表64　中职教师是否持有职业资格证书对专业理念与师德认知的差异分析表

	专家引领	岗位实践	专业 （专项）培训	自我学习 与反思	其他
有	49.5%	61.1%	63.9%	56.7%	0.8%
无	17.5%	18.8%	20.1%	18.2%	0.3%

注：％为勾选本选项次数与总体人数的比值。

💬 结　论：

通过对上海市1 399名不同人口统计学变量背景下对专业理念与师德发展途径认知的差异分析，得出了如下结论：

不同性别教师在第一、第三、第四三个选项上存在显著差异，而在其他选项上并不存在显著差异；除第四个选项外，不同年龄教师在所有其他四个选项上都存在显著的差异；不同教龄教师所有选项上都不存在显著差异；不同工作岗位教师在第四个选项上存在显著差异，而在其他选项上并不存在显著差异；不同职称教师在五个选项上都不存在显著差异；不同学历教师在第一、第三、第四个选项上存在显著差异，而在其他选项上并不存在显著差异；是否具有职业资格证书对教师在选项一上的选择产生了显著影响，而在其他选项上并不存在显著差异。

2. 中职教师对专业知识与能力提升主要途径认知的差异分析

专业知识与专业能力是任何一名职教教师胜任自己本职工作都需具备的基本素质，前文已经分析了中职教师对如何提升专业知识和专业能力途径的认知，然而却并未分析在不同人口统计学变量背景下，中职教师对这一问题认知的差异。因此，本部分内容正是为了弥补这一不足，深化对这一问题的认知。

（1）不同性别中职教师对专业知识与能力提升主要途径认知的差异分析。

通过对上海市1 399名不同性别中职教师对专业知识与能力提升途径认知的差异分析，得出了如下调研结果，如表65所示：女性教师对这六个选项的选择频次要明显高于男性教师的选择。再经过χ^2检验（百分比同质性检验）后发现：不同性别教师在第二、第五两个选项上存在显著差异，而在其他选项上并不存在显著差异。这六个选项上的χ^2和p值分别为（2.455，0.117）、（7.192，0.007）、（0.157，0.692）与（1.107，0.293）、（4.575，0.032）、（0.247，0.619）。

表65　不同性别中职教师对专业知识与能力提升途径认知的差异分析表

	学历教育与进修	专业（专项）培训	参加岗位实践	自我学习与实践	同行或跨界交流	其他
男	25.4%	31.1%	29.6%	25.3%	16.5%	0.7%
女	46.3%	56.8%	56.8%	45.1%	33.0%	1.5%

注：％为勾选本选项次数与总体人数的比值。

（2）不同年龄中职教师对专业知识与能力提升主要途径认知的差异分析。

通过对上海市1 399名不同年龄层次中职教师对专业知识与能力提升途径认知的差异分析，得出了如下调研结果，如表66所示：除去"其他"这一选项，31—40岁这一年龄层教师在前五个选项上的选择次数要高于其他年龄层教师的选择次数。而50岁及以上年龄层教师在六个选项中的选择次数最低。再经过 χ^2 检验(百分比同质性检验)后发现：不同年龄教师在第一、第二、第五这三个选项上存在显著差异，而在其他选项上并不存在显著差异。这六个选项上的 χ^2 和 p 值分别为(22.394,0.000)、(12.392,0.006)、(3.828,0.281)与(3.082,0.379)、(8.147,0.043)、(1.178,0.758)。

表66　不同年龄中职教师对专业知识与能力提升途径认知的差异分析表

	学历教育与进修	专业（专项）培训	参加岗位实践	自我学习与实践	同行或跨界交流	其他
30 岁及以下	11.9%	13.6%	11.4%	10.8%	7.5%	0.4%
31—40 岁	29.4%	33.4%	30.9%	27.2%	21.0%	0.5%
41—50 岁	19.9%	28.7%	26.6%	21.4%	14.4%	0.8%
50 岁以上	10.4%	12.0%	11.3%	11.0%	6.5%	0.4%

注：％为勾选本选项次数与总体人数的比值。

（3）不同教龄中职教师对专业知识与能力提升主要途径认知的差异分析。

通过对上海市 1 399 名不同教龄中职教师对专业知识与能力提升途径认知的差异分析，得出了如下调研结果，如表67 所示：10 年及以上教龄的教师在六个选项上的选择频次是最高的，而 2 年及以内教龄教师在六个选项上的选择频次是最低的。再经过 χ^2 检验(百分比同质性检验)后发现：不同职教教龄教师在第一个选项上存在显著差异，而在其他选项上并不存在显著差异。这六个选项上的 χ^2 和 p 值分别为(8.023,0.046)、(3.762,0.288)、(0.492,0.921)与(6.246,0.100)、(4.023,0.259)、(2.557,0.465)。

表67　不同教龄中职教师对专业知识与能力提升途径认知的差异分析表

	学历教育与进修	专业（专项）培训	参加岗位实践	自我学习与实践	同行或跨界交流	其他
2 年及以内	4.4%	5.6%	4.6%	3.4%	3.5%	0.3%
2—5 年	7.6%	8.0%	7.4%	7.2%	4.5%	0.3%
6—10 年	13.5%	16.3%	14.3%	12.9%	9.8%	0.5%
10 年及以上	46.0%	57.8%	54.0%	46.9%	31.6%	1.1%

注：％为勾选本选项次数与总体人数的比值。

（4）不同工作岗位中职教师对专业知识与能力提升主要途径认知的差异分析。

通过对上海市 1 399 名不同工作岗位中职教师对专业知识与能力提升途径认知的差异分析，得出了如下调研结果，如表68 所示：在六个选项中，专业理论教师的选择次数最高，专业实习教师的选择次数最低。再经过 χ^2 检验(百分比同质性检验)后发现：不同工作岗位教师在第五个选项上存在显著差异,而在其他选项上并不存在显著差异。这六个选项上的 χ^2 和 p 值分别为(2.720,0.437)、(0.888,0.828)、(0.917,0.821)与(3.192,0.363)、(10.510, 0.015)、(0.466,0.926)。

表 68　不同工作岗位中职教师对专业知识与能力提升途径认知的差异分析表

	学历教育与进修	专业(专项)培训	参加岗位实践	自我学习与实践	同行或跨界交流	其他
专业理论教师	29.7%	35.5%	32.4%	28.8%	22.9%	40.7%
专业实习教师	11.6%	15.8%	14.6%	11.5%	7.2%	17.7%
公共文化教师	26.8%	32.3%	29.0%	26.4%	17.7%	36.9%
其他	3.2%	4.3%	3.9%	3.8%	2.0%	4.8%

注:%为勾选本选项次数与总体人数的比值。

(5)不同职称中职教师对专业知识与能力提升主要途径认知的差异分析。

通过对上海市 1 399 名不同职称中职教师对专业知识与能力提升途径认知的差异分析,得出了如下调研结果,如表 69 所示:在六个选项中,中级教师选择的次数最高,而正高级教师选择的次数最低。再经过 χ^2 检验(百分比同质性检验)后发现:不同职称教师在所有选项上都不存在显著差异。这六个选项上的 χ^2 和 p 值分别为(3.947,0.267)、(1.844,0.605)(2.255,0.521)与(4.188,0.242)、(1.851,0.604)、(0.327,0.955)。

表 69　不同职称中职教师对专业知识与能力提升途径认知的差异分析表

	学历教育与进修	专业(专项)培训	参加岗位实践	自我学习与实践	同行或跨界交流	其他
初级	19.0%	23.3%	20.7%	19.4%	13.4%	0.6%
中级	37.6%	45.3%	41.5%	34.7%	24.9%	1.1%
副高级	13.8%	18.0%	16.9%	15.3%	11.0%	0.6%
正高级	0.8%	1.1%	1.2%	1.0%	0.4%	0

注:%为勾选本选项次数与总体人数的比值。

(6)不同学历中职教师对专业知识与能力提升主要途径认知的差异分析。

通过对上海市 1 399 名不同学历中职教师对专业知识与能力提升途径认知的差异分析,得出了如下调研结果,如表 70 所示:在六个选项中,本科学历教师选择的次数最高,而专科及以下学历教师选择的次数最少。再经过 χ^2 检验(百分比同质性检验)后发现:不同学历教师在第五个选项上存在显著差异,而在其他选项上并不存在显著差异。这六个选项上的 χ^2 和 p 值分别为(0.277,0.871)、(3.703,0.157)、(0.154,0.926)与(2.441,0.295)、(10.429,

(0.005)、(2.192,0.334)。

表70 不同学历中职教师对专业知识与能力提升途径认知的差异分析表

	学历教育与进修	专业（专项）培训	参加岗位实践	自我学习与实践	同行或跨界交流	其他
专科及以下	4.0%	4.5%	4.5%	3.5%	1.8%	0
本科	57.3%	70.1%	63.8%	55.9%	38.9%	1.6%
硕士研究生及以上	10.2%	13.1%	11.9%	10.9%	8.7%	0.5%

注：%为勾选本选项次数与总体人数的比值。

（7）中职教师有无职业资格证书对专业知识与能力提升主要途径认知的差异分析。

通过对上海市1 399名不同中职教师对专业知识与能力提升途径认知的差异分析，得出了如下调研结果，如表71所示：在六个选项中，持有职业资格证书教师的选择次数明显多于没有职业资格证书的教师。再经过 χ^2 检验（百分比同质性检验）后发现：是否具有职业资格证书对教师在这六个选项上的选择没有产生影响。这六个选项上的 χ^2 和 p 值分别为（0.389,0.533）、（1.904,0.168）、（0.000,0.988）与（0.066,0.797）、（0.027,0.870）、（1.762,0.184）。

表71 中职教师有无职业资格证书对专业知识与能力提升途径认知的差异分析表

	学历教育与进修	专业（专项）培训	参加岗位实践	自我学习与实践	同行或跨界交流	其他
有	55.2%	66.3%	61.4%	54.1%	37.7%	1.4%
无	16.4%	21.4%	18.9%	16.4%	11.8%	0.8%

注：%为勾选本选项次数与总体人数的比值。

结 论：

通过对上海市1 399名不同人口统计学变量背景下对专业知识与能力提升途径认知的差异分析，得出了如下结论：

不同性别教师在第二、第五两个选项上存在显著差异，而在其他选项上并不存在显著差异；不同年龄教师在第一、第二、第五这三个选项上存在显著差异，而在其他选项上并不存在显著差异；不同职教教龄教师在第一个选项上存在显著差异，而在其他选项上并不存在显著差异；不同工作岗位教师在第五个选项上存在显著差异，而在其他选项上并不存在显著差异；不同职称教师在所有选项上都不存在显著差异；不同学历教师在第五个选项上存在显著差异，而在其他选项上并不存在显著差异；是否具有职业资格证书对教师在这六个选项上的选择没有产生影响。

（四）上海市中职教师对专业发展影响因素认知的差异情况分析

前文已经探讨了中职教师对专业化发展影响因素认知的现状，但并未分析在不同人口统计学背景变量下，中职教师对专业化发展影响因素认知的差异，本部分研究内容正是为了弥补这一不足，深化对此问题的认知，主要包括了三个方面。

1. 中职教师对专业发展影响因素的认知差异分析

中职教师专业化发展受到了哪些因素的影响，找到这些因素，并采取相应措施改善环境，是促进中职教师专业化发展的有效途径。前文已经分析了中职教师对专业化发展影响因素认知的现状，然而却并未分析在不同人口统计学变量背景下，中职教师对这一问题的认知差异。

（1）不同性别中职教师对专业发展影响因素认知的差异分析。

通过对上海市 1 399 名不同性别中职教师对专业发展影响因素认知的差异分析，得出了如下调研结果，如表 72 所示：女性教师对这五个选项的选择频次要明显高于男性教师的选择。再经过 χ^2 检验（百分比同质性检验）后发现：不同性别教师在第三个选项上存在显著差异，而在其他选项上并不存在显著差异。这五个选项上的 χ^2 和 p 值分别为（0.012,0.912）、（0.338,0.561）、（20.492,0.000）与（0.105,0.745）、（0.224,0.635）。

表 72　不同性别中职教师对专业发展影响因素认知的差异分析表

	自我学习能力与发展意识	教师专业发展的保障措施	多元化的学习和培训平台	教师专业互动与团队合作	其他
男	26.2%	29.0%	25.7%	24.3%	0.4%
女	44.4%	50.1%	52.5%	41.7%	1.0%

注：%为勾选本选项次数与总体人数的比值。

（2）不同年龄中职教师对专业发展影响因素认知的差异分析。

通过对上海市 1 399 名不同年龄层次中职教师对专业发展影响因素认知的差异分析，得出了如下调研结果，如表 73 所示：31—40 岁年龄段教师在这五个选项上的选择频次最高，而 50 岁以上的教师在这五个选项上的选择频次最低。再经过 χ^2 检验（百分比同质性检验）后发现：不同年龄层次教师在第一个选项上存在显著差异，而在其他选项上并不存在显著差异。这五个选项上的 χ^2 和 p 值分别为（6.765,0.009）、（0.059,0.807）、（0.254,0.614）与（1.748,0.186）、（0.016,0.900）。

表 73　不同年龄层次中职教师对专业发展影响因素认知的差异分析表

	自我学习能力与发展意识	教师专业发展的保障措施	多元化的学习和培训平台	教师专业互动与团队合作	其他
30 岁及以下	12.1%	11.9%	12.7%	11.3%	0.1%
31—40 岁	26.6%	31.2%	32.2%	26.8%	0.4%

	自我学习能力 与发展意识	教师专业发展 的保障措施	多元化的学习 和培训平台	教师专业互动 与团队合作	其他
41—50 岁	20.2%	25.1%	23.4%	18.8%	0.4%
50 岁以上	11.7%	11.0%	9.9%	9.0%	0.4%

注：‰为勾选本选项次数与总体人数的比值。

（3）不同职教教龄中职教师对专业发展影响因素认知的差异分析。

通过对上海市 1 399 名不同职教教龄中职教师对专业发展影响因素认知的差异分析，得出了如下调研结果，如表 74 所示：10 年及以上教龄教师在五个选项上的选择频次最高，而 2 年及以内的新教师在五个选项上的选择频率最低。再经过 χ^2 检验（百分比同质性检验）后发现：不同职教教龄层次教师在第三、第四选项上存在显著差异，而在其他选项上并不存在显著差异。这五个选项上的 χ^2 和 p 值分别为（4.547，0.208）、（3.097，0.377）、（14.015，0.003）与（12.077，0.007）、（2.283，0.516）。

表 74　不同职教教龄中职教师对专业发展影响因素认知的差异分析表

	自我学习能力 与发展意识	教师专业发展 的保障措施	多元化的学习 和培训平台	教师专业互动 与团队合作	其他
2 年及以内	4.5%	4.8%	5.2%	4.5%	0
2—5 年	7.2%	7.8%	8.0%	7.1%	0
6—10 年	12.4%	14.7%	15.3%	12.9%	0.4%
10 年及以上	46.5%	51.9%	49.7%	41.4%	1.0%

注：‰为勾选本选项次数与总体人数的比值。

（4）不同工作岗位中职教师对专业发展影响因素认知的差异分析。

通过对上海市 1 399 名不同工作岗位中职教师对专业发展影响因素认知的差异分析，得出了如下调研结果，如表 75 所示：专业理论教师在五个选项上的选择次数是最高的，而专业实习教师在五个选项上的选择次数是最低的。再经过 χ^2 检验（百分比同质性检验）后发现：不同工作岗位教师在第二个选项上存在显著差异，而在其他选项上并不存在显著差异。这五个选项上的 χ^2 和 p 值分别为（0.681，0.878）、（9.826，0.020）、（6.972，0.073）与（1.361，0.715）、（2.837，0.417）。

（5）不同职称中职教师对专业发展影响因素认知的差异分析。

通过对上海市 1 399 名不同职称中职教师对专业发展影响因素认知的差异分析，得出了如下调研结果，如表 76 所示：在五个选项上，中级职称教师的选择频率是最高的，而正高级教师的选择频率是最低的。再经过 χ^2 检验（百分比同质性检验）后发现：不同职称教师在第

表75　不同工作岗位中职教师对专业发展影响因素认知的差异分析表

	自我学习能力与发展意识	教师专业发展的保障措施	多元化的学习和培训平台	教师专业互动与团队合作	其他
专业理论教师	28.3%	34.4%	33.5%	26.6%	0.4%
专业实习教师	12.5%	13.6%	12.6%	12.3%	0
公共文化教师	25.9%	27.3%	28.5%	23.6%	0.6%
其他	3.6%	3.5%	3.5%	3.1%	0.1%

注：％为勾选本选项次数与总体人数的比值。

表76　不同职称中职教师对专业发展影响因素认知的差异分析表

	自我学习能力与发展意识	教师专业发展的保障措施	多元化的学习和培训平台	教师专业互动与团队合作	其他
初级	19.4%	20.9%	21.5%	19.7%	0.3%
中级	34.8%	41.0%	40.5%	32.4%	1.0%
副高级	15.0%	16.3%	15.6%	12.9%	0.1%
正高级	1.1%	1.0%	1.0%	0.8%	0

注：％为勾选本选项次数与总体人数的比值。

四个选项上存在显著差异，而在其他选项上并不存在显著差异。这五个选项上的χ^2和p值分别为$(4.936, 0.177)$、$(0.958, 0.811)$、$(4.630, 0.201)$与$(11.981, 0.007)$、$(1.521, 0.677)$。

（6）不同学历中职教师对专业发展影响因素认知的差异分析。

通过对上海市1 399名不同学历中职教师对专业发展影响因素认知的差异分析，得出了如下调研结果，如表77所示：本科学历教师在五个选项上的选择频率是最高的，而专科及以下学历教师的选择频率是最低的。再经过χ^2检验（百分比同质性检验）后发现：不同学历层次教师在第二、第三、第四这三个选项上存在显著差异，而在其他选项上并不存在显著差异。这五个选项上的χ^2和p值分别为$(0.177, 0.915)$、$(6.814, 0.033)$、$(9.707, 0.008)$与$(6.835, 0.033)$、$(0.469, 0.791)$。

表77　不同学历中职教师对专业发展影响因素认知的差异分析表

	自我学习能力与发展意识	教师专业发展的保障措施	多元化的学习和培训平台	教师专业互动与团队合作	其他
专科及以下	4.0%	4.1%	3.4%	3.4%	0.1%
本科	56.5%	62.2%	62.8%	51.3%	1.1%
硕士研究生及以上	10.1%	12.8%	12.0%	11.2%	0.1%

注：％为勾选本选项次数与总体人数的比值。

(7) 中职教师是否具有职业资格证书对专业发展影响因素认知的差异分析。

通过对上海市 1 399 名中职教师对专业发展影响因素认知的差异分析,得出了如下调研结果,如表 78 所示:具有职业资格证书的教师在五个选项上的选择频率要显著高于没有职业资格证书的教师。再经过 χ^2 检验(百分比同质性检验)后发现:是否具有职业资格证书对教师在这五个选项上的选择没有产生显著影响。这五个选项上的 χ^2 和 p 值分别为(3.254,0.071)、(0.002,0.968)、(1.331,0.249)与(0.737,0.391)、(0.071,0.789)。

表 78 中职教师是否具有职业资格证书对专业发展影响因素认知的差异分析表

	自我学习能力 与发展意识	教师专业发展 的保障措施	多元化的学习 和培训平台	教师专业互动 与团队合作	其他
有	52.7%	60.5%	59.0%	49.7%	1.1%
没有	17.9%	18.6%	19.2%	16.2%	0.3%

注:%为勾选本选项次数与总体人数的比值。

结 论:

通过对上海市 1 399 名不同人口统计学变量背景下对专业发展影响因素认知的差异分析,得出了如下结论:

不同性别教师在第三个选项上存在显著差异,而在其他选项上并不存在显著差异;不同年龄层次教师在第一个选项上存在显著差异,而在其他选项上并不存在显著差异;不同职教教龄层次教师在第三、四选项上存在显著差异,而在其他选项上并不存在显著差异;不同工作岗位教师在第二个选项上存在显著差异,而在其他选项上并不存在显著差异;不同职称教师在第四个选项上存在显著差异,而在其他选项上并不存在显著差异;不同学历层次教师在第二、三、四选项上存在显著差异,而在其他选项上并不存在显著差异;是否具有职业资格证书对教师在这五个选项上的选择没有产生影响。

2. 中职教师对专业发展动力认知的差异分析

找到中职教师发展动力,并采取措施激发中职教师的专业化发展动力是教师管理的必要前提。前文已经分析了中职教师对专业化发展动力认知的现状,然而却并未分析在不同人口统计学变量背景下中职教师对这一问题认知的差异,以下研究将弥补这一不足,深入探讨中职教师对专业发展动力的认知情况。

(1) 不同性别中职教师对专业发展动力认知的差异分析。

通过对上海市 1 399 名不同性别中职教师对专业发展动力认知的差异分析,得出了如下调研结果,如表 79 所示:女性教师对这七个选项的选择频次要明显高于男性教师。再经过 χ^2 检验(百分比同质性检验)后发现:不同性别教师在第五、第六两个选项上存在显著差异,而在其他选项上并不存在显著差异。这七个选项上的 χ^2 和 p 值分别为(2.365,0.124)、

(0.258,0.611)、(1.964,0.161)与(0.474,0.491)、(6.830,0.009)、(9.953,0.002)、(0.282, 0.595)。

表79　不同性别中职教师对教师专业化发展动力因素的认知差异分析表

	更新知识，提高素质	使学生获得更好的发展	追求职务职称的提升	追求更高的收入	适应教育改革的新要求	更好实现人生价值	其他
男	27.8%	25.3%	19.5%	20.6%	18.7%	18.4%	0.3%
女	50.0%	41.6%	36.2%	36.4%	37.7%	38.6%	0.3%

注：％为勾选本选项次数与总体人数的比值。

（2）不同年龄中职教师对专业发展动力认知的差异分析。

通过对上海市1 399名不同年龄中职教师对专业发展动力认知的差异分析，得出了如下调研结果，如表80所示：31—40岁年龄段教师在这七个选项上的选择次数是最高的，而50岁以上年龄段教师的选择次数为最低。再经过χ^2检验（百分比同质性检验）后发现：不同年龄教师在第一、第二、第三、第四和第六这五个选项上存在显著差异，而在其他选项上并不存在显著差异。这七个选项上的χ^2和p值分别为（12.226,0.007）、（14.439,0.002）、（18.897, 0.000）与（13.302,0.004）、（3.802,0.284）、（8.233,0.041）、（0.791,0.852）。

表80　不同年龄中职教师对教师专业化发展动力因素的认知差异分析表

	更新知识，提高素质	使学生获得更好的发展	追求职务职称的提升	追求更高的收入	适应教育改革的新要求	更好实现人生价值	其他
30岁及以下	12.3%	11.3%	9.8%	9.5%	7.8%	7.8%	9.0%
31—40岁	30.9%	26.8%	23.2%	23.6%	23.0%	23.0%	23.4%
41—50岁	22.8%	19.8%	14.9%	15.8%	17.7%	17.7%	17.0%
50岁以上	11.9%	9.0%	7.9%	8.0%	7.9%	7.9%	7.5%

注：％为勾选本选项次数与总体人数的比值。

（3）不同职教教龄中职教师对专业发展动力认知的差异分析。

通过对上海市1 399名不同职教教龄中职教师对专业发展动力认知的差异分析，得出了如下调研结果，如表81所示：10年及以上教龄教师在七个选项上的选择次数是最高的，而2年及以下的新教师在七个选项上的选择是最低的。再经过χ^2检验（百分比同质性检验）后发现：不同职教教龄教师在第一、第三、第六、第七这四个选项上存在显著差异，而在其他选项上并不存在显著差异。这七个选项上的χ^2和p值分别为（9.193,0.027）、（6.210,0.102）、（13.225,0.004）与（5.893,0.117）、（1.254,0.740）、（9.096,0.028）、（8.734,0.033）。

表 81　不同职教教龄中职教师对教师专业化发展动力因素的认知差异分析表

	更新知识，提高素质	使学生获得更好的发展	追求职务职称的提升	追求更高的收入	适应教育改革的新要求	更好实现人生价值	其他
2 年及以下	4.8%	4.5%	3.3%	3.7%	3.1%	3.4%	0
2—5 年	8.2%	6.7%	6.7%	6.0%	4.8%	6.3%	0
6—10 年	14.6%	12.9%	11.0%	11.2%	9.8%	8.7%	0.4%
10 年及以上	50.3%	42.8%	34.7%	36.1%	38.7%	38.6%	0.1%

注：％为勾选本选项次数与总体人数的比值。

（4）不同工作岗位中职教师对专业发展动力认知的差异分析。

通过对上海市 1 399 名不同工作岗位中职教师对专业发展动力认知的差异分析，得出了如下调研结果，如表 82 所示：专业理论教师在前六个选项中的选择次数是最高的，而专业实习教师则在七个选项上的选择次数是最低的。再经过 χ^2 检验（百分比同质性检验）后发现：不同工作岗位教师在第三个选项上存在显著差异，而在其他选项上并不存在显著差异。这七个选项上的 χ^2 和 p 值分别为（3.807，0.283）、（0.427，0.935）、（8.083，0.044）与（3.483，0.323）、（5.029，0.170）、（3.797，0.284）、（0.743，0.863）。

表 82　不同工作岗位中职教师对教师专业化发展动力因素的认知差异分析表

	更新知识，提高素质	使学生获得更好的发展	追求职务职称的提升	追求更高的收入	适应教育改革的新要求	更好实现人生价值	其他
专业理论教师	32.4%	27.1%	24.8%	24.5%	22.9%	23.6%	0.1%
专业实习教师	14.2%	11.4%	9.5%	10.1%	8.6%	8.7%	0.1%
公共文化教师	27.1%	24.8%	18.1%	19.6%	22.3%	21.9%	0.3%

注：％为勾选本选项次数与总体人数的比值。

（5）不同职称中职教师对专业发展动力认知的差异分析。

通过对上海市 1 399 名不同职称中职教师对专业发展动力认知的差异分析，得出了如下调研结果，如表 83 所示：中级职称教师在七个选项上的选择次数是最高的，而正高级职称教师在七个选项上的选择次数是最低的。再经过 χ^2 检验（百分比同质性检验）后发现：不同职称教师在所有选项上都不存在显著差异。这七个选项上的 χ^2 和 p 值分别为（4.214，0.239）、（1.683，0.641）、（6.669，0.083）与（7.712，0.052）、（1.264，0.738）、（2.203，0.531）、（0.080，0.994）。

表83　不同职称中职教师对教师专业化发展动力因素的认知差异分析表

	更新知识，提高素质	使学生获得更好的发展	追求职务职称的提升	追求更高的收入	适应教育改革的新要求	更好实现人生价值	其他
初级	21.3%	17.8%	15.4%	15.2%	13.8%	14.9%	0.1%
中级	39.3%	35.0%	29.2%	30.7%	30.0%	29.8%	0.3%
副高级	16.0%	13.5%	10.2%	10.2%	11.8%	11.8%	0.1%
高级	1.1%	0.7%	1.0%	1.0%	0.7%	0.4%	0.6%

注：％为勾选本选项次数与总体人数的比值。

(6) 不同学历中职教师对专业发展动力认知的差异分析。

通过对上海市1 399名不同学历中职教师对专业发展动力认知的差异分析，得出了如下调研结果，如表84所示：本科学历教师在这七个选项上的选择次数是最高的，而专科及以下学历教师在这七个选项上的选择次数是最低的。再经过 χ^2 检验（百分比同质性检验）后发现：不同学历层次教师在第二、第六两个选项上存在显著差异，而在其他选项上并不存在显著差异。这七个选项上的 χ^2 和 p 值分别为（0.539,0.764）、（7.564,0.023）、（1.985,0.371）与（2.461,0.292）、（4.796,0.091）、（10.512,0.005）、（4.122,0.127）。

表84　不同学历中职教师对教师专业化发展动力因素的认知差异分析表

	更新知识，提高素质	使学生获得更好的发展	追求职务职称的提升	追求更高的收入	适应教育改革的新要求	更好实现人生价值	其他
专科以下	4.2%	3.1%	2.6%	2.7%	2.7%	2.3%	2.6%
本科	62.3%	52.5%	44.7%	46.4%	46.4%	46.0%	44.1%
硕士研究生及以上	11.2%	11.2%	8.3%	7.8%	7.8%	8.0%	10.2%

注：％为勾选本选项次数与总体人数的比值。

(7) 中职教师是否具有职业资格证书对专业发展动力认知的差异分析。

通过对上海市1 399名中职教师对专业发展动力认知的差异分析，得出了如下调研结果，如表85所示：具有职业资格证书教师在七个选项上的选择要明显高于没有职业资格证书教师的选择次数。再经过 χ^2 检验（百分比同质性检验）后发现：是否具有职业资格证书对教师在这七个选项上的选择没有产生显著影响。这七个选项上的 χ^2 和 p 值分别为（0.030,0.862）、（0.194,0.660）、（0.013,0.908）与（0.095,0.758）、（2.335,0.126）、（3.089,0.079）、（0.005,0.946）。

表 85　中职教师是否具有职业资格证书对教师专业化发展动力因素的认知差异分析表

	更新知识，提高素质	使学生获得更好的发展	追求职务职称的提升	追求更高的收入	适应教育改革的新要求	更好实现人生价值	其他
有	59.6%	51.5%	42.6%	43.4%	42.1%	42.2%	0.4%
无	18.2%	15.5%	13.0%	13.7%	14.5%	14.8%	0.1%

注：％为勾选本选项次数与总体人数的比值。

结　论：

通过对上海市 1 399 名不同人口统计学变量背景下对专业发展动力认知的差异分析，得出了如下结论：

不同性别教师在第五、第六两个选项上存在显著差异，而在其他选项上并不存在显著差异；不同年龄教师在第一、第二、第三、第四和第六这五个选项上存在显著差异，而在其他选项上并不存在显著差异；不同职教教龄教师在第一、第三、第六、第七这四个选项上存在显著差异，而在其他选项上并不存在显著差异；不同工作岗位教师在第三个选项上存在显著差异，而在其他选项上并不存在显著差异；不同职称教师在所有选项上都不存在显著差异；不同学历层次教师在第二、第六两个选项上存在显著差异，而在其他选项上并不存在显著差异；是否具有职业资格证书对教师在这七个选项上的选择没有产生显著影响。

3. 中职教师对专业发展困难认知的差异分析

了解中职教师专业化发展遇到的瓶颈和困难是教师管理制度、培训制度变革的前提。前文已经分析了中职教师对专业发展困难认知的现状，然而却并未分析在不同人口统计学变量背景中职教师对这一问题认知的差异，以下研究将弥补这一不足，深入探讨中职教师对专业发展困难认知的现状。

（1）不同性别中职教师对专业发展困难认知的差异分析。

通过对上海市 1 399 名不同性别中职教师对专业发展困难认知的差异分析，得出了如下调研结果，如表 86 所示：女性教师对这六个选项的选择频次要明显高于男性教师。再经过 χ^2 检验（百分比同质性检验）后发现：不同性别教师在第四、第五这两个选项上存在显著差异，而在其他选项上并不存在显著差异。这六个选项上的 χ^2 和 p 值分别为（3.763,0.052）、（1.515,0.218）、（0.238,0.625）与（4.439,0.035）、（4.168,0.041）、（1.402,0.236）。

（2）不同年龄中职教师对专业发展困难认知的差异分析。

通过对上海市 1 399 名不同年龄中职教师对专业发展困难认知的差异分析，得出了如下调研结果，如表 87 所示：31—40 岁年龄段教师在六个选项上的选择频次明显高于其他年龄段教师，而 50 岁以上年龄段教师除在第一选项外，其他维度上的选择频次都是最低的。再经过 χ^2 检验（百分比同质性检验）后发现：除第一个选项外，不同年龄教师在其余选项上都存

表 86　不同性别中职教师对教师专业发展困难认知差异分析表

	专业理念滞后	专业知识欠缺	专业能力不足	缺乏专业能力提升的平台与机制	缺乏专业发展的动力	其他
男	16.5%	14.2%	13.1%	25.9%	15.7%	1.8%
女	23.3%	21.1%	20.9%	47.9%	31.3%	1.9%

注：％为勾选本选项次数与总体人数的比值。

表 87　不同年龄中职教师对教师专业发展困难认知差异分析表

	专业理念滞后	专业知识欠缺	专业能力不足	缺乏专业能力提升的平台与机制	缺乏专业发展的动力	其他
30 岁及以下	5.4%	6.9%	7.7%	10.7%	5.9%	0.8%
31—40 岁	15.0%	13.1%	12.0%	31.8%	20.0%	1.0%
41—50 岁	12.8%	9.8%	9.6%	22.5%	15.4%	0.7%
50 岁以上	6.6%	5.5%	4.7%	8.8%	5.6%	1.2%

注：％为勾选本选项次数与总体人数的比值。

在着较为显著的差异。这六个选项上的 χ^2 和 p 值分别为(1.007,0.800)、(9.517,0.023)、(20.363,0.000)与(28.825,0.000)、(9.213,0.027)、(9.930,0.019)。

（3）不同职教教龄中职教师对专业发展困难认知的差异分析。

通过对上海市 1 399 名不同职教教龄中职教师对专业发展困难认知的差异分析，得出了如下调研结果，如表 88 所示：10 年以上教龄教师在六个选项上的选择频次要高于其他教龄的教师，而 2 年及以内的新教师在各个选项上的选择频次是最低的。再经过 χ^2 检验（百分比同质性检验）后发现：不同职教教龄教师在第二、第三和第五这三个选项上存在显著差异，而在其他选项上并不存在显著差异。这六个选项上的 χ^2 和 p 值分别为(5.125,0.163)、(15.336,0.002)、(21.021,0.000)与(5.739,0.125)、(10.510,0.015)、(1.438,0.697)。

表 88　不同职教教龄中职教师对教师专业发展困难认知差异分析表

	专业理念滞后	专业知识欠缺	专业能力不足	缺乏专业能力提升的平台与机制	缺乏专业发展的动力	其他
2 年及以内	1.5%	3.0%	3.4%	4.1%	1.5%	0.3%
2—5 年	4.0%	4.3%	4.3%	6.9%	4.0%	0.6%

	专业理念滞后	专业知识欠缺	专业能力不足	缺乏专业能力提升的平台与机制	缺乏专业发展的动力	其他
6—10 年	6.9%	7.4%	6.5%	15.0%	9.9%	0.6%
10 年及以上	27.4%	20.5%	19.8%	47.8%	31.5%	2.3%

注：‰为勾选本选项次数与总体人数的比值。

（4）不同工作岗位中职教师对专业发展困难认知的差异分析。

通过对上海市 1 399 名不同工作岗位中职教师对专业发展困难认知的差异分析，得出了如下调研结果，如表 89 所示：专业理论教师在各个选项上的选择频次是最高的，而专业实习教师在各个选项上的选择频次是最低的。再经过 χ^2 检验（百分比同质性检验）后发现：不同工作岗位教师在所有选项上的选择上都不存在显著差异。这六个选项上的 χ^2 和 p 值分别为 $(2.554, 0.466)$、$(6.864, 0.076)$、$(0.883, 0.830)$ 与 $(4.247, 0.236)$、$(6.538, 0.088)$、$(2.278, 0.517)$。

表 89　不同工作岗位中职教师对教师专业发展困难认知差异分析表

	专业理念滞后	专业知识欠缺	专业能力不足	缺乏专业能力提升的平台与机制	缺乏专业发展的动力	其他
专业理论教师	15.6%	15.5%	14.6%	31.2%	19.4%	2.0%
专业实习教师	8.1%	7.0%	5.5%	13.2%	6.5%	0.6%
公共文化教师	14.3%	10.6%	12.2%	26.0%	18.6%	1.0%
其他	2.0%	1.8%	1.6%	3.1%	2.0%	0.3%

注：‰为勾选本选项次数与总体人数的比值。

（5）不同职称中职教师对专业发展困难认知的差异分析。

通过对上海市 1 399 名不同职称中职教师对专业发展困难认知的差异分析，得出了如下调研结果，如表 90 所示：中级教师在各个选项上的选择频次是最高的，正高级则在各个选项上的选择频次最低。再经过 χ^2 检验（百分比同质性检验）后发现：不同职称教师在第一、第三和第四这三个选项上存在显著差异，而在其他选项上并不存在显著差异。这六个选项上的 χ^2 和 p 值分别为 $(9.088, 0.028)$、$(3.728, 0.292)$、$(10.576, 0.014)$ 与 $(8.298, 0.040)$、$(3.590, 0.309)$、$(2.069, 0.558)$。

表90　不同职称中职教师对教师专业发展困难认知差异分析表

	专业理念滞后	专业知识欠缺	专业能力不足	缺乏专业能力提升的平台与机制	缺乏专业发展的动力	其他
初级	8.8%	9.6%	10.4%	19.4%	11.4%	1.4%
中级	20.6%	18.9%	17.3%	39.1%	25.5%	1.7%
副高级	9.9%	6.1%	5.8%	13.9%	9.7%	0.7%
正高级	0.1%	0.3%	0	1.3%	0.3%	0

注：%为勾选本选项次数与总体人数的比值。

（6）不同学历中职教师对专业发展困难认知的差异分析。

通过对上海市1 399名不同学历中职教师对专业发展困难认知的差异分析，得出了如下调研结果，如表91所示：本科学历教师在各个选项上的选择频率是最高的，硕士研究生及以上学历的教师在各个选项上都是最低的。再经过 χ^2 检验（百分比同质性检验）后发现：不同学历教师在所有选项上的选择上都不存在显著差异。这六个选项上的 χ^2 和 p 值分别为（4.847,0.089）、（3.520,0.172）、（0.473,0.789）与（1.944,0.378）、（4.022,0.134）、（0.508,0.776）。

表91　不同学历中职教师对教师专业发展困难认知差异分析表

	专业理念滞后	专业知识欠缺	专业能力不足	缺乏专业能力提升的平台与机制	缺乏专业发展的动力	其他
专科及以下	2.1%	2.5%	2.1%	3.7%	1.8%	0.1%
本科	33.2%	28.7%	27.4%	58.9%	38.2%	3.2%
硕士研究生及以上	4.4%	4.1%	4.6%	11.2%	6.9%	0.4%

注：%为勾选本选项次数与总体人数的比值。

（7）中职教师有无职业资格证书对专业发展困难认知的差异分析。

通过对上海市1 399名不同学历中职教师对专业发展困难认知的差异分析，得出了如下调研结果，如表92所示：具有职业资格证书的教师在各个选项上的选择频率都明显高于没有职业资格证书的教师。再经过 χ^2 检验（百分比同质性检验）后发现：是否具有职业资格证书对教师在这六个选项上的选择没有产生显著影响。这六个选项上的 χ^2 和 p 值分别为（0.777,0.378）、（0.078,0.781）、（0.397,0.528）与（1.811,0.178）、（0.938,0.333）、（2.450,0.118）。

表 92　中职教师有无职业资格证书对教师专业发展困难认知差异分析表

	专业理念滞后	专业知识欠缺	专业能力不足	缺乏专业能力提升的平台与机制	缺乏专业发展的动力	其他
有	29.6%	26.7%	25.6%	55.4%	36.7%	3.3%
无	10.1%	8.6%	8.6%	18.4%	10.4%	0.4%

注：％为勾选本选项次数与总体人数的比值。

💬 **结　论：**

通过对上海市 1 399 名不同人口统计学变量背景下对专业发展困难认知的差异分析,得出了如下结论:

不同性别教师在第四、第五这两个选项上存在显著差异,而在其他选项上并不存在显著差异。除第一个选项外,不同年龄教师在其余选项上都存在着较为显著的差异。不同职教教龄教师在第二、第三和第五这三个选项上存在显著差异,而在其他选项上并不存在显著差异。不同工作岗位教师在所有选项上的选择都不存在显著差异。不同职称教师在第一、第三和第四这三个选项上存在显著差异,而在其他选项上并不存在显著差异。不同学历教师在所有选项上的选择都不存在显著差异。是否具有职业资格证书对教师在这六个选项上的选择没有产生显著影响。

(五) 上海市中职教师对专业发展评价认知的差异情况分析

前文已经探讨了中职教师对专业化发展评价认知的现状进行了分析,但并未分析在不同人口统计学背景变量下,中职教师对专业化发展评价认知的差异,本部分研究内容正是为了弥补这一不足,深化对此问题的认知。

1. 中职教师对专业发展评价认知的差异分析

(1) 不同性别中职教师对专业发展评价认知的差异分析。

通过对上海市 1 399 名不同性别中职教师对专业发展评价认知的差异分析,得出了如下调研结果,如表 93 所示:女性教师对这七个选项的选择频次要明显高于男性教师。再经过 χ^2 检验(百分比同质性检验)后发现:不同性别教师在第三、第四和第五这三个选项上存在显著差异,而在其他选项上并不存在显著差异。这七个选项上的 χ^2 和 p 值分别为(0.557,0.346)、(0.257,0.612)、(6.500,0.011)与(8.301,0.004)、(11.622,0.001)、(1.151,0.283)、(1.743,0.187)。

(2) 不同年龄中职教师对专业发展评价认知的差异分析。

通过对上海市 1 399 名不同性别中职教师对专业发展评价认知的差异分析,得出了如下调研结果,如表 94 所示:31—40 岁年龄段教师在这七个选项上的选择次数最高,而 50 岁以

表93　不同性别中职教师对教师专业发展评价认知差异分析表

	职务职称的提升	取得更高的学历	学生获得良好发展	个人修养的完善	业务水平的提高	经济收入提高	受到社会更多尊重
男	20.5%	12.4%	25.6%	22.1%	23.9%	18.6%	20.3%
女	35.9%	19.8%	48.6%	43.8%	47.6%	33.8%	37.4%

注：%为勾选本选项次数与总体人数的比值。

表94　不同年龄中职教师对教师专业发展评价认知差异分析表

	职务职称的提升	取得更高的学历	学生获得良好发展	个人修养的完善	业务水平的提高	经济收入提高	受到社会更多尊重
30岁及以下	7.8%	5.9%	13.1%	11.9%	10.6%	7.6%	9.3%
31—40岁	22.6%	12.8%	27.4%	26.6%	29.1%	20.9%	24.0%
41—50岁	17.1%	8.6%	23.5%	18.7%	22.6%	17.1%	17.3%
50岁以上	8.9%	4.9%	10.2%	8.7%	9.1%	6.8%	7.1%

注：%为勾选本选项次数与总体人数的比值。

上的教师除第一个选项外，都比其他年龄段教师选择次数要低。再经过 χ^2 检验（百分比同质性检验）后发现：不同年龄教师在第三、第四、第五和第七这四个选项上存在显著差异，而在其他选项上并不存在显著差异。这七个选项上的 χ^2 和 p 值分别为（2.914,0.405）、（6.725, 0.081）、（17.246,0.001）与（23.790,0.000）、（11.311,0.010）、（3.502,0.321）、（12.359, 0.006）。

（3）不同职教教龄中职教师对专业发展评价认知的差异分析。

通过对上海市1 399名不同职教教龄中职教师对专业发展评价认知的差异分析，得出了如下调研结果，如表95所示：10年以上教龄教师在各个选项上的选择次数都大于其他教龄的教师，而2年及以内的新教师的选择次数都明显低于其他教龄组的教师。再经过 χ^2 检验（百分比同质性检验）后发现：不同职教教龄教师在第三、第四这两个选项上存在显著差异，而在其他选项上并不存在显著差异。这七个选项上的 χ^2 和 p 值分别为（1.466,0.690）、（1.231,0.746）、（14.802,0.002）与（16.244,0.001）、（2.775,0.428）、（0.355,0.949）、（1.805,0.614）。

表95　不同职教教龄中职教师对教师专业发展评价认知差异分析表

	职务职称的提升	取得更高的学历	学生获得良好发展	个人修养的完善	业务水平的提高	经济收入提高	受到社会更多尊重
2年及以内	3.0%	2.3%	5.2%	5.0%	4.5%	4.5%	3.5%
2—5年	5.0%	3.0%	8.0%	7.0%	7.1%	7.1%	5.7%

	职务职称的提升	取得更高的学历	学生获得良好发展	个人修养的完善	业务水平的提高	经济收入提高	受到社会更多尊重
6—10 年	11.1%	5.9%	13.4%	12.7%	12.7%	12.7%	10.9%
10 年以上	37.2%	21.0%	47.6%	41.2%	41.2%	47.2%	37.5%

注：％为勾选本选项次数与总体人数的比值。

（4）不同工作岗位中职教师对专业发展评价认知的差异分析。

通过对上海市 1 399 名不同工作岗位中职教师对专业发展评价认知的差异分析，得出了如下调研结果，如表 96 所示：专业理论教师在各个选项上的选择次数大于其他任课教师，而专业实习教师的选择次数是最低的。再经过 χ^2 检验（百分比同质性检验）后发现：不同工作岗位教师在第五、第七这两个选项上存在显著差异，而在其他选项上并不存在显著差异。这七个选项上的 χ^2 和 p 值分别为（0.707，0.872）、（5.398，0.145）、（0.541，0.910）与（1.103，0.776）、（9.728，0.021）、（5.635，0.131）、（16.320，0.001）。

表 96　不同工作岗位中职教师对教师专业发展评价认知差异分析表

	职务职称的提升	取得更高的学历	学生获得良好发展	个人修养的完善	业务水平的提高	经济收入提高	受到社会更多尊重
专业理论教师	24.5%	13.9%	31.9%	29.1%	33.2%	24.6%	27.6%
专业实习教师	10.8%	7.2%	13.7%	11.8%	11.9%	9.1%	8.3%
公共文化教师	21.1%	10.6%	28.5%	25.7%	26.5%	18.7%	21.5%

注：％为勾选本选项次数与总体人数的比值。

（5）不同职称中职教师对专业发展评价认知的差异分析。

通过对上海市 1 399 名不同职称中职教师对专业发展评价认知的差异分析，得出了如下调研结果，如表 97 所示：中级职称教师在各个选项上的选择次数是最多的，而正高级职称教师在各个选项上的选择次数是最低的。再经过 χ^2 检验（百分比同质性检验）后发现：不同职称教师在第七个选项上存在显著差异，而在其他选项上并不存在显著差异。这七个选项上的 χ^2 和 p 值分别为（0.786，0.853）、（4.872，0.181）、（4.070，0.254）与（5.826，0.120）、（0.947，0.814）、（3.670，0.299）、（8.360，0.039）。

表 97　不同职称中职教师对教师专业发展评价认知差异分析表

	职务职称的提升	取得更高的学历	学生获得良好发展	个人修养的完善	业务水平的提高	经济收入提高	受到社会更多尊重
初级	14.3%	9.5%	20.6%	18.8%	18.1%	13.4%	16.4%
中级	29.5%	16.4%	37.8%	33.2%	37.5%	27.7%	28.4%

	职务职称的提升	取得更高的学历	学生获得良好发展	个人修养的完善	业务水平的提高	经济收入提高	受到社会更多尊重
副高级	11.6%	5.5%	14.9%	13.0%	14.8%	10.9%	12.7%
正高级	0.8%	0.3%	1.0%	0.7%	0.8%	0.3%	0.2%

注：%为勾选本选项次数与总体人数的比值。

(6) 不同学历中职教师对专业发展评价认知的差异分析。

通过对上海市 1 399 名不同学历中职教师对专业发展评价认知的差异分析，得出了如下调研结果，如表 98 所示：本科学历教师在各个选项上的选择次数都是最高的，而专科及以下学历教师在各个选项上的选择次数都是最低的。再经过 χ^2 检验（百分比同质性检验）后发现：不同学历教师在第三和第七两个选项上存在显著差异，而在其他选项上并不存在显著差异。这七个选项上的 χ^2 和 p 值分别为(0.966,0.617)、(0.787,0.675)、(7.316,0.026)与(2.916,0.233)、(2.823,0.244)、(3.302,0.192)、(12.484,0.002)。

表98 不同学历中职教师对教师专业发展评价认知差异分析表

	职务职称的提升	取得更高的学历	学生获得良好发展	个人修养的完善	业务水平的提高	经济收入提高	受到社会更多尊重
专科及以下	2.9%	2.0%	4.5%	3.6%	3.6%	2.3%	2.2%
本科	44.9%	26.0%	57.4%	51.6%	57.0%	41.8%	45.4%
硕士研究生及以上	8.6%	4.2%	12.3%	10.7%	11.1%	8.3%	10.1%

注：%为勾选本选项次数与总体人数的比值。

(7) 中职教师是否具有职业资格证书对专业发展评价认知的差异分析。

通过对上海市 1 399 名中职教师对专业发展评价认知的差异分析，得出了如下调研结果，如表 99 所示：具有职业资格证书的教师在各个选项上的选择次数要明显高于没有职业资格证书的教师。再经过 χ^2 检验（百分比同质性检验）后发现：教师是否具有职业资格证书影响到了教师在第五个选项上的选择，而对其他选项的选择没有显著影响。这七个选项上的 χ^2 和 p 值分别为(0.487,0.485)、(0.946,0.331)、(0.754,0.385)与(1.240,0.265)、(8.878,0.003)、(1.328,0.249)、(12.484,0.002)。

表99 中职教师是否具有职业资格证书对教师专业发展评价认知差异分析表

	职务职称的提升	取得更高的学历	学生获得良好发展	个人修养的完善	业务水平的提高	经济收入提高	受到社会更多尊重
有	43.6%	25.2%	56.1%	49.8%	52.8%	41.2%	45.5%
无	12.8%	6.9%	18.1%	16.5%	19.1%	11.5%	12.3%

注：%为勾选本选项次数与总体人数的比值。

💬 结　论:

通过对上海市 1 399 名不同人口统计学变量背景下对专业发展评价认知的差异分析,得出了如下结论:

不同性别教师在第三、第四和第五这三个选项上存在显著差异,而在其他选项上并不存在显著差异。不同年龄教师在第三、第四、第五和第七这四个选项上存在显著差异,而在其他选项上并不存在显著差异。不同职教教龄教师在第三、第四这两个选项上存在显著差异,而在其他选项上并不存在显著差异。不同工作岗位教师在第五、第七这两个选项上存在显著差异,而在其他选项上并不存在显著差异。不同职称教师在第七个选项上存在显著差异,而在其他选项上并不存在显著差异。不同学历教师在第三和第七两个选项上存在显著差异,而在其他选项上并不存在显著差异。教师是否具有职业资格证书影响到了教师在第五个选项上的选择,而对其他选项的选择没有显著影响。

六、访谈调研结果: 上海市中职教师专业发展的现状

本次调研除了进行问卷调研外,还同时进行了访谈调研,访谈对象为上海市中职院校 20 名在职教师,访谈所需的调查问卷主要围绕中职教师专业发展的现状和问题进行设计,采取半结构的访谈方法。本研究对受访教师进行了编码,如 A1、A2、A3⋯⋯。限于篇幅,本文在每条访谈问题后只呈现一些较有代表性的观点。访谈结果如下所示:

(一) 您怎样理解教师专业发展和教师培训的内涵?

A1: 专业发展是指教师个人职业能力的成长和进步过程,是教师不断地取得进步和发展,能够胜任新的工作任务。参加培训可以促进教师专业发展,可以让教师通过培训获得一些新观念和新方法,能够通过培训和不同区域、学校的同行进行交流,获得成长。

A7: 教师的培训是加强教师队伍建设、提高教师素质的重要途径,教师发展都会存在着一个瓶颈期,就是一个特别难以突破的时期,这个时候就需要进行培训来打开教师的眼界,让教师接受新知识和新观念,让教师获得和同行进行交流和沟通的机会。而以专业发展为目标的教师培训更有利于提高教师的专业化水平,促进教师的专业成长。

(二) 在平时的工作中您重视自身的发展吗? 主要的学习途径有哪些?

A3: 重视。自主学习,主要通过书本或网络学习,这是我学习最为主要的一种方式。因为有些东西只有通过自己的反思才能获得,有些能力只有通过自己的内化才能形成。参加社团交流,向指导老师学习。我在参加工作的时候,学校给我派了一名指导教师,我向他学习了很多书本上学习不到的东西,也吸取了很多的教学经验,这对我的成长非常有益。参加学习的培训也是我专业发展的一项十分重要的内容,因为有些新的教育理念、教育范式都必须从学校外部传进来。

A8: 平时非常注重自身的发展,学习的途径来自书籍与网络。网络真的是一个非常有

益的学习途径和方式,从中我可以获得很多从书本中难以获得的新知识和新资讯。而且这种学习方式还能够发挥自身的主动性和积极性,能够始终以自己的需要和进度为中心,能够给我带来非常好的学习体验。

(三)您所在的学校重视教师专业发展吗?重视教师培训吗?您对此有什么看法?

A9:我们学校重视教师的专业发展和教师培训工作。第一,学校狠抓教师的教学技能、教学效果,会对教师的课堂教学效果进行实时监督和反馈。第二,学校每学期组织公开课、研究课、示范课、过关课等听课、评课活动,这无形之中给了教师很大的学习压力,需要教师时刻注重提高自身的教学技能。第三,学校要求各学科教研组每年都要有正在研究的课题,而且鼓励大家研究同自身的教学实践相关的课题,通过这些课题的研究提高自身的教学能力和素养。第四,学校克服经费短缺困难,经常派教师去学习,且经常为我们提供一些很好的学习机会,提供很好的学习平台,我们从中收获了很宝贵的经验。

A17:学校比较重视教师专业发展,也重视教师培训,开展了一些计算机信息技术的培训。这些培训打开了我们的眼界,让我们认识到了自身专业素养的不足和未来的努力方向,为我们提供了非常好的学习机会。但这些培训的深度还有待加强,尤其是专业教学论方面的培训,因为这一部分的内容对我们的专业能力的提升十分重要,所以我希望学校未来能够加大对这一内容的培训。

(四)最近几年您参加过教师培训吗?是何种模式(如国家级、省级、市级和校本培训)的教师培训?在参加培训前有没有想过自己参加培训的目标和确定相应的计划呢?

A20:参加过国家级培训两次。一次在广州,一次在德国。想过,但并没有制定出具体的学习计划和规划,所以在学习的过程中,经常会感到好多事情都没有安排好,造成学习效果并不是尽如人意,而且也经常会感到很疲惫。所以,以后如果再有学习培训的话,我会事先安排好自己未来的学习规划,避免到后边出现较大的偏差。

A4:主要参加过两次上海市组织的培训,培训内容和目标非常的明确,我没有制定明确的计划,但我会在学习中按照培训实施方的要求把自己应该学习的内容安排好。总体而言,我的学习过程还是十分顺畅的,学习了很多有益的知识和能力,为我以后的教师生涯发展提供了很好的方向。

(五)您所参加的教师培训的培训内容是如何设置的?对您的发展是否有帮助?设置之前是否征求过您的意见?您是否主动向培训部门提出过自己对培训的建议?

A6:培训内容:①教学理论与方法;②专业知识与技能训练;③企业实践活动。主要课程:电路设计与单片机仿真系统(Proteus)、单片机技术与项目实训、现代检测技术与实训、先进的和前沿的电子技术应用讲座等;实训中心项目;职业技能等级考证;电子综合应用与项目制作等。培训对我很有帮助。我了解了本专业的教育科研动态,了解了现代企业生产状况、技术水平、用人需求等信息,基本熟悉了实际岗位工作过程和操作规范,加深了对学校教学和企业实际联系的理解。通过培训提高了我的专业教学和教育实践能力,我的专业水平也有很大提升。我主动向培训部门提供的建议主要是关于培训课程设置上的建议,我觉得我们的课程有很大的缺失,就是没有关于专业教学法的介绍,很大一部分内容都是总的教学论和课程论,并没有具体结合专业来进行讲解,这就给我们的教学实践造成了很大的困惑和疑点。所以,我最大的建议就是要开设一些这样的课程,弥补我们在这方面的缺陷或者不足。

A8:参加培训的内容是分科目、分模块进行设置的。模块之间有的有联系,有的没有联系。培训对我的发展有一定的帮助,但不系统,只是达到了解的程度,我觉得这是我们所有培训最大的缺失和不足,并没有形成十分系统化的培训课程方案,甚至我们所参加的两次培训,内容都是一样的。设置之前未征求过意见,我也未主动提出自己对培训的建议。我对培训最大的意见就是如何能够让我们的培训更加个性化,能够更加符合我们每一个培训个体的需求,能够跟我们每一个人的实际情况结合起来,避免一些重复的培训和没有效果的培训,我觉得这是我们培训需要改进的地方。

(六) 您参加的教师培训形式有利于您的发展吗? 您对培训时间安排和考核评估有什么看法?

A7:我们学校的培训是以脱产集中训练的方式,采取"基地培训＋企业实践与实习、实训"的模式进行,时间是两个月。基地培训主要是面授培训,根据职业教育教学特点,采取专题讲座、专业理论学习与提高、技能训练、模拟教学、交流研讨、现场观摩等多种形式进行。学时分配及其说明(比较合理),总教学学时数为 300 学时,教学理论与方法 56 学时,专业知识与专业技能训练一共 94 学时,企业实践与实习、实训活动是 150 学时。一共考了 4 个内容,一是完成一份 4 学时以上的教案(PPT 教学课件)并进行试讲;二是通过专业实训撰写一篇 3 000 字以上的教学研究论文,提交实训作品;三是职业技能等级考证;四是撰写企业实践活动调研报告。我觉得培训时间应该最好不要在休息日,很多领导觉得培训是给教师的福利,但是我们也需要有时间陪家人和孩子,所以我希望管理层能够把培训也按照一定比例折算成课时,通过这种方式提高培训的效果和效率,能够让教师真正的乐于去培训。

A13:教师的培训形式对我的发展是有利的,但培训时间短,讲授的内容杂而多,不深入。考核评估没有采用有效手段。

(七) 您参加的培训的师资怎样? 您和培训老师有沟通吗? 您乐意与老师交流吗?

A14:教师的知识丰富、很敬业,而且很多教师具有十分丰富的教学经验,但我觉得这些教师太注重教的理论,不注重教的实践。我乐意与培训老师沟通。现在仍与多位老师有联系,在专业方面常向他们请教。

A19:我觉得培训教师在很多方面没有达到我自己的期望,很多教师仅仅是单纯地给我们灌输很多先进的理念和方式，但这些理念怎样落地，这些理念如何在教学实践中发挥作用，这些教师并没有谈到。而且这些教师也不是十分乐意和我们交流在教学实践中遇到的问题，不愿意给我们提供一些切实可行的理论建议，总是围绕着书本讲知识，一点趣味都没有。

（八）您认为培训的效果如何？培训对您自身的发展有什么帮助？您最大的收获是什么？

A6：培训的效果不错。在培训期间我了解了教育教学理论、相关专业教学法、专业知识与专业技能、教育技术运用等，还聆听了名师的专题讲座，与授课教师一起实践一起互动学习，并在名师的指导下深入到职业学校的班级参与教学实践。在整个培训期间，培训中心对我们参培学员的教学、教案、论文等方面也实行量化考核，对我们很有帮助。这种方式实用性强而且效果好。最大的收获：通过培训我掌握了相关专业教学法和现代教育技术手段，专业知识与专业技能，学术水平、教育教学能力和科研能力等方面的综合素质有了显著的提高。

A3：培训的效果总是和我期望的有一定差距，我觉得培训只是部分体现了教师的专业发展要求，对我的专业发展有一定的帮助。收获就是每次培训都了解了当前的行业发展行情，掌握了部分自己未知的知识，可惜想深入学习的部分却未涉及，只懂得些皮毛。尤其是培训的内容、方式都是十分传统，没有能够充分体现出现代职业教育新的发展趋势和发展方向，对我们的教学实践缺乏好的导向。

（九）您认为在促进教师自身发展方面您参加的培训还存在哪些问题？应该怎样解决？

A18：我觉得主要包括两个方面：一是按照教学一线教师的需要设置培训内容。中职骨干专业教师的培训，目标是提高教师的职业教育教学水平，特别是实践教学能力。培训内容应涉及职业教育理论、专业知识更新、专业实践技能、现代教学手段的应用等，同时也应开设企业文化、心理健康教育及心理辅导等内容。二是真正的实训操作课程太少，与教师强化专业技能的内在要求差距较大，尤其我们在教学实践中遇到的问题很少有培训能够关涉到，不能为我们指出较好的发展方向，对我们的教学实践也缺乏指导。

A11：我的专业是计算机专业，计算机知识更新较快，要不断学习，掌握业内的知识与行情才是促进计算机教师自身发展的真正需求。对于中职教师而言，需要到计算机专门机构或企业进行培训，才能对业内的规则掌握得更清晰更深入，才能培养出与社会接轨的应用型人才。因此，我觉得教师专业化发展最重要的一部分内容就是要为教师提供企业实践的机会，要求教师在企业实践中不断学习新的知识和新的技术。

附录　上海市中等职业学校教师专业发展研究课题
调研问卷

尊敬的老师：

　　您好！

　　为促进上海市中等职业学校教师专业发展，上海市中等职业学校师资培训中心与华东师范大学职教所课题组受上海市教委职教处委托，联合开展《上海市中等职业学校教师专业发展研究》工作。现根据需要进行问卷调研，此次调研的结果主要用于课题研究，不作他用，希望您抽出一点时间积极配合我们的工作。现就问卷填写做如下说明：

　　1. 本次问卷采用匿名形式，请放心作答；

　　2. 填写对象：学校专任教师；

　　3. 请各学校收到问卷后统一组织专任教师填写此表，1 周内统一纸质寄送到指定地址，
　　　电子版发送到课题组指定邮箱；

　　4. 学校邮寄问卷同时，请注明联系人和联系电话。

谢谢您的参与与配合！

《上海市中等职业学校教师专业发展研究》课题组

联系人：赵晓伟　涂三广　于伟伟

电话：021－55580260

邮箱：yuweiwei2012@163.com

地址：上海市中山北路 3663 号华东师范大学文科大楼 601 室

2014 年 9 月 10 日

（　　）1. 您的性别：

　　　A 男　　　　　　　　　　　　B 女

（　　）2. 您的年龄：

　　　A 30 岁及以下　　　　　　　　B 31—40 岁

　　　C 41—50 岁　　　　　　　　　D 50 岁以上

（　　）3. 您的职教教龄：

　　　A 2 年及以内　　　　　　　　　B 2—5 年

　　　C 6—10 年　　　　　　　　　　D 10 年及以上

（　　）4. 您目前在任的工作岗位是：

A 专业理论教师　　　　　　　　　B 专业实训(指导)教师

C 公共文化课教师　　　　　　　　D 其他(请注明_____)

(　　) 5. 您的职称(含教师与技术系列):

A 初级　　　　　　　　　　　　B 中级

C 副高级　　　　　　　　　　　D 正高级

(　　) 6. 您的最高学历:

A 专科及以下　　　　B 本科　　　　C 硕士研究生及以上

(　　) 7. 与您任教专业相关的职业资格证书持有情况:

A 有　　　　　　　　　　　　　B 无

如果有,请列出职业资格证书的名称_____,等级是_____;

(　　) 8. 作为中职学校教师,您对自身职业现状感到:

A 满意　　　　　　　　　　　　B 比较满意

C 不太满意　　　　　　　　　　D 很不满意

(　　) 9. 您认为专业教师到企业实践累计时间应该不少于:

A 2个月/每两年　　　　　　　　B 6个月/每两年

C 一年/每两年　　　　　　　　　D 其他(请注明:_____)

(　　)10. 教师专业发展的基本内涵主要包括(可多选):

A 专业理念与师德　　　　　　　B 专业知识

C 专业能力　　　　　　　　　　D 其他(请注明:_____)

(　　)11. 职业学校教师专业理念与师德的基本内容主要包括(可多选):

A 职业理解与认识　　　　　　　B 对学生的态度与行为

C 教育教学态度与行为　　　　　D 个人修养与行为

E 其他(请注明:_____)

(　　)12. 培养专业理念与师德的主要途径(可多选):

A 专家引领　　　　　　　　　　B 岗位实践

C 专业(专项)培训　　　　　　　D 自我学习与反思

E 其他(请注明:_____)

(　　)13. 教师专业知识的基本内涵主要包括(可多选):

A 教育知识　　　　　　　　　　B 职业背景知识

C 课程教学知识　　　　　　　　D 通识性知识

E 其他(请注明:_____)

(　　)14. 教师专业能力的基本内涵主要包括(可多选):

A 教学设计、实施与评价能力　　B 实习实训能力

C 班级管理能力　　　　　　　　D 教育科研能力

E 其他(请注明:_____)

(　　)15. 教学设计主要包括(可多选):

A 根据培养目标设计教学目标和教学计划

B 基于职业岗位工作过程设计教学过程和教学情境

C 引导和帮助学生设计个性化的学习计划

D 参与校本课程开发

E 其他(请注明:_____)

(   )16. 您认为,教学实施中应该加强的环节是(可多选):

A 有效调控教学过程   B 充分利用现代教育技术

C 培养学生的参与意识和学习兴趣   D 学做一体,实施有效教学

E 其他(请注明:_____)

(   )17. 在班级管理中,您认为比较难处理的主要问题是(可多选):

A 学生思想品德和职业道德养成   B 学生就业与生涯指导

C 学生学习和生活方面的心理疏导   D 突发事件处理

E 其他(请注明:_____)

(   )18. 教师专业知识与能力提升的主要途径有(可多选):

A 学历教育与进修   B 专业(专项)培训

C 参加岗位实践   D 自我学习与实践

E 同行或跨界交流   F 其他(请注明:_____)

(   )19. 影响教师专业发展的主要因素(可多选):

A 自我学习能力与发展意识   B 教师专业发展的保障措施

C 多元化的学习和培训平台   D 教师专业互动与团队合作

E 其他(请注明:_____)

(   )20. 促进教师专业发展的主要动力(可多选):

A 更新知识,提高素质   B 使学生获得更好的发展

C 追求职务职称的提升   D 追求更高的收入

E 适应教育改革的新要求   F 更好实现人生价值

G 其他(请注明:_____)

(   )21. 工作中,您遇到的主要困难(可多选):

A 专业理念滞后   B 专业知识欠缺

C 专业能力不足   D 缺乏专业能力提升的平台与机制

E 缺乏专业发展的动力   F 其他(请注明:_____)

(   )22. 教师专业发展的成功之处体现在(可多选):

A 职务职称的提升   B 取得更高的学历

C 学生获得良好发展   D 个人修养的完善

E 业务水平的提高   F 经济收入提高

G 受到社会的更多尊重

23. 您对教师专业发展的建议是什么?

_____

_____

中职教师专业发展状况访谈提纲

编号：_____

访谈教师性别：_____　　　　访谈教师教龄：_____

访谈教师岗位：_____　　　　访谈教师职称：_____

访谈教师来源：_____　　　　访谈教师学历：_____

1. 您怎样理解教师专业发展和教师培训？

2. 在平时的工作中您重视自身的发展吗？主要的学习途径有哪些？

3. 您所在的学校重视教师专业发展吗？重视教师培训吗？您对此有什么看法？

4. 最近几年您参加过教师培训吗？是何种模式（如国家级、省级、市级和校本培训）的教师培训？在参加培训前有没有想过自己参加培训的目标和确定相应的计划呢？

5. 您所参加的教师培训的培训内容是如何设置的？对您的发展是否有帮助？设置之前是否征求过您的意见？您是否主动向培训部门提出过自己对培训的建议？

6. 您参加的教师培训形式有利于您的发展吗？对培训时间安排和考核评估您有什么看法？

7. 您参加的培训的师资怎样？您和培训老师有沟通吗？您乐意与老师交流吗？

8. 您认为培训的效果如何？培训对您自身的发展有什么帮助？您最大的收获是什么？

9. 您认为在促进教师自身发展方面您参加的培训还存在哪些问题？应该怎样解决？

《上海市中等职业学校教师专业发展研究》

国 别 报 告

上海市教委教育技术装备中心
华东师范大学职业教育与成人教育研究所
完成日期：2015 年 4 月

目 录

MU LU

师资队伍建设是影响中等职业教育质量与可持续发展的关键因素。师资水平的高低，直接决定了职业教育办学质量的优劣。世界各国在职业学校教师专业发展方面形成了广泛而有效的经验，本文重点选取美国、英国、德国和日本四个国家的实践和基本经验进行介绍，以期对上海中等职业学校教师专业发展有所助益。需要特别说明的是，之所以选取美国、英国、德国和日本四个国家展开重点介绍，原因有三：第一，相较于其他国家（如澳大利亚、瑞典等），这四个国家具有较为完备的中等职业教育传统和体系，因此也具有相对成熟的中职教师专业发展实践经验；第二，相较于其他国家或境外地区（如加拿大、我国台湾等），以上四个国家在中职教师专业发展实践上有更丰富、更具特色的实践经验；第三，所选择的四个国家基本上代表了当下国际中等职业教育发展的先进水平，其教师专业发展经验具有可借鉴性，另外，所选择的四个国家代表了世界政治经济的两种基本类型，即以美国和英国为代表的"自由市场经济"（又可称为"盎格鲁-撒克逊模式"）和以德国、日本为代表的嵌入社会的政治经济（又可称为"莱茵模式"）。①

一、美国中等职业学校教师专业发展的主要举措

（一）督促中职教师取得长期教师资格证书

获得长期教师资格证书是中职教师学术水平得到认可的一个重要标志，因此提高职教教师中获得长期教师资格证书的比例是中等职业技术教育改革的一个努力方向。要取得长期教师证书，中职教师需要取得学士学位，完成教师教育培训课程，并通过教师资格考试。

长期以来，美国大多数州在正式教师资格证之外还提供临时性教师证或应急性教师证，以解决职教领域教师短缺的问题。临时性证书主要授予那些没有学士学位或教师教育培训经历但学校又急需的中职教师，用以规避正规教师资格认证的要求。由于这些教师的专业能力难以满足当前实施学术和职教课程融合的教改要求，因而各州开始采取措施，督促他们在教学的同时获得长期教师资格认证。尽管具体规定有所差异，但各州一般都要求这些教师在3—4年或更长的期限内完成教师教育课程，获得学士学位并通过教师资格考试，以取得州级长期教师资格证书。

除了州级资格证外，各州还鼓励中职教师通过国家专业教学标准委员会（NBPTS）的全国性教师资格认证。国家专业教学标准委员会是推进教学标准的非政府组织，制定了包括

---

① 盎格鲁-撒克逊模式又称"新美国模式"，是指80年代里根和撒切尔夫人发动新保守主义革命后发展起来的经济模式，倡导国家放弃管制、削弱国家作用的所谓"国家最小化，市场最大化"原则；"莱茵模式"是指莱茵河流经的国家，即瑞士、德国、荷兰等西欧国家，也包括斯堪的纳维亚国家所奉行的经济模式，强调社会保障体系的建立，利用税收和福利政策来实现社会的和谐和公正。

职业技术教育在内的教师专业标准。教师需要通过该委员会组织的教学法、学科专业知识和通识知识等标准化考试才能获得全国性教师认证。与联邦提倡宽口径的职业技术教育政策相适应,国家专业教学标准委员会的职业技术教师专业考试不是考核单一职业领域的内容,而是将科目分为农业与环境、艺术与传媒、商业市场与信息管理及企业精神、家庭与消费、健康服务、公众服务、制造与工程技术、技术教育八大职教群来进行考试和认证,各州的教师执照专业考试在这方面也有相应的规定。这实际上是要求教师教授宽口径职业课程,而不是单一职业领域的内容。这些认证规定直接影响了中职教师专业发展的方向和教学内容,有利于提高学生的职场灵活性和适应能力。

(二)重视对新中职教师的入职引导

入职引导是教师从新手到成为有经验教师的专业体验过程,是教师专业发展的重要组成部分。在教育改革的影响下,许多学校开始重视入职引导这一环节,为新中职教师的专业成长提供帮助,进而培养和保有高质量的职教教师。入职引导对于持临时性证书的中职教师尤为重要,因为他们缺乏教师教育专业培养经历和教育实习体验,在教学上遇到的困难也比较多,需要老教师的指点。

导师制(Mentoring)是目前学校对新中职教师进行入职引导的最主要措施。校方一般安排相同专业或邻近领域有经验的教师担任导师,为新教师在教学设计、教学实践和个人专业成长等方面提供长期的咨询和指导。在当前教育改革和教育问责的背景下,导师的重要任务之一就是帮助新教师在职业技术课程内容与学术标准之间建立联系。为此,许多学校常常组织导师团队为新职教教师开设关于教学法和学科内容的研习会,提供热线解答问题,帮助后者理解职教课程改革的新要求。

(三)加强教师课程融合方面的培训

培养中职教师的学术能力,尤其是他们在职业教育情境中教授学术概念的能力,是职业教育改革的 个关键。针对这点,各州的教育部门、学区、学校、高校和非政府培训机构均采取了措施,帮助职教教师提高课程融合能力。

各州在推进中职教师相关专业发展上扮演了主要角色。各州对中职教师专业发展的支持主要是通过州议会拨款,资助一些相关培养项目等措施来完成。这些资助项目包括:组织开发融合学术内容的职教课程模式;资助职教教师参加专业发展活动;资助高校开发职教教师培训项目;鼓励职教教师更新业界标准等。

学校是教师专业培训的具体推动者。主要措施包括:为中职教师提供专业培训的机会和鼓励教师在课程融合方面进行团队合作,以帮助教师掌握新的职教课程模式。具体而言,校方为中职教师提供参加各种课改相关的学术会议、研讨会和培训项目的机会,并让他们分享所得信息。由于职教教师和学术课教师间的相互协作是课程融合的关键,学校还常常将双方教师编成一组,鼓励他们合作开发和实施学术与职教融合的课程。此外,为获得更多专业发展机会,督学和校长还积极寻求联邦、州及非政府组织的职教基金支持,为中职教师专业培训和教师合作项目提供资金。

高校在培训职教教师的学术能力方面也扮演了重要的角色。由于一些教师需要在职取得学士学位和修习教师教育课程来获得长期教师资格认证，许多高校因而将课改培训作为教师教育课程的重要内容并与大学学分挂钩。这样做的优点在于课程针对性强，能在不增加教师负担的同时提高他们将学术内容融入职教课程的能力。较常采用的模式有结构性课程（Structured Course）和学习小组。结构性课程由职教专家主讲，主要内容包括如何将阅读、写作和数学技能融入职教课程。该课程对职教教师和学术课教师都开放，并鼓励双方进行合作。学习小组也由学术课教师和职教教师组成。双方在高校职教专家的指导下两周一次定期会晤，探讨在课程融合方面遇到的问题。这种学习小组方式的好处在于，教师可以利用日常教学作为实施课程融合模式的实验地，并在此基础上一起相互学习、分享、讨论和反思。由于职教教师和学术课教师互相学习是由双方的实际教学需要所驱动，这实际上形成了一个以课程改革为目标的教师专业发展共同体，满足了教师复杂多样的需要。

作为美国最主要的研究职教及其专业发展的非政府机构，"全国职业与技术教育研究中心"（NRCCTE）为中职教师提供了可具体实施的课程融合模式，并承担了相关的教师培训任务。同时，该中心还组建了基于网络的教师学习共同体，让不同地域的教师能够在培训期间以及培训后通过在线研讨的方式分享资源、想法和教学计划。

（四）推动中职教师积极参加专业发展活动

在教育改革的推动下，中职教师积极参加各种专业发展活动。这一方面是因为教师希望通过继续学习来提高自身的教学水平，另一方面则是因为学区与学校将中职教师的专业发展与其工作、升迁、工资待遇挂钩，给了他们压力和动力。除本学科内容外，中职教师专业培训有三个重点，即学术标准和职业标准的融合；学术内容与职教课程的融合以及课程教学中新技术的运用。这正是美国职教改革对中职教师专业发展影响的具体体现。

二、英国中等职业学校教师专业发展的主要举措

（一）"三段融合、三方参与"的师资培训

英国的职业教育师资有专兼职之分，针对不同种类的对象开设了师资培训课程，主要有：继续教育证书课程——以专职教师为对象，两年制，由4所技术教育学院（博尔顿高等教育学院、哈德斯菲尔德多科技术学院、伍尔费汉普顿多科技术学院、伦敦加尼特学院）的16所独立主要中心负责提供；继续教育教师证书课程——以兼职教师为对象，由伦敦市区成人教育协会负责提供。2001年11月，英国建立教师发展局，职业院校教师都可以去那里接受相关的专业进修和发展培训，另外还建立了一个教与学的支持网络，向职业院校教师提供专业发展方面的帮助。2002年6月，随着《英国合格教师专业标准与教师职前培训要求》的颁布，英国职业院校教师培养与培训体系逐渐呈现出"三段融合、三方参与"的特点。"三段融合"即改革原有职前和职后分离的两段式模式，变为职前培养、入职辅导和职后提高的培养模式。通过职前培养，帮助有意成为教师的人员获得政府认可的教师资格；入职辅导则是帮助教师快速进入专业角色的捷径；职后培训则帮助教师不断更新自身知识体系，提升教学能

力,成长为一名优秀的高等职业院校教师。"三方参与"即充分整合大学、职业学校和企业三方资源,融合三者特色,积极推进职业院校教师培养社会化。其中第一个特点体现在结构上,第二个特点则体现在教师培养与培训的主体上,而且前者蕴含并强调后者的精神。

(二) 个性化的入职考察

对于刚获得教师资格证书,并且有意从事职业教育者,学院会提供长达 3 个学期的入职辅导,在此期间系统性地考察应聘者的综合能力,最终确定是否与应聘者签订长期聘用合同。鉴于职校教师人员流动性问题,入职辅导过程可以有所中断,但是必须在辅导开始后的五年内完成。如果五年内未完成辅导,则需要重新开始计算。入职辅导内容主要包括以下几方面:

1. 教学指导

职校会安排最具教学经验的教师担任新教师的指导工作。指导教师应当根据新教师的个人任教情况以及入职辅导标准,制定基本的培养要求、发展目标及行动计划。指导教师应当帮助新教师明确学习方向,认真观察新教师的上课情况,掌握新教师在教学、专业等方面的进展情况,为新教师提供与其他同事交流合作的机会。指导教师应当定期总结新教师的教学情况,总结经验,指出不足,并在此基础上调整新教师的培训目标及专业发展方向。

2. 教学考察

在入职辅导期间,职校会对新教师进行数次正式的教学考察,从而了解新教师在教学、专业发展方面的进展。考察一般分为三个阶段。第一阶段,考察新教师是否达到基本要求,以及指导教师所指定的发展目标和行动计划是否落实,是否合理。第二阶段,考察新教师入职辅导的进度。第三阶段,考察新晋教师是否达到入职要求。考察结果会以评价表的形式在当地教育局备案,评价表是由校长、指导教师和新教师共同填写的,因此具有高度的客观性,并且可以作为学院是否聘用教师的重要依据。

(三) 系统完善的教师职后继续教育

英国职业教育发展较早,实施职业教育的机构主要是城市技术学院、综合中学和多科技术学院。英国教师不属于公务员编制,学校实行聘用制,因此专职教师的数量不是很多,尤其是在职业教育领域内,兼职教师是师资队伍的主要构成,人员流动性很大。这种特殊性,对英国职教教师队伍的培训提出了更高的要求。一方面,职业教育教师的构成比较复杂,有些来自工商业界,有些来自于政府机关,有些来自于其他学校,因此职教教师的学历普遍不是很高,平均学历为大专,也有中专学历者。职业院校通常会对不同层次的教师进行系统的培训。英国的职业教育教师继续教育由各教育学院、教师中心和开放大学组织实施,主要有以下特点:

1. 政府重视并制定相关制度或规范作保障

英国政府对教师的在职进修高度重视,并为此出台了教师在职培训的相关报告或法律,如像 1972 年的《詹姆斯报告》提出三段师资培训计划,在职培训是重点;1989 年,英国政府颁布《教育改革法》,旨在加强师资的在职培训。2001 年,英国设立教师发展局,职业院校教师可以去接受专业进修和发展培训,同时,还建成了一个教与学的支持网络,向教师提供专业发展方面的帮助。

2. 明确职业院校教师继续教育的目标和提供不同需求的继续教育类型

英国职业院校教师继续教育的主要目标是提高在职教师的教育教学水平,促进教师的专业发展,同时也满足教师个人职业生涯发展的需求。鉴于职业教育人才培养的特殊性,职业院校教师可以根据自身需要选择不同类型的继续教育,主要有提升教学能力和提升专业实践能力的教师继续教育。

3. 注重继续教育内容的层次性

英国职业院校教师继续教育的内容很有针对性,对不同水平的教师设置不同的内容。体现在把教师按教育能力分为几类,根据每类教师的特点和需求设定相应的内容,如:为三至五年教龄的合格教师开设高级文凭研究课程。

4. 继续教育模式的多样性

英国职业教育教师继续教育的模式灵活多样,如有短期、中期和长期的在职培训。同时,与课程紧密联系,什么样的课程就对应什么样的模式,深刻体现了模式服务课程的理念。在英国一般有三种职业教育教师继续教育课程:一是"继续教育证书"课程,针对专职教师而设置;二是"继续教育教师证书"课程,是以兼职教师为对象的课程;三是"CGLI 教员与监考员文凭"课程,主要是培训教师的行业技能。另外,还有教师研讨会和专题讨论会来提高职业教育教师的综合素质。

(四) 注重职业教育教师的国际化发展和企业经验

英国职业教师继续教育的做法较实际,有诸多可借鉴的地方:一是注重职业教育教师继续教育的国际化,每年要派大批职业教育教师到国外去进修。二是采取鼓励性措施,激发教师参加进修的积极性。如长期课程的学费由教育就业部支付,进修教师还可得到各种津贴,教师每七年可以享受一年带薪学术假,可以利用这一年的时间去进修学习。三是有较深层次的校企合作。20 世纪 80 年代以来,英国职业教育发展最明显的趋势就是教育部门与企业界以及工业部门的大力合作,使得英国的高职教育在适应企业和社会需求方面有了长足的进步。其合作包括:企业为学校输送学生、企业为学校提供教师、企业与学校共同协商课程,以及企业为学校办学提供物质条件。

三、德国中等职业学校教师专业发展的主要举措

(一) 强调入学资格的严格性

1. 过硬的普通教育基础

教师教育的入学资格是取得完全中学毕业证书。取得此证书,至少要 13 年,比其他国家的中学教育长一年,也比德国的其他类型高校所要求的中学教育年限要长一年。完全中学是德国中学最高水平的代表。培养目的就是为高等教育做准备。这保证了职业教师教育的

高起点。

2. 一定的职业技能或职业经历

德国的普通教育并没有这种要求,职业教师教育对学生知识结构的要求与普通的教师教育的差别在德国很好地体现了出来,不仅要求学生具备扎实的理论基础,同时还必须具备熟练的操作技能。如果没有之前的知识技能做铺垫,仅靠一段时期的大学阶段的教育来实现这一培养目标是极为困难的。在德国,对于那些仅仅接受普通教育的完全中学的毕业生,大学则要安排其到企业实践,来为学生们补上这一课。尽管德国不存在大学入学考试,但是却保证了高等教师教育生源具备良好的普通教育和职业教育基础。

3. 服役证明

从德国大学要求未来职业教师在大学阶段开始前进行为期一年的服役中,可以看出德国大学重视对学生的社会意识和责任感的培养,要求学生了解国情,这样也为学生提高自身素质,将来从事教师职业与社会融合提供了有效的途径。

(二) 两个阶段的职前培养

(1) 第一阶段是进入大学教育阶段,学习 4 至 5 年,选择一个主修专业和一个辅修专业。有志成为教师的人可根据学校推荐的学习计划和教授开设的课程,以及自己的兴趣、教师的职业要求、入学的条件设计自己的知识体系。学习内容由三部分组成:一是职业技术学专业,主要有电气、机械、建筑、化工、造型技术、经济与管理、护理与健康、家政与营养、印刷技术、纺织与服装、生物技术、农业园林和社会科学等 13 个大类,共 46 个专门化方向,专业学习阶段需选择一个专门化方向;二是普通文化课程,如外语、数学等教育科学;三是社会科学、专业教育理论和教学实践课程。三部分的课时比例约为 2∶1∶1,总课时约 2 300 学时。

第一阶段(大学教育阶段)师资培养的主要特点是:教学内容广泛,学生学习自主、灵活;让学生自始至终参与教学的全过程;重视对学生教育教学能力的训练;教育与科研紧密结合,培养学生的创新思维能力和解决实践问题的能力;重视学生在职业界的实际工作经验;严格的考试考核制度保障了对职教师资的质量要求。

(2) 第二阶段是为期两年的教育实习阶段,又称为教育准备阶段,主要在各州所设的教育学院和职业学校进行。在实习的第一年里,实习生一方面要继续参加大学研讨班的活动,另一方面要在指定的职业学校实习,在指导教师的辅导下试讲,至少完成 90 学时的教学任务。第一年结束时,根据实习教师的教学效果,决定是否让其独立上课。在实习的第二年里,实习生每周一般上 8 至 12 节课。同时,每周还要花 1 天时间去教育学院学习教育学、心理学等方面的课程。其特点是教育学院和教师实习所在的职业学校共同培养职教教师,体现了德国以"双元制"为基础的合作教学组织形式。

实习学期现在已经成为了职业教师教育大学教育阶段一个至关重要的阶段,它打破了以往教师教育中第一阶段先理论,第二阶段再实践的模式,针对不同的实践重点将不同的模块形式渗透于整个大学阶段中,也就是在理论阶段深入实践的内容,从而使理论知识和实践知识相互融合,相互弥补,相互强化和加深,形成一个逐渐循环上升的模式。

(三) 严格的国家考试制度

（1）第一次国家考试。由州政府委托大学实施，在大学学习结束之后进行，内容不仅涉及主、辅修专业科目和教育理论，而且要求提交毕业论文。这是对学生在大学阶段对于教育学和专业两方面学业的全面考核，相当于大学毕业时的学位考试。

（2）第二次国家考试。由州政府负责实施，在两年的实习预备期结束时进行，要求考生提交有关教育或教学的论文并通过口试和笔试。考试的内容是专业和教书育人的能力以及教育学、心理学等方面的知识。参加考试的学生要亲自讲一节课，写一篇论文，答一份试卷，参加一次面试。同时如前面所说的，学校还要给学生进行职业道德评分。职业学校教师教育专业的学生要通过两次国家考试才能成为一名正式的职业学校教师。

德国的多次考试制度有以下优点：既注重专业，又重视教育；既重视理论，又重视实践；颁发证书和委以职务前后衔接较好，要求严格而全面，通过较长时间的检验和多次考核，能有效地把握未来教师的质量。这给未来教师的素质提供了可靠保障，促进了教师教育质量的提高。

(四) 法制化、正规化的继续教育

在德国，无论是实训教师还是职业学校的教师，都可以依据《职业教育法》或《教师培养法》的规定，带薪参加各种形式的继续教育。继续教育有规范、系统的激励措施，具体的操作办法和进修内容。

对于实训教师而言，他们一般参加由教育培训部门定期举办的实训教师进修班和研讨会，提高自身教育管理、人才管理和开发及新技术等方面的能力，以适应企业自身管理、技术发展的要求，企业承担全部或部分学费。教师还可根据自己的爱好参加一些自费进修班并能酌情从劳动局得到部分学费资助。

而职业学校的教师，特别是专业理论教师的进修更被政府看作是一项长期的任务，相当受重视。政府甚至倡导建立欧洲职教教师进修中心，强化进修的国际意识。教师进修后可获得更高一级或另一级任教资格。职业学校的教师在 30 年内，每两年进行一次考核，合格者自然晋升一级，不合格者必须参加进修。另外，德国还把进修与评定教师日常工作相结合，不仅可以督促检查教师的日常工作，帮助教师找出业务上的不足和合适的进修方式，而且还有利于进修质量的提高。

四、日本中等职业学校教师专业发展的主要举措

(一) 严格的教师准入制度

1. 任用制度严格。日本中职教师有严格的任用制度，任用制度包括采用、升任、转任，仅限于在有缺额时实施。在新任教师录用时，实行所谓的教师免许状（教师资格证书）主义，即教师需要有教师免许状（教师资格证书）才可正式录用。否则在参加教师选录时即使录取，也将因为不具有教师免许状而被取消资格。

2. 教师录用后有试用期并严格执行。试用期制度是日本教师录用的一条重要制度,录用考试合格并被录用的新任教师,要经过一年试用期的考察。处于试用期的新教师的主要任务不是上课,而是在经验丰富的教师指导下,听课,实习,进行实际操作等等。此外,新任教师还要参加各种形式的进修和学习。试用期结束后,学校正副校长依照都道府县教育委员会制定的评价标准,对初任者在试用期中的表现进行客观的评估。对于那些考核不合格的新任教师,学校一般会采取一些补救措施:或继续考察,或实施指导,或促其研修,或劝其转职。

(二) 建立教师资格证书等级制度

日本的教师资格证书制度中有许多值得我国借鉴的经验,然而就经验的可行性来看,最值得借鉴的应该是日本资格证书的等级制。等级制是日本教师资格证书制度的一大特征,这一特征具有激励日本在职教师自觉发展的功能。日本中职教师资格证书中有"专修"证书和"一种"证书,不同的证书有不同的标准,教师通过进修达到所要求的标准可以获得高一级的教师资格。

日本的教师资格证书是很复杂的。日本目前实施的新证书法将普通证书由原来的1级、2级分为"专修"(硕士毕业)、"一种"(本科毕业)、"二种"(短大毕业)三个级别。不同级别的证书有不同的学历要求。以职业高中所要求的教师资格证书为例,可分为"专修"证书和"一种"证书。"专修"证书要求教师必须具有硕士学位或在大学研究生院学习一年以上的学历;"一种"证书要求教师具有学士学位,即本科毕业的学历。这两种证书都要求学生在学习期间修完一定教育学科的学分。具有"一种"证书的在职教师,可以通过行政机构组织的教育职员检定的方式取得"专修"证书,但是享有这种资历的人不是很多,大多数职业高中的教员需要修完一定的学分。一旦获得教师资格证书,证书则终身有效,可在全国通用。但是,日本中央教育委员会已于2006年6月26日完成了一份关于更新教师资格证书的报告。该报告建议,为提高师资质量,每10年对教师资格证书进行更新。中央教育会也表示,资格更新制度的主要目的不在于剔除不合格教师,而是确保教师提高他们的业务技能,以应对社会不断提出的新要求。当然,这个制度也会起到清除不合格教师的作用。日本教师资格认证制度除了有学历规定外,还特别强调实践经验。其实,我国也可以尝试建立教师资格证书等级制度。另外,还应规定每一级证书的有效期限,越是低一级的教师资格证书其有效期越短,由此引导在职教师自我激励、自我提高和自我发展。

(三) 建立完善的教师职后培训制度

日本已经形成了较为完善的职教师资在职培训制度。日本在职教师培训制度很多,涉及教师培训的各个领域,有学历提高培训制度、骨干教师研修制度、新教师进修制度、海外教育情况实地考察制度、各学科教学指导进修制度、学校管理工作研究进修制度、教师自主进修制度等等。各项制度的规定都比较具体。例如"新教师进修制度"规定:新任教师实行为期一年的试用期,该年须边工作边进修。首先是对他们进行20天左右的集中培训,一方面进行师德教育工作,另一方面进行教学、教育方面的研究进修;其次要求新任教师在试用期内接受不少于 70 天的教学指导,其中一半时间为集中进修。一年期满后,通过讲评可能转为正式教师。

(四)形式多样的教师职后培训

20 世纪 80 年代以后,由于日本中等职业学校优秀师源丰富,日本逐渐废除了零碎敲打、缺啥补啥的培训方式,并且根据社会发展和科技进步的要求,以及教师专业发展的需要来确定教师培训的形式及内容。

在日本,原则上要求教师每 5 年就要参加一次知识更新的培训,要求教师随时更新知识,提高教学能力。日本在职教师的培训形式很多,按照形态分类,有校内培训、校外培训、个人自我进修和国外进修等等。

校内培训主要是以提高教师资质为主要内容的培训形式。其内容有:作为教师基本的客观条件和素养方面的资质养成,包括健康、性格、人格、教养、经验、专业技能等;作为胜任教师工作和学科学习指导方面的资质养成,包括精神素养、人文素养、学问素养、艺术素养、方法素养等;作为教师的组织能力方面的资质养成,包括教师的个人领导能力和组织、指导学生能力等;作为教师道德方面的资质养成,包括热爱学生、关怀人生、追求最好的教育理想和方法,具有丰富人性等价值观、人生观和教育观方面的内容等等。校外培训的形式很多,有学历提高培训,主要是帮助中等学校教师获得硕士以上学历;骨干教师培训,培养教师教学技能和科研能力;学校领导培训,主要培训中职学校行政人员的管理能力;有各都道府县派遣到企业、农村的社会体验培训,社会体验培训一般在 6 个月以上。有在各级教育中心进行的新教育内容、教材教法及学生指导、实际技能操作等方面的普及性培训等等。

日本还极力倡导个人自我进修,自我进修是一种变被动培训为主动学习的培训方式。日本文部省(现为文部科学省)早在 1979 年就已经开始积极推进根据教师个人或小组自觉进修的措施,鼓励在职教师根据自身终身发展的需要选择学习的内容和形式,学校和教育行政部门则给予奖励。自我进修以外,还有国外培训。随着日本对世界经济的依赖性逐渐增强,培养具有国际化素质的职教师资是日本应对经济全球化的积极表现。为此,日本政府组织教师去往国外进修。国外进修主要有两种形式:一种是文部省和各级教育委员会派遣教师到国外进行为期 2—3 个月的短期访问学习;另一种形式是长期出国进修。此外,日本还组织中职教师参加海外志愿服务活动。日本组织教师国外进修,不仅开阔了教师的视野,而且形成了教师以全球视角思考问题的习惯。通过实地实习、进修,提高了教师尤其是青年教师对有关国际化的相关课题进行研究的能力。

(五)严格的在职教师年度评价

2005 年以后,日本各学校悄然兴起的新教师评价制度无疑为在职教师的不断培训起了推动作用。在日本,申请者取得了教师资格证书,并顺利地成为一名中职教师,并不意味着他在教师岗位上可以高枕无忧了,他还将面临着学校施加的年度评价的压力。中职学校在职教师的评价主要由学校组织进行,教师本人先进行自我评估,然后,学校的正副校长根据教师一年的教学能力、协调能力、指导学生的能力、对学校发展提出过的建议、人格、道德、思想以及教师的研修情况等等进行客观的评价，并给出评价结果。评价结果包括最好、良好、一般和不及格。由学校正副校长将评价结果直接通知教师本人。评价结果的好坏关系到教师是否加薪，是否变更职位。评价结果不及格者有可能被辞退，但多数情况下，学校会对其提出一些改进的建议，允许其参加相关的培训，然后再进行评价。

五、国别研究对上海中职教师专业发展的若干启示

（一）注重上海中职师资来源的专业性与入门的规范性

从各国实际情况和相关的研究看，各国的共同特征是在获得教学资格前，要有一段雇佣试用期，期限长短不一，目的在于相关工作经验的获得，而只有在取得教师资格证书之后才有可能进入职业学院任教。

总的说来，上海中职师资来源可以而且应该多样，但职业资格标准应该规范，对相关的实践经验和教学能力应充分明确。在基本的教师标准体系之中，应将"双师型"师资的认定标准建立起来，细化相关操作规程，避免目前简单的"双证"、"双能力"或"双职称"等认定办法，形成一种职业教育独有的教师资格认定体系。

（二）重视中职教师专业理论与实践技能相结合

英国、美国、德国、日本的职教师资不仅有高层次、高学历的理论教育者，还有具有丰富经验、实际技能的各类专业人才。相比之下，上海中职师资队伍不仅数量不足，而且专业化水平也有待提高，尤其在专业教学论的学习方面相当薄弱。由于大多数中职学校的专业师资来自工科大学以及企业行业，这些专业教师在职业教育教学中所应用的教学方法和专业技能，几乎全靠自己在实践中摸索，或者是对其他教师教学方法的模仿，缺乏有效的专业教学论指导，远不能适应未来上海中等职业教育事业和教师的专业化发展。因此，上海非常有必要采取措施加强中职师资队伍建设，注重教师的专业理论与实践技能相结合，这既是培养21世纪综合职业能力和全面素质的职教人才的迫切要求，也是切实提高上海中职教师专业化水平的需要。

（三）充分利用资源，构建中职教师在职培训体系

在职业教育教师的在职培训方面，国际上已经形成了比较成熟的经验，如日本就有形式多样的教师职后培训。在我国，要推动中职教师的在职培训，促进教师的专业发展，既要充分利用现有的职业教育师资培训基地实施相关的培训项目，同时，要注重开发企业资源，通过企业接收教师到企业挂职、学习等方式，改进教师进修方式单一的现状。比如，与学校专业对口的企业、公司进行合作，使其成为学校的实习培训基地，定期安排专业教师到企业进行专业实践。

在培训内容上，既要注重教师学历学位的提高，更要注重教师实践操作与教学组织能力的提高；培训经费来源上，应以政府专项经费为主，各院校自筹及教师自理为辅；培训时间上，要考虑教师的工作特点，在尊重教师闲暇生活的同时利用假期培训。

（四）重视中职教师基于工作场所的非正式学习

四个国家都非常重视教师在学校工作场所进行学习。基于国别研究，以下措施可供借鉴：

第一，切实有效落实"师带徒制"。学校应当安排相同专业或邻近领域有经验的教师担任导师，为新教师在教学设计、教学实践和个人专业成长等方面提供长期的咨询和指导。指导教师应当根据新教师的个人任教情况以及入职辅导标准，制定基本的培养要求、发展目标及行动计划。指导教师应当帮助新教师明确学习方向，认真观察新教师的上课情况，掌握新教师在教学、专业等方面的进展，为新教师提供与其他同事交流合作的机会。指导教师应当定期总结新教师的教学情况，总结经验，指出不足，并在此基础上调整新教师的培训目标及专业发展方向。

第二，可以利用网络打破时空限制进行不同区之间同类学校的教研合作，从课程设置、课程资源开发、课时安排、课堂教学改革等方面加强中职教师间的合作与交流，提升教师课程资源开发能力、课堂教学设计与实施能力。

（五）重视中职学校课程综合化，为教师专业化指明方向

以美国为例，美国职业技术教育课程设置的主要特点是突出学生的综合职业能力，发展全面素质，其中重在培养专业能力、实践能力和创新能力，全面素质侧重提高身心素质、思想品德素质、基础文化素质、职业技术素质和创业素质，而我国（包括上海）职业技术教育的课程模式，过于强调系统性、完整性而造成内容偏多偏深、单科教学周期过长，所培养人才的职业能力和素质不够全面，学校教育与职业定向、生产实践、劳动就业相脱离的现象依然存在。因此，未来上海中职学校教师专业化的发展，应把掌握以专业技能为主线兼顾其他多项要素的专业技能综合化课程，以及理论与技能并重的综合化课程作为努力方向。

参考文献

［1］邓金.培格曼最新国际教师百科全书［M］.教育与科普研究所编译.北京：学苑出版社,1989.

［2］沈学初.当代日本职业教育［M］.太原：山西教育出版社,1996.

［3］赵中建选编.技术与职业教育和培训：21世纪愿景——提交给联合国教科文组织总干事的建议书
(1999)［M］//全球教育发展的研究热点,90年代来自联合国教科文组织的报告.北京：教育科学
出版社,2003：424—434.

［4］赵雪春.职业教育师资队伍建设与发展［M］.昆明：云南大学出版社,2007.

［5］单中惠.教师专业发展的国际比较［M］.北京：教育科学出版社,2010.

［6］洪明.美国教师质量保障体系历史演进研究［M］.北京：北京师范大学出版社,2010.

［7］吴如漪.美国职业教育的特点［J］.中国成人教育,2000(12)：53—54.

［8］唐智彬,石伟平.国际视野下我国职教师资队伍建设的问题与思路［J］.教师教育研究,2012(2)：
57—62.

［9］张鹤萍.美国CTE教师教育发展概览［J］.职教通讯,2012(1)：57—61.

［10］肖汉,张元.美国中等职业教育教师专业标准及其启示［J］.天津职业技术师范大学学报,2012(3)：
57—60.

［11］Philipp Grollmann，Felix Rauner. International Perspectives on Teachers and Lectures in
Technical and Vocational Education［M］. Berlin：Springer Netherlands，2007.

［12］SBEC. Technology Education.［EB/OL］.［2014 - 12 - 16］. http：//sbec. state. tx. us/
SBECOnline/standtest/standards/6-12t-eched. pdf.

［13］NBPTS. Career and Technical Education/Early Adolescence through Young Adulthood［EB/
OL］.［2014 - 12 - 18］. http：//nbpts. org/the _ standards/standards _ by _ cert? ID = 12&x =
48& = 7.

［14］ Under visnings ministeriet. Vocational Education and Training［Z/OL］.［2014 - 12 - 20］.
http：//Eng. uvm. dk/uddannelse/upper％20secondary％20eucation/Vocational％20 eucation and
％20Trainning. Aspx.

［15］State occupation information.［EB/OL］.［2014 - 12 - 21］. http：//Myfuture. Edu. au/services/
default. Asp? Function ID = 5051 & action = display state & State code = NSW & ASCO
= 599511A.

［16］Papier，Joy. From Policy to Curriculum in South African Vocational Teacher Education：A

Comparative Perspective [J]. Journal of Vocational Education & Training, 2010,62(2): 153 – 162.

[17] TAFE Development Centre. Capability building in the TAFE Teacher workforce program Guidelines 2009/2010 [R/OL]. [2014 – 12 – 21]. http://tafe centre. vic. edu. au/wp-content/uploads/2009/07/CBTTW-Guideli-nes-2009V2010-v6. pdf.

[18] Cedefop. Vocational education and training in danmark(2002) [EB/OL]. [2014 – 12 – 21]. http://cedefop. euro-pa. eu/EN/Files/5130-en. pdf.

上海市中等职业学校校长培训课程体系开发研究

上海市中职校长培训课程体系开发研究课题组

课题组成员

组　　长：鲍贤俊　原上海市交通学校校长
副组长：赵晓伟　上海市教委教育技术装备中心
　　　　金　怡　上海市材料工程学校校长
　　　　朱建柳　上海交通职业技术学院副院长
　　　　　　　　上海市交通学校副校长
成　　员：曾海霞　原上海市商贸旅游学校副校长
　　　　严南南　上海港湾学校副校长
　　　　张杨莉　上海市现代职业技术学校副校长
　　　　李晓红　上海新朋程信息科技有限公司朋程研究院院长
　　　　吴国伟　上海交通职业技术学院教育发展处处长
　　　　孙　梅　上海交通职业技术学院科研处处长
　　　　白　洁　上海交通职业技术学院教育发展处副处长
　　　　沈　怡　上海交通职业技术学院科研处
　　　　于　萍　上海交通职业技术学院科研处
　　　　杨　慧　上海交通职业技术学院教学督导室

目　录

MU　　LU

第一篇

上海市中职校长培训课程体系
开发研究总报告

本课题受上海市教委教育技术装备中心委托,就专项培训规划确立的"校长培训、中层干部培训、新进教师培养、班主任培训、市级专业项目培训、德育干部教师培训"六项培训中的"校长培训"这一研究主题,确立了"校长培训课程体系开发(目标、内容、形式)"这一具体内容,致力于开发一套满足多方面需求的模块化培训课程体系。在市教委、市教育技术装备部、华东师范大学等机构的指导下,在上海市交通学校校长培训基地的支持下,课题组成员遵循中职校长培训规律,通过两年的专项理论研究与实践探索,业已取得较圆满的研究成果。现按项目结题要求,将课题组完成的《上海市中等职业学校校长培训课程体系开发研究》情况报告如下。

一、课题设计论证

(一) 核心概念

1. 校长培训

关于校长培训的内涵,理论界有着不同的界定。有学者认为,校长培训是一种有目的、有计划、有组织地对校长进行专门培养、训练或继续教育的培训,是一种在职的、成人的、教育管理专业的教育。本研究认为,校长培训是由有关组织提供的有目的、有计划、有组织的学习、训练和教育活动,是旨在改进学校管理者的知识、能力结构,改变工作态度和工作行为,从而开发被培训者的潜能,以提高学校管理工作质量和效能的活动。它的实质是最大限度地开发校长的人力资源,继而提高整个学校的管理能力和领导能力。

2. 课程体系开发

课程体系开发是校长培训方案设计的核心工作。为确保本课题的有效开展,特将课程体系开发理解为:以提高校长专业化水平为目标,以校长成长阶段理论、能力本位理论以及建构主义理论为基础,根据校长的工作任务与职业能力分析,选择适当的内容,并将所选内容优化组合,形成合理的课程结构,最后以课程体系和实施方案的形式呈现出来。

(二) 研究背景与意义

1. 开展中职校长培训课程体系开发研究的背景

(1) 政策重视,校长培训关乎职校整体发展。

近年来,我国职业教育事业快速发展,体系建设稳步推进,培养培训了大批中高级技能型人才,为提高劳动者素质、推动经济社会发展和促进就业做出了重要贡献。同时也要看到,当前职业教育还不能完全适应经济社会发展的需要,结构不尽合理,质量有待提高,办学条件薄弱,体制机制不畅。可以说,我国职业教育改革发展同时面临着机遇与挑战。为了保证职业教育的健康发展，并不断解决职业教育发展过程中的问题，校长队伍发挥着重要作用。提高职校校长的专业素质、领导能力和管理水平已成为教育改革的必要条件和重要内容。加强校长培训的工作，得到了政府以及教育行政部门的高度重视。国家颁布的指导、规范校长培训发展的各类政策性文件，基本形成了我国校长培训的制度体系，并为深入进行校长培训的研究工作明确了方向。十二五期间，上海的有关政策加速了校长培训的进一步开展。《上海市中长期教育改革和发展规划纲要（2010—2020 年）》强调校长研修基地的建设，培养一批引领教育改革和发展的名校长。《上海市教育改革和发展"十二五"规划》要求完善名校长和骨干教师的培养机制，提高校长教育教学改革的领导力，提升职业院校校长和教师的国际化水平，造就一批在推进教学改革方面视野宽、理念新、领导力强的校长，形成一批勇于改革创新、在全国有影响力的学校。《上海市中等职业学校教师培训工作实施意见》进一步提出校长培训要侧重校长改革创新意识、决策领导能力以及学校管理水平的提高。

（2）现实需求，中职校长培训效果尚待优化。

尽管我国和本市已将中职校长培训作为推进职业教育发展的重要举措，但校长培训的重要地位并没有为其培训质量带来有力保证。目前各类校长培训依然存在不少问题，比如组织培训积极性和规范性有待提高、培训条件简陋与培训资源缺乏、培训工作出现延迟性、重复性和不均衡性等。尤其是在培训课程方面，课程设计重理论学习，轻实践学习的倾向仍较明显；课程设置理念与课程内容仍比较僵化陈旧等。为解决校长培训地位重要性与培训结果低效性的矛盾，加强本市市级专项培训规划校长培训方面的课题研究，制定新形势下中职校长培训实施方案，规划新形势下中职校长培训课程体系迫在眉睫。

2. 开展中职校长培训课程体系开发研究的意义

本研究在较全面考察本市中职校长培训课程体系现状的基础上，通过对校长培训案例的文本分析、文献研究、调查研究、行动研究，汲取国内外最新的课程开发理论和教育培训理念，创造性地开发切合现实需求的中职校长培训课程体系，制定实施方案，以服务于本市中职校长培训工作的开展，为校长培训具体课程的设置提供指导，以进一步提高校长培训的有效性。

（三）研究目标与研究思路

1. 研究假设与目标

本研究的基本假设：原中职校长培训课程仍存有诸多问题，已满足不了校长的培训需求，重构中职校长培训课程体系，必须寻求新的理论依据和逻辑路径。

本研究的目标：通过对中职校长培训课程存在问题的分析，以基于工作知识的课程体系开发理论为依托，最终形成新型的中职校长培训课程体系及其实施方案。本市中职校长培训基地能通过这一课程体系与实施方案的组织落实，能切实满足本市中职校长的培训需求，并提高校长培训的有效性。

2. 研究思路

本课题研究将重点聚焦于需求导向的中职校长培训课程体系的开发，力图通过研究使中职校长培训的课程设置更为科学合理。主要研究思路如下：

首先，通过文本分析和调查研究，考察中职校长培训课程体系的历史发展、现实状况，重点分析课程体系存在的问题及问题形成的原因等。通过对中职校长培训课程体系发展状况的了解和分析，为本研究提供一定的实践依据。

其次，通过文献研究，分析中职校长培训区别于普通学校校长培训的特殊性、中职校长成长的阶段发展理论和基于工作知识的课程体系开发理论，为本课题的研究提供基本的理论依据。

最后，在现实依据和理论依据的指导下，重点研究如何基于中职校长培训的主观需求与校长职业能力标准的客观要求，进行校长培训课程体系的开发工作。确立中职校长培训课程体系的目标、课程内容选择、课程内容组织和方案实施等。

（四）关键问题与创新点

1. 拟解决的关键问题

（1）上海中职校长培训课程体系的现状特点与主观需求是什么？

（2）上海市中职校长工作任务与职业能力标准是什么？

（3）满足多方面需求的上海市中职校长培训课程体系是什么？

（4）上海市中职校长培训课程体系究竟该如何实施？

2. 研究创新点

本课题以需求为导向，在研究过程中始终坚持"满足不同方面需求"的原则。首先，培训课程体系的开发始于需求分析。一方面通过调研法，从实然角度考虑中职校长的主观培训需求；另一方面通过工作任务与职业能力分析，从应然角度考虑中职校长的客观能力要求。其次，在对中职校长能力标准进行分析时，既系统分析中职校长的整体能力要求，又针对性地区分不同岗位中职校长的不同能力水平要求。最后，在前两者的基础上，以模块化可选择的方式，形成针对校长个体发展需求的多样化的培训课程模块组合。

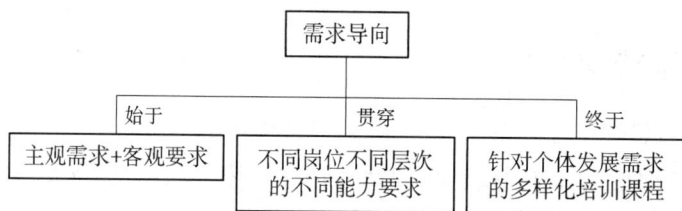

图1　上海市中职校长培训课程体系研究创新点

二、课题研究成果

上海市中职校长培训课程体系开发是一项具有科学性、技术性和创造性的活动。本课题以需求为导向，既广泛调研中职校长的培训主观需求，又深入分析中职校长工作任务与职业能力的客观要求,从而开发出项目式、模块化培训课程体系,并进一步研究了培训内容、培训对象、培训方式、培训时间等各要素间的相互匹配情况,最终形成可实施的立体化、动态化培训课程体系。具体来说,取得的研究成果主要体现在以下四个方面。

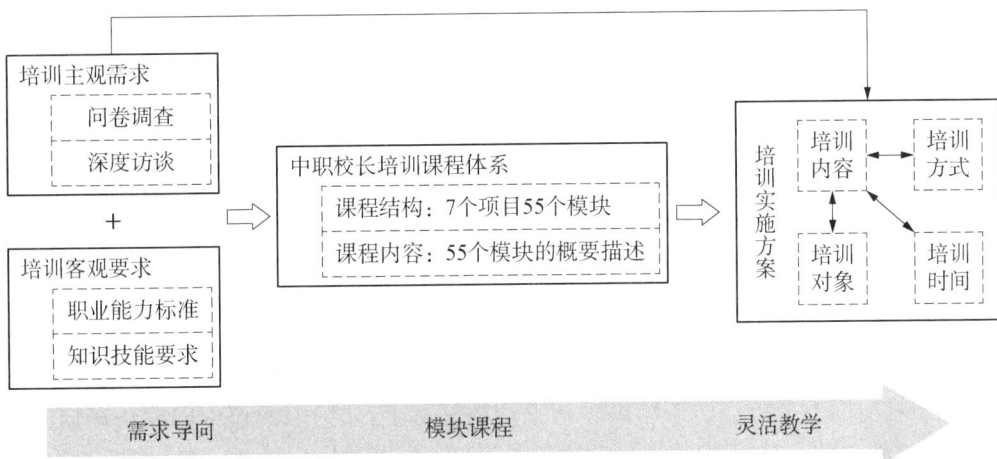

图 2 上海市中职校长培训课程体系研究路径

(一) 培训主观需求:上海市中职校长培训课程体系调查研究

目前中职校长培训正处于一种什么样的发展状况? 培训课程及其实施方式、实施效果如何? 中职校长对培训的主观需求有哪些? 明确这些问题是优化中职校长培训的现实起点,也是中职校长培训课程体系开发首先要解决的课题。为此,课题组按照"问卷调研、全面掌握"——"深度访谈、重点剖析"——"科学分析、构思成文"的基本思路对上海市中职校长培训课程体系进行了调查分析。

1. 上海市中职校长培训课程体系的现状分析

为充分掌握上海市中职校长培训课程体系发展现状,我们从校长队伍基本情况入手,全面了解校长培训的内容、方式、实施和评价等。①上海市中职校长队伍的基本情况。根据对调研样本的数据分析,上海市中职校长男女比例为 2.3∶1;以中青年人为主力军,且 45—55 岁的中年人占据半数;学历状况良好,学士学位占 73%,硕博士学位占 23%;校长的成长经历丰富而多元,有企业经历的约占 33%。②上海市中职校长培训课程体系的基本情况。首先,从掌握程度来看,大部分校长通过培训对职业教育基础知识与热点问题、中职院校发展规划制定、专业建设、运行管理、校园文化建设等方面都能达到一般了解以上程度,而对教育科学研究、公共关系建设、教育信息化、风险控制等方面了解较少或者比较陌生。其次,从素质提升效果来看,个人综合素养、学校管理水平和对教育改革最新动态的理解这三项素质能力提升最受被调研对象认可,而教育科研能力、社会关系和现代教育知识技术三项的提升效果最弱。再次,从培训问题来看,主要存在未进行分类培训、培训方式单调、培训内容重复、信息化水平不高、时间分配不合理等问题。

2. 上海市中职校长培训课程体系的需求分析

为充分掌握上海市中职校长队伍的培训需求,我们以培训过程要素为线索,全面分析了校长对培训课程内容的需求、对培训课程实施的需求、对培训课程考核的需求,以期开发出一个符合校长培训需求的有针对性、实效性的培训课程体系。①培训课程内容的需求分析。从任务挑战的角度来看,校企合作人才培养模式改革、现代职业教育体系建设和师资队伍建设等培训专题有较大的需求。从能力差距的角度来看,学校领导力与综合管理能力、改革与创新能力、国内外教育思想与理论三项能力指标的选择率超过半数,值得注意。②培训课程实施的需求分析。参与调研的中职校长大多认为,教育会诊式、案例教学式、基地实习式是有效的培训模式,应每两年安排一次为期一个月左右的短期培训。同时,行业企业专家、职业院校名校长与名教师被认为是最受欢迎的师资来源。③培训课程考核的需求分析。撰写教育管理实践案例与研修总结是期望的考核方式。

3. 上海市中职校长培训课程体系开发的建议

课题组在对问卷分析与访谈结果进行整理的基础上,认为上海市中职校长培训课程体系开发要体现针对性、有效性、差异性和先进性原则;培训致力于更新校长的教育理念,提升校长的学校领导力、决策力以及人文素养,最终促进学校的内涵发展;培训课程要根据培训对象进行分类,采用模块或者专题形式,必修与选修相结合,选修内容可根据培训对象的实际需求进行自主选择;培训形式改变单向输入的模式,搭建交流分享的平台,甚至可以引进企业拓展培训,使得培训形式更活泼、更新颖;培训时间不应一概而论,建议根据具体的培训对象,考虑具体的培训时间安排,包括假期集中培训、工作与业余时间相结合、不脱产上班时间等形式。

(二)培训客观要求:上海市中职校长工作任务与职业能力分析

中职校长培训一方面要满足校长的主观需求,另一方面也要着眼于校长工作实践的客观要求。当然这两者之间并不矛盾,而是相互补充。为此,课题组结合教育部 2014 年 12 月颁布的《中等职业学校校长专业标准(征求意见稿)》、欧美职业学校校长职业能力结构标准,并通过与上海市中职名校长的深度访谈,对中职校长的工作任务与职业能力进行分析、归纳,最终形成了基于不同岗位不同层次的上海市中职校长职业能力标准,其框架与特点如下。

1. 能力标准的框架系统性

以中职校长的基本实践活动与实践角色为逻辑线索,其能力标准主要分为 6 个工作领域、20 个任务单元、63 项职业能力。这 6 大工作领域所要求的职业能力可概括为:①学校发展规划制定能力:熟悉国内外职业教育基本理念、政府职业教育相关政策等,能根据学校发展目标与现状,领导学校各主要发展规划的制定;②全面育人文化营造能力:能在分析学校德育与校园文化建设现状的基础上,确定学校道德教育与校园文化建设的目标及工作方案,从而营造全面的育人文化;③专业内涵领导能力:熟悉专业建设的主导理念、内容与方法,能领导专业结构的优化调整、专业人才培养方案的制定、专业课程开发与教学实施等;④教师专业成长引领能力:熟悉教师专业发展规律,能为教师成长创设良性的发展环境、制定健全的管理制度;⑤内部运行管理优化能力:熟悉中职学校运行管理的基本内容,能高质量、民主、科学地进行学生、教学、后勤、安全、财务与人力等方面的管理;⑥公共关系网络建设能力:熟悉基本的公关方法,能进行有效的公关策划,建立和维护与政府机构、行业企业、家长、社区、媒体等的合作关系,处理各类危机,树立良好的领导形象与学校形象。

2. 能力标准的岗位区分性

上海市中职校长职业能力标准区分了对不同岗位校长的不同能力要求,将中职校长具体分为全面主持、教学管理、学生服务、后勤保障四个岗位。全面主持岗位的校长侧重于学校总体规划与发展领域,教学管理岗位的校长侧重于专业内涵建设与课程教学领域,学生服务岗位的校长侧重于校园文化建设与学生发展领域,后勤保障岗位的校长侧重于财物管理与基本建设管理领域等。当然,每个岗位上的校长除了要充分习得本岗位的胜任能力外,也要较为全面地了解其他岗位校长的任务与能力,这样有利于不同岗位校长间的相互配合与支持,从而提升学校校长队伍的整体凝聚力与领导力。

3. 能力标准的层级区分性

上海市中职校长职业能力标准区分了对不同层次能力水平的具体要求,将中职校长的能力水平具体分为L1、L2、L3、L4四个等级,其中"L1"表示能够达到职业能力对应的部分知识要求;"L2"表示能够独立熟练完成工作领域内的岗位任务;"L3"表示能够创造性完成工作领域内的岗位任务;"L4"表示能够作出完成工作领域内岗位任务的相关决策。能力水平的划分一方面进一步明确了对每一项职业能力的具体要求,并为每项培训内容的掌握程度提供了界定依据,另一方面有利于区分不同岗位校长在同一项职业能力上的不同达成标准。

(三) 培训体系内容:需求导向的上海市中职校长培训课程体系

在整合校长自身学习主观需求与校长工作任务客观要求的基础上,课题组按照"分析能力的知识技能要求"——"设计培训课程模块"——"描述各培训课程"的逻辑路径,形成了需求导向的上海市中职校长培训课程体系。

1. 中职校长职业能力的知识技能要求

理解中职校长每一项职业能力的具体内涵,分解出获得能力所需的知识和技能支撑,从而形成培训课程内容设计的重要依据。在进行知识与技能分析时,首先要对技能要求进行分析,即先确定要求中职校长会做什么,然后根据会做什么确定要求校长知道、理解什么。从能力标准到知识与技能要求的分解,是对培训内容开发的进一步深入思考,为课程内容的具体筛选、编排提供了参考标准,从而有利于确定每门课程到底要求培训哪些知识和技能,从而达到什么能力要求。

2. 中职校长培训课程模块

依据中职校长的工作实践领域,结合校长自身学习主观需求,并适当考虑在此基础上的延伸拓展内容,最终将需求导向的上海市中职校长培训课程体系划分为"职业角色基础"、"学校发展规划制定"、"育人文化建设"、"专业内涵建设"、"教师专业成长"、"内部运行管理"、"公共关系建设"7个培训项目。每个培训项目又细分为若干个课程模块,其中,"职业角色基础"包括职业教育教学概论、职业教育发展等9个课程模块,提供校长专业发展所需要的基础理论知识、参培校长共有的培训需求和最新的职业教育发展动态等内容。"学校发展规划制定"包括学校战略管理、学校教育发展规划制定等5个课程模块,提供校长履行"制定学校发展规划"领导者角色实践活动所需的专业知识和技能。"育人文化建设"包括学校德育管理、校园文化、校园规划等7个课程模块,提供校长履行"全面营造育人文化"领导者角色实践活动所需的专业知识和技能。"专业内涵建设"包括学校教学管理、学校专业布局和结构优化与调整、课程领导等12个课程模块,提供校长履行"领导专业内涵建设"领导者、教育者角色实践活动所需的知识和技能。"引领教师专业成长"包括教师专业发展、班主任专业发展、教学团队建设3个课程模块,提供校长履行"引领教师专业成长"领导者角色实践活动所需的知识和技能。"内部运行管理"包括学校民主管理、学校制度建设、数字化校园建设等13个课程模块,提供校长履行"优化内部运行管理"管理者角色实践活动所需的知识和技能。"学校公共关系建设"包括学校公共关系管理、学校与政府部门关系维护等6个课程模块,提供校长履行"建设公共关系网络"管理者角色实践活动所需的知识和技能。

3. 中职校长培训课程描述

整体确定校长培训课程结构与课程模块设置后,还需对每个课程模块进行概要描述。课程描述时,要根据职业能力的知识与技能要求,对课程目标、课程性质、课程内容、培训方式、培训时间和适合对象等进行说明与界定。这样既有利于将中职校长培训的主观需求与客观要求等充分落实到每门具体课程模块中,也能为培训课程的组织与实施提供参考。

(四) 培训体系实施:上海市中职校长培训实施方案

中职校长培训的具体实施是指开发出培训课程体系之后,还要将培训课程与培训对象、培训课程与培训方式、培训课程与培训时间等相互匹配,从而形成实施中的动态化、立体化培训课程体系。为此,我们初步设计了上海市中等职业教育校长培训实施方案。

1. 指导思想与培训目标

根据国家教育部《中等职业学校校长专业标准(征求意见稿)》的相关内容及精神,结合上海市特色,按照"需求导向、模块课程、灵活教学"的总体要求,以"分级分类的全员培训、基于需求导向的培训、模块化可选择的培训"为基本原则,通过分类分层实施培训,有针对性地分别提高不同岗位不同发展阶段中职校长现代职业教育和学校管理的能力与水平,建设一支具有正确职教办学理念、掌握先进职教发展理论、善于分析并解决实际工作问题的高素质、专业化中职校长队伍。

2. 培训内容与培训对象的匹配

各类校长要根据自己的任职岗位、发展阶段、主观需求等,选择相应课程,形成个性化的课程体系。选课过程中所遵循的基本原则主要有:第一,不同发展阶段的校长对应不同难度层级的课程,"任职资格层次""提高层次""高级研修层次"的培训分别对应每个模块中难度等级自低到高的课程组合。第二,不同岗位的校长对应不同的课程模块组合,全面主持岗位的校长侧重学校总体规划与发展,教学管理岗位的校长侧重专业内涵建设与课程教学,学生服务岗位的校长侧重校园文化建设与学生发展,后勤保障岗位的校长侧重财物管理与基本建设管理等。第三,校长可根据自己的主观需求(如能力基础、专业背景和发展意向等)选择相应课程模块,形成个性化的课程模块组合。

3. 培训内容与培训方式的匹配

结合培训前期准备以及中职校长培训实际情况,在培训过程中将采用实践性、参与性强的培训方式,如专业理论研讨、典型案例剖析、名校长讲坛、同侪互动学习、深度参观考察、在岗自主研修、导师引领和校长沙龙等。根据不同培训内容,将多种方式有机结合。积极创造条件,运用现代教育技术手段开展培训工作,探索切实可行的有针对性的校长培训模式。另外,培训方式的选择与确定还要考虑到"不同层次"的校长培训需求,如在校长不同的成长过程(起步期、发展期和成熟期),举办不同培训班(任职资格培训、提高培训、高级研修),采取不同的或有侧重的培训方式。

4. 培训内容与培训时间的匹配

以时间为线索来系统安排中职校长培训的宏观组织形式,首先,在时段的划分上,围绕中职校长培训课程模块将培训分成四个阶段:集中培训,任务引领;深度考察,同侪互助;自主研修,岗位实践;总结提升,成果展示。其次,关于学时的设计,要服务于培训内容的充分展开和教师能力的彻底培训。在学时总量方面,校长参加培训的时间要在不影响学校正常工作的前提下尽量充裕,不少于 360 学时。在培训组织形式与学时的匹配方面,以"集中培训"为主,考察互助、自主研修、岗位实践、成果展示等形式灵活穿插。在培训内容与学时的匹配方面,要根据每门培训课程的知识容量、难易程度和教学要求等安排合适的时间。针对具体内容的学时安排是一个经验数值,是需要培训者在实践中不断摸索、不断调整的。动态的调整最终将使这一数值最大限度地接近最合理的值。

5. 培训评价与保障

考核由培训基地组织安排,按照其指定的考核标准及考核程序执行。主要可采用书面测试、见面访谈、心得报告、模拟示范等方式对中职校长的培训效果进行评价。并从培训基地、师资队伍、管理小组和管理制度等方面为上海市中职校长培训提供现实保障。

三、课题研究展望

本研究以需求为导向,开发出了一套尽量满足多方面发展需求的上海市中职校长培训课程体系,并考虑到了培训课程实施过程中的组织、方法、实践和评价等问题。但受课题研究时间和课题组成员精力等实际所限,许多问题未及展开、有待深化。

首先,本课题聚焦于课程体系,主要探讨了中职校长培训的课程结构、课程设置,并对各课程模块的内容进行了概要描述,从而勾勒出了培训课程的粗略框架。课题研究的拓展方向是深入细化中职校长培训的课程内容,在已有研究成果的基础上进一步开发出培训的相关教材读本,并设计出培训过程中引导校长进行学习活动的任务书和图表工具等,逐渐积累、丰富校长培训的教学资源库。

其次,本课题重在呈现中职校长培训课程体系的初期开发成果,而对培训课程体系的动态化实施过程,虽有涉及,却并未深入。例如,在培训的宏观组织层面,培训实施主体该如何分级落实? 实施校长培训的主体有哪些? 如果说从层次上可分为校级、区级、市级等,从类型上分为基地类、职校类、名校长基地等,那么不同培训主体的具体定位、区别、基础、优势分别是什么? 还有,培训课程实施过程中的学分管理问题,如果中职校长从对应课程的相关专业毕业,是否可免修相关课程,自动获得学分? 培训实施过程中的众多问题需要进一步的理论探讨,并要在试点推进的实践研究中不断修正完善。

总之,本研究仅就上海市中职校长培训课程体系问题做了初步的探索,希望能对校长培训实践做些前提性和基础性的工作。中职校长培训课程体系研究依然还有很长的道路要走。

第二篇

上海市中职校长培训课程体系
开发调研报告

校长是一所学校的灵魂,校长培训是关乎学校发展态势的关键因素。为促进中职校长队伍的专业化成长,上海市加快了实施中职校长系统化培训的步伐。那么,目前中职校长培训正处于一种什么样的发展状况? 培训课程及其实施方式、实施效果如何? 中职校长对培训的主观需求有哪些? 明确这些问题是优化中职校长培训的现实起点,也是中职校长培训课程体系开发首先要解决的课题。

一、调研设计(调研方案)

(一)调研的目的与意义

1. 调研目的

明确调研目的是保证调研效度的前提。进行上海市中职校长培训课程体系的调查研究,至少要基于以下两个目的:第一,通过调研与统计分析,掌握本市中职校长队伍的基本情况、目前接受培训的总体情况以及潜在的培训需求,全面了解目前中职校长培训课程体系的现状及存在问题;第二,剖析上海市知名校长成长典型案例,掌握校长成长过程中的重要经历和关键事件,争取将中职校长的隐性经验转化为显性课程,为中职校长培训课程体系的开发提供启示。

2. 调研意义

理解调研意义是提高调研效率的保证。进行上海市中职校长培训课程体系的调查研究具有重要的理论意义和现实意义。首先,它是进行校长培训课程体系开发研究的基础性工作,关系到本课题研究成果的针对性、科学性。其次,它是实践中进一步优化中职校长培训、加快校长队伍专业化成长的现实起点,有利于校长培训在认清实况和需求的前提下稳扎稳打、逐步改善,促进校长改革创新意识、决策领导能力以及学校管理水平等的不断提高,最终提升本市中等职业学校的整体办学水平。

(二)调研的基本思路

在明确中职校长培训课程体系调研的目的与意义之后,还需进一步确立调研的基本思路,以便调研过程的有序开展。

1. 问卷调研,全面掌握

调查问卷在课题组成员集思广益的基础上设计编制。问卷由 36 个问题组成,封闭题与开放题相结合。问卷内容主要包括以下几个方面:学校基本信息、个人基本信息、已参加校长培训的基本情况、参加校长培训的具体需求,基本涵盖了问卷调研计划了解的信息。调研对象主要是上海市中等职业学校的正副校长和党委书记等。课题组利用上海市教育技术装备部师资培训中心、上海市中职名校长培养基地等资源,共发放了问卷 224 份,回收了 224 份(覆盖了 54 所中职校),其中有效问卷 218 份。

2. 深度访谈,重点剖析

访谈提纲在课题组成员集思广益的基础上设计编制。访谈提纲的设计中,主要涉及校长培训课程体系开发的一些深层次问题,以挖掘更多的资料。访谈对象主要分为三类:第一,长期承担校长培训任务的组织与机构负责人(3—4 名),包括华东师范大学校长培训中心、上海市中职教育师资培训基地(管理类)、同济大学职教学院等。第二,中职学校主管部门的相关负责人(3—4 名),包括市教委相关职能部门领导、行业办学主管领导、区县教育学院主管领导等。第三,资深校长、名校长(3—4 名),包括教育功臣、杰出校长、特级校长等。访谈内容根据访谈对象的不同而有所变化,总体包括以下几方面:中职校长培训的理念及目标、中职校长培训课程体系的特点及要求、现有中职校长培训课程体系及实施效果、国内外校长培训的优秀经验与做法、中职校长的成长轨迹及特点、对本市中职校长培训课程体系开发的建议等。

3. 科学分析,构思成文

数据搜集基础上的数据分析和数据呈现至关重要。首先,利用 SPSS 科学的统计分析工具,对问卷结果进行全面统计与细致分析,确保统计结果的准确性。同时,对深度访谈的情况要进行及时总结,挖掘其中的有效信息。其次,采用多元的、科学的表达方式,把通过对数据整理分析而得出的观点有序化、篇章化,形成数据翔实、内容丰富的专题调研报告,为培训课程体系的开发提供一手资料和重要依据。

二、上海市中职校长培训课程体系的现状分析

了解现状是此次调研的第一大任务。为了充分掌握上海市中职校长培训课程体系的现状,我们从上海市中职校长队伍的基本情况入手,全面了解校长培训的内容、方式、实施和评价等,以期从一个较为宏观的视角来深刻认识中职校长培训课程体系的现实状况。

本次调研问卷实际回收 54 所中职校 218 份有效问卷。其中中专 33 所,职校 16 所,技校 4 所。从学校性质来看,该 54 所学校中有 21 所为行业主管,21 所为区属教育局主管,7 所为企业主管,另有 4 所为市教委主管。

(一) 上海市中职校长队伍的基本情况

此次调研针对的是中职校长,更准确地讲,是针对以校长为首的中等职业学校领导队伍,主要包括正校长、党委书记、分管教学副校长、分管德育/学生副校长、分管招生副校长、分管总务副校长等。通过调研,以正校长为首的中职校领导队伍的具体情况如下。

1. 从性别结构看,上海市中职校长队伍男女比例为 2.3∶1

上海市被调查的 54 所学校、218 名对象中,男性 145 名,女性 64 名,男女比例约为 2.3∶1,另有 9 人未作答。

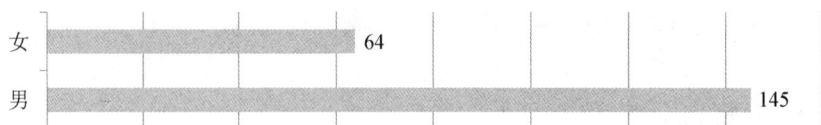

图 3　中职校长队伍的男女比例

2. 从年龄结构看,上海市中职校长队伍以中青年人为主力军,且 45 岁以上的中年人占比较大

上海市被调查的 218 名对象中,该项目实际问卷填写 212 份。参与调研对象的年龄结构呈正态分布,其中 56 岁以上有 37 人(占调查对象的 16.97%),46 至 55 岁有 112 人(占调查对象的 51.38%),36 至 45 岁有 60 人(占调查对象的 27.52%),35 岁以下有 3 人(占调查对象的 1.38%)。可见,校长队伍以 36—55 岁的中青年人为主,共占调查对象的 78.9%,而且 46—55 岁的中年人所占比例最大,为 51.38%。

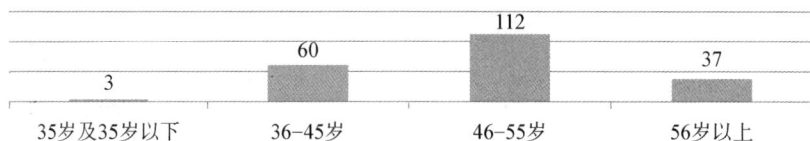

图 4　中职校长队伍的年龄结构

3. 从任职年限看,上海市中职校长队伍的任职年限分布均匀

上海市被调查的 218 名对象中,21 人未明确做答。64 人任职校长岗位不足 3 年(或恰满 3 年),约占有效答题人数的 33%,50 人任职校长岗位超过 10 年,占 25% 的比例,另有 42 人任职 4 至 6 年,41 人任职 7 至 9 年,各占 21% 的比例。

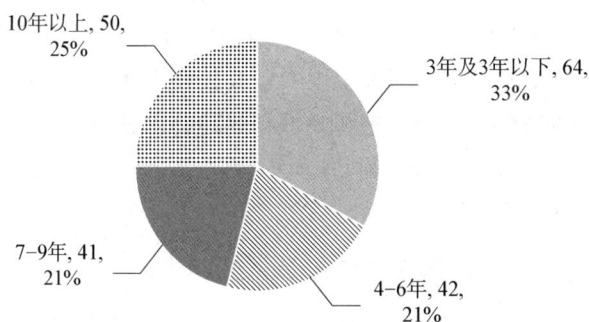

图 5　中职校长队伍的任职年限

4. 从学历结构看,上海市中职校长队伍的学历状况良好

在学历方面,大部分校长具有本科以上学历。参与调研对象中,有 8 人未做答。在有效回答该题的 210 人中,有 8 人获得博士学位(含博士学位在读),40 人获得硕士学位,154 人获得学士学位(含本科学历),另有 8 人学历水平在本科以下。具体比例如下图所示。

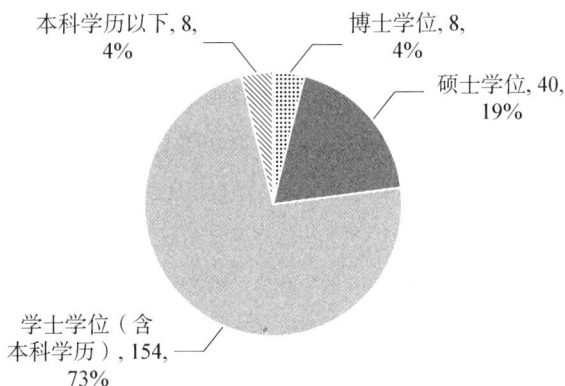

图 6　中职校长队伍的学历结构

5. 从成长轨迹看，中职校长的成长经历丰富而多元

（1）企业经历助成长。

参与调研的 218 人中，有 16 人未作答，其余 202 人中，67 人有企业经历（包含就职和挂职锻炼），其余 135 人无企业就职经历，比例约为 1∶2。

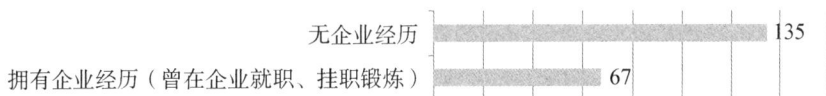

图 7　中职校长队伍的企业经历

被调研对象中有 53 人提供了在企业工作的具体年限，最短半年，最长 37 年，企业工作时间超过 20 年的共有 7 人，不足 3 年的有 19 人。具体如下图所示。

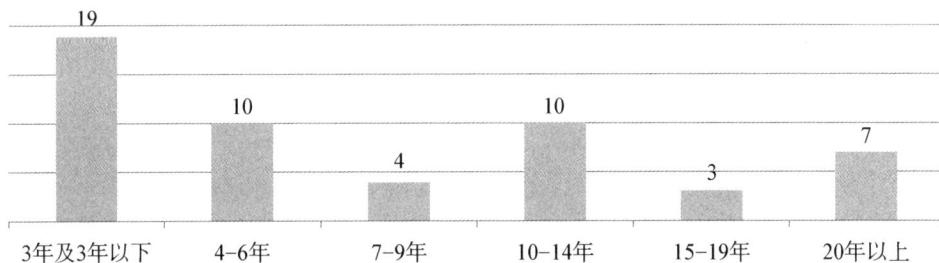

图 8　中职校长队伍的企业工作年限

（2）关键事件定轨迹。

在对该题做答的 212 份问卷中，"参加各种培训，拓宽眼界，培养思考问题的高度和全面性"、"教育教学管理岗位，明确教育教学规律，积累经验"、"教师岗位，了解学生和一线教职员工需求"、"榜样的力量，其他名校长、前辈对你的言传身教"分别有半数以上的调研对象做了选择，其他诸如"中层干部轮岗挂职锻炼，培养自身综合考虑问题、横向沟通的能力"、"学生管理岗位，了解学生和家长对学校、专业、课程、教师的期望和需求"、"企业经历，把握企业

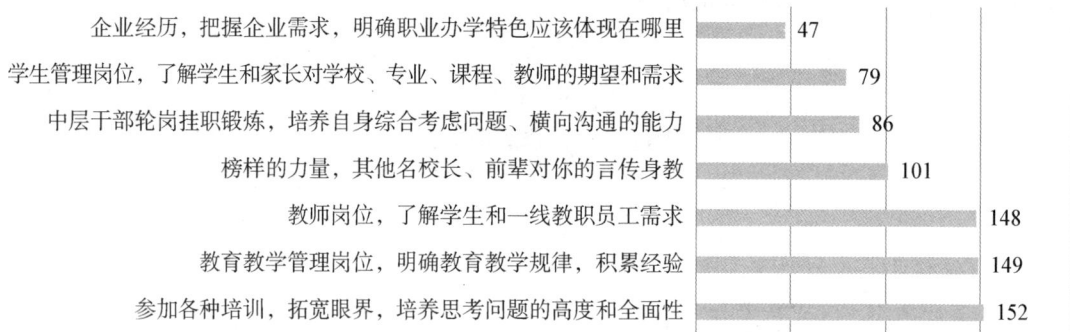

图 9　中职校长队伍的主要经历

需求，明确职业办学特色应该体现在哪里"等选项也被选择。

（二）上海市中职校长培训课程体系的基本情况

在对上海市中职校长队伍基本情况有一定掌握之后，需要进一步了解校长队伍培训课程体系的现状，以便课程体系的开发更具有现实性和针对性。从调研问卷统计结果看，218份问卷中，担任校长职务后未参加过任何培训的达 26 人（11.93％），参加培训 1 次的有 48 人（22.02％），参加培训 2 次的有 36 人（16.51％），参加培训 3 次及以上的有 97 人（44.50％），未作答问卷 11 份（5.05％）。下面将从培训途径、培训课程和培训存在问题等几个方面具体分析现有的校长培训课程体系。

1. 现有的培训途径分析

培训途径可以从一个较为宏观的角度来反映中职校长培训课程体系的基本格局，因为不同的培训组织或培训层次会产生不同的培训内容。从培训组织来看，有 152 人（69.72％）参加过教育行政部门组织的业务培训，65 人（29.82％）参加过国（境）外考察/交流/培训，46 人（21.10％）参加过行业或企业主管部门组织的各类培训，另有 21 人（9.63％）参加高一层次学历进修（含 MBA/MPA 等），17 人参加名校长培训（7.80％），6 人（2.75％）参加过诸如市教委暑期校长培训班等；另有 31 人未做填写。

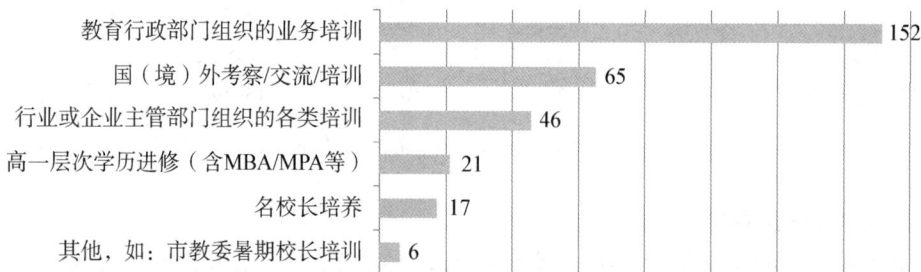

图 10　中职校长参加的培训组织类型

从培训层级来看，186 份有效答卷中（32 人未填写该项内容），有 129 人（69.35％）参加过市级培训，88 人（47.31％）参加过国家级培训，51 人（27.42％）参加过区县主管教育局培训，

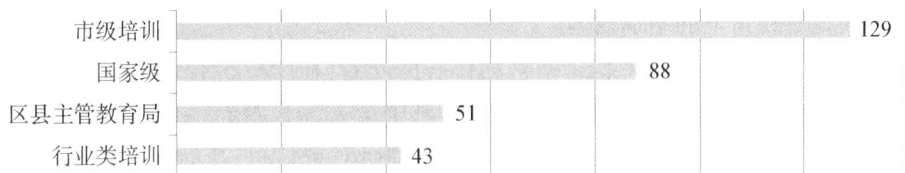

图 11   中职校长参加的培训层级

43 人(23.12%)参加过行业类培训。

2. 现有培训课程内容分析

培训课程内容是培训课程体系的主体部分,最能反映现有培训课程的基本情况和存在问题。对课程可以有多个层次的理解,根据古德莱德的课程五层次说,课程从规划层面到实践层面要经历五种课程形态(理想课程、正式课程、领悟课程、运作课程和经验课程)。这里从经验课程的角度,即学习者真正掌握到的课程内容的角度来分析现有的培训课程,因为没有被学习者掌握到的课程内容,即使是开设过也可能是无效的,需要重新进行开发和设计。

(1)掌握程度视角下的培训内容。

调研结果显示,大部分校长通过培训,对职业教育基础知识与热点问题、中职校发展规划制定、专业建设、运行管理、校园文化建设等方面都能达到一般了解以上程度,只有个别被调研对象表示了解较少或者比较陌生。在教育科学研究、公共关系建设、教育信息化、风险控制等方面,被调研对象中有 10 人以上表示了解较少或者比较陌生,尤其是风险控制,有 20人选择了解较少、8 人选择比较陌生。

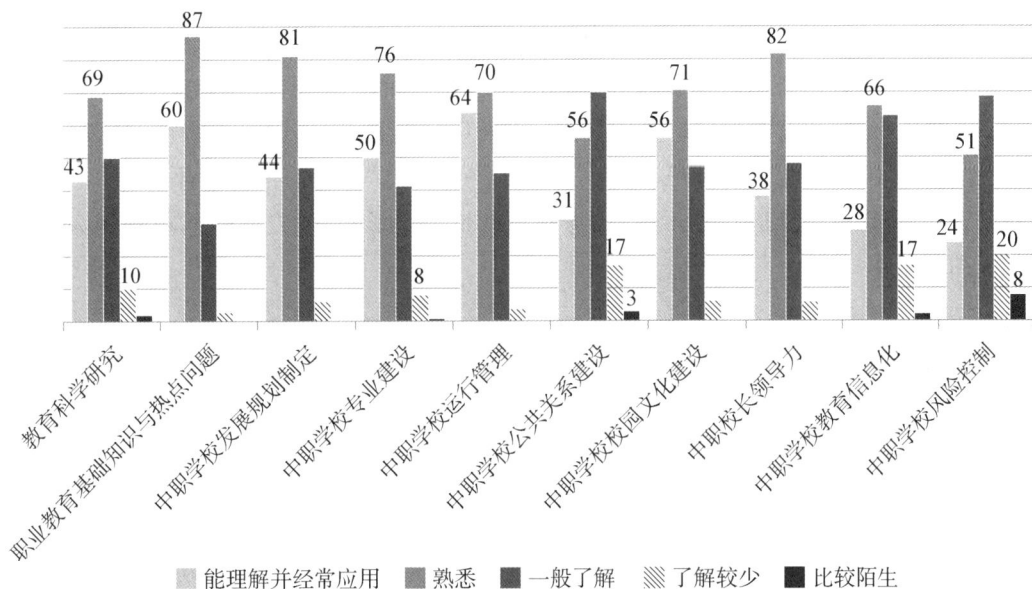

图 12   中职校长对各培训内容的掌握程度

(说明:该内容共有 10 项不同调研指标,由被调研者在五个不同程度中选择最符合实际情况的选项。实际问卷数据收集中发现,部分被调研者在个别调研指标的回答中未选任何选项,故而在数据分析中不再计算百分比,而以实际作答人数进行统计。)

（2）素质提升视角下的培训内容。

通过调研结果分析，去除 26 份未对该题作答的问卷，在 192 份有效答卷中，被调研者对参加培训后素质提升自我认知评价进行了多选，其中个人综合素养、学校管理水平和对教育改革最新动态的理解这三项素质能力提升最受被调研对象认可，排行其后的分别为职业教育理论知识、组织领导能力和自我反思能力。少数被调研对象认为教育科研能力、社会关系和现代教育知识技术也得到了提高。具体如下图所示。

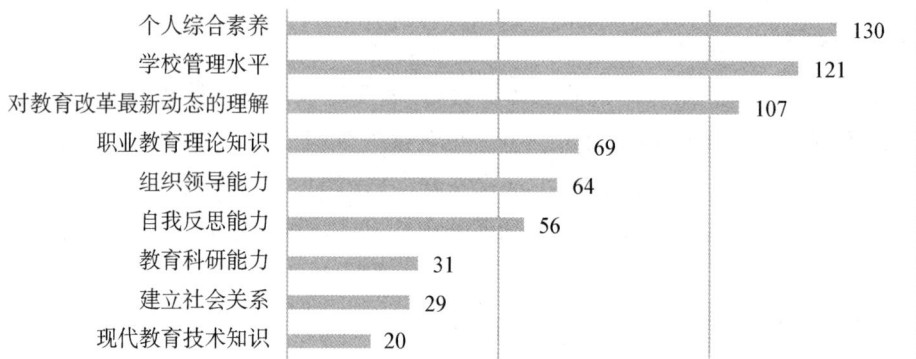

个人综合素养 130
学校管理水平 121
对教育改革最新动态的理解 107
职业教育理论知识 69
组织领导能力 64
自我反思能力 56
教育科研能力 31
建立社会关系 29
现代教育技术知识 20

图 13　中职校长参加培训后的素质提升

3. 目前中职校长培训存在问题分析

对存在问题进行分析有利于深入了解中职校长培训课程体系的现状，只有认识到了当下的不足与问题，才能进行针对性的改革。调查结果显示，被调研对象中有 27 人未对中职校长培训的存在问题进行回答，其余 191 份有效问卷中，较多被调研对象对目前中职校长培训存在诸如"未按培训对象的成长阶段和工作岗位进行分类培训"、"培训方式单调，缺乏灵活性和开放性"、"培训内容重复，缺乏针对性和实效性"等问题表示认同，少数被调研对象对曾参加过的培训中存在"培训的网络化与信息化水平不高"、"培训时间分配不合理"、"培训目标不明确"、"培训师资队伍水平不高"、"考核与评价流于形式"等方面的问题表示认同。具体如下图所示。

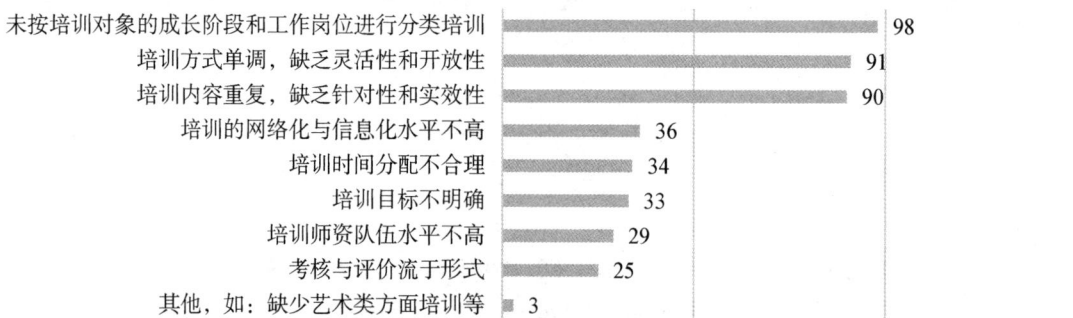

未按培训对象的成长阶段和工作岗位进行分类培训 98
培训方式单调，缺乏灵活性和开放性 91
培训内容重复，缺乏针对性和实效性 90
培训的网络化与信息化水平不高 36
培训时间分配不合理 34
培训目标不明确 33
培训师资队伍水平不高 29
考核与评价流于形式 25
其他，如：缺少艺术类方面培训等 3

图 14　中职校长培训的存在问题

同时,由于各种培训问题的存在以及现实培训的低效性,各中职校长对培训的参与度不够。对于影响参加培训的主要原因,被调研对象也纷纷给出了解释,有 133 位被调研对象表示"工作负担重,没有时间参加培训",有 91 位被调研对象表示"培训项目少,没有机会参加",有 43 位被调研对象表示"培训效果不明显,没有兴趣参加"。

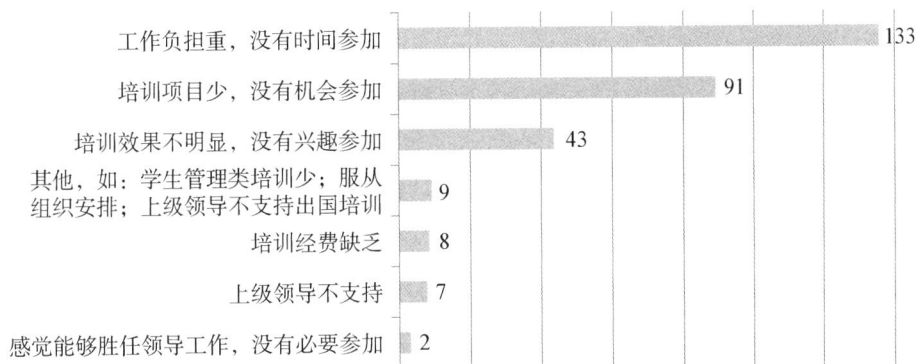

图 15　影响中职校长参加培训的原因

三、上海市中职校长培训课程体系的需求分析

了解需求是此次调研的第二大任务。为了充分掌握上海市中职校长队伍的培训需求,我们以校长培训的过程要素为线索,全面分析了校长对培训课程内容的需求、对培训课程实施的需求、对培训课程考核的需求,以期开发出一个符合校长培训需求的有针对性、有实效性的培训课程体系。

(一)参与培训的动因分析

需求分析首先要从动因分析开始。从调研数据统计分析结果来看,212 位被调研对象发表了自己的观点,对参加校长培训的动因进行了多选。其中,选择"学习新知识,拓展视野"的达到 177 人(83.49%),选择"提高自己的业务能力"的达到 173 人(81.60%),选择"有与同行、专家交流的机会"的达到 150 人(70.75%)。可见,校长对提高自身能力与素质的内部学习动机强烈。此外,"外出考察开阔视野"、"市教委要求"、"取得相应的培训证书"、"为评优升职准备条件"等原因也有一定数量的被调研对象进行选择,可见,外部诱因也是激励校长参加培训的重要因素,校长参加培训的客观目的性较强。

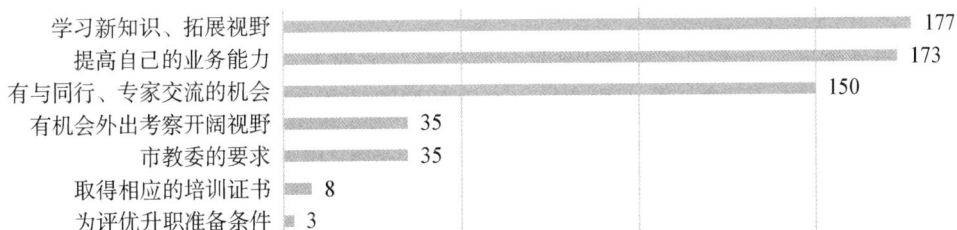

图 16　中职校长参加培训的原因

（二）对培训课程内容的需求分析

培训内容的需求分析是需求分析的主要部分。需求形成的前提是一种不平衡状态的存在。在校长培训的需求中，这种不平衡的状态主要表现为校长日常工作中所面临的问题困境。为了对校长的培训需求形成一个较为深刻的认识，我们以问题困境为切入点，具体从任务挑战和能力差距两个维度来分析校长队伍对培训课程内容的需求。

1. 由任务挑战引发的培训内容需求

任务挑战是指中职校长在领导学校发展过程中所遇到的一些具有重要性、迫切性和艰难性的任务和问题。调研问卷基于中职校长的主要工作任务进行了学习专题的预期设计，通过对被调研对象最希望参加的专题学习进行统计，我们发现"职业教育改革与发展趋势"（有147人选择），"校企合作人才培养模式改革"（有137人选择）、"现代职业教育体系建设内容"（有120人选择）和"师资队伍建设"（102人选择）等培训学习专题有较大的需求，其他专题学习的具体需求如下图所示。

图 17　中职校长最希望参加的培训专题

2. 由能力差距引发的培训内容需求

能力差距是指以胜任素质为参照，中职校长在领导学校发展过程中所表现出来的能力上的欠缺与不足。首先，从中职校长职业能力自评的角度来看，大部分校长对自身相关能力评价较高，选择较弱和弱的人数相对较少（具体如下图所示），但这并不代表校长的能力没有进步空间。仔细分析会发现，大部分校长在"职业教育改革的特点与趋势"（只有23人认为自己这方面能力强）"学校质量管理"（只有25人认为自己这方面能力强）和"学校课程体系开

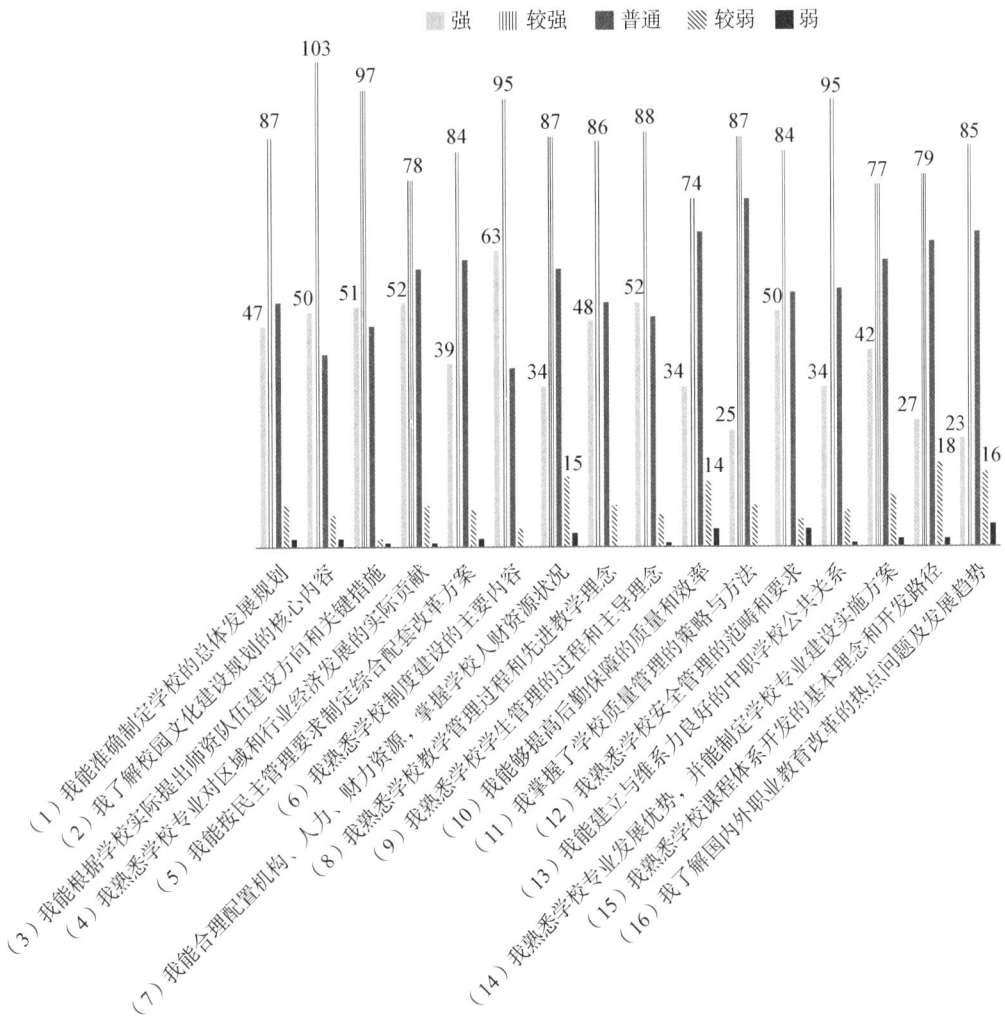

图 18　中职校长业务能力自评

发"(只有 27 人认为自己这方面能力强)等方面能力有待提高。

其次,调研问卷基于中职校长的基本胜任素质进行了知识和能力素养的预期设计,通过对被调研对象急需提升的知识和能力素养的统计,我们发现,选择"学校领导力与综合管理能力"的达到 156 人(71.56%),选择"改革与创新能力"的达到 126 人(57.80%),选择"国内外教育理论与思想/理念"的达到 121 人(55.50%)。对上述三项能力指标的选择率超过被调研对象半数,值得引起注意。此外,"科学决策能力"、"战略管理能力"、"政策法规知识"、"财务知识"、"危机管理能力"等指标也有超过 50 人进行选择。"教育教学专业知识与能力"、"调查研究能力"、"沟通协调能力"等指标有超过 30 人进行选择。"人文素养"有 29 人选择。"英语应用能力"有 16 人选择。另有一人对能力进行补充,希望提升"绩效考核核心指标(KPI)、自我评价与改进和创新的策划"能力。

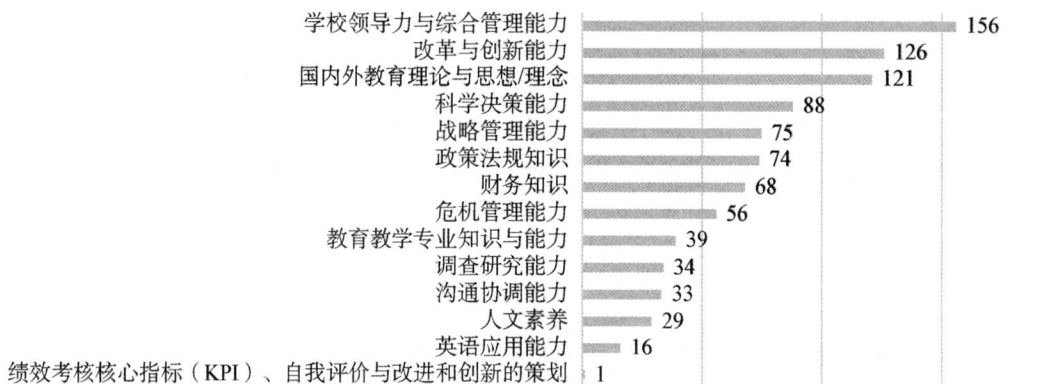

图 19　中职校长急需提升的知识和能力

（说明：本图显示被调研对象对自身急需提升的知识和能力素养进行多选后汇总统计的结果）

（三）对培训课程实施的需求分析

培训课程的实施直接影响着培训课程的实效性。为了充分了解中职校长队伍对培训课程体系的需求，下面将从培训师资、培训方式和培训时间三个方面具体进行培训课程实施的需求分析。

1. 培训师资需求

通过调研数据分析，在213份对"师资来源选择"一题做出回应的问卷中，选择"行业企业专家"的达到174份（79.82％），选择"职业院校名校长、名教师"的达到173份（79.36％），选择"科研机构学者"的达到108份（49.54％），选择"政府官员"的达到93份（42.66％）。"职业院校领导"、"高校教师"和"其他人员"也有一定选择比例。具体如下图所示。

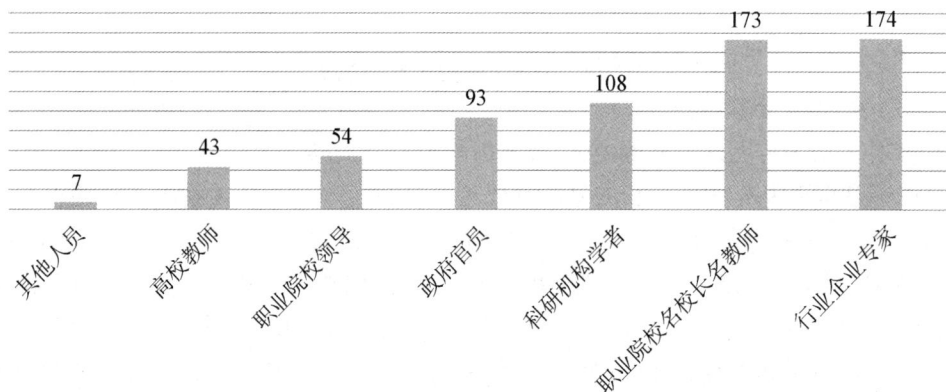

图 20　中职校长希望的培训师资

2. 培训方式需求

（1）培训模式需求。

通过调研数据分析，被调研对象对自身倾向的培训模式的选择结果为："教育会诊式：理论学习研究-参观考察学习-集体教育会诊"的选择人数达到 143 人(65.60%),"案例教学式:案例教学-理论研讨-总结交流"的选择人数达到 129 人(59.17%),"基地实习式:理论研修-基地实习-总结提高"的选择人数达到 77 人(35.32%),"挂职锻炼式:理论学习-挂职锻炼-研讨-总结反思"的选择人数达到 69 人(31.65%),"主题研究式:课题研究-论文交流"的选择人数相对较少,达到 54 人(24.77%)。上述模式都以实践为基础,以解决实际问题为出发点,得到被调研对象不同程度的支持与认可。

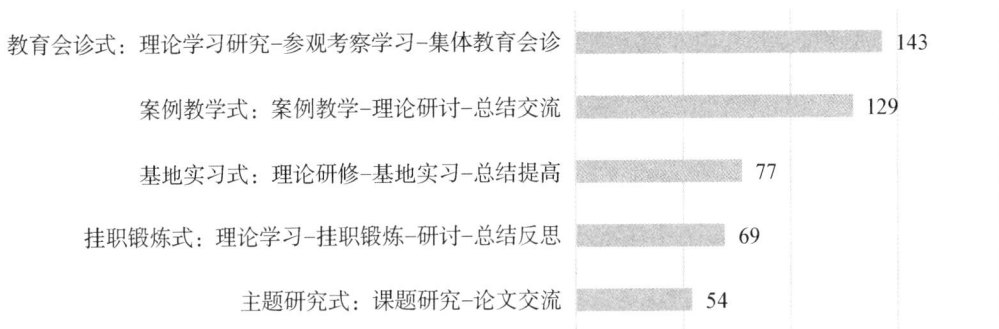

图 21　中职校长希望的培训模式

(2) 培训设计需求。

具体培训活动设计的调研统计结果如下图所示,"案例分析"、"集中培训"、"现场考察观摩"、"专家讲座或报告"为大多数被调研对象所选,"交流体验/挂职锻炼"、"与名校长座谈"、"导师引领"、"论坛研讨"也有一定的支持率。另外有少数被调研对象选择了"网络学校/在线课堂"和"校本研修"等形式较新的教学活动设计形式。具体如下图所示。

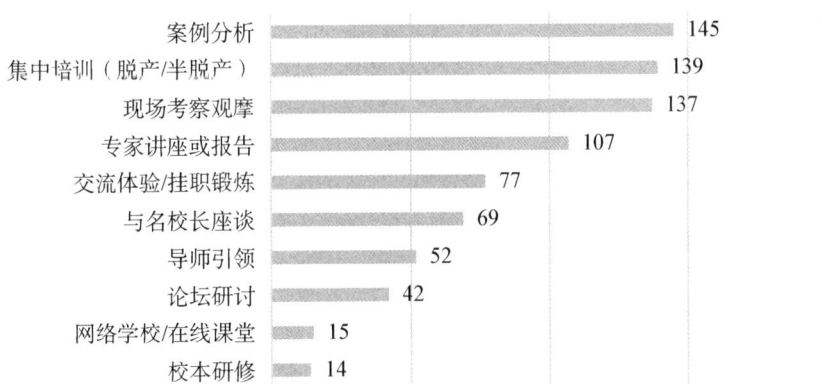

图 22　中职校长希望的培训活动设计

(3) 海外培训需求。

通过调研统计分析,海外培训支持率较高,218 份问卷中,选择"非常必要"和"有必要"的人数总和达到 192 人(89%),选择没有必要的仅有 12 份(6%),另有 10 份问卷未做填写(5%)。海外培训目的地推荐主要集中在职业技术培训较发达的西方国家,如德国、日本、美国、芬兰、新加坡、英国、加拿大、澳大利亚、荷兰等。

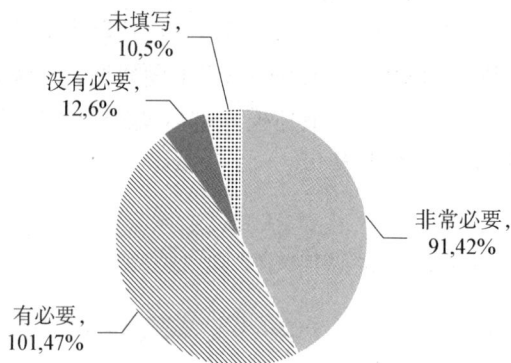

图 23　中职校长的海外培训需求

3. 培训时间需求

（1）适宜的时间段。

被调研对象在进行培训时间段选择时，考虑到培训效果和实际工作开展的需要，选择脱产连续培训和不脱产每周两天（工作日兼休息日）培训的比例几乎相当，另有少部分被调研对象选择"不脱产全工作日培训"，个别被调研对象选择了"不脱产全休息日培训"。具体如下图所示。

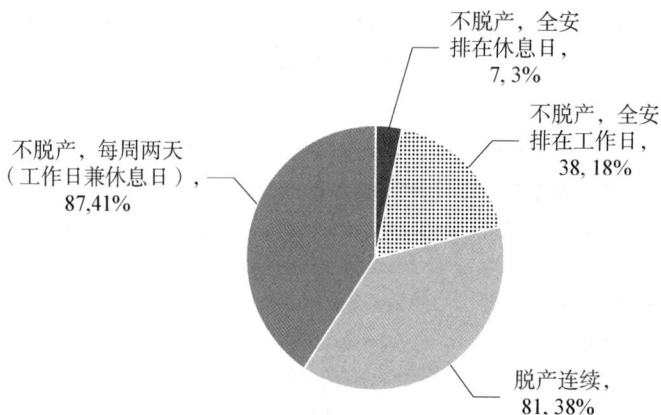

图 24　中职校长希望的培训时间段

（2）合理的周期。

在选择培训周期时，有 129 人选择了"1 个月及以下"的短期培训，64 人选择"2—6 个月"的培训期限，选择"7—12 个月"的仅有 10 人，选择"1 年以上"的仅有 7 人。总体来看，被调研对象希望培训周期控制在半年以内。

（3）适当的频率。

本调研也对理想的培训频率进行调研统计，据其结果显示，选择"一年一次"的有 43 人

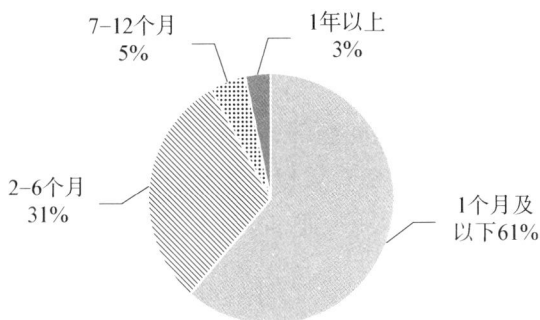

图 25　中职校长希望的培训周期

（19.72%）,"两年一次"的有 107 人（49.08%）,"三年一次"的有 40 人（18.36%）,"不定期"的有 21 人（9.63%）。未做填写的有 7 人。

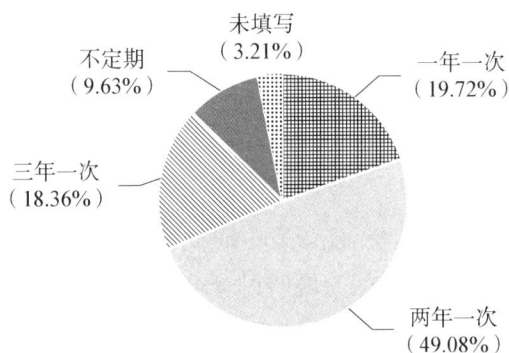

图 26　中职校长希望的培训频率

（四）对培训课程考核的需求分析

本次调研对培训课程考核形式需求进行了解,其中选择"撰写教育管理实践案例"的达到 112 人,"研修总结"101 人,"研修论文"54 人,"现场答辩"48 人,"提交研修日志"46 人。具体如下图所示。

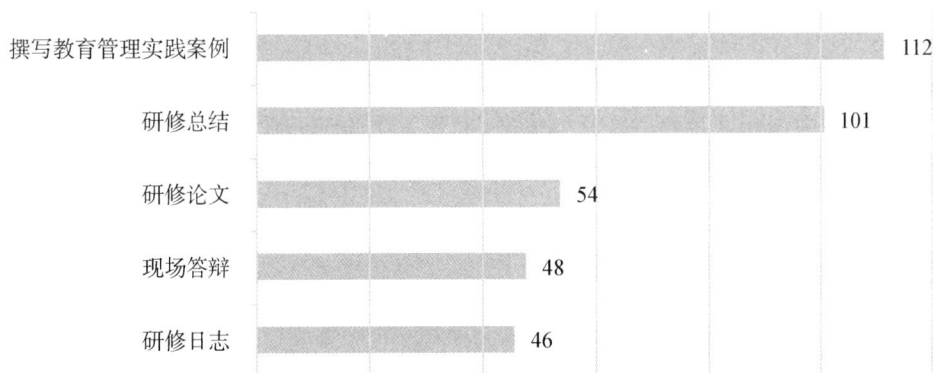

图 27　中职校长希望的培训考核方式

四、上海市中职校长培训课程体系的开发建议

课题组对回收的调查问卷开放性问题部分进行了认真的梳理,对承担校长培训任务的机构负责人、中职学校主管部门相关负责人以及名校长三类访谈对象的访谈结果做了仔细的整理,掌握了大量的一手调研资料,为上海市中职校长培训课程体系开发奠定了扎实的研究基础。

(一) 培训原则

根据调研结果,总体认为上海市中职校长培训课程体系开发要体现针对性、有效性、差异性和先进性原则。

1. 针对性

培训内容的设计要针对上海中等职业学校改革发展中的热点问题、难点问题以及校长在工作实际中面临的最大困惑,结合校长岗位的职业能力要求,兼顾校长个体发展需求、引领性需求两个不同层面的培训需求,要符合校长岗位职业特征,突出中职校长培训特点,满足中职校长多元发展需求,用课程来吸引校长。

2. 有效性

培训内容的设计要有明确的目标,能激发中职校长参加培训的积极性,要搭建形式多样的交流平台,通过案例研究、项目教学、专题研讨等培训方式,注重理论与实践相结合。培训方案的设计要强调实践性,要把名校长的隐性知识(经验)转化为显性知识(课程),能解决实际问题,注重学以致用,以提高培训的实效。

3. 差异性

培训内容的设计要体现分层、分类原则,按校长的任职岗位(校长、书记、教学副校长、德育副校长等),任职年限(5年以下的新任校长、5—10年的成熟校长、10年以上的资深校长),工作经历(企业管理、政府管理、普教管理、职教管理、普通教师等),教育背景(文科、理工科)进行梳理,采取模块化、菜单式等可供自由选择的方式,满足不同层级、不同背景的校长培训需求。

4. 先进性

培训内容的选取要体现时代特征、地域特点,要高起点,多视角,内容新,观念新,具有超前性。既要关注中国职业教育的现状与未来,也要关注国外职业教育的现状与发展趋势,更要关注现代技术在职业教育发展中的应用。要整合国内外职业教育优质资源,突出现代职业学校建设内容,不断开拓国际视野。

(二) 培训目标

根据调研结果,普遍对中职校长培训寄予厚望,希望通过培训,能进一步更新校长的教育理念,提升校长的学校领导力、决策力以及人文素养,最终促进学校的内涵发展。

1. 更新校长的教育理念

通过培训,给中职校长提供一个交流分享的平台,在学习、实践的基础上,通过个人反思、同伴互助、专家引领,充分汲取国内外先进的教育理念以及名校长优秀的办学思想,激发内在动力,确立正确的课程观、学生观、教师观、质量观、服务观,树立品牌意识,追求特色发展,勇于创新超越。

2. 提升校长的领导力

校长培训要敢于跨界,要跳出就教育讲教育的思维局限,积极引进企业管理培训中的领导力课程,同时切合中职学校管理的实际,切实提升校长的学校管理能力,提升校长在学校管理、课程建设、危机处理、财务管理等方面的领导力。

3. 提升校长的决策力

校长作为学校的管理者,需要具备科学决策的能力。希望通过培训,校长们能树立科学决策的意识,掌握科学决策的方法和流程,增强文件解读与政策把握的能力,提高科学决策的能力,以提升学校改革发展决策的科学性。

4. 提升校长的人文素养

学校管理是做人的工作,要注重人文性,要讲究艺术性。学校文化建设是学校发展的灵魂,校长是学校文化建设的主导者。希望设置人文素养的相关培训内容,以激发校长的人文意识,提升校长的人文素养。

5. 促进学校内涵发展

校长培训不能走过场,不讲求形式,但追求实效。在开拓视野、更新理念、提升能力的同时,校长培训能立足校本,在培训过程中通过主观上的自我评价、专家实地走访与诊断,切实解决学校发展中存在的一些问题。校长培训同时着眼人本,通过培训,让校长在原有基础上得到提升与发展。

(三) 培训内容

从调研结果中分析得出,校长培训课程要根据培训对象进行分类,采用模块或者专题形式,必修与选修相结合,选修内容可根据培训对象的实际需求进行自主选择。通过对调研结果进行总结,建议上海市中职校长培训内容可以从以下三方面进行设计。

1. 理想信念教育板块

这部分内容应该作为必修课程,主要为政治思想理论方面的内容,这是符合校长岗位的特定要求的,当然也可以设计符合我们中职校特点的课程。

2. 专业素养板块

这部分内容建议以教育部颁发的校长专业标准的六个方面为基础,增加中职校长特定岗位的特定要求,设置相应的课程。这部分课程可以模块化呈现,根据培训对象的具体情况进行自主选择。

3. 能力拓展板块

这部分内容应该作为选修课程，建议根据上海中职教育发展的热点难点、校长专业发展的个性特点等来开设，要具有时代性、开放性，以满足校长多元发展需求。

（四）培训形式

校长培训不同于一般的教师培训，要积极创设反思与交流的平台。根据调研结果，建议培训过程中除了必要的专家指导，更多地应采用案例研讨、论坛交流、自主研修、考察交流等形式，改变单向输入的模式，搭建交流分享的平台，甚至可以引进企业拓展培训，使得培训形式更活泼、更新颖。

（五）考核方式

校长培训重在通过学习而"知"，建立团队而"悟"，采用行动而"用"，因此培训考核不应流于形式。从调研结果分析来看，建议采用项目驱动，任务引领的方式，开展对培训对象自身所在学校的专题调研，并通过培训与研讨，形成一份具体的学校工作改进计划，最终解决学校发展中存在的一些问题。此外，网络发帖、微论坛等也是过程性考核的新方式，建议在培训考核中酌情采用。

（六）培训时间

培训时间不应一概而论，建议根据具体的培训对象，考虑具体的培训时间安排，包括假期集中培训、工作与业余时间相结合、不脱产上班时间等形式。

第三篇

需求导向的上海市中职校长培训课程体系

人们所有有目的的实践活动都是受知识支配的，每种有目的的实践行为背后都有一套系统知识基础作支撑。Speck 认为校长有三个职业角色：教育者、领导者和管理者，并进一步指出了与每一种角色相对应的主要任务和职责，校长职业的专业化具体而言就是这三种职业角色的专业化。校长专业化所需要的知识应该是能促进校长群体提升职业活动水平的知识，能为校长群体的职业活动提供有效指导的知识，是一个实践取向很强的评价标准。Hayek 认为"许多知识融于实践、共有技能、建制和习惯中"，通过实践知识我们找到了在这个世界前进的道路。学术界对实践知识有不同的称谓：实践理论、操作性知识、以事实为根据的理论等，Schon 认为实践知识和学术知识不同，学术知识是理论导向的建构，实践知识是以需求为导向、问题为中心的。

课题组以中职校长的工作实践为着眼点，以工作实践知识为中职校长培训课程的知识基础，以中职校长的工作任务单元对应的职业能力的知识要求和技能要求为确定中职校长培训课程的依据。

一、上海市中职校长职业能力分析

课题组依据《上海市中等职业学校校长培训课程体系开发研究报告》，结合教育部 2014年 12 月颁布的《中等职业学校校长专业标准》，比较分析了欧美职业学校校长职业能力结构标准，针对中职校长作为教育者、领导者和管理者的职业角色，对中职校长的实践活动进行分析、归纳，共确定中职校长实践活动的 6 个工作领域、20 个任务单元、63 项职业能力，形成了《上海市中职校长职业能力标准》，如表 1 所示。

表 1　上海市中职校长职业能力标准

职 业 能 力		能力水平（按岗位区分）			
		全面主持	教学管理	学生服务	后勤保障
工作领域 1　制定学校发展规划					
任务单元 1-1　学校总体规划与发展					
职业能力 1-1-1	形成学校的办学理念和愿景	L4	L3	L3	L3
职业能力 1-1-2	制定与实施学校中长期发展目标及其规划，确立学校中长期发展目标	L4	L3	L3	L3

职 业 能 力		能力水平（按岗位区分）			
		全面主持	教学管理	学生服务	后勤保障
任务单元1-1　学校总体规划与发展					
职业能力1-1-3	诊断学校发展现状,分析和解决学校发展面临的主要问题	L4	L3	L3	L3
职业能力1-1-4	评价与完善学校发展规划及其实施方案	L4	L3	L3	L3
任务单元1-2　员工发展					
职业能力1-2-1	指导制定员工职业发展计划	L4	L3	L3	L3
职业能力1-2-2	采取促进员工专业发展的策略	L4	L3	L3	L3
任务单元1-3　自我发展					
职业能力1-3-1	制定个人专业发展计划	L4	L3	L3	L3
工作领域2　营造全面育人文化					
任务单元2-1　德育					
职业能力2-1-1	分析学校德育工作现状	L4	L2	L3	L2
职业能力2-1-2	确立学校德育建设目标	L4	L2	L3	L2
职业能力2-1-3	制定学校德育工作方案	L4	L2	L3	L2
职业能力2-1-4	开展养成教育	L4	L2	L3	L2
任务单元2-2　校园文化建设					
职业能力2-2-1	开展学校品牌经营活动	L4	L3	L3	L3
职业能力2-2-2	建设绿色健康的校园信息网络	L4	L3	L3	L3
职业能力2-2-3	制定校园文化环境的建设和实施方案	L4	L3	L3	L3
职业能力2-2-4	设计和组织校园文化活动	L4	L1	L3	L1
职业能力2-2-5	建设员工和学生社团	L4	L1	L3	L1
职业能力2-2-6	培育创业文化				

职 业 能 力		能力水平 （按岗位区分）			
		全面 主持	教学 管理	学生 服务	后勤 保障
工作领域3　领导专业内涵建设					
任务单元3-1　专业内涵建设					
职业能力3-1-1	优化专业布局和调整专业结构	L4	L3	L1	L1
职业能力3-1-2	自行或联合开发专业教学标准	L1	L4		
职业能力3-1-3	制定专业人才培养方案	L4	L4	L1	L1
职业能力3-1-4	组织专业顶岗实习方案/实训、实习基地建设方案 的制定和实施	L4	L4	L1	L1
任务单元3-2　课程教学					
职业能力3-2-1	推进课程改革	L4	L4	L1	L1
职业能力3-2-2	组织教材建设	L1	L4	L1	L1
职业能力3-2-3	组织课程教学资源库建设	L1	L4	L1	L1
职业能力3-2-4	选择与运用信息技术于课程教学	L1	L4	L1	L1
职业能力3-2-5	建立课程教学实施状况的评价机制	L4	L4	L1	L1
工作领域4　引领教师专业成长					
任务单元4-1　教师专业成长环境创设					
职业能力4-1-1	引导教师确立专业成长观念	L4	L3	L1	L1
职业能力4-1-2	指导教师制定专业成长计划	L4	L3	L1	L1
职业能力4-1-3	形成促进教师专业成长的团队	L4	L3	L1	L1
任务单元4-2　教师专业成长制度建设					
职业能力4-2-1	组织制定和实施教师培训制度	L4	L3	L1	L1
职业能力4-2-2	组织制定和实施教育科研制度	L4	L3	L1	L1
职业能力4-2-3	组织制定和实施教师专业成长绩效评价制度	L4	L3	L1	L1
工作领域5　优化内部运行管理					
任务单元5-1　全面质量管理					
职业能力5-1-1	组织设计质量管理体系	L4	L3	L3	L3
职业能力5-1-2	组织质量管理活动	L4	L3	L3	L3

职 业 能 力		能力水平（按岗位区分）			
		全面主持	教学管理	学生服务	后勤保障
任务单元5-2　民主科学管理					
职业能力5-2-1	制定和实施学校治理规章制度	L4	L3	L3	L3
职业能力5-2-2	建立和实施教代会制度	L4	L3	L3	L3
职业能力5-2-3	建设办事和议事机制	L4	L3	L3	L3
职业能力5-2-4	建立沟通交流机制	L4	L3	L3	L3
任务单元5-3　学生服务与管理					
职业能力5-3-1	制定和实施招生方案	L4	L3	L3	L1
职业能力5-3-2	制定和执行学籍管理规定	L2	L2	L2	L1
职业能力5-3-3	组织开展班级活动	L1	L1	L4	L1
职业能力5-3-4	组织开展学生服务与管理信息化平台建设	L4	L1	L4	L1
职业能力5-3-5	评价学生综合素质	L4	L3	L3	L1
职业能力5-3-6	提供学生职业指导	L4	L2	L3	L1
任务单元5-4　教学质量保障					
职业能力5-4-1	分析教学质量的数据和事例	L2	L2	L1	L1
职业能力5-4-2	配置和管理教学资源和设施设备	L4	L2	L1	L3
职业能力5-4-3	建立学校教学质量监控机制	L4	L4	L2	L2
任务单元5-5　校园安全保障					
职业能力5-5-1	制定安全健康及风险管理制度	L4	L3	L3	L3
职业能力5-5-2	建设学校安全与健康基础设施	L4	L1	L1	L3
职业能力5-5-3	开展安全健康教育	L4	L1	L3	L3
任务单元5-6　后勤服务保障					
职业能力5-6-1	保证后勤服务资源	L4	L1	L1	L3
职业能力5-6-2	实施物资采购	L4	L1	L1	L3
职业能力5-6-3	制定资产管理制度	L4	L1	L1	L3

职 业 能 力		能力水平（按岗位区分）			
		全面主持	教学管理	学生服务	后勤保障
任务单元5-7　财务管理					
职业能力5-7-1	指导和制定学校财务预算	L4	L3	L3	L3
职业能力5-7-2	监控学校财务预算执行	L4	L3	L3	L3
任务单元5-8　人力资源管理					
职业能力5-8-1	聘任合适教职员工	L4	L2	L2	L2
职业能力5-8-2	评估教职员工绩效	L4	L3	L3	L3
任务单元5-9　数字化校园建设					
职业能力5-9-1	指导数字化校园建设方案	L4	L3	L3	L3
职业能力5-9-2	实施数字化校园建设方案	L4	L3	L3	L3
工作领域6　建设公共关系网络					
任务单元6-1　公共关系网络构建					
职业能力6-1-1	建立和维护与家长、企业、社区、媒体及相关机构的合作关系	L4	L3	L3	L3
职业能力6-1-2	进行有效公关策划	L4	L3	L3	L3
任务单元6-2　公共关系网络运行					
职业能力6-2-1	争取社会资源和力量对学校教育的支持	L4	L3	L3	L3
职业能力6-2-2	开放学校资源服务社会	L4	L3	L1	L1

备注："L1"表示能达到职业能力对应的部分知识要求；

　　　"L2"表示能独立熟练完成工作领域内的岗位任务；

　　　"L3"表示能创造性完成工作领域内的岗位任务；

　　　"L4"表示能作出完成工作领域内岗位任务的相关决策。

二、上海市中职校长职业能力的知识技能要求

依据《上海市中职校长职业能力标准》，课题组从中职校长的职业能力中逐个抽取出其对应的知识要求与技能要求，形成了《中职校长职业能力的知识要求与技能要求》，如下表2所示。

表 2　中职校长职业能力的知识要求与技能要求

任务单元 1-1　学校总体规划与发展	
职业能力 1-1-1 形成学校的办学理念和愿景	**知识要求：** ● 熟悉职业教育办学理念的历史演进及国内外先进的办学理念 ● 了解办学愿景的形成和传播过程 ● 熟悉学校的历史、办学传统，熟悉技术进步和生产方式变革以及社会公共服务的需要 **技能要求：** ● 分析困难群体对职业技能的需求 ● 把握学校发展优势 ● 确定学校办学定位 ● 提出适合学校发展的办学理念 ● 确定引领学校发展的共同愿景 ● 引导全校师生理解、认同学校愿景
职业能力 1-1-2 制定与实施学校中长期发展目标及其规划	**知识要求：** ● 熟悉国家的法律法规、教育方针政策、劳动人事制度和学校管理的规章制度 ● 把握国内外职业学校改革和发展的基本趋势 ● 掌握区域经济和学校相关专业的行业、企业发展动态 ● 明晰学校发展目标的影响因素 ● 掌握学校发展规划制定、实施与测评的理论、方法与技术 **技能要求：** ● 组织多方参与制定学校中长期发展目标 ● 根据学校中长期发展目标，制定学校中长期发展规划
职业能力 1-1-3 诊断学校发展现状，分析和解决学校发展面临的主要问题	**知识要求：** ● 了解国内外教育及职业教育发展的变革与创新 ● 熟悉基本的调研方法 **技能要求：** ● 开展有效调研 ● 表述学校发展现状和面临的主要问题 ● 根据学校实际情况，提出解决问题的方法和策略
职业能力 1-1-4 评价与完善学校发展规划及其实施方案	**知识要求：** ● 掌握学校发展规划制定、实施与测评的理论、方法与技术 **技能要求：** ● 分解和落实学校发展规划 ● 根据学校发展规划实施情况改进学校发展规划 ● 根据学校发展规划制定学年、学期工作计划 ● 测评学校发展规划的实施
任务单元 1-2　员工发展	
职业能力 1-2-1 指导制定员工职业发展计划	**知识要求：** ● 熟悉职业教育工作者的资格和能力 ● 熟悉学习型组织建设的方法与未来所需技能 **技能要求：** ● 指导员工制定职业发展计划 ● 对员工职业发展计划提出改进建议

任务单元 1-2　员工发展	
职业能力 1-2-2 采取促进员工专业 发展的策略	**知识要求：** ● 掌握学习型组织建设的方法 ● 掌握激励员工主动发展的策略 **技能要求：** ● 建立激励员工主动发展的制度
任务单元 1-3　自我发展	
职业能力 1-3-1 制定个人专业发展 计划	**知识要求：** ● 明晰追求公平而卓越的使命感和责任感的重要意义 ● 广泛涉猎自然科学与人文社会科学知识 ● 具有良好的艺术修养和相应的艺术欣赏与表现的知识 ● 具有教育理论知识及职业教育理论知识 ● 掌握促进自身专业发展的方法、途径 **技能要求：** ● 制定和实施个人专业发展计划 ● 根据实施情况和外部环境，完善个人专业发展计划
任务单元 2-1　道德教育	
职业能力 2-1-1 分析学校德育工作 现状	**知识要求：** ● 熟悉党和政府有关学校德育工作的方针政策 ● 熟悉德育教育的主要理论 ● 熟悉基本的调研方法 ● 熟悉农业、工业和服务业等不同产业领域文化育人的差异 ● 描述学校德育教育的内涵 **技能要求：** ● 分析学校德育工作的主要问题及原因 ● 根据学校德育工作实际情况，提出解决问题的方法和策略
职业能力 2-1-2 确立学校德育建设 目标	**知识要求：** ● 解读社会主义核心价值观 ● 熟悉教师职业道德的基本准则与规范 ● 熟悉学生思想品德形成的特点与规律 ● 明晰在师德、学生思想品德形成中的多种作用因素 ● 掌握教职员工、学生综合评价的原理和方法 ● 熟悉地域优秀文化和优秀企业文化 **技能要求：** ● 按照党和政府有关学校德育工作的方针政策，确立学校德育建设目标
职业能力 2-1-3 制定学校德育工作 方案	**知识要求：** ● 熟悉学校德育教育建设目标 **技能要求：** ● 明确学校德育工作内容 ● 建立学校德育工作组织体系 ● 制定德育工作监督、检查、考评和奖励制度

任务单元 2－1　道德教育

职业能力 2－1－4 开展养成教育	**知识要求：** ● 熟悉国家素质教育的政策和理念 ● 熟悉学生思想品德、职业道德形成以及健康心理发展的特点、规律及其教育方法 **技能要求：** ● 遵循学生认知规律 ● 落实全员育人责任 ● 在学校管理各个环节分层开展养成教育

任务单元 2－2　校园文化建设

职业能力 2－2－1 开展学校品牌经营活动	**知识要求：** ● 理解品牌经营的内涵 ● 熟悉品牌经营的策略 ● 熟悉开展学校品牌经营活动的内容 **技能要求：** ● 归纳、表述校训、校歌、校徽的内涵 ● 分析学校品牌经营的问题 ● 制定学校品牌经营活动方案
职业能力 2－2－2 建设绿色健康的校园信息网络	**知识要求：** ● 明晰学校、家庭和社区对学生思想品德形成的影响与作用 ● 明晰流行文化、网络文化对学生思想品德形成的影响与作用 ● 理解组织氛围与合作文化所起的作用 **技能要求：** ● 利用网络等多种平台，发挥学校、家庭和社区以及优秀精神文化作品和劳动模范、创业典型、技术能手的先进事迹对学生思想品德形成的影响与作用
职业能力 2－2－3 制定校园文化环境的建设和实施方案	**知识要求：** ● 广泛涉猎自然科学与人文社会科学知识 ● 掌握必要的艺术基础知识 ● 熟悉学校的历史、办学特色与发展愿景 ● 掌握文化育人的方法及途径 ● 明晰校园文化环境建设的指导思想、各项原则 ● 熟悉校园文化环境建设相关工程的建设程序和方法 **技能要求：** ● 具有良好的艺术修养和艺术欣赏能力 ● 提出校园文化环境建设的内容 ● 根据校园文化环境建设的实施情况，提出改进建议
职业能力 2－2－4 设计和组织校园文化活动	**知识要求：** ● 了解校园文化建设的基本理论 ● 熟悉社会主义核心价值观 ● 熟悉精神文明建设的内涵 ● 掌握促进产业文化、企业文化、职业文化融入学校教育的方法和途径 ● 了解和尊重不同民族文化和地域文化

<table>
<tr><td colspan="2" align="center">任务单元2-2　校园文化建设</td></tr>
<tr>
<td></td>
<td>
技能要求：
<ul>
<li>开展多种形式的主题活动</li>
<li>形成爱学习、爱劳动、爱祖国活动的有效形式和长效机制</li>
</ul>
</td>
</tr>
<tr>
<td>职业能力2-2-5
建设员工和学生
社团</td>
<td>
知识要求：
<ul>
<li>明确学校社团工作的任务</li>
<li>掌握组建学校社团的程序和方法</li>
</ul>
技能要求：
<ul>
<li>建立社团工作的组织机构和规章制度</li>
<li>组织开设艺术课程</li>
<li>开展各种社团活动</li>
</ul>
</td>
</tr>
<tr>
<td>职业能力2-2-6
培育创业文化</td>
<td>
知识要求：
<ul>
<li>熟悉创业文化的基本内涵</li>
<li>熟悉创业团队的管理策略和技巧</li>
</ul>
技能要求：
<ul>
<li>评价创业机会</li>
<li>识别创业风险</li>
<li>指导制定创业计划</li>
</ul>
</td>
</tr>
<tr><td colspan="2" align="center">任务单元3-1　专业内涵建设</td></tr>
<tr>
<td>职业能力3-1-1
优化专业布局和调
整专业结构</td>
<td>
知识要求：
<ul>
<li>掌握区域经济发展的特点、需求</li>
<li>熟悉学校总体发展规划</li>
<li>掌握专业群组建的基本理论和方法</li>
<li>掌握专业设置的基本理论和方法</li>
</ul>
技能要求：
<ul>
<li>分析区域经济发展的特色、需求</li>
<li>及时发现学校专业设置中存在的问题</li>
<li>根据学校和区域经济发展要求，调整专业结构</li>
<li>根据学校和区域经济发展要求，新开设专业</li>
</ul>
</td>
</tr>
<tr>
<td>职业能力3-1-2
自行或联合开发专
业教学标准</td>
<td>
知识要求：
<ul>
<li>熟悉国家职业教育专业建设相关政策</li>
<li>掌握区域经济发展的特点、需求</li>
<li>熟悉行业工作任务</li>
<li>熟悉专业教学标准开发的新理念</li>
<li>熟悉专业教学标准的内容和实施要求</li>
<li>掌握开发专业教学标准的程序和方法</li>
</ul>
技能要求：
<ul>
<li>分析区域经济发展的特色、需求</li>
<li>确立专业培养目标</li>
<li>围绕专业培养目标，分析课程体系结构</li>
<li>分析课程内容</li>
<li>组织开发专业教学标准</li>
</ul>
</td>
</tr>
</table>

任务单元 3-1　专业内涵建设

职业能力 3-1-3 制定专业人才培养方案	**知识要求：** ● 熟悉本校的教学条件，了解其优势与不足 ● 熟悉制定专业人才培养方案的要求、方法 ● 熟悉专业人才培养方案的内容 **技能要求：** ● 组织制定国家颁布的专业教学标准实施方案 ● 根据学校实际，组织制定学校专业人才培养方案
职业能力 3-1-4 组织专业顶岗实习方案/实训、实习基地建设方案的制定和实施	**知识要求：** ● 了解专业教学标准和实训中心/实习基地建设规范 ● 了解实训中心/实习基地的运行模式 ● 熟悉实训中心/实习基地的绩效评估指标 **技能要求：** ● 组织制定和实施实训建设方案 ● 评估实训中心/实训基地绩效

任务单元 3-2　课程教学

职业能力 3-2-1 推进课程改革	**知识要求：** ● 熟悉课程领导的起源、定义 ● 熟悉校长的课程领导内涵、角色、任务 ● 了解国内外课程教学改革的现状 **技能要求：** ● 分析学校的课程教学现状 ● 组织制定学校课程改革方案
职业能力 3-2-2 组织教材建设	**知识要求：** ● 了解国内外课程教学改革的现状 ● 熟悉课程标准的内涵与功能 ● 熟悉教材设计的主导理念 ● 熟悉教材开发要把握的关键点 **技能要求：** ● 按课程标准组织教材开发
职业能力 3-2-3 组织课程教学资源库建设	**知识要求：** ● 了解国内外课程教学改革的现状 ● 熟悉课程资源的内容和建设途径 ● 熟悉课程资源建设的主导理念 **技能要求：** ● 结合学校实际情况，组织课程资源开发 ● 搭建平台进行校内外课程资源交流共享
职业能力 3-2-4 选择与运用信息技术于课程教学	**知识要求：** ● 了解信息技术对课程教学的影响及其效果 ● 掌握教育信息技术应用的一般原理与方法 **技能要求：** ● 组织制定推进信息技术在课程教学中运用的活动方案

任务单元 3-2　课程教学	
职业能力 3-2-5 建立课程教学实施状况的评价机制	**知识要求：** ● 了解国内外课程教学改革的现状 ● 熟悉国内外主要职教课程教学模式 ● 了解课程标准的内涵与功能 ● 掌握课程实施和管理的基本原则与程序 ● 掌握监控和评价教学的原理与方法 **技能要求：** ● 建立课程教学评价的组织机构 ● 建立课程教学评价制度 ● 选择达到课程质量标准的合理策略 ● 落实综合实训、顶岗实习等实践教学
任务单元 4-1　教师专业成长环境创设	
职业能力 4-1-1 引导教师确立专业成长观念	**知识要求：** ● 把握教师职业素养要求 ● 明确教师的权利与义务 ● 掌握教师专业成长的理论 **技能要求：** ● 指出教师专业成长的常见错误和误区 ● 引导教师确立专业成长观念
职业能力 4-1-2 指导教师制定专业成长计划	**知识要求：** ● 掌握教师专业成长理论 ● 了解教师专业成长规律 ● 了解教师专业成长特长 **技能要求：** ● 根据教师自身成长特点，指导教师制定专业成长计划
职业能力 4-1-3 形成促进教师专业成长的团队	**知识要求：** ● 理解合作文化的理念和对教师专业成长的作用 ● 掌握学习型组织建设的方法 **技能要求：** ● 建立促进教师专业成长的组织机构 ● 组织制定和实施教师团队建设方案
任务单元 4-2　教师专业成长制度建设	
职业能力 4-2-1 组织制定和实施培训制度	**知识要求：** ● 熟悉培训制度制定的原则、程序、方法 ● 熟悉实施学校培训制度的基本要求 **技能要求：** ● 分析学校培训的需求、现状 ● 根据学校需求，组织制定校本培训制度 ● 组织实施校本培训制度

续表

<table>
<tr><td colspan="2" align="center">任务单元 4 - 2　教师专业成长制度建设</td></tr>
<tr>
<td>职业能力 4 - 2 - 2
制定和实施教育科研制度</td>
<td>
知识要求：
● 熟悉教育科研制度制定的原则、程序、方法
● 熟悉实施学校教育科研制度的基本要求
● 掌握指导教师开展教育教学实践与研究的方法
● 熟悉实施教育科研制度的基本要求
技能要求：
● 分析学校教育科研的需求、现状
● 根据学校需求，组织制定学校教育科研制度
● 组织实施学校教育科研制度
</td>
</tr>
<tr>
<td>职业能力 4 - 2 - 3
制定和实施教师专业成长绩效评价制度</td>
<td>
知识要求：
● 掌握教师专业成长的理论
● 熟悉教师专业成长绩效评价的基本指标
● 熟悉教师专业成长绩效评价制度制定的原则、程序、方法
● 熟悉实施教师专业成长绩效评价制度的基本要求
技能要求：
● 建立教师专业成长档案
● 分析教师专业成长绩效
● 根据学校实际，组织制定教师专业成长绩效评价制度
● 组织实施教师专业成长绩效评价制度
</td>
</tr>
<tr><td colspan="2" align="center">任务单元 5 - 1　全面质量管理</td></tr>
<tr>
<td>职业能力 5 - 1 - 1
组织设计质量管理体系</td>
<td>
知识要求：
● 熟悉质量管理和质量保证标准
● 熟悉质量管理体系设计程序
技能要求：
● 调查和分析现状
● 确定质量方针和质量目标
● 编制质量管理文件
</td>
</tr>
<tr>
<td>职业能力 5 - 1 - 2
组织质量管理活动</td>
<td>
知识要求：
● 熟悉质量管理活动的基本内容
● 熟悉组织质量管理活动的要求
技能要求：
● 组织制定质量管理活动计划
● 根据实际情况，对质量管理活动进行监控
</td>
</tr>
<tr><td colspan="2" align="center">任务单元 5 - 2　民主科学管理</td></tr>
<tr>
<td>职业能力 5 - 2 - 1
制定和实施学校治理规章制度</td>
<td>
知识要求：
● 熟悉《职教法》、《教育法》、《义务教育法》、《教师法》和《未成年人保护法》等法律
● 熟悉制定规章制度的基本要求
● 熟悉实施规章制度的流程
技能要求：
● 依法制定学校治理规章制度
</td>
</tr>
</table>

续表

	任务单元 5-2　民主科学管理
	● 实施学校治理规章制度 ● 指定专人负责学校法制事务
职业能力 5-2-2 建立和实施教代会制度	**知识要求:** ● 了解学校教代会运作程序 ● 熟悉主持会议的要求 **技能要求:** ● 建立和实施教代会制度
职业能力 5-2-3 建设办事和议事机制	**知识要求:** ● 熟悉主持会议的要求 ● 熟悉议事程序 ● 熟悉事务办理流程 **技能要求:** ● 定期召开校务会议 ● 落实校务信息公开 ● 建立便捷规范的办事程序 ● 完善内部机构议事规则
职业能力 5-2-4 建立沟通交流机制	**知识要求:** ● 掌握沟通交流的技巧 **技能要求:** ● 建立和落实学校领导接待日制度 ● 建立师生申诉调解制度 ● 设立学校开放日
	任务单元 5-3　学生服务与管理
职业能力 5-3-1 制定和实施招生方案	**知识要求:** ● 熟悉中职招生政策 ● 熟悉学校办学特色和育人理念 ● 了解区域经济发展和需求 ● 熟悉宣传的理念、策略和方法 **技能要求:** ● 采取合适招生策略 ● 组织制定和实施招生方案
职业能力 5-3-2 执行学籍管理规定	**知识要求:** ● 熟悉学籍管理相关规定 ● 熟悉学籍信息管理系统 **技能要求:** ● 建立并执行学生考勤制度 ● 按学籍管理相关规定进行学籍管理
职业能力 5-3-3 组织开展班级活动	**知识要求:** ● 熟悉班级管理模式 ● 熟悉班级活动的组织方式

任务单元 5-3　学生服务与管理	
	技能要求： ● 组织开展班级活动
职业能力 5-3-4 组织开展学生服务 与管理信息化平台 建设	**知识要求：** ● 了解网络社交平台的种类、作用、功能 ● 了解网络社交平台的推介方式及影响 **技能要求：** ● 组织制定学生服务与管理信息化平台建设实施方案
职业能力 5-3-5 评价学生综合素质	**知识要求：** ● 熟悉学生综合素质的内容 ● 熟悉评价学生综合素质的要求 ● 掌握评价学生综合素质的方法 **技能要求：** ● 设计学生综合素质指标体系 ● 建立学生综合素质档案 ● 建立和落实评价学生综合素质方案
职业能力 5-3-6 提供学生职业指导	**知识要求：** ● 了解国家职业指导的政策 ● 了解和学校专业相关的行业、企业用人需求 ● 了解学生对职业的需求 **技能要求：** ● 指导学生制定职业生涯计划 ● 组织从业素质训练活动
任务单元 5-4　教学质量保障	
职业能力 5-4-1 分析教学质量的数 据和事例	**知识要求：** ● 掌握教学管理的相关政策 ● 熟悉职教主要教学理论与模式 ● 熟悉学校教学管理的基本内容 ● 熟悉教学质量的基本指标 **技能要求：** ● 选取反映教学质量的数据和事例 ● 分析选取的反映教学质量的数据和事例
职业能力 5-4-2 配置和管理教学资 源和设施设备	**知识要求：** ● 熟悉教学新技术和新装备 ● 了解教学实施需求 ● 熟悉物资采购政策和流程 **技能要求：** ● 按照需求和学校实际,配置教学资源和设施设备 ● 设置教学资源和设施设备管理办法
职业能力 5-4-3 建立学校教学质量 监控机制	**知识要求：** ● 明确学校教学质量监控的目标 ● 熟悉教学质量的基本指标

任务单元5-4 教学质量保障	
	● 熟悉学校教学管理的环节、方法 **技能要求：** ● 指导完善教学质量管理文件 ● 组建教学质量信息网络 ● 建设学生反馈课堂教学情况平台 ● 成立教学质量督导小组 ● 定期开展教学质量分析

任务单元5-5 校园安全保障	
职业能力5-5-1 制定安全健康及风险管理制度	**知识要求：** ● 熟悉安全与健康的隐患和要求 ● 了解食品安全法规 ● 熟悉应急预案的内容 ● 掌握应对突发事件和自救自护的基本流程和方法 **技能要求：** ● 组织制定突发事件应急预案 ● 指导演练突发事件应急预案 ● 建立和落实卫生保健制度
职业能力5-5-2 建设学校安全与健康基础设施	**知识要求：** ● 熟悉学校安全与健康基础设施要求 **技能要求：** ● 指导配备保障学生安全与健康的基本设施和设备 ● 定期对学生安全与健康的基本设施和设备进行检查 ● 落实人防、物防和技防等相关要求
职业能力5-5-3 开展安全健康教育	**知识要求：** ● 熟悉有关安全工作的法律法规 ● 熟悉安全教育宣传途径 ● 熟悉疾病预防、饮食卫生、生长发育和青春期保健知识 **技能要求：** ● 组织制定安全健康教育计划 ● 有计划地开展生命教育、防灾减灾教育、禁毒和预防艾滋病教育

任务单元5-6 后勤服务保障	
职业能力5-6-1 保证后勤服务资源	**知识要求：** ● 了解学校后勤服务相关政策 ● 熟悉学校后勤服务的要求和基本内容 ● 熟悉基本建设的程序与规范 ● 了解后勤社会化管理的特征与趋势 **技能要求：** ● 组织制定和落实食堂管理制度 ● 组织制定和落实学生宿舍管理制度 ● 按学校后勤服务要求,组织后勤服务活动

续表

任务单元5-6 后勤服务保障	
职业能力5-6-2 实施物资采购	**知识要求：** ● 了解物资采购相关政策 ● 熟悉学校物资采购需求 ● 熟悉物资采购流程 **技能要求：** ● 组织制定和落实物资采购管理制度
职业能力5-6-3 制定资产管理制度	**知识要求：** ● 熟悉学校资产管理的要求和基本内容 **技能要求：** ● 组织制定和落实学校资产管理制度
任务单元5-7 财务管理	
职业能力5-7-1 指导和制定学校财 务预算	**知识要求：** ● 熟悉财务制度 ● 理解财务预算的基本原则 ● 熟悉学校财务预算的基本组成 ● 熟悉学校财务预算的编制方法 **技能要求：** ● 组织制定学校财务预算 ● 解释学校财务预算
职业能力5-7-2 监控学校财务预算 执行	**知识要求：** ● 熟悉中职教育收费相关规定 ● 熟悉学校财务预算的管理要求 **技能要求：** ● 严格执行关于中职教育免费相关规定 ● 规范中职收费项目管理 ● 定期对学校财务预算实施进行检查
任务单元5-8 人力资源管理	
职业能力5-8-1 聘任合适教职员工	**知识要求：** ● 熟悉人力资源管理理论、策略与实践 ● 熟悉相关法律和规则 ● 熟悉聘任合同内容和要求 ● 熟悉学校职能部门和岗位需求 **技能要求：** ● 指导和签订聘任合同
职业能力5-8-2 评估教职员工绩效	**知识要求：** ● 熟悉《职教法》、《义务教育法》、《教师法》、《教育法》等法律法规 ● 掌握教职员工绩效考核方法 ● 熟悉学校绩效工资制度要求 **技能要求：** ● 组织制定和实施教职员工绩效考核办法

任务单元 5-9　数字化校园建设

职业能力 5-9-1 指导和制定数字化校园建设方案	**知识要求：** ● 熟悉数字化校园建设的技术要求 ● 掌握数字化校园建设的设计原则 ● 熟悉数字化校园的建设内容 **技能要求：** ● 组织制定数字化校园建设方案
职业能力 5-9-2 实施数字化校园建设方案	**知识要求：** ● 了解数字化校园建设工程的要求 ● 掌握数字化校园建设工程的相关政策 **技能要求：** ● 组织制定数字化校园建设计划 ● 根据数字化校园建设方案，实施数字化校园建设计划

任务单元 6-1　公共关系网络构建

职业能力 6-1-1 建立和维护与家长、企业、社区、媒体及相关机构的合作关系	**知识要求：** ● 熟悉与家长、企业、社区、媒体及相关机构的合作内容与方式 **技能要求：** ● 建立与家长、企业、社区、媒体及相关机构的合作制度
职业能力 6-1-2 进行有效公关策划	**知识要求：** ● 了解公关模式、公关特征 ● 了解常见公关危机类型及处理原则 ● 熟悉公关调研方法 ● 熟悉公关策划程序 **技能要求：** ● 指导开展公关调研、选择公关活动模式、制定公关方案 ● 分析、优化公关方案 ● 采取合理方法处理公关危机

任务单元 6-2　公共关系网络运行

职业能力 6-2-1 争取社会资源和力量对学校教育的支持	**知识要求：** ● 熟悉各级各类社会公共服务机构的教育功能 **技能要求：** ● 展示学校及师生成就 ● 积极获取与学生成长、学校发展相关的信息 ● 开展与当地以及国内外学校之间的多种类型合作
职业能力 6-2-2 开放学校资源服务社会	**知识要求：** ● 了解企业、社区的需求 **技能要求：** ● 开展企业、社区培训需求的调研 ● 组织制定、实施培训项目

三、上海市中职校长培训课程体系

需求导向培训的目标是形成和提高中职校长完成工作活动所需的实践能力。课题组根据中职校长的每一项职业能力分解出所需的支撑知识和技能,形成培训课程体系的课程结构和内容。

依据中职校长的工作实践领域和中职校长职业能力的支撑知识和技能(参见表2《中职校长职业能力的知识要求与技能要求》)以及它们之间的内在联系,课题组将需求导向的中职校长培训课程体系划分为"职业角色基础"、"学校发展规划制定"、"育人文化建设"、"专业内涵建设"、"教师专业成长"、"内部运行管理"、"公共关系建设"7个培训项目。

"职业角色基础"包括"职业教育教学概论"、"职业教育发展"等9门课程,提供校长专业发展所需要的基础理论知识、参培校长共有的培训需求和最新的职业教育发展动态等内容,如表3所示。

表3 "职业角色基础"项目课程要求

培训课程模块	课程教学要求	
	知识要求	能力要求
A1 职业教育教学概论	● 熟悉职业教育的教学目标、价值取向 ● 熟悉职业教育的教学内容、教学过程、教学原则、教学方法、教学模式	● 描述职业教育教学特征
A2 职业教育发展	● 了解职业教育的历史演进 ● 了解国内外先进的办学理念 ● 了解发达国家主要职业教育模式及实施	● 描述职业教育主要教学模式及特点
A3 国内外职业教育改革与发展前沿概览	● 了解世界职业教育改革的趋势	● 描述我国世界职业教育改革的动向
A4 国务院关于加快发展现代职业教育的决定	● 熟悉《决定》关于加快发展现代职业教育的指导思想、基本原则和政策	● 描述现代职业教育的目标任务
A5 现代职业教育体系建设规划(2014—2020年)	● 熟悉现代职业教育体系的基本架构 ● 熟悉现代职业教育体系建设的总体要求、重点任务	● 描述现代职业教育体系的基本架构 ● 描述现代职业教育体系建设的总体要求、重点任务
A6 我国职业教育政策与法律法规	● 熟悉我国职业教育的法律法规、教育方针政策	● 描述我国职业教育主要法律法规的要素
A7 学校现代职业教育行动计划制定	● 掌握构建现代职业教育体系的基本路径	● 结合学校改革发展实践,制定学校加快发展现代职业教育行动计划的实施方案

续表

培训课程模块	课程教学要求	
	知识要求	能力要求
A8 校长领导力	● 明确校长领导力的内涵 ● 明确制约和影响领导力的主要因素	● 分析本人校长领导力的制约因素 ● 把握校长领导力的提升途径
A9 校长专业发展规划制定	● 熟悉《中等职业学校校长专业标准》内涵 ● 熟悉中职校长角色的胜任模式	● 制定校长专业发展规划

"学校发展规划制定"包括"学校战略管理"、"学校教育发展规划制定"等 5 门课程,提供校长履行"制定学校发展规划"领导者角色实践活动所需的专业知识和专业技能,如表 4 所示。

表 4 "学校发展规划制定"项目课程要求

培训课程模块	课程教学要求	
	知识要求	能力要求
B1 学校战略管理	● 了解学校战略模式 ● 掌握学校战略发展制定的理论、方法与技术	● 对学校战略进行评价和风险管理
B2 学校教育发展规划制定	● 熟悉政府的职校发展政策导向 ● 熟悉规划制定的程序和方法 ● 熟悉基本的调研方法	● 掌握区域经济和学校相关专业的行业发展动态 ● 对学校进行 SWOT 分析,把握学校的发展优势 ● 提出本校建设的总体理念与发展路径 ● 开展有效调研,制定学校中长期发展规划及学年、学期工作计划和相应的实施方案
B3 师资队伍建设规划制定	● 熟悉政府对职校师资队伍建设的要求 ● 了解教师发展的一般规律	● 分析本校教师能力的现状 ● 把握本校未来对教师的需求
B4 学校特色与品牌建设	● 掌握品牌建设的要点、策略、阶段和建设步骤 ● 了解学校形象的内涵	● 分析学校特色与学校品牌建设之间的联系 ● 提出塑造学校形象的措施
B5 学习型学校建设	● 掌握学习型学校的内涵 ● 掌握创建学习型学校的策略方法	● 提出本校创建学习型学校的措施

"育人文化建设"包括"学校德育管理"、"校园文化"、"校园规划"等7门课程,提供校长履行"全面营造育人文化"领导者角色实践活动所需的专业知识和专业技能,如表5所示。

表5 "育人文化建设"项目课程要求

培训课程模块	课程教学要求	
	知识要求	能力要求
C1 学校德育管理	● 了解国家公民道德建设和职业道德建设的要求 ● 熟悉社会主义核心价值观 ● 了解学校德育的总则、目标、内容、建设途径 ● 了解学校德育管理的评价方法	● 分析学校德育建设现状 ● 确立学校德育建设实施方案
C2 校园文化	● 熟悉社会主义核心价值观 ● 了解校园文化的宗旨、任务	● 提炼地域优秀文化和优秀企业文化 ● 分析学校校园文化建设要素 ● 指导制定学校校园文化建设方案
C3 校园规划	● 熟悉校园规划的要素 ● 熟悉校园规划的实施流程	● 提出学校文化、校史融入校园规划的建议
C4 学生行为习惯养成教育	● 熟悉养成教育的理论基础 ● 掌握进行学生行为习惯养成教育的方法和技巧	● 提出学生行为习惯养成教育的目标及措施
C5 班级文化建设	● 了解班级文化建设的内涵 ● 熟悉班级文化建设的策略和方法	● 指导制定学校班级文化建设方案
C6 学生素质教育	● 理解素质及素质教育的内涵及特征 ● 掌握加强学生素质教育的方法 ● 了解创新的基本规律	● 制定本校学生素质教育的阶段目标 ● 指导制定加强本校学生素质教育的实施方案 ● 提出本校学生创造力培养、个性塑造的措施
C7 创业教育	● 熟悉组建创业团队的策略 ● 熟悉创业团队的管理策略和技巧 ● 熟悉创业团队的社会责任	● 评价创业机会 ● 识别创业风险 ● 指导制定创业计划

"专业内涵建设"包括"学校教学管理"、"学校专业布局和结构优化与调整"、"课程领导"等12门课程,提供校长履行"领导专业内涵建设"领导者、教育者角色实践活动所需的知识和技能,如表6所示。

表6 "专业内涵建设"项目课程要求

培训课程模块	课程教学要求	
	知识要求	能力要求
D1 学校教学管理	● 熟悉学校教学管理相关政策 ● 熟悉学校教学管理的基本内容 ● 掌握学校教学质量监控关键点及措施	● 分析学校教学质量现状 ● 明确学校教学管理的阶段目标 ● 建立学校教学质量监控机制
D2 学校专业布局和结构优化与调整	● 掌握制定学校专业布局和结构优化与调整方案的原则、方法 ● 了解专业和专业群设置的要素	● 把握相关专业的行业发展动态
D3 课程领导	● 掌握校长的课程领导内涵、角色、任务、原则与措施	● 指导制定学校课程改革方案
D4 学校人才培养方案制定	● 理解国家相关专业标准内涵 ● 熟悉专业教学标准的各要素 ● 掌握开发专业教学标准的策略、方法、流程	● 指导制定学校人才培养方案
D5 中高职衔接人才培养方案制定	● 熟悉中高职衔接人才培养方案的制定原则 ● 掌握文化基础、职业素质、专业技能、信息技术、专业技术基本技能、工学结合等方面中高职人才培养的衔接方法	● 指导制定学校中高职衔接人才培养方案
D6 中本贯通人才培养方案制定	● 熟悉中本贯通人才培养方案的制定原则 ● 掌握文化基础、职业素养、职业能力等方面中本贯通人才培养的方法	● 指导制定学校中本贯通人才培养方案
D7 教育研究方法	● 了解教育研究方法的原则 ● 熟悉教育研究课题的选定原则 ● 掌握教育研究的设计方法	● 指导制定学校教育研究方案
D8 校企合作与专业建设	● 明确校企合作与专业建设的关系	● 指导制定企业参与学校专业建设的工作计划
D9 现代教育技术运用与实践	● 熟悉现代教育技术应用的现状与发展 ● 熟悉现代教育技术在课堂及实践教学中的运用现状及发展	● 指导学校开展现代教育技术教学运用培训 ● 指导运用现代教育技术对教学过程和资源进行设计、开发、应用、管理和评价
D10 学校实训中心建设和管理	● 熟悉实训室、实训项目建设指导原则和流程 ● 熟悉实训中心运行管理绩效评估内涵	● 分析学校人才培养和社会需求 ● 指导制定实训室和实训项目建设计划及方案 ● 指导本校实训中心运行管理进行制度建设

续表

培训课程模块	课程教学要求	
	知识要求	能力要求
D11 校本课程开发	• 了解课程标准的内涵与功能 • 了解校本课程开发的特点、类型 • 掌握校本课程开发的一般过程及方法	• 组织校本课程的评估 • 指导制定校本课程开发方案
D12 课程资源建设	• 熟悉课程资源的主导理念、内容、建设途径	• 指导制定本校课程资源库建设方案 • 组织校内外进行课程资源交流共享

"引领教师专业成长"包括"教师专业发展"、"班主任专业发展"、"教学团队建设"3门课程,提供校长履行"引领教师专业成长"领导者角色实践活动所需的知识和技能,如表7所示。

表7 "引领教师专业成长"项目课程要求

培训课程模块	课程教学要求	
	知识要求	能力要求
E1 教师专业发展	• 了解教师专业发展的目标、特点、内容、路向和过程 • 掌握教师专业发展的模式和方法	• 分析学校教师队伍现状 • 指导制定学校教师专业发展规划
E2 班主任专业发展	• 熟悉班主任专业成长途径	• 分析学校班主任队伍现状 • 指导制定学校班主任专业发展规划
E3 教学团队建设	• 理解合作文化理念	• 组织制定学校教学团队建设方案

"内部运行管理"包括"学校民主管理"、"学校制度建设"、"数字化校园建设"等13门课程,提供校长履行"优化内部运行管理"管理者角色实践活动所需的知识和技能,如表8所示。

表8 "学校内部运行管理"项目课程要求

培训课程模块	课程教学要求	
	知识要求	能力要求
F1 学校民主管理	• 了解学校的法律地位、权力结构、学校与学生以及学校与教师的法律关系 • 了解学校民主管理的内容 • 了解校务公开的基本原则 • 了解校代会运作程序	• 组织制定改进学校教代会工作的措施 • 组织制定校务公开的具体措施

培训课程模块	课程教学要求	
	知识要求	能力要求
F2 学校制度建设	● 熟悉政府颁布的各项相关政策法规 ● 熟悉制度建设的基本要求、流程 ● 熟悉全面质量管理的方法	● 准确把握本校制度的漏洞 ● 掌握本校制度漏洞修复策略
F3 学校学生管理	● 熟悉学校学生管理相关政策(招生就业、学籍管理、学籍资助等) ● 熟悉学校学生管理的基本内容 ● 了解网络社交平台的种类、影响 ● 熟悉班级管理模式(易班等)	● 分析学校学生管理现状,确定学生管理的目标 ● 协调学生管理资源 ● 处置学生管理过程中的重大问题 ● 组织学生管理信息化平台建设
F4 学校财务管理	● 了解国家相关财务管理制度 ● 了解教育成本核算的特点、类型、原则、程序 ● 了解财务流程的内容、规范	● 分析学校的财务状况 ● 指导编制学校预算 ● 指导制定学校经费管理制度
F5 学校后勤保障	● 熟悉学校后勤保障和服务管理的相关政策、基本内容 ● 了解后勤社会化管理的特征与趋势 ● 熟悉教学新技术和新装备 ● 熟悉基本建设和修缮的程序与规范	● 确定学校后勤保障和服务管理的阶段目标 ● 协调后勤服务资源 ● 把握学校基本建设和修缮项目的质量监控点
F6 学校安全管理	● 学校安全管理的内容、法律责任及保护 ● 学校安全预警和危机干预的原则、方法和途径	● 把握学校安全的潜在威胁 ● 指导制定学校安全预警方案
F7 学校质量管理体系设计及认证	● 了解质量体系标准 ● 了解质量管理体系设计方法	● 设计学校质量管理体系 ● 制定学校质量评估活动实施方案
F8 教师招(选)聘	● 了解国家有关法律、政策 ● 熟悉招聘、选聘原则 ● 了解教师招聘的一般渠道及流程	● 分析学校岗位的性质、任务、职责、劳动条件和环境、应具备的资格条件 ● 制定岗位职责
F9 教师绩效工资改革与管理	● 了解国家有关法律、政策 ● 了解绩效工资制度的特点、制定原则、推行方式及存在弊端	● 制定发挥激励导向作用的绩效工资分配办法
F10 教师评价与激励机制	● 熟悉对教师评价的内容、方式和途径 ● 了解教师激励机制的理念 ● 熟悉教师激励机制的原则、方法	● 确定本校的教师评价内容和方式 ● 确定本校的教师激励机制
F11 学校心理健康教育现状与应对	● 了解我国当前学校心理健康教育所存在的问题 ● 掌握学校心理健康教育的管理策略 ● 掌握学校心理健康教育的未来发展趋势	● 分析本校师生心理健康所存在的问题 ● 提出学校心理健康教育改进措施

续表

培训课程模块	课程教学要求	
	知识要求	能力要求
F12 学生职业生涯规划	● 了解国家职业指导的政策 ● 了解企业对员工的规范要求 ● 了解职业生涯规划的理论基础 ● 掌握学生职业生涯设计的原则、方法	● 分析本校学生对职业指导的需求 ● 指导学校职业指导实施方案制定与实施
F13 数字化校园建设	● 熟悉数字化校园建设的相关政策 ● 熟悉数字化校园建设的技术要求 ● 掌握数字化校园建设的设计原则 ● 熟悉数字化校园的建设内容	● 分析学校数字化校园建设需求 ● 指导制定数字化校园建设方案

"学校公共关系建设"包括"学校公共关系管理"、"学校与政府部门关系维护"等6门课程，提供校长履行"建设公共关系网络"管理者角色实践活动所需的知识和技能，如表9所示。

表9 "学校公共关系建设"项目课程要求

培训课程模块	课程教学要求	
	知识要求	能力要求
G1 学校公共关系管理	● 了解公关模式、公关特征、公关策划程序 ● 熟悉基本的公关方法 ● 熟悉学校内部公关建设的特点	● 区分不同的公关危机类型 ● 针对不同的公关危机类型运用对应的处理原则 ● 组建有效的内部沟通网络与准则
G2 学校与政府部门关系维护	● 掌握与政府职能部门关系维护的原则、方法	● 建立密切的政府关系网络，保持有效的信息沟通
G3 校企合作关系建设	● 熟悉与企业公共关系建设的特点 ● 掌握校企合作机制建设的策略、方法	● 建立相关行业的校企合作网络
G4 校际合作关系建设	● 熟悉校际公共关系建设的特点	● 建立国内外校际公共关系网络，保持和谐的校际沟通与协作
G5 学校与社区合作关系建设	● 掌握与社区关系维护的原则、方法 ● 掌握家校联系的策略与技巧	● 建立有效家校沟通网络 ● 建立有效社区合作网络
G6 学校与媒体公共关系建设	● 了解与媒体关系建立的特点 ● 掌握与媒体关系维护的策略及技巧	● 建立有效的媒体网络 ● 指导运用媒体进行学校宣传及公关活动开展

四、上海市中职校长培训课程模块描述

表 10 校长培训项目模块

培训项目	培训课程模块示例
项目一 职业角色基础	A1 职业教育教学概论 A2 职业教育发展 A3 国内外职业教育改革与发展前沿概览 A4 国务院关于加快发展现代职业教育的决定 A5 现代职业教育体系建设规划(2014—2020 年) A6 我国职业教育政策与法律法规 A7 学校现代职业教育行动计划制定 A8 校长领导力 A9 校长专业发展规划制定
项目二 学校发展规划制定	B1 学校战略管理 B2 学校教育发展规划制定 B3 师资队伍建设规划制定 B4 学校特色与品牌建设 B5 学习型学校建设
项目三 校园文化建设	C1 学校德育管理 C2 校园文化 C3 校园规划 C4 学生行为习惯养成教育 C5 学生素质教育 C6 班级文化建设 C7 创业教育
项目四 专业内涵建设	D1 学校教学管理 D2 学校专业布局和结构优化与调整 D3 课程领导 D4 学校人才培养方案制定 D5 中高职衔接人才培养方案制定 D6 中本贯通人才培养方案制定 D7 教育研究方法 D8 现代教育技术运用与实践 D9 校企合作与专业建设 D10 学校实训中心建设 D11 课程资源建设 D12 校本课程开发
项目五 教师专业成长	E1 教师专业发展 E2 班主任专业发展 E3 教学团队建设

培训项目	培训课程模块示例
项目六 内部运行管理	F1 学校民主管理 F2 学校制度建设 F3 学校学生管理 F4 学校财务管理 F5 学校后勤保障 F6 学校安全管理 F7 学校质量管理体系设计及认证 F8 教师招(选)聘 F9 教师绩效工资改革与管理 F10 教师评价与激励机制 F11 学校心理健康教育现状与应对 F12 学生职业生涯规划 F13 数字化校园建设
项目七 公共关系建设	G1 学校公共关系管理 G2 学校与政府部门关系维护 G3 校企合作关系建设 G4 校际合作关系建设 G5 学校与社区合作关系建设 G6 学校与媒体公共关系建设

培训项目一　职业角色基础

A1 职业教育教学概论

A2 职业教育发展

A3 国内外职业教育改革与发展前沿概览

A4 国务院关于加快发展现代职业教育的决定

A5 现代职业教育体系建设规划(2014—2020 年)

A6 我国职业教育政策与法律法规

A7 学校现代职业教育行动计划制定

A8 校长领导力

A9 校长专业发展规划制定

A1 职业教育教学概论

课程描述：

职业教育学概论是一门基础理论学科，它研究职业教育现象，分析职业教育问题，揭示职业教育规律，注意用理论指导职业教育实践。本课程从职业教育教学特征入手，主要介绍职业教育教学基本理论。通过培训，学员了解职业教育的教学目标与价值取向，了解职业教育的教学内容、教学过程、教学模式、教学管理、教学设计与评价，并能通过教学手段与方法进行有效教学。

课程内容：

职业教育与普通教育的区别；职业教育教师论；职业教育学生论；职业教育课程论；职业教育教学论；教学过程与设计；教学组织与管理；教学方法与评价

适合对象：

教学管理校长、全面主持校长

培训方式：

自主研修

培训时间：

4 学时（半天）

A2 职业教育发展

课程描述：

发展是硬道理，职业教育的发展历程及发展方向和趋势是作为职校校长必须要了解的内容。本课程主要解决我国的职业教育发展与国外职业教育的发展历程有着怎样的联系与不同，我国职业教育的发展趋势是什么，国外的职业教育发展对我国有何借鉴作用等问题。通过本课程，学员了解职业教育的历史演进及国内外先进的办学理念，掌握职业教育模式及其特征、实施，并能描述职业教育主要教学模式及特点。

课程内容：

职业教育的历史演进；职业教育模式分析；职业教育理念与办学理念

适合对象：

全面主持校长、教学管理校长、学生服务校长、后勤保障校长

培训方式：

自主研修或前沿讲座

培训时间：

4 学时（半天）

A3 国内外职业教育改革与发展前沿概览

课程描述：

通过对国内职业教育发展现状、趋势，国际职业教育发展现状、趋势及中国职业教育的基本对策，区域经济与专业的认识，使学员掌握区域经济和学校相关专业的行业、企业发展前沿动态，了解国内外职业教育办学理念的历史演进及国内外先进的办学理念，职业教育发展的变革与创新。

课程内容：

国内外职业教育发展形势与政策解读；国内外先进职业教育理论；区域经济与职业教育

适合对象：

全面主持校长、教学管理校长、学生服务校长、后勤保障校长

培训方式：

前沿讲座

培训时间：

4 学时（半天）

A4 国务院关于加快发展现代职业教育的决定

课程描述：

作为一名职业教育工作者，对职业教育政策的了解必不可少。本课程旨在让学员了解《国务院关于加快发展现代职业教育的决定》及其解读，熟悉《决定》关于加快发展现代职业教育的指导思想、基本原则、目标任务和政策措施，能描述现代职业教育的目标任务。

课程内容：

《国务院关于加快发展现代职业教育的决定》及其解读

适合对象：

初任全面主持校长、初任教学管理校长、初任学生服务校长、初任后勤保障校长

培训方式：

自主研修或集中培训

培训时间：

4 学时（半天）

A5 现代职业教育体系建设规划（2014—2020 年）

课程描述：

作为一名职业教育工作者，对职业教育规划的了解也是必不可少。《现代职业教育体系建设规划（2014—2020 年）》是教育部等六部门印发的教发［2014］6 号，学员通过本课程培训熟悉现代职业教育体系的基本架构，现代职业教育体系建设的总体要求、重点任务，能描述现代职业教育体系的基本架构，能描述现代职业教育体系建设的总体要求、重点任务。

课程内容：

《现代职业教育体系建设规划（2014—2020 年）》及其解读分析

适合对象：

提高层次全面主持校长、提高层次教学管理校长、提高层次学生服务校长、提高层次后勤保障校长

培训方式：

自主研修

培训时间：

4 学时（半天）

A6 我国职业教育政策与法律法规

课程描述：

职业教育政策与法律法规是有志成为职业教育教师和投身职业教育的教育工作者都要学习的基础内容。明确职业教育政策与法律法规，熟悉我国职业教育方针政策，是把握学校办学方向，依法治校的基础和保障。本课程旨在让学员熟悉我国职业教育的法律法规、教育方针政策，能描述我国职业教育主要法律法规的要素。

课程内容：

职业教育方针政策（国务院《关于大力发展职业教育的决定》、《国家中长期教育改革和发展规划纲要（2010—2020 年）》、职业教育十二五规划等）；职业教育法

适合对象：

高级研修全面主持校长、高级研修教学管理校长、高级研修学生服务校长、高级研修后勤保障校长

培训方式：

自主研修或集中培训或前沿讲座

培训时间：

4 学时（半天）

A7 学校现代职业教育行动计划制定

课程描述：

为贯彻落实《国务院关于加快发展现代职业教育的决定》和《现代职业教育体系建设规划（2014—2020 年）》，创新发展职业教育，学校制定现代职业教育行动计划。学员通过培训，掌握构建现代职业教育体系的基本路径，能结合学校改革发展实践，制定学校加快发展现代职业教育的行动计划，制定学校加快发展现代职业教育行动计划的实施方案。

课程内容：

学校现代职业教育行动计划制定

适合对象：

全面主持校长、教学管理校长

培训方式：

讨论与训练

培训时间：

8 学时（一天）

A8 校长领导力

课程描述：

陶行知先生说过：校长是学校的灵魂。校长对学校的"灵魂"作用，取决于他的领导力。领导力是指在管辖的范围内充分地利用人力和客观条件，再以最小的成本办成所需的事，提高整个团体的办事效率。校长的领导力，直接关系到学校的生存与发展、成功与失败。通过培训，学员明确校长领导力的内涵、明确制约和影响领导力的主要因素，并能分析本人校长领导力的制约因素，把握校长领导力的提升途径。

课程内容：

领导力模型；领导力特征；领导力提升策略

适合对象：

全面主持校长、教学管理校长、学生服务校长、后勤保障校长

培训方式：

集中培训、同侪研讨

培训时间：

4 学时（半天）

A9 校长专业发展规划制定

课程描述：

随着职业教育的大力发展，如何在把握教育本质和规律的基础上，运用自己的思想与智慧，科学谋划、形成特色、树立品牌，是摆在每一位校长面前的新课题。校长的发展不仅仅是校长个人价值实现的过程，更应是强化专业技能和提高教育教学管理水平，进而带动学校各项工作持续、全面、和谐发展的过程。通过本课程培训，校长在熟悉《中等职业学校校长专业标准》内涵和中职校长角色的胜任模式的基础上，制定本人的专业发展规划。

课程内容：

中等职业学校校长专业标准；中等职业学校校长胜任模型；中等职业学校校长专业发展规划制定

适合对象：

提高层次、高级研修全面主持校长

培训方式：

讲授与训练

培训时间：

8 学时（一天）

培训项目二　学校发展规划制定

B1 学校战略管理

B2 学校教育发展规划制定

B3 师资队伍建设规划制定

B4 学校特色与品牌建设

B5 学习型学校建设

B1 学校战略管理

课程描述：

职业学校在未来教育市场的竞争中能否发展壮大，学校战略管理起着决定作用。学校战略管理是现代学校的一面旗帜，指明学校的发展方向，是全校上下奋斗的目标。现代学校战略的确立，与校长息息相关。本课程主要介绍学校一定时期内，如何围绕全局的、长远的发展方向和目标，确定任务、制定政策，进行资源调配的决策和管理。通过培训，学员了解学校战略模式，掌握学校战略发展制定的理论、方法与技术，并能对学校战略进行评价和风险管理。

课程内容：

战略管理的一般理论；学校战略管理方法；学校发展战略选择

适合对象：

全面主持校长、教学管理校长、学生服务校长、后勤保障校长

培训方式：

集中培训、案例剖析、集体讨论

培训时间：

4 学时（半天）

B2 学校教育发展规划制定

课程描述：

学校发展规划是校长办学思路、学校发展目标的具体文本和实施渠道，是校长阶段性办学思想的体现。学校发展规划的好坏，在一定程度上可反映校长办学思路是否清晰以及校长办学水平的高低。本课程主要学习政府的职校发展政策导向，规划制订的程序、方法，基本的调研方法等。通过培训，使学员能对区域经济和学校相关专业的行业发展动态进行有效调研，并在此基础上对学校进行 SWOT 分析，把握学校的发展优势，进而提出本校建设的总体理念与发展路径，制定学校中长期发展规划及学年、学期工作计划和相应的实施方案。

课程内容：

学校发展分析；SWOT 分析；学校教育发展规划制定

适合对象：

全面主持校长、教学管理校长、学生服务校长、后勤保障校长

培训方式：

优秀案例研讨、训练（提出本校发展规划）

培训时间：

8 学时（一天）

B3 师资队伍建设规划制定

课程描述：

教师队伍的建设是在学校发展中具有战略意义的基础工程,建设一支高素质教师队伍是推进学校发展改革,实施高效教学的关键。通过培训,学员熟悉政府对职校师资队伍建设的要求,了解教师发展的一般规律,通过分析本校教师能力的现状,把握本校未来对教师的需求。

课程内容：

职业教育师资队伍建设要求;学校师资队伍现状分析;学校师资队伍建设规划

适合对象：

教学管理校长、全面主持校长

培训方式：

优秀案例研讨、训练(提出本校师资队伍发展规划)

培训时间：

8 学时(一天)

B4 学校特色与品牌建设

课程描述：

学校品牌价值的塑造要注意品牌核心价值的设定、品牌个性的塑造、精神思想的培育,树立具有高品质和深刻内涵的品牌形象。学校品牌应在不断创新中增值,以便更好地适应社会和人的发展需求,在对品牌的经营中应加强管理与保护。通过培训,学员掌握品牌建设的要点、策略、阶段和建设步骤,了解学校形象的内涵,能分析学校特色与学校品牌建设之间的联系,提出塑造学校形象的措施。

课程内容：

品牌与品牌价值;学校品牌建设;品牌建设与学校形象;品牌建设与学校特色

适合对象：

全面主持校长、教学管理校长、学生服务校长、后勤保障校长

培训方式：

集中培训与研讨

培训时间：

8 学时(一天)

B5 学习型学校建设

课程描述：

学习型组织这一概念主要来自于管理学者彼得·圣吉，是指一个能熟练地创造、获取和传递知识的组织，这一组织同时也要求学员善于修正自身的行为，以适应新的知识和见解。彼得·圣吉在其著作《学习型组织的艺术与实践》中提出了学习型组织所需的五项修炼，建立愿景、团队学习、改变心智、自我超越和系统思考。学校作为一个教书育人的场所，理应创建成一个学习型组织。通过本课程的学习，学员掌握学习型学校的内涵，掌握创建学习型学校的策略方法，并能提出本校创建学习型学校的措施。

课程内容：

学习型组织的内涵；学习型组织的要素；学习型组织的创建

适合对象：

全面主持校长、教学管理校长、学生服务校长、后勤保障校长

培训方式：

研讨

培训时间：

8 学时（一天）

培训项目三　校园文化建设

C1 学校德育管理

C2 校园文化

C3 校园规划

C4 学生行为习惯养成教育

C5 班级文化建设

C6 学生素质教育

C7 创业教育

C1 学校德育管理

课程描述：

德育是学校教育的重要组成部分，现在有一种观点叫德育首位观，认为在学校教育中，德育是首位的，是最重要的。本课程主要学习学校德育管理的内涵与价值，德育管理的基本原理与基本原则，德育工作的管理机制与管理技术等。通过培训，提高学员的德育管理能力，使学员能分析学校德育建设现状，并确立学校德育建设实施方案。

课程内容：

学校德育管理本质与内涵；学校德育管理的价值；学校德育管理的基本原理；学校德育管理技术；社会主义核心价值观

适合对象：

学生服务校长、教学管理校长、全面主持校长、后勤保障校长

培训方式：

自主研修或集中培训或前沿讲座

培训时间：

4 学时（半天）

C2 校园文化

课程描述：

校园文化是以学生为主体，以课外文化活动为主要内容，以校园为主要空间，涵盖院校领导、教职工在内，以校园精神为主要特征的一种群体文化。它在学校教育中发挥着提升素质、塑造情操、营造氛围等重要功能。学员通过培训熟悉社会主义核心价值观，了解校园文化的宗旨、任务，能提炼地域优秀文化和优秀企业文化，分析学校校园文化建设要素，制定学校校园文化建设方案。

课程内容：

校园文化的宗旨与作用；校园文化的定义与要素；校园文化的建设任务；校园文化的建设方案

适合对象：

学生服务校长、全面主持校长、教学管理校长、后勤保障校长

培训方式：

集中培训

培训时间：

4 学时（半天）

C3 校园规划

课程描述：

校园规划要给中职学生创造一个积极向上、和谐美丽的环境，既要有视觉效果，又会使置身其间者产生心理联想。在这大自然的课堂里，一花一草一木都孕育着丰富的思想内涵，给人许多的启迪，它们对中职学生的道德、品格、修养起着潜移默化的影响。学员通过培训，掌握校园规划的注意点、原则、设计方法等，能结合本校的情况和学生的特殊性，进行校园规划设计；能指出原有校园规划的合理性和需改进的地方。

课程内容：

校园规划设计；校园规划评价；校园规划案例分析

适合对象：

初任学生服务校长、初任全面主持校长

培训方式：

深度考察、分析

培训时间：

8 学时（一天）

C4 学生行为习惯养成教育

课程描述：

学生养成教育是学校德育工作的重要内容，是培养学生正确的道德观、人生观和世界观的重要手段，在学生成长过程中有着重要的作用，是一项艰巨且社会性很强的系统工程。学校作为学生行为习惯养成的基地，校长有必要了解如何对学生进行行为习惯养成教育。通过培训，学员熟悉养成教育的理论，了解学生行为习惯养成教育的方法和技巧，并能提出学生行为习惯养成教育的目标及措施。

课程内容：

行为习惯养成教育的内涵；行为习惯养成教育的作用；如何进行学生行为习惯养成教育

适合对象：

学生服务校长、教学管理校长、全面主持校长

培训方式：

同侪研讨、训练（制定本校学生行为习惯养成教育的目标）

培训时间：

8 学时（一天）

C5 班级文化建设

课程描述：

班级文化是"班级群体文化"的简称，是作为社会群体的班级所有或部分成员共有的信念、价值观、态度的复合体。班级文化建设有利于学生的全面发展和个性的张扬，有利于整个学校德育工作的顺利开展，有利于提升学校形象，丰富学校内涵，凸显学校特色。因此，班级特色文化建设日益成为当今教育管理科学中的研究课题，也成为校园文化建设中的重点。通过培训，学员了解班级文化建设的内涵，熟悉班级文化建设的策略和方法，能指导制定学校班级文化建设方案。

课程内容：

班级文化建设的内涵；班级文化建设的意义；班级文化建设的策略和方法

适合对象：

学生服务校长、教学管理校长、全面主持校长

培训方式：

案例或研讨（制定本校班级文化建设方案并讨论）

培训时间：

8 学时（一天）

C6 学生素质教育

课程描述：

素质教育，是以全面提高人的基本素质为根本目的，以尊重人的主体性和主动精神为前提，以人的性格为基础，注重开发人的智慧潜能，注重形成人的健全个性为根本特征的教育。通过本课程的学习，让学员理解素质及素质教育的内涵及特征，掌握加强学生素质教育的方法，能制定本校学生素质教育的阶段目标，指导制定加强本校学生素质教育的实施方案，并提出本校学生创造力培养、个性塑造的措施。

课程内容：

素质教育的内涵；素质教育的特征；素质教育的目标；加强素质教育的方法（案例分析）

适合对象：

学生服务校长、教学管理校长、全面主持校长、后勤保障校长

培训方式：

影子校长（岗位实践）

培训时间：

8 学时（一天）

C7 创业教育

课程描述：

1991 年，东京创业创新教育国际会议从广义上把"创业创新教育"界定为：培养最具有开创性个性的人，包括首创精神、冒险精神、创业能力、独立工作能力以及技术、社交和管理技能的培养。通过培训，学员要熟悉创业团队的组建策略，掌握创业团队的管理策略，了解创业团队的社会责任，并能评价创业机会，识别创业风险，指导制定创业计划。

课程内容：

创新创业的关系；技术创新与创业；创业环境分析与创业者素质的要求；创业政策与法规；创业生涯的规划等

适合对象：

学生服务校长、教学管理校长、全面主持校长、后勤保障校长

培训方式：

前沿讲座、校长沙龙、沙盘模拟

培训时间：

8 学时（一天）

培训项目四　专业内涵建设

D1 学校教学管理

D2 学校专业布局和结构优化与调整

D3 课程领导

D4 学校人才培养方案制定

D5 中高职衔接人才培养方案制定

D6 中本贯通人才培养方案制定

D7 教育研究方法

D8 校企合作与专业建设

D9 现代教育技术运用与实践

D10 学校实训中心建设和管理

D11 校本课程开发

D12 课程资源建设

D1 学校教学管理

课程描述：

只有加强教学管理，处理好教学任务中的各项关系，才能提高教学质量。本课程主要学习学校教学管理的相关政策、职教主要教学理论与模式、学校教学管理过程的基本内容等，旨在让学员了解学校教学管理的基本理论，并能在明确学校教学管理阶段目标的基础上，制定学校教学管理方案。

课程内容：

学校教学管理的主要任务；学校教学管理的原则；学校教学管理的内容；职业教育教学理论；职业教育教学管理策略

适合对象：

教学管理校长、全面主持校长、学生服务校长

培训方式：

自主研修

培训时间：

4 学时（半天）

D2 学校专业布局和结构优化与调整

课程描述：

中职学校专业结构优化是促进中等职业教育更好地为经济建设和社会发展服务，提升内涵建设，提高职业教育办学质量的必然要求。本课程主要介绍学校专业和专业群设置的要素、专业布局和结构优化与调整的原则与方法。通过培训，让学员把握相关专业的行业发展动态，并能在此基础上制定学校专业结构优化与调整的相关方案。

课程内容：

学校专业布局和结构优化与调整的必要性、原则；学校专业布局和结构优化与调整的要素、方法与流程；分析 1—2 个学校专业布局和优化与调整方案

适合对象：

教学管理校长、全面主持校长

培训方式：

案例剖析、校长沙龙、沙盘模拟

培训时间：

4 学时（半天）

D3 课程领导

课程描述：

课程领域的改革,有助于突破学校发展的瓶颈,提升学校教育的价值。本课程侧重教授校长课程领导的内涵、角色、任务、原则与措施等,旨在提高校长的课程领导力,使校长能指导学校制定课程改革方案。

课程内容：

课程领导内涵;校长课程领导角色;校长课程领导任务;课程领导原则与措施

适合对象：

高级研修教学管理校长、高级研修全面主持校长

培训方式：

讲授、训练、影子校长(岗位实践)

培训时间：

4 学时(半天)

D4 学校人才培养方案制定

课程描述：

职业教育人才培养方案是学校人才培养工作的顶层设计,是学校内部的基本教学文件。本课程主要学习专业人才培养的逻辑起点、培养目标与规格、内容与方法、条件与保障等。通过培训,学员理解国家相关专业标准内涵、要素及开发策略,并能在此基础上指导和参与学校人才培养方案的制定。

课程内容：

专业标准内涵、要素及开发策略;人才培养方案的内涵;人才培养方案的内容;人才培养方案的制定方法与流程

适合对象：

教学管理校长、全面主持校长

培训方式：

讲授、训练、影子校长、案例剖析

培训时间：

8 学时(一天)

D5 中高职衔接人才培养方案制定

课程描述：

中高职衔接是现代职教体系建设的重要内容，而人才培养方案的制定直接影响着中高职衔接的实效性。此课程旨在让学员通过培训掌握中高职衔接人才培养方案的制定原则，掌握中高职人才培养在文化基础、职业素质、专业技能、信息技术、工学结合等方面的衔接方法，从而能够指导制定学校中高职衔接人才培养方案。

课程内容：

中高职衔接人才培养方案的制定原则；中高职人才培养的衔接方法

适合对象：

提高层次教学管理校长、提高层次全面主持校长

培训方式：

案例剖析、同侪研讨

培训时间：

8 学时（一天）

D6 中本贯通人才培养方案制定

课程描述：

中本贯通对于构建现代职业教育体系有着重大意义，能打通职业院校学生继续发展和成长成才的通道。试点专业需要在一体化设计的理念下制定中本贯通人才培养方案。此课程让校长熟悉中本贯通人才培养方案的制定原则，掌握在文化基础、职业素养、职业能力等方面培养中本贯通人才的方法，进而能够指导制定学校中本贯通人才培养方案。

课程内容：

中本贯通人才培养特点；中本贯通人才培养方案的制定原则；中本贯通人才培养的方法；中本贯通人才培养方案案例剖析

适合对象：

高级研修教学管理校长、高级研修全面主持校长

培训方式：

案例剖析、同侪研讨

培训时间：

8 学时（一天）

D7 教育研究方法

课程描述：

教育研究方法是教育学专业的一门方法论性质的基础课程，主要研究教育知识获得的系统程序和技术手段。这门课程的学习包括教育研究方法概述、教育研究课题选定、教育研究设计等内容。目的在于使学员通过培训熟悉教育研究课题的选定原则，掌握教育研究的设计方法，并能指导制定学校教育研究方案。

课程内容：

教育研究方法的理论基础；教育研究方法的原则；教育研究课题的选定；教育研究的设计；研究对象的抽样设计；分析研究变量；研究方案的拟定

适合对象：

教学管理校长、全面主持校长、学生服务校长、后勤保障校长

培训方式：

理论讲授与讨论

培训时间：

8 学时（一天）

D8 校企合作与专业建设

课程描述：

职业教育从诞生之日起，就具有教育性和产业性的双重特性，决定了其与职业、产业和企业之间不可分割的血肉联系，决定了校企合作、工学结合是其内涵发展的必由之路。本课程聚焦校企合作与专业建设的关系，使学员通过培训明确校企合作在专业建设方面的重要价值与功能，并能领导专业进行校企合作模式的积极探索，充分发挥校企合作对专业建设的促进作用。

课程内容：

专业建设与企业的关系；校企合作的内容与特点；校企合作模式；校企合作运行机制；校企合作的注意点

适合对象：

教学管理校长、全面主持校长、学生服务校长、后勤保障校长

培训方式：

深度考察、案例剖析、训练

培训时间：

8 学时（一天）

D9 现代教育技术运用与实践

课程描述：

现代教育技术着重从学习过程和学习资源相结合的角度，探讨和解决运用现代科技提高教育教学效率和质量的问题。本课程以教育技术在课堂教学的应用为核心，帮助学员熟悉现代教育技术在课堂及实践教学中的运用现状及发展。学员通过培训能够指导学校开展现代教育技术教学运用培训，指导运用现代教育技术对教学过程和资源进行设计、开发、应用、管理和评价。

课程内容：

现代教育技术；认识教学新媒体；信息化教学资源获取与利用；信息技术支持下的课堂教学设计；多媒体课件制作技术；数字化学习平台应用

适合对象：

教学管理校长、全面主持校长、学生服务校长、后勤保障校长

培训方式：

案例剖析、同侪研讨

培训时间：

8 学时（一天）

D10 学校实训中心建设和管理

课程描述：

实训中心建设关系着职业学校教学质量的稳定、人才培养质量的高低，校长要特别重视学校实训中心的建设。本课程主要学习实训中心建设的指导原则和流程、实训中心运行管理绩效评估内涵等，旨在让学员能在分析学校人才培养和社会需求的基础上，指导制定实训中心建设计划及方案，指导本校实训中心运行管理，进行制度建设。

课程内容：

实训室建设指导原则；实训室建设流程；实训中心运行管理绩效评价；实训室建设计划及方案制定；实训中心运行管理制度建设

适合对象：

教学管理校长、全面主持校长、学生服务校长、后勤保障校长

培训方式：

参观、深度考察、同侪研讨

培训时间：

8 学时（一天）

D11 校本课程开发

课程描述：

中职校本课程开发是一个系统工程，也是目前中职课程改革中的一个尝试，校长是校本课程建设的领导者和创新者。通过本课程的学习，了解课程标准的内涵与功能，了解校本课程开发的特点、类型，掌握校本课程开发的一般过程及方法，并能组织校本课程的评估，指导制定校本课程开发方案。

课程内容：

校本课程的内涵与功能；校本课程开发的特点、方法及过程；校本课程评价

适合对象：

教学管理校长、全面主持校长、学生服务校长、后勤保障校长

培训方式：

讲授、参观、讨论、岗位见习

培训时间：

8 学时（一天）

D12 课程资源建设

课程描述：

开发适合学生学情并受他们欢迎的课程资源，将更有利于教学目标的实现。中职学校要结合专业建设和课程建设目标，合理构建课程资源网络框架，采用"校企合作、校际合作"模式实现课程资源的共建与共享。学员通过培训，熟悉课程资源的主导理念、内容、建设途径，并能指导制定本校课程资源库建设方案、组织校内外教师进行课程资源交流共享。

课程内容：

课程资源的内涵；课程资源建设途径；课程资源库建设方案

适合对象：

教学管理校长、全面主持校长、学生服务校长、后勤保障校长

培训方式：

讲授、参观、讨论

培训时间：

8 学时（一天）

培训项目五　教师专业成长

E1 教师专业发展

E2 班主任专业发展

E3 教学团队建设

E1 教师专业发展

课程描述：

教师专业化发展是指教师作为专业人员，在专业思想、专业知识、专业能力等方面不断发展和完善的过程。中职教师的专业发展是社会的需要，也是教师个人成长的需要。本课程通过讲授教师专业发展的目标、特点、内容、路向和过程等，让学员掌握教师专业发展的模式和方法，能分析学校教师队伍现状，指导制定学校教师专业发展规划。

课程内容：

教师专业化发展的内涵；教师专业化发展的方法与路径；双师型教师的发展；学校教师专业发展规划制定

适合对象：

高级研修全面主持校长、高级研修教学管理校长

培训方式：

讲授、讨论、训练、影子校长

培训时间：

8 学时（一天）

E2 班主任专业发展

课程描述：

班主任专业发展是指班主任作为专业人员，在专业思想、专业知识、专业能力等方面不断发展和完善的过程，是专业新手到专家型班主任的转变过程。通过培训，学员熟悉班主任专业成长途径，能分析学校班主任队伍现状，指导制定学校班主任专业发展规划。

课程内容：

班主任专业发展的内涵；中职学校班主任专业发展的特点；班主任专业发展的路径与方法；学校班主任专业发展规划制定

适合对象：

高级研修学生服务校长、高级研修教学管理校长

培训方式：

讲授、讨论、训练、影子校长

培训时间：

8 学时（一天）

E3 教学团队建设

课程描述：

中职教学团队是学校基层教学组织的一种新形式。本课程聚焦于教学团队目标建设、团队带头人遴选、教学团队激励机制建立、教学团队氛围营造等方面。通过本课程学习，学员理解合作文化理念，了解教学团队建设的指导思想、建设措施等，并能组织制定学校教学团队建设方案。

课程内容：

教学团队的内涵；教学团队建设目标；教学团队建设措施；教学团队建设方案制定

适合对象：

高级研修教学管理校长、高级研修全面主持校长

培训方式：

模拟团队建设、校长沙龙

培训时间：

8 学时（一天）

培训项目六　内部运行管理

F1 学校民主管理

F2 学校制度建设

F3 学校学生管理

F4 学校财务管理

F5 学校后勤保障

F6 学校安全管理

F7 学校质量管理体系设计及认证

F8 教师招(选)聘

F9 教师绩效工资改革与管理

F10 教师评价与激励机制

F11 学校心理健康教育现状与应对

F12 学生职业生涯规划

F13 数字化校园建设

F1 学校民主管理

课程描述：

学校的民主管理，就是在学校内部坚持民主，集中群众智慧来管理学校，保障教职员工参与学校管理的权利。本课程聚焦中职学校民主管理的具体表现和基本要求，旨在让学员树立学校管理的民主意识，了解民主管理的内容和校务公开的基本原则，并能组织制定改进学校教代会和校务公开等工作的具体措施。

课程内容：

民主管理的内涵；校务公开的原则；民主管理制度建设

适合对象：

全面主持校长、教学管理校长、学生服务校长、后勤保障校长

培训方式：

自主研修、集中培训

培训时间：

4 学时（半天）

F2 学校制度建设

课程描述：

有专家说过，一个好校长就是一所好学校，而成为一个好校长的关键在于有一套好制度。没有制度的治校是"人治"，有制度的治校才是"法治"。只有构建合理、完善的制度文化，才能确保学校可持续地健康发展。本课程侧重中职学校制度建设的基本知识，意在帮助学员树立法治意识，熟悉政府颁布的各项相关政策法规，了解制度建设的基本要求、流程，掌握全面质量管理的方法，并能准确发现本校制度的漏洞，提出本校制度漏洞的修复策略。

课程内容：

制度建设的基本要求；制度建设流程；全面质量管理方法

适合对象：

全面主持校长、教学管理校长、学生服务校长、后勤保障校长

培训方式：

自主研修、集中培训

培训时间：

4 学时（半天）

F3 学校学生管理

课程描述：

学生管理是学校内部运行的重要内容。职业教育学生的特殊性为学校学生管理工作带来了许多任务与难题。本课程从职校生的构成情况、思想状况、心理特征等方面着手，对职校生管理中的各种重点与难点问题进行分析，旨在提高学员的学生管理能力，让学员能确定学生管理阶段目标，并通过协调各种资源来解决管理难题。

课程内容：

职校学生管理的内涵；职校学生管理内容与任务；职校学生管理过程；职校学生管理原则；职校学生管理问题及解决策略

适合对象：

学生服务校长、全面主持校长、教学管理校长

培训方式：

自学

培训时间：

4 学时（半天）

F4 学校财务管理

课程描述：

学校财务管理是管理学校预算资金的工作，又称学校经费与资产管理。本课程通过对学校财务管理基本任务的培训，让学员了解国家相关财务管理制度，熟悉教育成本核算的特点、类型、原则、程序，掌握财务流程的内容、规范，并能与财务部门一起分析学校的财务状况，指导编制学校预算，指导制定学校经费管理制度。

课程内容：

国家与地方财务管理制度；教育成本核算的一般理论；财务状况分析；学校预算编制；学校经费管理制度制定

适合对象：

全面主持校长、教学管理校长、学生服务校长、后勤保障校长

培训方式：

集中培训

培训时间：

4 学时（半天）

F5 学校后勤保障

课程描述：

学校后勤保障是学校的人力运作、财产安全、办公耗材的补给等工作的统称。本课程主要介绍学校后勤保障和服务管理的相关政策、基本内容，后勤社会化管理的特征与趋势、基本建设、修缮的程序与规范等，让学员能确定学校后勤保障和服务管理的阶段目标，并能协调后勤服务资源，把握学校基本建设和修缮项目的质量监控点。

课程内容：

后勤保障和服务管理的相关政策；后勤保障基本内容；后勤社会化管理的特征与趋势；基本建设和修缮的程序与规范

适合对象：

后勤保障校长、全面主持校长

培训方式：

集中培训

培训时间：

4 学时（半天）

F6 学校安全管理

课程描述：

本课程将从学校安全管理的基本意义与主要内容入手，通过案例分析揭示出学校在卫生、活动、交通安全、设施设备、消防、用电、网络等重要方面存在的安全问题，从而有针对性地提出学校安全管理的相关对策与措施，并且梳理学校安全预警和危机干预的原则、方法和途径。学员通过培训，能对学校安全管理工作进行有效指导，把握学校安全的潜在威胁，并能指导制定学校安全预警方案。

课程内容：

学校安全管理的意义与内容；学校安全管理的问题分析；学校安全预警及应急管理

适合对象：

后勤保障校长、全面主持校长、教学管理校长、学生服务校长

培训方式：

案例剖析

培训时间：

4 学时（半天）

F7 学校质量管理体系设计及认证

课程描述：

质量管理体系是指确定质量方针、目标和职责，并通过质量体系中的质量策划、控制、保证和改进来使其实现的全部活动。提高教育质量，培养合格人才是教育的永恒话题，那么，要提高教育质量，我们应建立什么样的管理体系？本课程要让学员了解质量体系标准和质量管理体系设计方法，从而能够设计学校质量管理体系，制定学校质量评估活动实施方案。

课程内容：

质量管理体系标准；质量管理体系策划与设计

适合对象：

全面主持校长、教学管理校长、学生服务校长、后勤保障校长

培训方式：

讲授、讨论、训练、影子校长

培训时间：

8 学时（一天）

F8 教师招（选）聘

课程描述：

教师选聘是学校人力资源管理的重要组成部分，直接关系到学校教师队伍的结构和质量，进而会影响教学质量和学生成长。本课程拟从国家有关法律与政策、招聘或选聘原则入手，使学员了解教师招聘的一般渠道及流程，熟悉教职员工各岗位的性质、任务、资格条件和环境等，并据此制定各岗位工作职责。

课程内容：

人力资源管理招聘原理；岗位工作分析

适合对象：

初任全面主持校长、初任教学管理校长

培训方式：

训练（学校岗位职责制定）

培训时间：

8 学时（一天）

F9 教师绩效工资改革与管理

课程描述：

长期以来，教师工资都是职称级别工资制，近年来，学校实行绩效工资改革。绩效工资制度，引入了合理的竞争机制，使得对教师的评价标准更加科学化，对教师队伍的管理也更有效。通过本课程的学习，学员将了解国家有关法律、政策、绩效工资制度的特点、制定原则、推行方式及存在弊端，并能制定发挥激励导向作用的绩效工资分配办法。

课程内容：

绩效工资制度；绩效工资改革

适合对象：

全面主持校长

培训方式：

讨论与训练（绩效工资改革方案制定与完善）

培训时间：

8学时（一天）

F10 教师评价与激励机制

课程描述：

激励是调动教师积极性的有效手段与途径，而客观、公正的评价是教师激励机制建立的基础。本课程旨在让学员熟悉教师评价的内容、方式和途径，了解教师激励机制的理念、原则和方法，并能确定本校的教师评价内容、方式及教师激励机制。

课程内容：

教师评价的内容和方式；教师评价意义；教师激励的原理；激励机制的建立

适合对象：

全面主持校长、教学管理校长、学生服务校长

培训方式：

讲授、讨论、方案制定

培训时间：

8学时（一天）

F11 学校心理健康教育现状与应对

课程描述：

学校心理健康教育是素质教育的一项重要内容，心理健康教育的开展有利于学生的自我发展、自我完善和成熟。为了进一步开展心理健康教育工作，学员通过培训要能分析当前中职学生心理健康教育中所存在的问题，在此基础上制定本校心理健康教育的发展策略，并能把握学校心理健康教育的未来发展趋势。

课程内容：

学校心理健康内涵；学生心理健康调查及分析方法；学生心理健康教育方法与策略

适合对象：

提高层次学生服务校长

培训方式：

案例分析

培训时间：

8学时（一天）

F12 学生职业生涯规划

课程描述：

职业生涯规划是当代人力资源管理体系的重要组成部分和发展方向。本课程系统介绍职业选择、职业生涯规划、职业生涯开发等方面所包含的基本理论、方法与技术。通过量表测试与分析、案例分析与讨论等内容的结合，使学员不仅能学习和掌握职业生涯规划的理论与知识，更能具备职业生涯规划的意识和技能，能指导学生进行职业生涯规划。

课程内容：

职业生涯规划的内涵；认识学生理想；职业生涯发展；职业道德

适合对象：

提高层次学生服务校长

培训方式：

同侪研讨

培训时间：

8学时（一天）

F13 数字化校园建设

课程描述：

数字化已成为校园建设的必然趋势。数字化校园是以数字化信息和网络为基础，利用计算机和网络技术建立起来的对教学、科研、管理、技术服务、生活服务等校园信息的收集、处理、整合、存储、传输和应用，使数字资源得到充分优化利用的一种虚拟教育环境。那么校园数字化如何建设，有哪些技术要求，学校的数字化建设应该包含哪些内容，就是本课程要解决的问题。通过培训，学员能分析学校数字化建设的需求，指导制定数字化校园建设方案。

课程内容：

数字化校园建设的发展现状；数字化校园建设的原则；数字化校园建设的技术要求；数字化校园的建设内容

适合对象：

学生服务校长、后勤保障校长、全面主持校长、教学管理校长

培训方式：

讲授、讨论、案例分析

培训时间：

8 学时（一天）

培训项目七　公共关系建设

G1 学校公共关系管理

G2 学校与政府部门关系维护

G3 校企合作关系建设

G4 校际合作关系建设

G5 学校与社区合作关系建设

G6 学校与媒体公共关系建设

G1 学校公共关系管理

课程描述：

学校公共关系管理是对学校与社会公众之间传播沟通的目标、资源、对象、手段、过程和效果等基本要素的管理，直接影响着学校的发展环境与条件。本课程将结合职业教育特征，重点学习学校公共关系管理的模式、特征、策划程序、基本方法等内容，使学员掌握学校公共管理的一般理论，熟悉职校公共关系建设的特点，能区分并处理不同类型的公关危机，组建有效的内部沟通网络与准则。

课程内容：

公共关系及其本质；学校公共关系特点与分类；学校公共关系管理及其模式；学校公共关系流程；学校公共关系专题管理；学校危机管理；学校形象管理

适合对象：

全面主持校长、教学管理校长、学生服务校长、后勤保障校长

培训方式：

集中学习和案例研讨

培训时间：

4 学时（半天）

G2 学校与政府部门关系维护

课程描述：

学校与政府部门的关系是学校外部公共关系管理的重要组成部分。学校和政府部门应从单纯的隶属关系调整到行政权与自主权相互协调、相互制约的关系。校长应当具备对这种关系的维护能力。本课程将结合中职学校的类型与特征，使学员了解与政府职能部门关系维护的原则、方法，并能建立密切的政府关系网络，与政府保持有效的信息沟通。

课程内容：

政府公共关系建设的特点；政府公共关系建设的常见危机及处理方法；政府公共关系建设的公关策划

适合对象：

全面主持校长、教学管理校长、学生服务校长、后勤保障校长

培训方式：

讲授、讨论与训练、影子校长

培训时间：

8 学时（一天）

G3 校企合作关系建设

课程描述:

校企合作是我国职业教育办学必须坚持的主要方向,是深化人才培养模式改革与创新的重要途径。本课程从学校与企业的关系建设入手,通过理论讲解、案例分析和研讨等方式,让学员较为系统地了解校企合作的内涵、特点、模式和运行机制等,并能根据自身学校的专业特点和发展趋势建立与相关行业的校企合作网络。

课程内容:

学校与企业合作关系特点及危机类型;校企合作的内涵;校企合作模式;校企合作运行机制建设;校企合作方案制定等

适合对象:

全面主持校长、教学管理校长、学生服务校长

培训方式:

讲授、讨论与训练、案例剖析

培训时间:

8学时(一天)

G4 校际合作关系建设

课程描述:

校际合作是指学校与学校之间展开的合作,可以是国内的也可以是国际的,可以是同一层次的也可以是不同层次的。职教集团化办学、中高职贯通和中本贯通等的发展,使得中职学校校际合作的开展形式也丰富起来。如何建立并维护校际合作关系是本课程要解决的关键问题。通过本课程学习,学员能熟悉校际公共关系建设的特点,能建立国内外校际公共关系网络,保持和谐的校际沟通与协作。

课程内容:

校际合作关系特点及危机类型;校际合作的内涵;校际合作的模式;校际合作的特点;校际合作方案制定等

适合对象:

教学管理校长、全面主持校长、学生服务校长

培训方式:

讲授、讨论与训练

培训时间:

8学时(一天)

G5 学校与社区合作关系建设

课程描述：

学校与社区合作关系是学校外部发展环境的重要组成部分。合作建设是学校科学管理、有序运作的重要范畴，学生的教育问题不能仅仅依靠学校，还需要社区与家庭等的通力协作。通过本课程的学习，学员掌握与社区关系维护的原则、方法，掌握家校联系的策略与技巧，并能建立有效的家校沟通网络，建立与社区的有效合作网络。

课程内容：

学校与社区合作关系特点及危机类型；学校与社区合作的内涵；学校与社区合作的模式；学校与社区合作的特点；校际合作方案制定等

适合对象：

学生服务校长、全面主持校长、教学管理校长

培训方式：

讲授、讨论与训练

培训时间：

8 学时（一天）

G6 学校与媒体公共关系建设

课程描述：

学校与媒体间的良性互动能促进教育发展，"人人关心教育事业，人人支持教育发展，有媒体正确的宣传，学校与媒体打好配合，教育就能健康发展。"本课程旨在让学员了解学校与媒体关系建立的特点，掌握与媒体关系维护的策略及技巧，并能建立有效的媒体网络，指导运用媒体进行学校宣传及公关开展。

课程内容：

学校与社区合作关系特点及危机类型；学校与媒体公共关系内涵；学校与媒体公共关系模式；学校与媒体公共关系建设策略与方案等

适合对象：

全面主持校长、教学管理校长、学生服务校长、后勤保障校长

培训方式：

讲授、讨论与训练

培训时间：

8 学时（一天）

第四篇

上海市中等职业教育校长培训实施方案

一、指导思想

根据教育部《中等职业学校校长专业标准(征求意见稿)》的相关内容及精神,结合上海市特色,以提高中职校长队伍的专业化水平为宗旨,以中职校长的工作任务与职业能力分析为技术基础,按照"需求导向、模块课程、灵活教学"的总体要求,既系统分析中职校长的整体能力要求,又针对性地区分不同岗位中职校长的不同能力水平要求;既从应然角度考虑中职校长的客观能力要求,又从实然角度考虑中职校长的主观能力需求,从而构建一套满足多方面需求的模块化培训课程体系,并进一步制定有效而灵活的教学实施方案,提高中职校长的理论与实践能力。

二、基本原则

1. 分级分类的全员培训原则

采用多样化的培训方式,有针对性地对不同岗位(全面主持、教学管理、学生服务、后勤保障)不同发展阶段(起步期、发展期和成熟期)的中职校长实施全员化培训。

2. 基于需求导向的培训原则

紧贴中职校长工作任务与职业能力要求,上海中等职业学校改革发展中的热点问题、难点问题以及校长在实际工作中面临的困惑等,兼顾校长个体发展需求、引领性需求两个不同层面的培训需求,开展符合校长岗位职业特征,满足中职校长多元发展需求的培养培训。

3. 模块化可选择的培训原则

针对中职校长专业发展需求,开发模块化、菜单式、开放型、必修和选修相结合的培训课程,中职校长可根据实际需要按照一定的选课路径确定多样化的培训模块。

三、培训目标

通过分类分层实施培训,有针对性地提高不同岗位不同发展阶段中职校长实施现代职业教育和学校管理的能力与水平,建设一支具有正确职教办学理念、掌握先进职教发展理论、善于分析并解决实际工作问题的高素质、专业化的中职校长队伍。总体来说,中职校长通过培训要达成以下能力目标:

(1)学校发展规划制定能力:熟悉国内外职业教育基本理念、政府职业教育相关政策等,能根据学校发展目标与发展现状,领导学校各主要发展规划的制定;

(2)全面育人文化营造能力:能在分析学校道德教育与校园文化建设现状的基础上,确定学校道德教育与校园文化建设的目标及工作方案,从而营造全面性的育人文化;

（3）专业内涵领导能力：熟悉专业建设的主导理念、内容与方法，能领导专业结构的优化调整、专业人才培养方案的制定、专业课程开发与教学实施等；

（4）教师专业成长引领能力：熟悉教师专业发展规律，能为教师专业成长创设良性的发展环境、制定健全的管理制度；

（5）内部运行管理优化能力：熟悉中职学校运行管理的基本内容与要求，能高质量、全面化、民主性、科学性地进行学生、教学、后勤、安全、财务与人力等方面的管理；

（6）公共关系网络建设能力：熟悉基本的公关方法，能进行有效的公关策划，建立和维护与政府机构、行业企业、家长、社区、媒体等的合作关系，处理各类危机，树立良好的学校形象与领导形象。

四、培训对象

本培训为在岗培训，培训对象为上海市中等职业学校已聘或拟聘的全面主持、教学管理、学生服务、后勤保障等岗位的校长。

五、培训课程体系

针对不同岗位不同层次中职校长的培训需求，进行不同内容的培训。以中职校长工作任务与职业能力分析、调研分析为基础，将培训课程体系进行了模块化设计，学员根据自己的任职岗位与任职年限，选择相应的课程模块，形成个性化的课程模块体系。

（1）从培训课程内容来看，根据对中职校长工作领域与工作任务的分析，将课程体系划分为"职业角色基础"、"学校发展规划制定"、"育人文化建设"、"专业内涵建设"、"教师专业成长"、"内部运行管理"、"公共关系建设"7个课程模块。根据中职校长职业能力的知识与技能要求及其内在联系，7个模块又分别分解为若干个课程，并根据难易程度分为"初阶"、"中阶"、"高阶"三个层级的小模块（即课程组合），如图28。

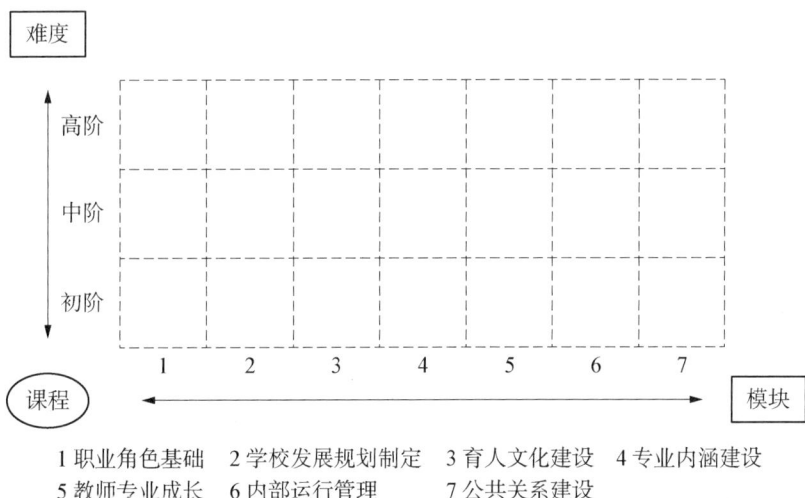

1 职业角色基础　　2 学校发展规划制定　　3 育人文化建设　　4 专业内涵建设
5 教师专业成长　　6 内部运行管理　　　　7 公共关系建设

图 28　中职校长培训课程内容

（2）从培训对象来看，根据中职校长工作任务的普遍性划分，将校长岗位分为四类：全面主持、教学管理、学生服务、后勤保障。根据校长任职年限与发展阶段的不同，将校长的培训需求分为三个层次：任职资格层次、提高层次、高级研修层次。在岗位与层次划分的基础上，还要考虑到培训对象的主观需求，如能力基础、专业背景和发展意向等。

（3）从培训对象与培训内容的匹配（选课规则/路径）来看，各类校长根据自己的任职岗位、发展阶段、主观需求等选择相应课程，形成个性化的课程体系。选课过程中所遵循的基本原则主要有：第一，不同发展阶段的校长对应不同难度层级的课程，"任职资格层次""提高层次""高级研修层次"的培训分别对应每个模块中难度等级自低到高的课程组合。第二，不同岗位的校长对应不同的课程模块组合，全面主持岗位的校长侧重学校总体规划与发展，教学管理岗位的校长侧重专业内涵建设与课程教学，学生服务岗位的校长侧重校园文化建设与学生发展，后勤保障岗位的校长侧重财物管理与基本建设管理等。第三，校长可根据自己的主观需求（如能力基础、专业背景和发展意向等）选择相应课程模块，形成个性化的课程模块组合。

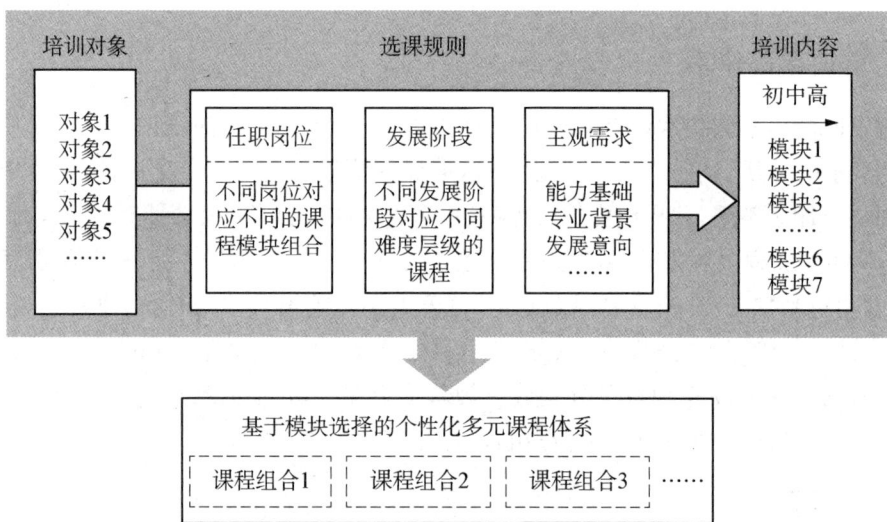

图 29　中职校长培训内容的确定路径

六、培训方式

培训方式服务于培训课程的目标与内容，是指为在培训对象与培训内容之间建立良好联接而采用的宏观组织形式与微观教学方法。

（一）宏观组织形式

这里以时间为线索来系统安排中职校长培训的宏观组织形式。首先，关于时段的划分，围绕中职校长培训课程模块将培训分成四个阶段：集中培训，任务引领；深度考察，同侪互助；自主研修，岗位实践；总结提升，成果展示（如图30）。其中：

"集中培训、任务引领"是指严格按照各培训模块的内容标准,注重理论与实践的一体化,以任务为引领进行核心课程的学员集中化培训;

"深度考察,同侪互助"是指在对课程模块或课程模块组合进行学习的过程中,通过对社区、学校、企业等的实地考察以及学习小组之间的研讨交流等,或初步形成对课程内容的正确认知,或进一步提升对课程内容的深度理解;

"自主研修,岗位实践"是指在集中培训的基础上,中职校长跟随导师顶岗见习(影子校长)或在自己的工作岗位上实践,将学习成果积极运用到实际工作中,及时发现实践问题并进行针对性的自主研修;

"总结提升,成果展示"是指在整个培训过程中,不断进行学习成果的阶段性总结,并向学员进行充分展示,相互启发、共同提升。

当然,这四个阶段之间并不是线性的逐步推进关系,而是彼此之间相互交错,即集中培训、岗位研修、深度考察、同侪互助等培训或学习形式之间是交叉进行的。整个培训历时 4—5 年的时间。

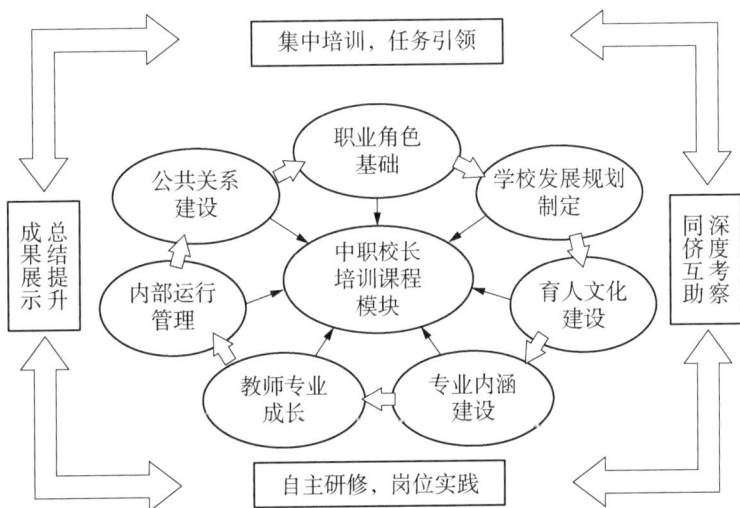

图 30　中职校长培训的组织形式

其次,学时的设计要服务于培训内容的充分展开和教师能力的彻底培训。在学时总量方面,校长参加培训的时间要在不影响学校正常工作的前提下尽量充裕,不少于 360 时。在培训组织形式与学时的匹配方面,以"集中培训"为主,考察互助、自主研修、岗位实践、成果展示等形式灵活穿插。具体来说,用于"集中培训,任务引领"的时间不少于 120 学时(如表11)。在培训内容与学时的匹配方面,要根据每门培训课程的知识容量、难易程度和教学要求等因素安排合适的时间。针对具体内容的学时安排是一个经验数值,是需要培训者在实践中不断摸索、不断调整的。动态的调整最终将使这一数值最大限度地接近最合理的值。

表 11　培训形式与学时安排

培训形式	培训内容	学时分配
核心课程(集中培训)	严格按照各培训模块的内容标准,注重理论与实践的一体化、以任务为引领	120
前沿讲座	职业教育热点、难点问题与发展趋势	20
深度考察	职业院校考察、企业考察、社区考察	60
同侪研讨	结合培训项目、特定专题及校长的工作经验等	40
影子校长(岗位见习)	跟随导师在中职学校顶岗实习,亲身感受学校管理的过程,体验其管理风格,学习特殊问题的处理技巧	90
自主研修	课程体系中的某些知识或技能,按照培训部门下达的培训内容和要求,在规定时间内学完规定课程	20
报告撰写	撰写阶段性报告或结业报告	30
成果展示与答辩	展示报告成果,并公开答辩	20
合计		400

(二)微观教学方法

结合培训前期准备以及中职校长培训实际情况,在培训过程中将采用实践性、参与性强的培训方式,如专业理论研讨、典型案例剖析、名校长讲坛、同侪互动学习、深度参观考察、在岗自主研修、导师引领和校长沙龙等。根据不同培训内容,将多种方式有机结合。积极创造条件,运用现代教育技术手段开展培训工作,积极探索切实可行的有针对性的校长培训模式。当然,针对不同层次的校长培训要采取不同的培训模式,如在校长不同的成长阶段(起步期、发展期和成熟期),举办不同培训班(任职资格培训、提高培训、高级研修),采取不同的或有侧重的培训方式。

1. 在岗自主研修

课程体系中存在某些不需要接受指导和教育的课程,学员能自己掌握知识点与技能,对于这些课程,学员可采用岗位自学的方式,按照培训部门下达的培训内容和要求,在规定时间内学完规定课程,完成自学作业,由有关培训部门组织考试和考查,之后通过考核便可拿到相应的学时学分。

2. 课堂讲授与研讨

以集中面授为主,内容涵盖宏观的国家政策、中观的学校专业建设和运行管理、微观的课程教学等多个层面;就地域而言,从上海的职教经验到全国的职教状况乃至全球最新的职教理念和实践都会有所涉及。针对现代职业教育中的重点、难点问题,邀请相关理论与实践研究领域的一线专家,针对性开展专题讲座;同时在研修过程中及时征集学员的实际问题,专家进行针对性的答疑和讲解;学员与专家、学员与学员之间亦可进行交流探讨。

3. 典型案例剖析

结合成人学习的特点,研修注重案例教学。提供典型的办学成功实例,介绍在实施教育教学改革的过程中所遇到的问题与阻力、实施教育教学改革后给学校带来的改变。通过对案例进行深度剖析和讨论,找出案例中的疑难问题是什么,哪些信息至关重要,解决问题的方法有哪些,什么样的决策是最适宜的,案例的不足之处有哪些,如何进行整体评价等。通过互动,一方面通过案例阐释,帮助校长深化对理论的认识;另一方面,为校长提供可供借鉴的实际操作办法。

4. 校长沙龙

借鉴 EAP(员工援助计划)与团体疏导技术,开设中职校长"成长工作坊",开展态度型培训,促进学员成长。以一名校长为核心主讲人,十名左右学员组成小团体,在主讲人指导下,通过活动、讨论、扮演等多种方式,围绕特定主题,共同探讨,积极促进校长自我成长与反省,提升个人修养,激发职业热情。

5. 同侪互助学习

每位校长都有自己独有的办学思想、方法和优势,有着不同的阅历与经验、不同的思维方式,在专家引领下,将校长分成若干组分别开展活动,请校长分别报告自己的成长经历、教育理念、工作经验等,然后进行大组交流,各组派代表介绍小组交流情况;最后,请专家点评。在校长们分享经验、交流研讨的过程中,激发校长们探讨的积极性,让经验、智慧、灵感在学员之间流动、增值。

6. 深度参观考察

由于职业教育与市场的联系较为紧密,中职校长更需要"走出去",到省市外甚至发达国家实地考察。同时,"走出去"不局限于教育界,企业界考察也十分必要。即安排校长到有特色的职校、企业、培训机构等与职业教育有密切关系的、不同类型的单位参观,通过听取介绍、座谈讨论等形式,深入了解并借鉴有关单位的职教经验。

7. 影子校长

影子校长,即名校长带教。一方面,学员到在职名校长所在学校学习,在带教名校长的直接带领下持续工作一段时间(3 个月至一个学期),跟随"导师"亲身感受学校管理的过程,并体验其管理风格。另一方面,名校长定期(每周一次)到该学员所在学校进行有针对性的指导。

8. 沙盘模拟

参考企业管理培训,开发中职校长培训专用的沙盘模拟系统。沙盘模拟是针对代表先进的现代企业经营与管理技术 ERP 设计的角色体验实验平台,它按照企业的职能部门划分职能中心,涵盖企业运营的所有关键环节,通过模拟企业经营的管理流程,培养团队精神,全面提升管理能力。校长沙盘可将学校的职能部门设计成职能中心,由校长扮演这些管理角色,了解整个学校的运行管理情况,提升校长能力。在沙盘模拟的基础上,还可实施"案例会诊"这一培训方式,即在名校长(导师)主持下,学院针对具体的真实案例,开展头脑风暴,共同研究如何解决问题。

七、考核评价

(一)考核组织

考核由培训基地组织安排,按照其指定的考核标准及考核程序执行。

(二)评估方式

1. 系统化的培训评估

培训评估是指运用科学的理论、技术、方法和程序对培训课程的开发与实施过程、实践效果进行的系统考察。我们尝试在培训课程实施评价体系中引入"四级评估模式"。

表 12　四级评估模式

评估方式	评估层次	评估方法	评估时间	评估内容
自我评估	反应层次	问卷调查、座谈会	培训中	考核学员对培训的看法和态度
导师评估	学习层次	书面测试、技能操作	培训结束时	检查学员通过培训,掌握了多少知识和技能
学校评估	行为层次	学校绩效考核	培训结束后	学员通过培训是否将掌握的知识和技能应用到实际工作中,提高工作绩效
社会评估	绩效层次	对学员或其所在学校的社会影响跟踪调查	年度考核	学员行为的变化是否对组织产生了积极的影响

(1)自我评估(反应层次)。它是培训评估中的最低层次。它要达到的目标是,学员通过对自身培训项目注意力、兴趣以及教学方法、教学内容,服务环境等方面的研究,得出自己对培训的看法和态度。学员的反应对于终止或继续该培训项目或内容至关重要。对反应层次的评估一般采用问卷调查、座谈等形式进行。

(2)导师评估(学习层次)。导师评估的内容是学员从该培训项目中学到了什么,主要来衡量学员对原理、事实、技术和技能的掌握情况。对学习层次的评估有多种衡量方法,包括书面测试、技能操作和情景模拟等。

(3)学校评估(行为层次)。学校评估的内容是培训学员的行为是否发生了变化,目的在于确定学员从培训项目中学到的技能和知识在多大程度上转化为实际管理行为的改进。这个级别的评估可通过学员的导师、上级、下级、同事以及学员的主观感受和培训前后行为的对比等方法来进行。

(4)社会评估(绩效层次)。社会评估的内容是行为的变化是否对组织产生了积极的影响,了解培训投入与培训效果之间的关系,优化培训投入,以取得更好的培训效果与影响。

一般通过对学员及其学校社会影响的跟踪调查来测定。

四级评估模型中的前两个层次主要是对培训过程进行评估,而后两个层次主要是对培训结果的评估。一级评估在培训中进行,二级评估在培训结束时进行,三级评估在培训结束3个月前后的工作中进行,或在实施与培训内容相关的工作时进行;四级评估在培训结束半年或一年后的学期或年度考核中进行,在与培训内容相关的考核中进行。

2. 学员成绩考核

(1)书面测试:学员自学,完成笔试或面对面的问题,从理论角度了解学员对该课程的理解程度,成绩合格,视为此课程积分获得;

(2)见面访谈:由培训教师(名校长)组织,通过面对面方式检测学员对课程的理解与认可程度;

(3)心得报告:由培训基地组织,以口头或书面方式报告所受培训的启发或感悟;

(4)模拟示范:由学员扮演相应角色,从实际操作中评价学员是否领悟"学有所用",观察其能力是否有所提高。

(三)培训成绩与证书发放

完成相应学时,视为培训结束。评价结果分为优秀、合格与不合格三个等级。获得优秀与合格者建议颁发证书。

八、管理保障

(一)培训基地

首先,培训基地要有适合培训需求的教室与设备。如多媒体设备,相关课程可实时记录,同步上网;计算机教室,运用信息化设备开展培训,进行培训软件开发;座谈会议室,可以提供面对面的对话和交流;适合讨论的教室,用于小组讨论或集体讨论,以利于展开专题研讨形式的培训。其次,培训基地要做好人员安排,配备足量的教学管理人员,做好本次培训的管理工作及突发事件的应对工作。最后,培训基地要做好培训的监督与考核工作,制定符合培训需求的考核标准与考核程序,保证培训效果。

(二)师资队伍

提高培训质量的关键在于培养高素质的师资。在不同的培训阶段对师资的要求也不尽相同。在课堂讲授阶段,需要一些在教育管理、职业教育等方面有一定影响力的专家学者作为培训教师;而在影子校长阶段,则需要名校长带教,导师本身工作比较忙,基地要做好与导师的沟通工作,确保在不影响导师正常工作的情况下保障学员的培训,能让学员更多接触导师,参与导师的实践学校管理活动,从而得到更多的实践机会和指导。在交流学习阶段,老师不仅需要有较强的引导和控制会场的能力,而且其本身的实践管理能力和理论知识都要比较丰富。

（三）保障措施

此实施方案拟于 2015 年推出，并于 2016 年开始试点实施，用 1—2 年的时间试点，经过试点修改完善后再全面推出，要求全市在岗校长及拟聘校长轮流参加培训。在人员方面，培训基地要成立校长培训管理小组，配备专门的教学管理人员 2—3 名，与学员保持联系，了解学员对培训内容的要求，及时反馈有关信息，以便根据情况对培训内容做适当调整，加强培训的管理与监督。在制度方面，制定严格的考勤制度，强化教学质量监控，通过听课、课堂教学状况问卷调查、学员座谈等形式评价和监控教风、学风、教学质量，并对学员培训后的教学质量变化做跟踪调查。

参考文献

[1] 崔霞. 我国中小学校长培训问题研究[D]. 上海：华东师范大学,1991.

[2] 邓正容. 新西兰中小学校长培训框架与内容[J]. 基础教育,2011(3)：49—54.

[3] 林宇."十二五"中职校长培训模式与专业化发展[J]. 继续教育研究,2012(9)：73—75.

[4] 石中英. 知识转型与教育改革[M]. 北京,教育科学出版社,2001.

[5] 单松涛."十二五"期间中小学校长培训课程设置的构想[J]. 继续教育研究,2012(6)：96—98.

[6] 郭雪利. 职业教育教师培训系统化设计研究[D]. 上海：华东师范大学,2013.

[7] 屠广越. 构建区域中小学校长培训课程体系的思考与实践——以大连市"十二五"中小学校长培训
课程体系构建为例[J]. 大连教育学院学报,2011(4)：9—14.

[8] 王小棉. 英国中小学校长培训课程特点的启示[J]. 广东教育学院学报,2010(2)：55—59.

[9] 徐国庆. 基于工作知识的校长培训方案设计——以中职校长为例[J]. 教育科学,2009(4)：
85—89.

[10] 徐国庆. 职业教育项目课程开发指南[M]. 上海：华东师范大学出版社,2009.

[11] 许发梅. 从课程设计视角推进校长培训专业化[J]. 基础教育研究,2012(8)：60.

[12] 褚宏启. 校长专业化的知识基础[J]. 教育理论与实践,2003(12)：27—32.

[13] 朱大伟. 论职校校长培训的目标、内容和方式[J]. 中国职业技术教育,2003(12)：17—18.

[14] Marsha Speck. The Principalship：Building a Learning Community [M]. Prentice Hall, 1998.

[15] Friedrich August von Hayek. "The Use of Knowledge in Society" [J]. American Economic
Review，1945,35(4)：519 - 530.

[16] Donald A. Schon. Educating the Reflective Practitioner：How Professionals Think in Action
[M]. Basic Books，1983.

上海市中等职业学校德育
干部培训体系开发研究

上海市中等职业学校德育干部培训课程体系开发研究课题组

课题组成员

目　录

MU　LU

一、研究背景与意义

提高中职学生的思想品德和职业素养是一项系统工程,离不开校级领导、中层干部、全体教师以及所有学生的共同努力。其中,中职德育干部承担着明确德育目标、确定德育内容、组织德育活动、评估德育效果的重任,是决定学校德育成效的关键一环。因此,中职德育干部队伍的素养会显著影响学校德育效果。

近年来,上海市广大中职德育干部紧紧围绕"立德树人"的根本任务,为中职德育工作的发展和推进做出了重要贡献。但与社会发展的要求相对照,尚不能完全满足需求,具体表现为:一是德育管理干部多数为兼职,专业化水平不高,岗位职责不够清晰;二是德育工作缺乏依据学生特点、专业特点和学校特点的顶层设计;三是德育工作缺乏高质量的德育实践活动。

可见,建立培训系统帮助中职德育干部把握理论政策,掌握实务操作,提高能力素养,既是时代发展的需求,也是提高中职德育水平的现实需要。就目前的研究与实践而言,离此要求尚有距离,具体表现为:在培训安排层面,缺乏固定培训时间,也无固定参与人员,处于零敲碎打状态;在培训内容层面,一定程度上存在着各培训相互独立,缺乏内在联系的情况,无法形成整体效应;在培训方法层面,有些培训以讲座为主要形式,缺乏全体人员的深度参与;在培训评价层面,形式较为单一,评分较为随意,不易达成预期效果。为此,研究的第一要务是建立有效的中职德育干部培训体系。

对于如何建立中职德育干部培训体系,采用怎样的运作机制,以更好地体现一线需求,更充分地发挥专家作用,可资借鉴的经验不多。为此,研究的另一要务是研究中职德育干部培训体系建立与完善的有效机制。

基于以上考虑,我们申报了《中职德育干部培训系统规划研究》课题,针对体系建立与完善的有效机制,开展系统研究。

二、研究目标

基于背景与意义分析,本研究力图达成以下目标:

(1)构建一套中职德育干部培训课程体系。形成结构系统、分层递进、重点突出的内容体系,重视理论、强化案例、突出实践、利用资源的学习方法体系,过程评价与终结评价结合、态度评价与能力评价结合的课程评价体系。

(2)建立适应中职德育干部需求的培训机制。培养能胜任培训工作的师资队伍与管理队伍,探索提高培训工作水平与服务质量的路径,创新培训成果转化的方法,形成较为完备的中职德育干部培训方案。

(3)建立与完善中职德育干部培训体系的有效机制。提炼建设培训体系的思路、过程、方法与工具,为后续完善中职干部培训体系乃至设计其他培训体系提供借鉴与参考。

三、研究过程

在课题开题报告中,确定了研究思路:①开展需求调研;②提炼核心问题;③分解课程内容;④归纳课程模块;⑤分层分类实施。本研究主要经过四个阶段,充分体现研究思路。

(一) 开展调研、提炼问题

为了解中职德育干部课程体系现状及培训实施现状,组织问卷调查,发现整体特征,并提炼有待解决的问题。

1. 问卷设计

组织培训专家、问卷设计专家、中职德育干部代表等,经过多次研讨,并参考相关文献,设计了"上海市中职德育干部现状调查问卷"。调查问卷由基本信息、主要经验与困难、培训现状、发展性需求、内容需求等方面组成,题型以单选题和多选题为主。

2. 问卷调查

本次调查主要面向中专、职校、技校分管德育的校级领导。其中有 39 位中专(含职业高中)的校级领导,10 位职校的校级领导和 3 位技校的校级领导,基本覆盖了中等职业学校的几大类,样本具有较强的代表性。本次调研共发放问卷 52 份,收回问卷 52 份,问卷回收率为100%,其中有效问卷 52 份,问卷有效率为 100%。

3. 结果分析

分析问卷调查结果,得到了以下主要结论(具体分析见《上海市中职德育干部培训现状调查报告》):

(1)市级培训开展不够有力,提供学习机会较少。在所有参与调查的校级德育干部中,三年内参与过培训的占 61.54%,其中参与过 3 次以上培训的仅占约 10%,从未参加培训的校级领导竟高达 38.46%。在规划课程体系时,需要充分考虑课时保障问题。

(2)德育培训形式要进一步丰富,增强学员的实践体验。55.8%的学员认为"社会考察较少",53.6%的学员认为"培训形式单一"。80.8%的学员选择"参观考察"为自己最欢迎的培训形式,有 86.5%的学员选择优秀同行为自己最喜欢的师资。在规划课程体系时,需要有效选择培训方式,适当体现培训方式的多样性,增进同行之间的相互借鉴。

(3)培训内容要面向德育实践,发展学员处理实际问题的能力。中职德育干部最迫切需要的内容为中职德育热点、重点和难点问题聚焦(占 55%)、中职学校校园文化建设研究(占50%)、中职德育干部危机干预研究,均直接指向学校德育建设和问题处理。他们觉得不太需要的内容为中职学校形势政策教育(占 90%)、中职德育课程化研究(占 80%)。在规划课程体系时,需要充分考虑学员需求,尽量多安排他们迫切需要的内容。

(4)考核方式要与工作实践紧密结合,体现学以致用。中职德育干部最喜欢的考核方式为"活动方案设计"与"撰写案例",不喜欢的考核方式为"撰写论文"及"撰写学习体会"。在规划课程评价时,需要紧密联系学员的工作实践,促进他们在日常问题解决中深入思考,又不过度增加完成任务的负担。

(二) 归纳模块、完成《大纲》

以调查结果为基础,吸纳上海市已有中职德育干部培训的合理内容与有效方式,结合文献研究、政策分析,确立课程内容、培训方式与评价方式,并整合成模块与单元,以体现系统性,形成《中职德育干部培训大纲》。

1. 课时设计

针对以往培训课时不足的现象,进行长周期的课程设计。共计 100 课时,学员修完可得到 10 学分。

2. 内容设计

在设计课程内容时,确立了以下几个原则:一是以实务操作为核心,适应中职德育干部的现实需要;二是充分关注理论政策,帮助中职德育干部把握方向;三是适当加强能力素养,促进中职德育干部的可持续发展。

经过各个层面的多轮研讨,最终形成了由三个模块、十三个单元组成的课程内容体系。

模块一、理论政策(16 课时):单元一、从形势中吸取动力——中职教育形势及政策法规研究(4 课时);单元二、从经典中获得启示——德育经典理论介绍(4 课时);单元三、从心理中寻求对策——中职学生心理特征研究(8 课时)。

模块二、实务操作(56 课时):单元四、从统筹中强化意识——中职德育干部领导力研究(8 课时);单元五、从难点中找到突破——中职德育热点、重点和难点问题聚焦(8 课时);单元六、从教学中展现魅力——中职德育课程有效性研究(8 课时);单元七、从干预中化危为机——中职德育危机干预研究(8 课时);单元八、从合作中探索新路——校企合作和工学结合视野下的中职德育工作(8 课时);单元九、从文化中汲取营养——中职学校校园文化建设研究(8 课时);单元十、从开放中优化环境——学校—家庭—企业—社会"四位一体"育人机制研究(8 课时)。

模块三、能力素养(28 课时):单元十一、从科研中发展能力——中职德育干部科研能力发展研究(16 课时);单元十二、从信息中获取资源——中职德育干部信息化能力研究(6 课时);单元十三、从修身中提升素养——中职德育干部人文素养与专业化提升(6 课时)。

3. 结构设计

每个单元均围绕适用对象、问题情境、单元目标、单元内容、培训方式、单元评价,设计单元结构。

适用对象分为两类,分别为校级领导和中层干部。问题情境提供了单元需要解决的核心问题。单元目标则是围绕问题情境,确定需要达成的培训要求。单元内容围绕单元目标确立,不过分强调全面性、系统性,突出操作性、有效性。

根据中职德育干部突出实践的需求,采用与培训内容相配套的多样化培训方式,包括:专家讲座与报告,同行经验介绍,在线答疑与研讨,典型案例剖析,学员自主研修,观摩听课与交流点评,现场参观学校或企业,等等。

在设计评价方式时,主要考虑以下几点:一是针对先前德育干部培训学员参与度不够的现状,将学员课程学习及讨论参与度、对课程效果的反馈作为评价要素。二是根据德育干部需求,将德育方案设计和德育案例撰写作为主要评价形式。三是对于理论性和能力要求较强的内容,仍然通过书面测试和现场操作等方式进行考查。

(三) 组织实施、形成《方案》

形成《中职德育干部培训大纲》后,采用行动研究方法,以中职德育干部培训基地为试点实施了两轮,边实践,边研究,边总结。

1. 检验课程体系的适切性

在培训试点过程中,在完成每个单元的培训后,均围绕课程内容是否适切、培训方式是否有效、评价方式是否合理、选择哪些专家开设讲座较为恰当、到哪些企业和学校开展活动更具有针对性等问题,利用问卷调查、个别访谈等形式,了解学员的想法,以检验课程体系的适切性。

2. 完善《中职德育干部培训课程大纲》

组织专家团队,逐条分析学员的看法与建议。针对每个单元,优化单元内容,选择最优的培训方法与评价方法,建立专家、企业和学校资源库,完善大纲,撰写培训课程案例(详见附件4),并形成部分教材。其中,课程案例是对培训大纲的进一步细化,由目标概述、内容详解、答疑解惑、课后评价、课后拓展等部分组成。

3. 撰写《中职德育干部培训方案》

以培训大纲为基础,围绕指导思想、工作目标、培训原则、培训内容、工作要求,着重从培训机制层面,阐述有效培训的目的、思路与要求,形成培训方案初稿。邀请专家审读,经过几轮修改,最终形成培训方案。

(四) 梳理总结、完成《报告》

在课题结题阶段,对项目实施思路、过程、方法进行全面梳理,进一步优化《中职德育干部培训课程大纲》和《中职德育干部培训方案》,总结提炼建设培训体系的思路、过程、方法与工具,邀请专家论证,形成课题研究报告。

四、主要成果

经过研究和实践,本课题取得了预期的成果,主要包括:

(1)形成了《上海市中职德育干部现状调查报告》(详见附件1)。摸清了中职德育干部培训的现状和德育干部的实际要求,成为开发培训课程,制定培训方案的依据,也可以作为今后对方案的实施进行实效检验的参考。

(2)开发了上海市中职德育干部的培训课程体系。形成了中职德育干部培训大纲,开发了培训的教材。培训大纲的内容包括培训课程各模块、单元的问题情况、培训目标、培训内容、培训方式和单元评价(详见附件2)。培训的教材以单元和主题为基本结构,每个单元主题有学习目标、学习内容、学习方式建议、测试题及参考书目、网站提示等。每篇教材一般由现象思考、答题解惑、实践反思和课后拓展四个环节组成,体现了发现问题、分析问题、解决问题的过程。(详见附件3)

(3) 制定了《上海市中职德育干部培训方案》。这个方案说明了培训背景,确定了培训定位、培训目标和培训原则,安排了理论政策、实务操作和能力素养三大模块十三个单元构成的培训内容,还提出了培训方式、培训评价和培训保障,汇总了本课题研究的成果。

(4) 提炼了建设培训体系的有效路径。本研究依照问卷调查确定需求、政策分析把握方向、文献研究吸收经验、专家团队建设课程、培训试点发现问题、通盘思考优化改进的思路,建设中职德育干部培训体系。实践表明,此路径较为科学、规范,对于提高培训体系的质量起到了重要作用,可供后续开发的各类培训课程体系借鉴。

上海市中职德育干部培训系统规划课题培训方案及相关附件

上海市教委教研室
上海市中职德育课程师资培训基地
二〇一六年三月

目　录

MU　　LU

上海市中职德育干部培训方案

一、培训背景

立德树人作为教育的根本任务,培养德智体美全面发展的社会主义建设者和接班人。中职学校是培养技术型人才的摇篮,中职学校的学生是我国未来产业大军的重要来源。中职学校承担着培养"适应经济社会发展的知识型人才"的重要任务。中职德育干部承担着加强学生思想道德教育、培养学生职业素养的重任。因此,加强德育干部队伍建设十分重要。

近年来,上海市广大中职德育干部认真贯彻党的教育方针,落实《中等职业学校德育大纲》文件要求,紧紧围绕"立德树人"的根本任务,在中职德育工作的发展和推进中取得了可喜的成绩,但与形势发展的要求相对照,还存在着一定的差距和问题。主要是:德育干部专业水平不高;德育工作的目标偏重于行为纠偏,疏忽了内在修养的提升;校本德育工作缺乏依据学生特点、专业特点和学校特点的顶层设计;德育干部的职责不够清晰等等。我们通过调研,发现不少德育领导表示迫切需要提升学校德育工作规划的编制能力,也有不少受访者表示迫切需要提升德育活动策划、组织与协调能力,迫切需要提升班主任专业化水平。针对上述问题,亟须加强对中职德育干部的培训。为培养高素质的育人导师,搭建德育干部成长的平台,推动德育干部队伍科学化建设、专业化培养、多样化发展,增强学校德育工作的针对性、实效性,遵循职业教育德育工作规律和学生成长规律,促进中职学生成长发展,在进行"上海市中职学校德育校级干部培训需求调查"并举行多次专家研讨会的基础上,制定本方案。

二、培训定位

本培训以德育干部的全面发展为宗旨,以实践需求为导向,以优质的学习与研究为追求,适应当前所面临的德育形势,把中职德育干部培训工作放在职业教育为产业转型服务,培养高素质知识型、发展型技能人才的背景下来思考规划和实施;从培养学生满意和喜欢的德育干部出发,突出"职业人生发展导师"的角色定位;从坚定职业理想和提高德育干部工作水平出发,突出"先进职业教育理念和人文素养"的内容重点,不断提高德育干部的教育境界和专业素养;坚持边研究、边实践、边总结,开发适用于中职德育干部培训的课程体系,系统规划上海市中职德育干部培训,形成结构系统、分层递进、重点突出的内容体系,重视理论、强化案例、突出实践、利用资源的教学方法体系,过程评价与终结评价结合、态度评价与能力评价结合的课程评价体系;建立适应中职德育干部需求的培训机制,探索提高培训工作水平与服务质量的路径,创新培训成果转化的方法,促进结业学员的可持续发展。

培训对象定为上海市中职校负责德育工作的干部。为扩大培训的受益面,将培训范围界定为学校中层以上干部,具体包括负责或分管德育工作的校长(正副职)、党总支书记(正副职)、学生处或德育处负责人(正副职、干事)、团委书记及团总支书记(正副职)、专业部德育管理干部(副主任、干事)。

三、培训目标

中职德育干部培训的目标是培养专业素养高的中职德育干部队伍,促使中职德育干部忠诚职教事业,树立责任意识;了解形势政策,完善知识结构;培养科研意识,把握学生心理;掌握实务技能,提升工作能力。

四、培训原则

在遵循教育部文件规定的针对性、实效性和创新性原则的基础上,中职德育干部培训工作还应坚持以下原则:

(一)适切性原则

培训内容坚持需求导向,切合中职德育干部发展需求,切合学生思想实际,切合中职德育工作实际,切合社会生活实际,坚持从问题着眼,从任务入手。为提高德育培训工作的有效性,对于校级德育领导和中层德育干部,在培训内容层面适当体现差异。

(二)实践性原则

加大实践教学力度,培训内容与培训形式充分体现与中职德育工作实际的结合,问题来自于实践,边指导边实践,最终于实践中解决,通过中职德育干部的工作实践检验培训成果。

(三)研究性原则

培训以《中职德育干部培训系统规划研究》课题为引领,边研究、边实践、边总结、边改进,在培训过程中贯穿研究性学习思想,指导学员开展德育课题研究、撰写德育案例与德育论文,提高研究能力。

(四)主体性原则

充分发挥中职德育干部自我发展的主体性,改变单向传递的灌输式培训,运用多种平台,广泛提供互动交流机会,提高培训的开放程度,引导德育干部在参与中自我学习、自我总结、自我提升。

五、培训内容

根据上海市中职德育干部的现状及专业发展需求,培训内容以把握政策法规为前提,以实务操作为重点,以提升能力素养为根本。

根据国家需求、时代发展、实践需要,从理论政策、实务操作、能力素养等维度,确定本方案的培训内容。各模块、单元之间既存在内在联系,又可以独立实施。总体安排表如下:

表1　总体安排表

模块	单　元	课时数
理论政策	1. 从形势中吸取动力——中职教育形势及政策法规研究 2. 从经典中获得启示——德育经典理论介绍 3. 从心理中寻求对策——中职学生心理特征研究	20
实务操作	4. 从统筹中强化意识——中职德育干部领导力研究 5. 从难点中找到突破——中职德育热点、重点和难点问题聚焦 6. 从教学中展现魅力——中职德育课程有效性研究 7. 从干预中化危为机——中职德育危机干预研究 8. 从合作中探索新路——校企合作和工学结合视野下的中职德育工作 9. 从文化中汲取营养——中职学校校园文化建设研究 10. 从开放中优化环境——学校—家庭—企业—社会"四位一体"育人机制研究	70
能力素养	11. 从科研中发展能力——中职德育干部科研能力发展研究 12. 从信息中获取资源——中职德育干部信息化能力研究 13. 从修身中提升素养——中职德育干部人文素养与专业化提升	30

具体安排如下:

(一) 理论政策

教育理论、国家政策是引领中职德育干部培训的导航。学习教育理论和国家政策能拓展中职德育干部的视野,激发他们的责任意识和敬业精神,因而我们将理论政策作为培训内容的第一模块。同时,学习教育理论离不开对教育对象特别是学生心理的研究,从调查结果来看,有45%的德育干部对此需求较大,因此也将此内容列入理论政策模块。

理论政策模块共计20课时,具体内容如表2所示。

表2   理论政策模块主要内容安排

单　元	内　容	课时数
单元一、从形势中吸取动力——中职教育形势及政策法规研究	（一）党的十八大报告中关于中职教育的新要求 （二）全国、上海市关于加强中职学生德育工作的文件精神 （三）中职教育改革发展新趋势 （四）与中职德育相关的法律法规	6
单元二、从经典中获得启示——德育经典理论介绍	（一）中外经典德育理论选读 （二）德育学、教育学、行为心理学理论对中职德育的启示 （三）现代管理学理论 （四）国外思想道德教育经验	6
单元三、从心理中寻求对策——中职学生心理特征研究	（一）中职学生心理特征 （二）中职学生常见的心理问题及应对技巧 （三）心理健康教育的意义和任务 （四）心理健康教育的途径和方法	8

（二）实务操作

实务操作是中职德育干部培训的重点。在对上海市中职德育校级干部作培训需求调查时发现，中职德育干部最希望培训内容有助于解决日常工作中所面临的实际问题。有 40% 的受访者选择学习有关中职德育热点、重点和难点问题聚焦，中职学校校园文化建设研究，中职德育危机干预研究，中职德育干部领导力研究，校企合作和工学结合视野下的中职德育工作等内容。鉴于德育干部与中层干部在领导力方面的要求不完全相同，故安排分层培训。

另外，30% 的受访者选择学习有关"学校—家庭—企业—社会四位一体育人机制研究"的内容，据此，把上述内容纳入实务操作模块。

实务操作模块共计 70 课时，具体内容如表 3 所示。

表3   实务操作模块主要内容安排

单　元	内　容	课时数
单元四、从统筹中强化意识——中职德育干部领导力研究	**层次一：适用于校级领导** （一）什么是领导力 （二）德育干部领导力建设的意义 （三）德育规划制定策略 （四）德育规划的实施与评价 （五）中职校德育特色品牌建设案例 （六）中职德育特色项目考察 **层次二：适用于中层干部** （一）什么是领导力、组织力与执行力 （二）提高德育干部领导力、组织力与执行力的策略 （三）德育活动设计与组织的基本策略 （四）中职德育工作有效性案例解析与实地研讨	10

续表

单 元	内 容	课时数
单元五、从难点中找到突破——中职德育热点、重点和难点问题聚焦	（一）中职德育工作中面临的热点、重点和难点问题 （二）中职德育热点、重点和难点案例剖析 （三）创新德育工作的内容、策略与途径	10
单元六、从教学中展现魅力——中职德育课程有效性研究	（一）中职德育课的教育功能 （二）中职德育课设置与主要内容 （三）中职德育课教材运用与教学设计 （四）专业课程中的德育渗透	10
单元七、从干预中化危为机——中职德育危机干预研究	（一）什么是危机和危机干预 （二）危机干预的原则 （三）危机干预体系的构建 （四）对涉及处理危机事件相关人员的心理关怀策略 （五）校园安全教育 （六）危机干预案例分析	10
单元八、从合作中探索新路——校企合作和工学结合视野下的中职德育工作	（一）校企合作和工学结合背景下中职德育工作面临的问题 （二）加强顶岗实习、工学结合环节中德育工作的意义 （三）顶岗实习、工学结合环节中的德育工作新途径与方法 （四）中职生顶岗实习环节中德育活动设计和内容研讨 （五）参观企业并与企业交流	10
单元九、从文化中汲取营养——中职学校校园文化建设研究	（一）中职学校校园文化建设的内涵与意义 （二）中职学校校园文化建设的途径与方法 （三）校园时尚文化对于学生人格成长的影响 （四）正确引导校园时尚文化的策略 （五）在校园文化中融入企业文化的意义与方法	10
单元十、从开放中优化环境——学校—家庭—企业—社会"四位一体"育人机制研究	（一）家庭教育、企业教育、社会环境与学校教育合作的意义 （二）四方合作的基本渠道和方法 （三）完善学校—家庭—企业—社会"四位一体"育人机制 （四）破解四方合作难点的案例解析	10

（三）能力素养

提升能力素养，是中职德育干部培训的根本任务。其中，人文素养是能力素养的基础，而科研能力、信息化能力又是适应现代职业教育要求不可缺少的。据此，把人文素养、科研能力与信息化能力作为重要内容纳入能力素养模块。人文素养的内容安排在最后，也带有总结的意味。此模块共计 30 课时，具体内容如表 4 所示。

表4 能力素养模块主要内容安排

单 元	内 容	课时数
单元十一、从科研中发展能力——中职德育干部科研能力发展研究	（一）中职德育干部发展科研能力的意义和价值 （二）中职德育科研工作的组织与指导 （三）中职德育干部提高科研能力的途径与方法 （四）中职德育案例的撰写与研讨 （五）中职德育的课题研究与论文撰写	16
单元十二、从信息中获取资源——中职德育干部信息化能力研究	（一）信息化时代中职学生呈现的新特征 （二）信息化时代德育工作面临的机遇和挑战 （三）信息化时代德育干部应具备的信息化和数字化管理能力 （四）中职德育干部运用信息化手段开展德育工作成功案例解析	8
单元十三、从修身中提升素养——中职德育干部人文素养与专业化提升	（一）人文素养的含义 （二）中职德育干部应具备的人文素养 （三）提高人文素养的途径与方法 （四）中职德育干部专业化的内涵和主要内容 （五）中职德育干部专业化发展案例解析	6

六、培训方式

（一）选课方式

基于培训课程各模块既相互联系又相对独立的特点,采取整体规划、分别落实的选课方式,在三年内完成一轮"定单式"规定课程与"菜单式"自主选学课程相结合的全市德育干部培训。其做法是:将理论政策、能力素养这两个模块作为规定课程,而将基于德育干部技能水平差异的实务操作模块作为自主选学课程。自主选学的课程,只要满足学分要求即可。其中单元四,校级领导和中层干部按不同的要求分别进行培训。各模块课时分配如右图:

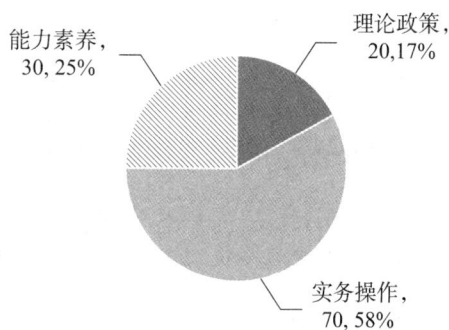

图1 模块课时分配图

（二）学习方式

根据调查中65%以上的受访者倾向与专家和同行交流研讨、典型案例分享以及开展社会考察等培训方式的情况,本培训以"理论学习—自主研修—专家指导—工作实践—同伴互助—交流观摩—反思提高"为基本形式。在举办专家讲座时,采用互动方式,即先由学员进行交流汇报,再由专家作有针对性的指导,然后再让学员质疑提问、专家答疑解惑。市级培训由专家团队(高校教授＋一线校长＋企业人事总监)领衔,科研导师与工作导师"双导师"指导,同伴互助进行案例研讨,市德育中心组成员参与过程指导与全程管理服务。

学习方式在各模块主题中的实施,见表 5 所示。

表 5　培训方式一览表

单　元	培　训　方　式										
	专家报告	专家答疑	专家指导工作实践	经典案例剖析	优秀同行报告	讨论交流	实地考察	现场听评课	学员自修	主题论坛	其他
从形势中吸取动力:中职教育形势及政策法规研究	√					√			√		
从经典中获得启示:德育经典理论介绍	√					√			√		
从心理中寻求对策:中职学生心理特征研究	√	√		√			√				
从统筹中强化意识:中职德育干部领导力研究(校领导)	√	√		√	√		√			√	
从统筹中强化意识:中职德育干部领导力研究(中层干部)	√	√	√	√	√		√		√		
从难点中找到突破:中职德育热点、重点和难点问题聚焦	√	√		√	√						
从教学中展现魅力:中职德育课程有效性研究	√		√					√			
从干预中化危为机:中职德育危机干预研究	√	√		√		√					
从合作中探索新路:校企合作和工学结合视野下的中职德育工作	√						√				
从文化中汲取营养:中职学校校园文化建设研究	√						√		√		√
从开放中优化环境:学校—家庭—企业—社会"四位一体"育人机制研究	√	√				√			√		√
从科研中发展能力:中职德育干部科研能力发展研究	√	√	√						√		√
从信息中获取资源:中职德育干部信息化能力研究	√			√	√	√					
从修身中提升素养:中职德育干部人文素养与专业化提升	√			√	√				√		

校级培训由学校负责组织,采用学员自主研修、同伴互助、骨干示范、学员实践、问题研究、网络互动等方式,鼓励几所学校对同一主题进行研讨,共享研究成果,实现集中培训与分散学习相结合、理论引领与自主学习相结合。

七、培训评价

(一) 工作评价

在整个培训过程中,通过问卷调查、查阅资料和课堂观察,评价培训质量,总结优点,发现不足,采取跟进措施。

1. 教师授课

教师授课要求做到师资优化、内容精彩、互动良好。通过问卷调查,了解学员对于课堂内容和培训教师素养的反应;通过课堂观察,了解课堂教学质量和互动情况。

2. 组织工作

要求做到通知准确、安排紧凑、管理有序、服务到位。通过查阅通知、教案、议程等资料,进行问卷调查或个别访谈,了解学员对于组织工作的意见与期望。

3. 培训效果

在培训结束时,采取资料查阅、成果查阅等方式,了解培训效果。通过问卷调查、座谈研讨、个别访谈等方式,了解学员对于培训的满意度,包括满意的环节与有待改进的环节。

在获取各种反馈信息后,组织相关的研讨活动,改进培训方案以及配套的培训大纲、培训资料、培训机制,使培训课程逐步走向完善。

(二) 学员评价

本培训从学习态度、学习效果、培训成效等维度对学员进行跟踪评价。学习态度要求准时参训、认真听讲、积极互动;学习效果要求作业认真、发言到位、能力提升;培训成效要求工作业绩明显、领导同事认可、学生家长喜欢。

具体评价方式包括:考勤记录、学习笔记、课上发言、课后作业、学员小结、活动方案设计、情境模拟,案例交流等。对中职德育干部培训后变化的评估,采取问卷调查、个别访谈、座谈会,以及听取所在学校师生家长的意见等形式。

八、培训保障

中职德育干部培训工作是上海市教委专项培训的重要组成部分,上海市教育技术装备中心负责宏观指导和质量监控,上海市中职德育课程师资培训基地负责中职德育干部的培训组织工作,所需费用列入上海市教育技术装备中心经费预算,足额提供保障。

(一) 师资保障

由上海市教委教研室牵头,以上海市中职德育中心组成员、上海市中职德育名师为骨干,汇集全国中职名校长、高校教授专家、一线先进德育工作者、行业企业专家组成培训讲师及专业实践指导团队。

(二) 学材保障

本次培训制定了中职德育干部培训大纲,具体说明了各模块、单元的问题情境、培训目标、培训内容、培训方式和单元评价。

中职德育干部培训的学材依据大纲在培训过程中逐步形成。学材以单元和主题为基本结构,每个单元主题有单元目标、学习内容、学习方式建议、测试题及参考书目、网站提示等。学材编制完成后,要通过培训检验,不断改进和完善。

每篇学材大致由现象思考、答疑解惑、实践反思和课后拓展四个环节组成,体现了发现问题、分析问题、解决问题的过程,如表 6 所示:

表6 学材设计框架

序号	环节	要　　　求
1	现象思考	以录像、PPT 加文字说明或画外音呈现现象,让学员观看后发现问题进行思考。
2	答疑解惑	以专题报告、学员研讨、教学互动的方式对现象中发现的问题进行分析,形成解决的方案。
3	实践反思	运用学到的理论和策略解决自己工作中的实际问题并进行交流汇报。
4	课后拓展	巩固深化所学内容,提供参考书目进行深度阅读。

(三) 学校资源保障

依托上海市教委教研室,在全市开展各类中职德育教育教学活动,为培训学员提供现场观摩、实践展示的平台。将中职德育学科中心组成员所在学校作为培训交流基地。

(四) 管理保障

培训基地下设管理组、宣传组和保障组,全程检查督导,保障培训的规范有序。建立导师团队、专家团队、研究团队和工作团队全程参与课程研究、培训授课和实践指导,保障培训的优质高效。依托经济管理学校等中职学校的优质管理与完善的后勤服务,保障培训顺利运行。

(关月梅　执笔)

附件 1　上海市中职德育干部现状调查报告

上海市中职学校德育校级干部培训需求调查报告(含问卷)

一、样本说明

本次调研共发放问卷 52 份,收回问卷 52 份,问卷回收率为 100％,其中有效问卷 52 份,问卷有效率为 100％。

二、数据分析

(一) 调查对象基本信息分析

本次调查发放的 52 份问卷,主要面向中专、职校、技校分管德育的校级领导(正副校长、正副书记),其中,有 39 位中专(含职业高中)的校级领导,10 位职校的校级领导和 3 位技校的校级领导,基本覆盖了中等职业学校的几大类,样本具有一定的代表性,数据可信。调查结果显示,在参与调查的 52 位校级领导中,有 30 位为男性,22 位为女性,男女比例约为 3∶2;在政治面貌上,中共党员有 48 位,占被调查对象的 92.3％,另有 1 名民主党派党员,3 名群众。

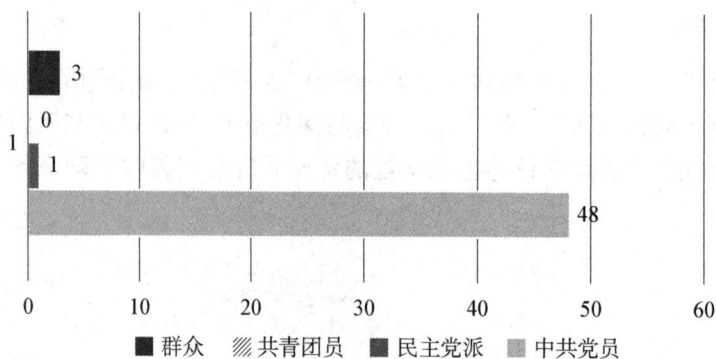

图附 1-1　调查对象政治面貌

所有对象的学历水平均在大学本科以上,21.2％的校级德育干部为硕士研究生及以上学历。相应的,职称水平分布为副高级 26 人,中级 23 人,初级 2 人。

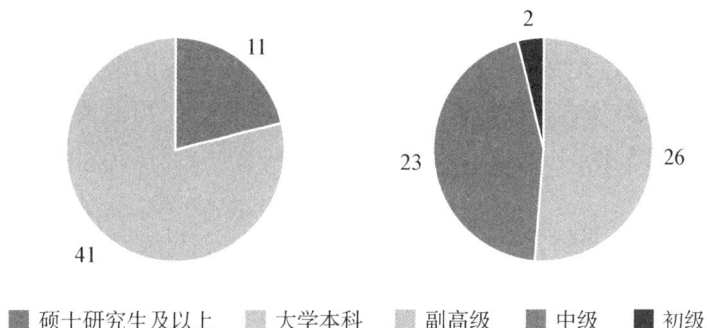

硕士研究生及以上　■大学本科　副高级　中级　■初级

图附 1-2　调查对象学历和职称分布

调查对象的年龄层次分布较为均匀,呈现一定程度的老龄化趋势。其中 17 人在 50 岁以上,41—50 岁的校级德育干部占参与调查人数的比重最高,为 42.3%;青年(40 岁以下)校级德育干部占有 1/4 的比重,为 13 人。

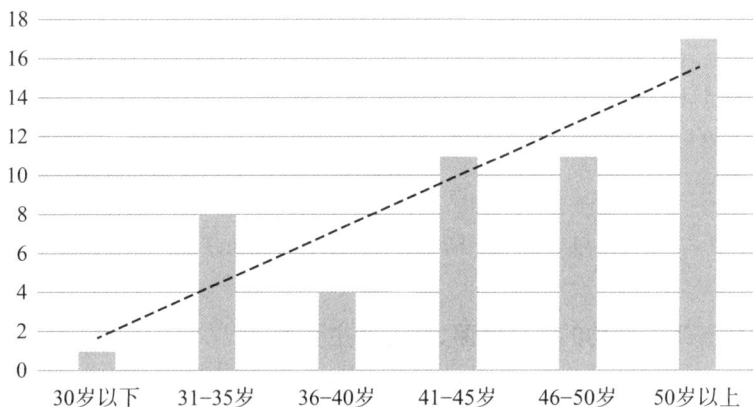

图附 1-3　调查对象年龄分布

目前,有 48 位校级德育领导仍在教育一线任教,执教课程分别为德育课 32.7%,文化基础课 25%,专业课 28.8%,体育课 3.8%,其他 1.9%。

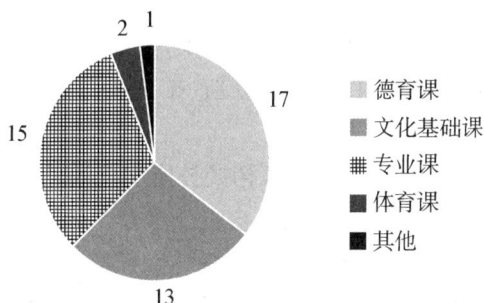

图附 1-4　调查对象执教课程

大多数参与调查的校级领导对德育科研工作都很重视。有 76.9% 的校级干部自 2011 年起在正式刊物上发表过论文，或者主持或参与过区级及以上的课题研究；其中，发表或参与篇数在 1—4 篇的人数所占比例最高，为 71.2%；有 1 人 3 年内的发表篇数超过 9 篇。有 12 人未曾开展过此项工作。

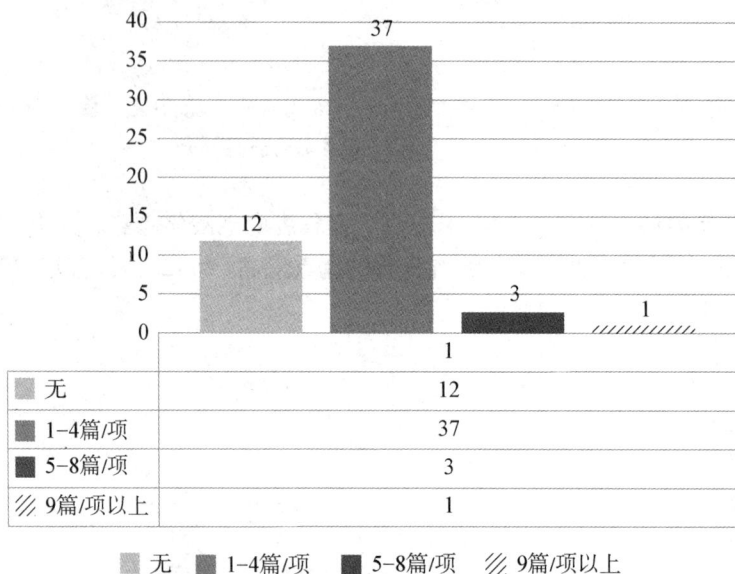

■ 无	12
■ 1—4篇/项	37
■ 5—8篇/项	3
▨ 9篇/项以上	1

■ 无　　■ 1—4篇/项　　■ 5—8篇/项　　▨ 9篇/项以上

图附 1-5　调查对象发表科研论文情况

（二）各校德育工作成功的主要经验、存在的主要困难

在调查问卷中，为了摸清各校德育特色，掌握基层职业学校德育工作的第一手资料，我们设置了"本校德育工作成功的主要经验、存在的主要困难有哪些？"这一开放性的问题，各校纷纷晒出本校在德育工作中取得的成效，从中可见各校都有自身的发展特点和优势，学校的德育特色及侧重点不尽相同。从调查结果中可以提炼出中职学校在德育方面的主要经验和主要困难，这些信息对于我们开展培训工作具有指导意义：

1. 主要经验

经验一：德育是"一把手工程"，必须要领导重视，德育目标清晰，方法得当。要树立先进的德育理念，坚持德育工作的制度创新、模式创新、拓宽德育工作渠道。要紧密结合学校发展的特点和专业特色。

经验二：要以学生的终身发展为本，积极拓展校园文化活动领域，以社团建设为重点，注重行为规范教育，强化国防教育、安全教育、社会责任等专题教育，努力提高学生人文素养。

经验三：要搭建学生的德育实践平台，建设好学生干部队伍，形成有自主管理能力的学生干部梯队，培育学生志愿者服务队，架构学校—社会—家庭的联系平台。

经验四：德育干部队伍有奉献精神，学校的考核机制要能激励德育队伍发展，同时，德育干部也要肯吃苦，具备奉献精神。

2. 主要困难

困难一：难度大。生源质量参差不齐，对问题学生的教育缺乏有效办法，德育工作的针对性、有效性明显不足，制度执行力不够。

困难二：活动多，指导少，评价乱，德育队伍不稳定。

困难三：各德育支线整合不够，尚未形成德育合力，全员育人的德育氛围尚未真正形成。

困难四：德育队伍的激励机制尚未制度化。

以上各校的成功经验和面临的实际困难，对于开启基础德育培训，提高德育针对性和有效性提供了指导性意见，也为同行之间的经验交流提供了宝贵的素材。各校的先进经验可以在培训期间相互借鉴、广泛推广、起到示范引领作用；各校遭遇的困难可以在德育培训过程中，作为专题研讨，攻坚克难，增强德育培训的有效性和针对性。

（三）校级德育干部培训的现状分析

1. 中职校校级德育干部三年内的培训次数、频率

在所有参与调查的校级德育干部中，三年内参与过培训的占 61.54％，其中，参与次数在 1—2 次的有 23 人，占总数的 44.23％。有 3 人在三年内参与过 3 次培训，占总数的 5.77％；参与过 4 次和 5 次（及以上）的人数分别为 1 人和 2 人，分别占总数的 1.92％和 3.85％，而从未参加培训的校级领导高达 38.46％。

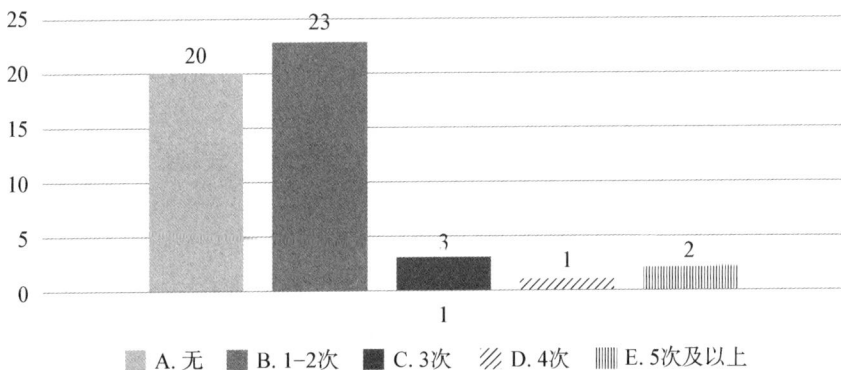

图附 1-6　德育干部三年内参与过培训的次数

究其原因，可能包括以下方面：首先，市级层面的培训开展得不够有力，提供的学习机会较少。在长达三年的时间内，作为学校德育的分管校长（书记），仅有 61.54％的人参加过市级层面培训，说明培训缺乏制度化的要求和保障机制。其次，作为分管德育校领导，个人工作比较繁忙，可能与培训班安排的学习时间发生冲突，无法保证正常学习，导致参与率不高。再次，由于校级德育干部人数比较少，每个学校一般只配备一人，培训也无法形成规模效应。

2. 培训满意度

在调查问卷中，"您对现有的德育干部培训感到满意的方面"是一道多选题，目的是

了解校级德育干部对现有德育培训的评价,有高达 73.08% 人认为"能够提供专家、同行的交流与帮助"是目前培训最让受训者受益及感到满意的方面;其次,对提供"典型案例分享"感到满意的人有 34 人,占总数的 65.38%,排名第三的是"学校、企业和社会资源共享"。

表附 1-1 德育干部的培训满意度

A. 典型 案例分享	B. 理论 指导实践	C. 学校、企业和 社会资源共享	D. 专家、同行的 交流与帮助	E. 其他
34 人	11 人	22 人	38 人	1 人
65.38%	21.15%	42.31%	73.08%	1.92%

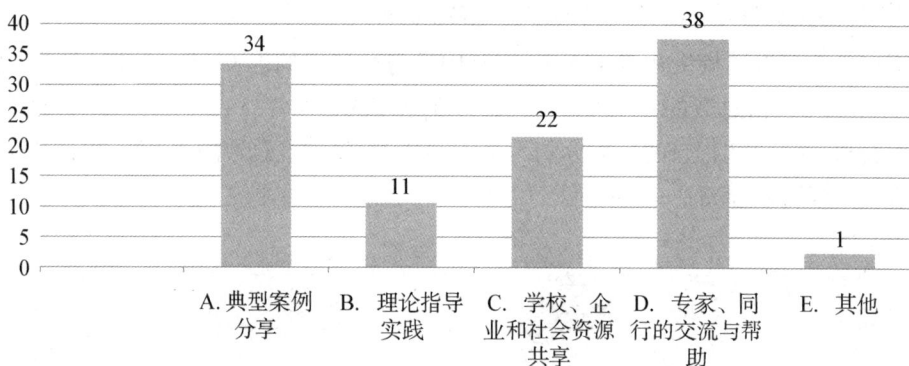

图附 1-7 德育干部的培训满意度

3. 培训反馈

在对现有培训的改进方面,有 55.77% 的人认为"社会考察较少"是亟需改进的,有 53.85% 的人认为"培训形式单一"令人不够满意;另外,"理论与实践结合不够"以及"针对性不强"也是选择较多的选项,分别有 40.38% 和 36.54% 的受访者选择。

表附 1-2 德育干部对培训存在问题的反馈

A. 针对性不强	B. 理论结合 实践不够	C. 培训 形式单一	D. 社会 考察较少	E. 其他
19 人	21 人	28 人	29 人	2 人
36.54%	40.38%	53.85%	55.77%	3.85%

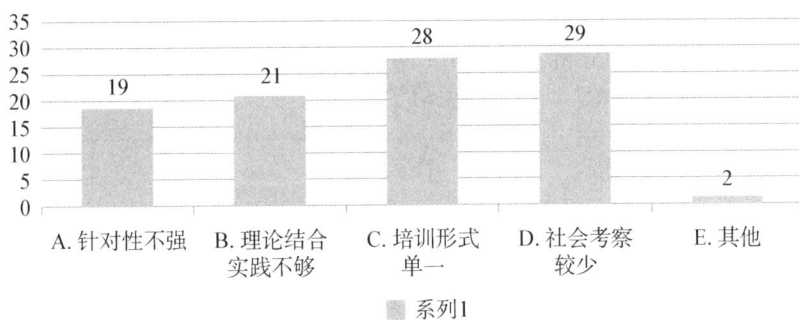

图附 1-8　德育干部对培训存在问题的反馈

（四）校级德育干部培训的发展性需求分析

1. 喜欢的师资

调查表明，"优秀同行"和"各领域专家"是校级德育干部较为喜欢的师资。

表附 1-3　德育干部喜欢的师资

A. 行政领导	B. 各领域专家	C. 企业高管	D. 优秀同行	E. 其他
2 人	39 人	13 人	45 人	1 人
3.85%	75.00%	25.00%	86.54%	1.92%

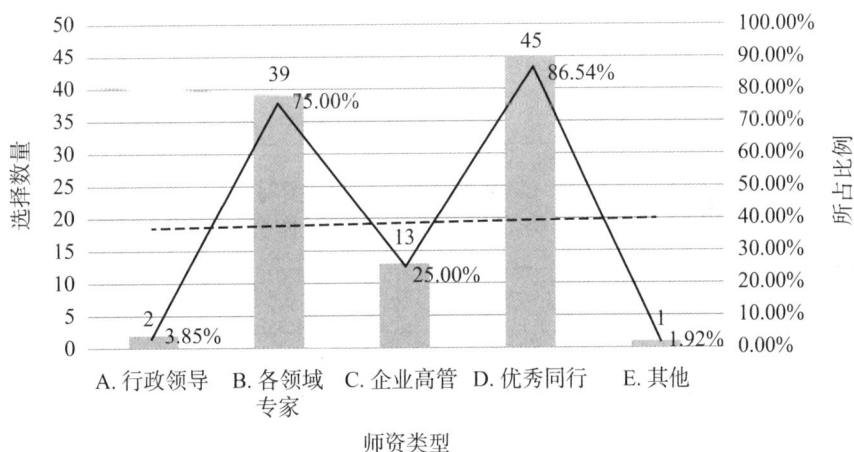

图附 1-9　德育干部喜欢的师资

2. 感兴趣的培训方式

"参观考察"与"案例分析与交流"是校级德育干部较为感兴趣的培训方式。

表附 1-4　德育干部感兴趣的培训方式

A. 专题报告	B. 案例分析与交流	C. 网络互动学习	D. 参观考察	F. 课题研讨和论文撰写
13 人	40 人	11 人	42 人	13 人
25.00%	76.92%	21.15%	80.77%	25.00%

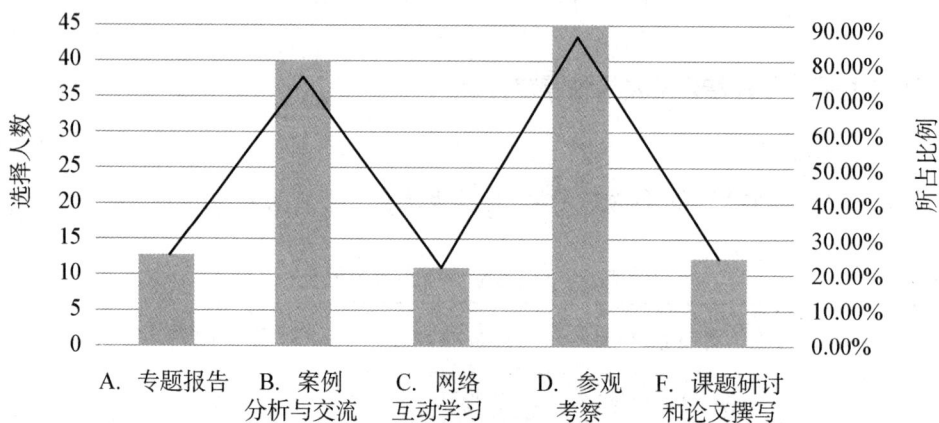

图附 1-10　德育干部感兴趣的培训方式

3. 考核方式

"活动方案设计"与"撰写案例"是校级德育干部最希望的考核方式。

表附 1-5　德育干部希望的考核方式

A. 撰写论文	B. 撰写案例	C. 活动方案设计	D. 撰写学习体会	E. 上公开课	F. 其他
7 人	24 人	36 人	19 人	10 人	3 人
13.46%	46.15%	69.23%	36.54%	19.23%	5.77%

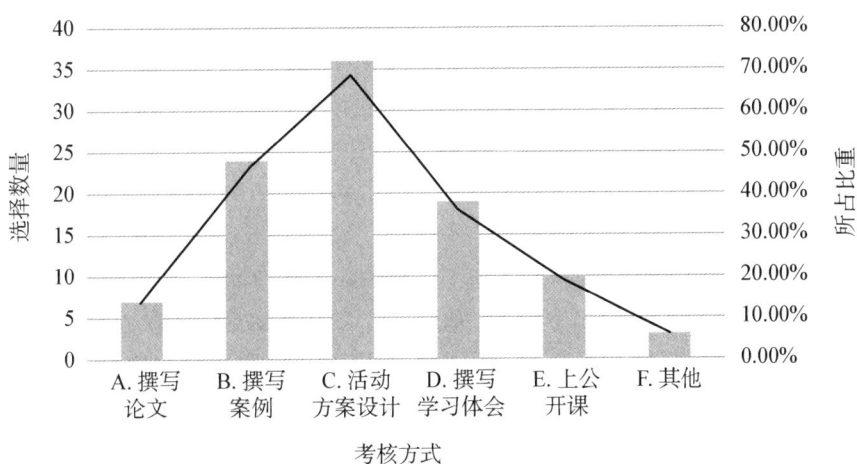

图附 1-11　德育干部希望的考核方式

4. 希望获得哪方面发展

"创造与同行交流的机会"、"更新教育观念"、"提高德育实践能力"等是校级德育干部最希望通过培训得到的收获。

表附 1-6　德育干部希望的收获

A. 更新教育观念	B. 提高实践能力	C. 丰富专业知识	D. 创造与同行交流的机会	E. 其他
40 人	40 人	29 人	42 人	2 人
76.92%	76.92%	55.77%	80.77%	3.85%

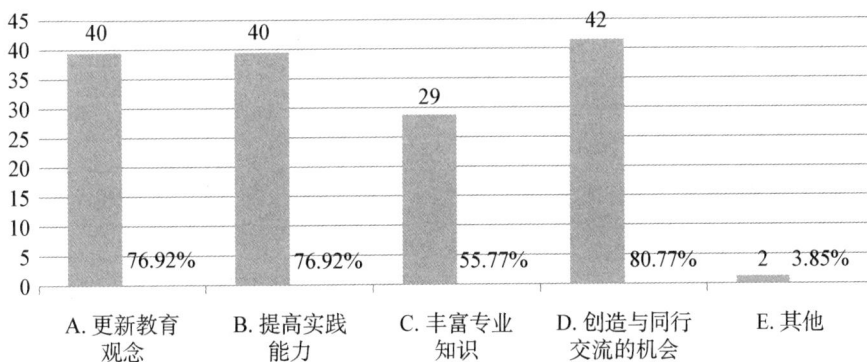

图附 1-12　德育干部希望的收获

调查表明,校级德育干部非常迫切地需要创造与同行交流的机会,彼此交流学习、沟通信息,相互借鉴、取长补短;同时,校级领导自身也意识到要更新教育观念,与时俱进、提高自己的实践能力。只有掌握丰富的德育专业知识,才能提高自身的实践能力,推动学校德育工作更好的展开。从调研中可以发现,校级德育干部对培训给予较高的期待,这为德育培训的必要性提供依据。

(五)校级德育干部对德育前沿、内涵的需求分析

1. 培训内容整体需求分析

这一部分设计的是多项选择题,共设计了能够涵盖德育内涵的 12 个培训模块,调查者可以根据自身需要任意选择不同模块内容。从交叉选项中可以看出,在德育培训需求表上,"不太需要的培训"是"中职德育干部科研能力发展研究和中职德育干部信息化能力研究";而在"最需要的培训"选项中,"科研能力开发和信息化能力研究"是校级德育干部比较末位的选择。这项调查结果确实比较令人惊讶,德育科研能力的开发和信息化水平,是现代职业教育的重要组成部分,为什么没有引起校级德育领导的高度重视?德育干部热衷于发表论文,为什么不乐意进行扎实的研究与技能训练?德育科研应包括什么内容?信息化建设应如何服务于德育?这是一个非常大的未被"开垦"的领域,有许多的盲区,这给我们的"德育"带来许多的思考。而"中职德育热点、重点和难点问题聚焦"和"中职学校校园文化建设研究、处理突发事件与风险转化研究"等是中职德育培训课程模块中校级领导关注最多的问题。

表附 1-7　德育干部希望的培训内容

选项编号	选 项 内 容	选择人数	所占比例
H	中职德育热点、重点和难点问题聚焦	29 人	55.77%
F	中职学校校园文化建设研究	26 人	50.00%
I	中职德育干部危机干预(处理突发事件与风险转化)研究	26 人	50.00%
B	中职德育干部领导力研究(含德育规划的制定、实施与评价)	25 人	48.08%
C	中职学生心理特征研究	23 人	44.23%
E	校企合作和工学结合视野下的中职德育工作	20 人	38.46%
D	中职德育课程有效性研究	19 人	36.54%
L	中职德育干部人文素养提升	18 人	34.62%
G	学校-家庭-企业-社会"四位一体"育人机制研究	17 人	32.69%
A	中职教育形势政策	15 人	28.85%
J	中职德育干部科研能力发展研究	7 人	13.46%
K	中职德育干部信息化能力研究	7 人	13.46%

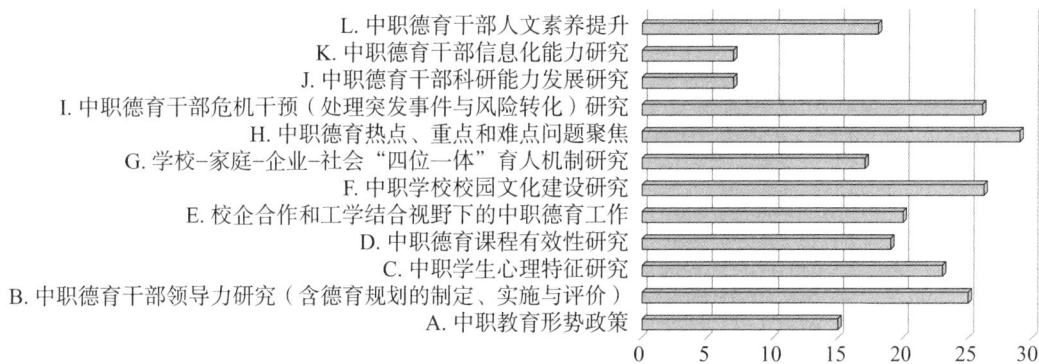

图附 1-13 德育干部希望的培训内容

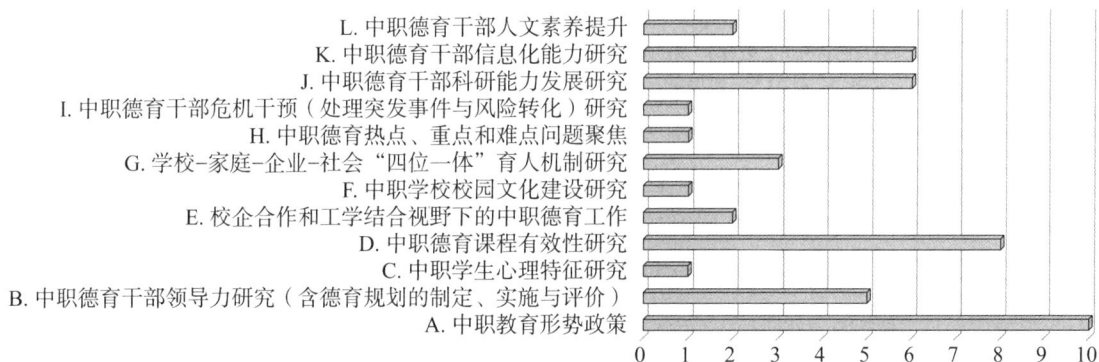

图附 1-14 德育干部不太需要的培训内容

2. 分类需求

◇ **德育领导力(多选题)**

德育领导非常关注德育工作评价,力图以评价推动完善。同时,德育领导也重视动态管理与研究指导。不过,对于指导学校德育实践的德育计划,德育领导却不是非常关注,这有可能造成学校对德育方向的把握不当,陷于琐碎状态。

表附 1-8 德育干部对德育领导力的关注

A. 学校德育规划(计划)的编制研究	B. 分级动态管理和重点研究指导	C. 学校德育工作评价与完善研究	D. 其他
30 人	33 人	39 人	0 人
57.69%	63.46%	75.00%	0.00%

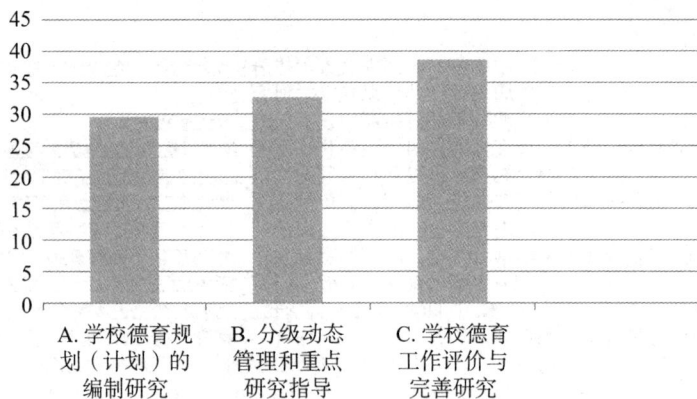

图附 1-15　德育干部对德育领导力的关注

◇ **德育科研**

德育科研的运用和推广是第一位的,这说明在中职学校,德育科研成果的学习和推广都是非常必要的。领导干部因忙于学校事务,科研工作有相当一部分尚处于自发阶段,作为校级领导,"自觉研究德育规律,探索育人的成功经验"差距还很大。培训中,校级干部更迫切需要提高德育科研成果运用的能力,这说明校级德育干部已经意识到德育科研的重要性,在主观上希望推动德育科研,但在研究方法和操作过程中困难比较大,迫切需要培训和指导,单纯的德育论文写作和指导,已经不能满足德育干部的科研需要了。

表附 1-9　德育干部对德育科研的关注

A. 德育科研的 选题和立项	B. 德育科研方法 的选择和学习	C. 德育论文的 写作和指导	D. 德育科研成果 的应用和推广	E. 其他
24 人	32 人	15 人	34 人	0 人
46.15%	61.54%	28.85%	65.38%	0.00%

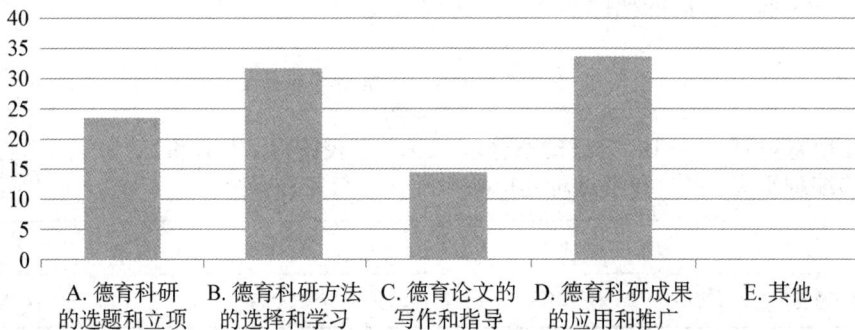

图附 1-16　德育干部对德育科研的关注

◇ **德育队伍建设中,最需要培训的内容**

有 75％的校级干部认为,在德育队伍建设中,班主任是德育干部的骨干力量,能够体现德育干部的整体水平,这充分说明班主任工作的基础性和重要性,调查显示班主任专业化队伍建设已成为广泛的共识。其次,德育干部迫切需要培训的内容是"活动策划、组织与协调能力"。问卷显示,德育工作的指导力是最重要的能力,作为校级干部,必须具备这样的能力和水平。另外,还有 59.6％的人选择了科研工作能力,可见,科研工作能力的提升也是非常重要的。模块内容的选择中,有高达 59.6％的校级德育干部认为,"最需要培训的"是希望提高德育科研能力,这说明德育科研不同于其他学科,它具有科学性、实践性、操作性的特征,对于德育工作具有指导意义。德育科研来源于实践,同时又指导实践,所以在培训课程的开发中,特别需要强调的是提升德育队伍的战斗力。而德育干部认为"不需要培训的内容"是形势政策教育。

表附 1－10　德育干部认为最需要培训的内容

A. 活动策划、组织与协调能力	B. 班主任专业化水平提升	C. 管理问题转化为科研项目能力	D. 工作总结与反思能力	E. 整合资源支持德育工作能力	F. 其他能力
28 人	39 人	22 人	22 人	25 人	0 人
53.85%	75.00%	42.31%	42.31%	48.08%	0.00%

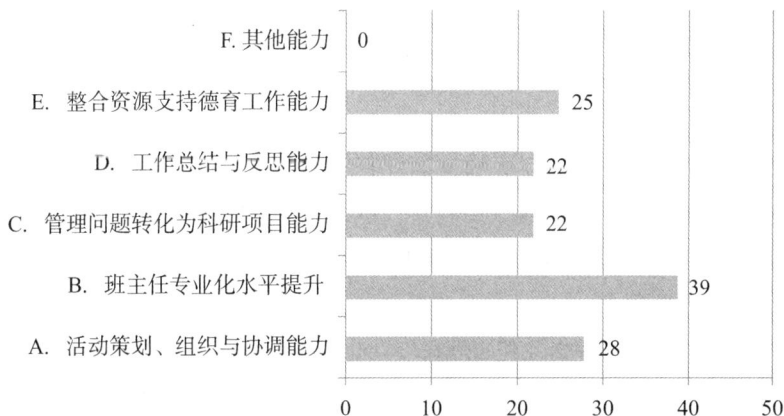

图附 1－17　德育干部认为最需要培训的内容

◇ **在德育工作中提高能力方面的培训需求**

在德育工作中提高能力方面的培训需求,主要反映在德育领导对策划设计能力、应对突发事件能力、德育工作指导力、德育科研能力等方面。对于沟通协调能力的需求不突出,这可能与这些领导本身具有较强的沟通能力有关。

表附 1-11　德育干部在提高能力方面的培训需求

A. 沟通协调能力	B. 策划设计能力	C. 应对突发事件能力	D. 德育工作指导力	E. 德育科研能力	F. 其他能力
15 人	29 人	26 人	32 人	31 人	1 人
28.85%	55.77%	50.00%	61.54%	59.62%	1.92%

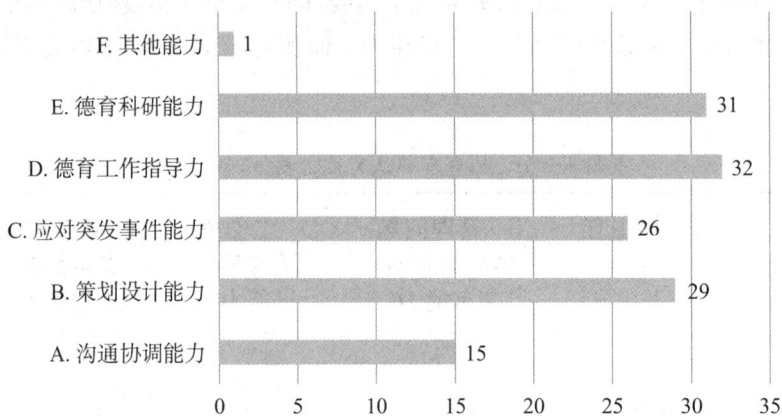

图附 1-18　德育干部在提高能力方面的培训需求

三、综合建议

第一，要有符合现代职业教育发展的培训视野和设计，德育培训要为学校育人指路导航。目前，在中职校级德育干部的组成中，50 岁以上占 32.7%；41—50 岁占 42.3%，三年内从未参加培训的人高达 38.46%。作为学校主管德育的校领导，参加培训学习的重要性和必要性显而易见。需要引入现代教育理念，认真学习、努力贯彻社会主义的核心价值观，以学生的终身发展为本，注重对学生的人文关怀、精神引导和心理疏导，切实提高德育培训课程的针对性与时效性。

第二，德育培训形式要力求创新，要积极引入优秀同行和各领域专家作为师资，要扩充学员们参观考察的时间。学员对培训满意度反馈信息显示：55.8% 的学员认为"社会考察较少"，53.6% 的学员认为"培训形式单一"。有高达 80.8% 的学员选择"参观考察"作为自己最青睐的培训形式。有 86.5% 的学员选择优秀同行是自己最喜欢的师资，位居最受欢迎的师资之首，期望通过培训，能够增加同行之间的交流促进。同时，各领域专家也大受德育干部的欢迎。所以在培训的过程中，要注重开阔学员们的眼界，积累人脉，并使学校与企业之间缩短距离，增加学校与社会交流的平台。

第三，德育培训课程必须关注德育的实践性，使培训真正具有现实指导意义，提高培训的功效。要不断收集各校在德育实践中的经验和教训，形成鲜活的实践案例。调查发现，学员已不满足于全市统一模式的德育培训，而希望让德育干部有更多的自主选择权，采取灵活机动的学习方式，积极创建本校、本专业、本土化的德育特色项目。学员们通过学习研讨，编写解决问题的方案、案例集、指导手册等等，既能够交流、学习、借鉴各校的先进经验，推动德育科研的发展，又能分享德育的科研成果。

第四，德育培训模块的设计，要围绕学员们最迫切需要解决的问题，如中职德育热点、重点和难点问题聚焦；中职学校校园文化建设研究；处理突发事件与风险转化等。而对于学员认为"不太需要的内容"模块，如中职学校形势政策教育、中职德育课程化研究，需在深入研究基础上作更为慎重的思考。

第五，上级有关部门要根据德育干部普遍关注的"学校德育工作的评价与完善研究"这一问题，在培训学习中组织德育干部学习德育工作的评价标准，完善德育督导制度，给德育工作以政策性支持，明确德育的激励措施，保护德育干部的积极性和创造性。

第六，德育培训要切实推动学校的德育工作，对于在本调研报告中位居第一的选项内容，希望德育培训基地给予高度关注。

上海市中职学校德育校级领导培训需求调查表

尊敬的老师：您好！

非常感谢您能在百忙中抽出时间做此问卷。

《上海市中等职业教育专项培训规划——德育干部培训课程体系开发研究》项目，是受上海市中等职业学校师资培训中心委托，由上海市教委教研室与上海市中职德育课程教师培训基地联合开展的研究课题，旨在规划并开发上海市中等职业学校德育干部培训课程体系，确保德育干部培训工作的科学性、实效性。

本次调研的目的在于了解上海市中等职业学校德育干部的队伍现状，重点调查德育干部的培训需求，为上海市德育干部培训方案开发提供现实依据。

随函附上的调查问卷，希望能得到您的宝贵意见。我们向您保证，有关调查资料只用于德育培训需求的调研和规划的编制，调查结果不涉及对学校和个人的评价，并且绝对不会透露您的个人信息，请如实填写。

谨此表示诚挚的谢意！

上海市教委教研室（代章）

上海市中职师资培训中心

"上海市中等职业学校德育干部培训课程体系开发研究"项目组

2014 年 6 月

【填写说明】

(1) 本问卷分为校领导和中层干部问卷两种,请根据您的职务选择问卷填写。(校领导指学校分管德育的校级领导;中层干部指学生处(德育处)正副主任、专业部德育管理干部、团委书记(正副)等其他德育专职干部)。

分管德育工作校领导问卷:只需填一份;

德育中层干部问卷:根据各校实际情况至少填写五份(问卷可复印)。

(2) 本问卷由选择题、简述题组成。选择题请将选项填在题后括号内,简述题必做。

(3) 填好后请于7月3日前寄往上海市南湖职校(上海市三门路661号)朱清清收　邮编　200439

上海市中职学校德育校级领导培训需求调查表

学校名称:＿＿＿＿＿＿＿(学校盖章)　填表日期:＿＿＿＿＿

第一部分:个人基本信息调查

1. 您的性别是:(　　)

    A. 男　　　　　　　　　　　　　B. 女

2. 您的政治面貌是:(　　)

    A. 中共党员　　　B. 民主党派　　　C. 共青团员　　　D. 群众

3. 您所在的学校是:(　　)

    A. 中专(含职业高中) B. 职校　　　C. 技校

4. 您的年龄是:(　　)

    A. 30 岁以下　　　B. 31—35 岁　　　C. 36—40 岁

    D. 41—45 岁　　　E. 46—50 岁　　　F. 50 岁以上

5. 您从事德育工作的年限是:(　　)

    A. 1—5 年　　　B. 6—10 年　　　C. 11—15 年　　　D. 16—20 年

    E. 21—25 年　　　F. 26—30 年　　　G. 31 年以上

6. 您的学历是:(　　)

    A. 硕士研究生及以上 B. 大学本科　　　C. 大专　　　D. 大专以下

7. 您的职称是:(　　)

    A. 正高级　　　B. 副高级　　　C. 中级　　　D. 初级

8. 您目前执教的课程是:(　　)

    A. 德育课　　　B. 文化基础课　　　C. 专业课　　　D. 体育课

E. 其他_____

9. 您自 2011 年起在正式刊物上发表论文及主持或参与的课题研究(区级及以上)数量是
(即篇数/项目的合计数):(　　　)

    A. 无　　　　　　　　B. 1—4 篇/项　　　　C. 5—8 篇/项　　　　D. 9 篇/项以上

第二部分:学校德育工作现状调查

10. 您认为本校对德育工作的重视程度为:(　　　)

    A. 很重视　　　　　　　　　　　　B. 比较重视

    C. 口头重视,实际不重视　　　　　　D. 不重视

    E. 其他_____

11. 您认为本校德育工作最薄弱的环节是(可多选):(　　　)

    A. 学科德育　　　　B. 行为规范教育　　　C. 实习、实训环节的德育管理

    D. 德育实践活动　　E. 德育科研　　　　　F. 其他_____

12. 您认为学生比较喜欢的德育形式是(可多选):(　　　)

    A. 德育课　　　　　B. 社会实践活动　　　C. 仪式教育　　　　D. 校会及班会课

    E. 校园文化节活动　F. 社团活动　　　　　G. 其他_____

13. 您认为本校开展心理健康教育的薄弱环节是(可多选):(　　　)

    A. 重视程度不够　　B. 工作机制不健全　　C. 缺乏科学的方法

    D. 无法评价　　　　E. 师资配备不足　　　F. 其他_____

14. 您认为本校加强校园文化建设的薄弱环节是(可多选):(　　　)

    A. 领导重视不够　　B. 缺乏长远规划　　　C. 师资力量薄弱

    D. 缺乏资金　　　　E. 其他_____

15. 您认为学校德育工作能否取得实效的关键要素是(可多选):(　　　)

    A. 校长重视程度　　B. 德育规划设计　　　C. 管理形成合力

    D. 德育队伍专业素质 E. 资金的保障　　　　F. 其他_____

16. 简述题:

您认为本校德育工作成功的主要经验、存在的主要困难有哪些?

_____

_____

_____

_____

_____

_____

_____

第三部分：德育干部培训需求调查

17. 您自 2011 年起参加市级及以上中职德育干部培训的次数是：（　　　）

    A. 无　　　　　　　　B. 1—2 次　　　　　　C. 3 次

    D. 4 次　　　　　　　E. 5 次及以上

18. 您对现有的德育干部培训感到满意的方面是(可多选)：（　　　）

    A. 典型案例分享　　　B. 理论指导实践　　　C. 学校、企业和社会资源共享

    D. 专家、同行的交流与帮助　　　　　　　　E. 其他_____

19. 您认为现有的德育干部培训有待改进的方面是(可多选)：（　　　）

    A. 针对性不强　　　　B. 理论结合实践不够　C. 培训形式单一

    D. 社会考察较少　　　E. 其他_____

20. 您喜欢的德育干部培训的师资是(可多选)：（　　　）

    A. 行政领导　　　　　B. 各领域专家　　　　C. 企业高管

    D. 优秀同行　　　　　E. 其他_____

21. 您感兴趣的德育干部培训方式是(可多选)：（　　　）

    A. 专题报告　　　　　B. 案例分析与交流　　C. 网络互动学习

    D. 参观考察　　　　　F. 课题研讨和论文撰写

22. 您希望的培训考核方式是(可多选)：（　　　）

    A. 撰写论文　　　　　B. 撰写案例　　　　　C. 活动方案设计　　　D. 撰写学习体会

    E. 上公开课　　　　　F. 其他_____

23. 通过德育干部培训,您希望获得哪些方面的发展(可多选)：（　　　）

    A. 更新教育观念　　　B. 提高实践能力　　　C. 丰富专业知识

    D. 创造与同行交流的机会　　　　　　　　　E. 其他_____

24. 以下培训内容,您需求最迫切的内容是(可多选)：（　　　）;不太需要的内容是：（　　　）;
    还需增加的内容是：

    _____

中职德育干部培训课程模块

A. 中职教育形势政策	G. 学校-家庭-企业-社会"四位一体"育人机制研究
B. 中职德育干部领导力研究(含德育规划的制定、实施与评价)	H. 中职德育热点、重点和难点问题聚焦
C. 中职学生心理特征研究	I. 中职德育干部危机干预(处理突发事件与风险转化)研究
D. 中职德育课程有效性研究	J. 中职德育干部科研能力发展研究

续表

中职德育干部培训课程模块

E. 校企合作和工学结合视野下的中职德育工作	K. 中职德育干部信息化能力研究
F. 中职学校校园文化建设研究	L. 中职德育干部人文素养提升

25. 您认为加强德育领导力的培训内容应该有哪些(可多选):(　　)
    A. 学校德育规划(计划)的编制研究　　　　B. 分级动态管理和重点研究指导
    C. 学校德育工作评价与完善研究　　　　　D. 其他_____

26. 在德育科研中,您认为需要加强培训或提高的内容是(可多选):(　　)
    A. 德育科研的选题和立项　　　　　　　　B. 德育科研方法的选择和学习
    C. 德育论文的写作和指导　　　　　　　　D. 德育科研成果的应用和推广
    E. 其他_____

27. 在德育队伍建设中,您认为需要加强培训或提高的内容是(可多选):(　　)
    A. 活动策划、组织与协调能力　　　　　　B. 班主任专业化水平提升
    C. 管理问题转化为科研项目能力　　　　　D. 工作总结与反思能力
    E. 整合资源支持德育工作能力　　　　　　F. 其他能力_____

28. 根据您目前德育工作的需要,您认为需要提高的能力是(可多选):(　　)
    A. 沟通协调能力　　B. 策划设计能力　　C. 应对突发事件能力
    D. 德育工作指导力　E. 德育科研能力　　F. 其他能力_____

29. 简述题:
    为了更好地提高德育干部培训的针对性和有效性,请您提出宝贵建议。

    _____
    _____
    _____
    _____
    _____

上海市中职学校德育中层干部培训需求调查表

尊敬的老师:您好!
　　非常感谢您能在百忙中抽出时间做此问卷。

《上海市中等职业教育专项培训规划——德育干部培训课程体系开发研究》项目，是受上海市中等职业学校师资培训中心委托，由上海市教委教研室与上海市中职德育课程教师培训基地联合开展的研究课题，旨在规划并开发上海市中等职业学校德育干部培训课程体系，确保德育干部培训工作的科学性、实效性。

本次调研的目的在于了解上海市中等职业学校德育干部的队伍现状，重点调查德育干部的培训需求，为上海市德育干部培训方案开发提供现实依据。

随函附上的调查问卷，希望能得到您的宝贵意见。我们向您保证，有关调查资料只用于德育培训需求的调研和规划的编制，调查结果不涉及对学校和个人的评价，并且绝对不会透露您的个人信息，请如实填写。

谨此表示诚挚的谢意！

上海市教委教研室（代章）

上海市中职师资培训中心

"上海市中等职业学校德育干部培训课程体系开发研究"项目组

2014 年 6 月

【填写说明】

（1）本问卷分为校领导和中层干部问卷两种，请根据您的职务选择问卷填写。（校领导指学校分管德育的校级领导；中层干部指学生处（德育处）正副主任、专业部德育管理干部、团委书记（正副）等其他德育专职干部）。

分管校领导问卷：只需填一份；

德育中层干部问卷：根据各校实际情况至少填写五份（问卷可复印）。

（2）本问卷由选择题和简述题组成。选择题请将选项填在题后括号内，简述题必做。

（3）填好后请于 7 月 3 日前寄往上海市南湖职校（上海市三门路 661 号）朱清清收　邮编：200439

上海市中职学校德育中层干部培训需求调查表

学校名称：＿＿＿＿＿＿（学校盖章）　填表日期：＿＿＿＿＿

第一部分：个人基本信息调查

1. 您的性别是：（　　）

　A. 男　　　　　　　　　　　　　B. 女

2. 您的政治面貌是：（　　）

　A. 中共党员　　　B. 民主党派　　　C. 共青团员　　　D. 群众

3. 您所在的学校是：（　　　）

    A. 中专（含职业高中）B. 职校　　　　　C. 技校

4. 您的职务是：（　　　）

    A. 学生处（政教处/德育处）主任、副主任　　B. 团委书记、副书记

    C. 部系德育分管领导　　　　　　　　　　D. 其他_____

5. 您的年龄是：（　　　）

    A. 30 岁以下　　　　B. 31—35 岁　　　　C. 36—40 岁

    D. 41—45 岁　　　　E. 46—50 岁　　　　F. 50 岁以上

6. 您从事德育工作的年限是：（　　　）

    A. 1—5 年　　　　B. 6—10 年　　　　C. 11—15 年　　　　D. 16—20 年

    E. 21—25 年　　　　F. 26—30 年　　　　G. 31 年以上

7. 您的学历是：（　　　）

    A. 硕士研究生及以上 B. 大学本科　　　　C. 大专　　　　　D. 大专以下

8. 您的职称是：（　　　）

    A. 正高级　　　　B. 副高级　　　　C. 中级　　　　D. 初级

9. 您目前执教的课程是：（　　　）

    A. 德育课　　　　B. 文化基础课　　　　C. 专业课　　　　D. 体育课

    E. 其他_____

10. 您自 2011 年起在正式刊物上发表论文及主持或参与的课题研究（区级及以上）数量是（即篇数/项目的合计数）：（　　　）

    A. 无　　　　B. 1—4 篇/项　　　　C. 5—8 篇/项　　　　D. 9 篇/项以上

第二部分：学校德育工作现状调查

11. 您认为本校对德育工作的重视程度为：（　　　）

    A. 很重视　　　　B. 比较重视　　　　C. 口头重视，实际不重视

    D. 不重视　　　　E. 其他_____

12. 您认为本校德育工作最薄弱的环节是(可多选)：（　　　）

    A. 学科德育　　　　B. 行为规范教育　　　　C. 实习、实训环节的德育管理

    D. 德育实践活动　　　　E. 德育科研　　　　F. 其他_____

13. 您认为学生比较喜欢的德育形式是(可多选)：（　　　）

    A. 德育课　　　　B. 社会实践活动　　　　C. 仪式教育　　　　D. 校会及班会课

    E. 校园文化节活动　　　　F. 社团活动　　　　G. 其他_____

14. 您认为本校开展心理健康教育的薄弱环节是(可多选)：（　　　）

    A. 重视程度不够　　　　B. 工作机制不健全　　　　C. 缺乏科学的方法

    D. 无法评价　　　　E. 师资配备不足　　　　F. 其他_____

15. 您认为本校加强校园文化建设的薄弱环节是(可多选)：（　　　）

    A. 领导重视不够　　　　B. 缺乏长远规划　　　　C. 师资力量薄弱

D. 缺乏资金　　　　　　E. 其他_____

16. 您认为本校德育工作能否取得实效的关键要素是(可多选)：(　　　)

　　A. 校长重视程度　　　B. 德育规划设计　　　C. 管理形成合力

　　D. 德育队伍专业素质　E. 资金的保障　　　　F. 其他_____

17. 简述题：您认为本校德育工作成功的主要经验、存在的主要困难有哪些？

_____

_____

_____

_____

_____

_____

第三部分：德育干部培训需求调查

18. 您自2011年起参加市级及以上中职德育干部培训的次数是：(　　　)

　　A. 无　　　　　　　　B. 1—2次　　　　　　C. 3次　　　　　　　D. 4次

　　E. 5次及以上

19. 您对现有的德育干部培训感到满意的方面是(可多选)：(　　　)

　　A. 典型案例分享　　　B. 理论指导实践　　　C. 学校、企业和社会资源共享

　　D. 专家、同行的交流与帮助　　　　　　　　E. 其他_____

20. 您认为现有的德育干部培训有待改进的方面是(可多选)：(　　　)

　　A. 针对性不强　　　　B. 理论结合实践不够　C. 培训形式单一

　　D. 社会考察较少　　　E. 其他_____

21. 您喜欢的德育干部培训的师资是(可多选)：(　　　)

　　A. 行政领导　　　　　B. 各领域专家　　　　C. 企业高管

　　D. 优秀同行　　　　　E. 其他_____

22. 您感兴趣的德育干部培训方式是(可多选)：(　　　)

　　A. 专题报告　　　　　B. 案例分析与交流　　C. 网络互动学习

　　D. 参观考察　　　　　F. 课题研讨和论文撰写

23. 您希望的培训考核方式是(可多选)：(　　　)

　　A. 撰写论文　　　　　B. 撰写案例　　　　　C. 活动方案设计　　　D. 撰写学习体会

　　E. 上公开课　　　　　F. 其他_____

24. 通过德育干部培训,您希望获得哪些方面的发展(可多选)：(　　　)

　　A. 更新教育观念　　　B. 提高实践能力　　　C. 丰富专业知识

　　D. 创造与同行交流的机会　　　　　　　　　E. 其他_____

25. 以下培训内容,您需求最迫切的内容是(可多选)：(　　　);不太需要的内容是：(　　　);

　　还需增加的内容是：

。

中职德育干部培训课程模块

A. 中职教育形势政策	G. 学校-家庭-企业-社会"四位一体"育人机制研究
B. 中职德育干部领导力研究(含德育规划的制定、实施与评价)	H. 中职德育热点、重点和难点问题聚焦
C. 中职学生心理特征研究	I. 中职德育干部危机干预(处理突发事件与风险转化)研究
D. 中职德育课程有效性研究	J. 中职德育干部科研能力发展研究
E. 校企合作和工学结合视野下的中职德育工作	K. 中职德育干部信息化能力研究
F. 中职学校校园文化建设研究	L. 中职德育干部人文素养提升

26. 在德育实际工作中,您认为需要培训或提高的内容是(可多选):(　　　)

A. 德育规划的制定、实施与调整　　　B. 德育活动的组织

C. 德育科研的开展　　　D. 德育岗位职责的确定

E. 德育实效的评价

27. 在德育科研中,您认为需要加强培训或提高的内容是(可多选):(　　　)

A. 德育科研的选题和立项　　　B. 德育科研方法的选择和学习

C. 德育论文的写作和指导　　　D. 德育科研成果的应用和推广

E. 其他_____

28. 在德育队伍建设中,您认为需要加强培训或提高的内容是(可多选):(　　　)

A. 活动策划、组织与协调能力　　　B. 班主任专业化水平提升

C. 管理问题转化为科研项目能力　　　D. 工作总结与反思能力

E. 整合资源支持德育工作能力　　　F. 其他能力_____

29. 根据您目前德育工作的需要,您认为需要提高的能力是(可多选):(　　　)

A. 沟通协调能力　　　B. 策划设计能力　　　C. 应对突发事件能力

D. 德育工作指导力　　　E. 德育科研能力　　　F. 其他能力_____

30. 简述题:为了提高中层德育干部培训的针对性和有效性,请您提出宝贵建议。

_____

_____

_____

_____

_____

_____

_____

附件 2　上海市中职学校德育干部培训大纲

模块一　理论政策(20课时)

单元一　从形势中吸取动力——中职教育形势及政策法规研究(6课时)

问题情境：中职德育干部必须了解的相关政策法规有哪些？

单元目标：了解当前中职教育形势，准确把握政策及相关法规，提高法制意识，依法依规开展中职德育工作。

单元内容：(一)全国、上海市关于加强中职学生德育工作的文件精神；(二)中职教育改革发展新趋势；(三)与中职德育相关的法律法规。

培训方式：以听专家报告为主，辅以学员自主研修、讨论交流。

单元评价：学员课程学习及讨论交流的参与度，课后自主研修记录。

单元二　从经典中获得启示——德育经典理论介绍(6课时)

问题情境：德育经典理论对当前中职德育工作的意义体现在哪里？

单元目标：了解经典德育理论的基本内容，掌握德育工作的基本规律与方法，结合中职德育特点，应用经典德育理论，提升德育干部的专业水平。

单元内容：(一)中外经典德育理论选读；(二)德育学、教育学、行为心理学理论对中职德育的启示；(三)现代管理学理论；(四)国外思想道德教育经验。

培训方式：以听专家报告为主，辅以自主研修、学员讨论交流等方式。

单元评价：学员课程学习及讨论交流的参与度，课后自主研修记录。

单元三　从心理中寻求对策——中职学生心理特征研究(8课时)

问题情境：如何应对有心理问题的中职学生？

单元目标：了解中职学生心理特点，知道并能初步辨别中职生常见的心理问题，掌握心理辅导的一般技巧，了解心理健康教育的途径和方法。

单元内容：(一)中职学生心理特征；(二)中职生常见的心理问题及应对技巧；(三)心理健康教育的意义和任务；(四)心理健康教育的途径和方法。

培训方式：专家报告之后对学员问题进行答疑，学员之间进行特殊学生案例研讨，成功个案介绍交流，组织实地考察。

单元评价：学员课程学习及讨论交流、考察学习的参与度，课后运用所学方法进行工作实践的实效汇报。

模块二 实务操作（70 课时）

单元四 从统筹中强化意识——中职德育干部领导力研究（10 课时）
本单元的学习分为两个层次：
层次一：适用于校级领导
问题情境：影响校级德育干部专业化成长的瓶颈问题有哪些？
单元目标：了解德育干部领导力的含义与重要性，树立品牌意识和资源意识，提升德育工作整体设计能力，并影响学校德育观念的转变。
单元内容：（一）什么是领导力；（二）德育干部领导力建设的意义；（三）德育规划制定策略；（四）德育规划的实施与评价；（五）中职校德育特色品牌建设案例；（六）中职德育特色项目考察。
培训方式：专家报告、优秀同行报告、主题论坛、典型案例剖析、实地考察学校。
单元评价：学员课程学习及讨论交流、考察学习的参与度，课程效果反馈。
层次二：适用于中层干部
问题情境：中职德育中层干部最重要的能力是什么？
单元目标：了解中职德育干部领导力、组织力与执行力的含义与提高方法，提高组织策划实施能力，促进德育工作实效性。
单元内容：（一）什么是领导力、组织力与执行力；（二）提高德育干部领导力、组织力与执行力的策略；（三）德育活动设计与组织的基本策略；（四）中职德育工作有效性案例解析与实地研讨。
培训方式：以专家专题讲座为基础，开展学员互助活动，采用优秀同行报告、学员沙龙、参观访问学校、典型案例剖析、学员自主研修、专家指导工作实践等多种方式。
单元评价：学员课程学习及讨论交流、考察学习的参与度，课程效果反馈，课后自主研修反思记录。

单元五 从难点中找到突破——中职德育热点、重点和难点问题聚焦（10 课时）
问题情境：中职德育热点、重点和难点问题是什么？
单元目标：了解新形势下中职德育工作中出现的热点、重点和难点问题，分析、研究问题产生的原因，积极探索破解问题的策略和途径。
单元内容：（一）中职德育工作中面临的热点、重点和难点问题；（二）中职德育热点、重点和难点案例剖析；（三）创新德育工作的内容、策略与途径。
培训方式：专家报告及答疑、典型案例剖析、优秀同行报告。
单元评价：学员课程学习及讨论交流参与度，课程效果反馈，课后自主研修反思记录。

单元六 从教学中展现魅力——中职德育课程有效性研究（10 课时）

问题情境：中职德育课程有效性如何达成？

单元目标：充分认识中职德育课的教育功能，了解中职德育课基本设置与主要内容，探讨德育课堂的魅力所在，掌握教材的运用与基本教法，提高德育课教学的有效性，同时注重专业课程的德育渗透。

单元内容：（一）中职德育课的教育功能；（二）中职德育课设置与主要内容；（三）中职德育课教材运用与教学设计；（四）专业课程中的德育渗透。

培训方式：专家报告、现场听课观摩、课后评课研讨、专家点评。

单元评价：学员课程学习及听课研讨参与度，课后自主研修反思记录，教学设计方案及教学反思。

单元七　从干预中化危为机——中职德育危机干预研究（10 课时）

问题情境：危机干预的难点调查，如何在危机中找到机会？

单元目标：了解危机与危机干预的含义及危机干预的原则，学习用积极的态度和科学的方法应对突发事件，并学会对相关人员进行适当的心理调适。

单元内容：（一）什么是危机和危机干预；（二）危机干预的原则；（三）危机干预体系的构建；（四）对涉及处理危机事件相关人员的心理关怀策略；（五）校园安全教育；（六）危机干预案例分析。

培训方式：以教育专家、心理专家、法律专家报告为基础，进行典型案例剖析，学员互助训练，专家指导工作实践。

单元评价：学员课程学习及训练参与度、危机事件处理反思报告、课程效果反馈。

单元八　从合作中探索新路——校企合作和工学结合视野下的中职德育工作（10 课时）

问题情境：学校德育工作与企业要求的最佳结合点体现在什么地方？

单元目标：了解校企合作和工学结合背景下中职德育工作面临的问题，探索建立企业参与中职学校德育工作新机制的有效途径与方法，拓宽中职生顶岗实习环节的德育新思路。

单元内容：（一）校企合作和工学结合背景下中职德育工作面临的问题；（二）加强顶岗实习、工学结合环节中德育工作的意义；（三）顶岗实习、工学结合环节中的德育工作新途径与方法；（四）中职生顶岗实习环节中的德育活动设计和内容研讨；（五）参观企业并与企业交流。

培训方式：以教育专家、企业高管专题讲座为基础，参观企业、了解企业对中职学生素质的基本要求，寻找学校德育工作与企业要求的最佳结合点。

单元评价：学员课程学习及考察参与度、对顶岗实习及工学结合环节德育工作的新思考、顶岗实习及工学结合环节的德育方案设计。

单元九　从文化中汲取营养——中职学校校园文化建设研究（10 课时）

问题情境：校园文化与企业文化如何实现有机融合？

单元目标：了解中职学校校园文化建设的内涵与意义，探索企业文化与校园文化的有效融合，关注校园时尚文化对学生的影响，探讨对校园时尚文化的正确利用和积极引导的教育策略。

单元内容：（一）中职学校校园文化建设的内涵与意义；（二）中职学校校园文化建设的途径与方法；（三）校园时尚文化对于学生人格成长的影响；（四）正确引导校园时尚文化的策略；（五）在校园文化中融入企业文化的意义与方法。

培训方式：以教育专家、企业高管专题讲座为基础，参观访问学校与企业，开展专题研讨、学员自主研修。

单元评价：学员课程学习及访问考察参与度，课程效果反馈，课后自主研修记录，中职学校校园文化建设思考。

单元十　从开放中优化环境——学校—家庭—企业—社会"四位一体"育人机制研究（10 课时）

问题情境：四方合作难点有哪些？

单元目标：了解家庭教育、企业教育、社会环境与学校教育的关系，理解四方合作的重要意义，掌握家校合作、校企合作、校社合作的基本途径与方法，建立学校—家庭—企业—社会"四位一体"的育人机制，为学生的健康成长创造良好的教育环境。

单元内容：（一）家庭教育、企业教育、社会环境与学校教育合作的意义；（二）四方合作的基本渠道和方法；（三）完善学校-家庭-企业-社会"四位一体"育人机制；（四）破解四方合作难点的案例解析。

培训方式：以各领域专家（含教育专家、行业专家、社区代表）专题讲座为基础，召开家长座谈会，开展学员互助活动，如专题研讨、校际交流、典型案例剖析、学员自主研修等。

单元评价：学员课程学习及访问、考察、讨论的参与度，课程效果反馈，对"四位一体"育人机制的思考。

模块三　能力素养（30 课时）

单元十一　从科研中发展能力——中职德育干部科研能力发展研究（16 课时）

问题情境：怎样运用科研意识开展德育工作，将管理问题转化为科研项目？

单元目标：明确开展德育科研的意义与价值，掌握常用的德育科研的方法，提高将管理问题转化为科研项目的能力，努力成为德育研究者。

单元内容：（一）中职德育干部发展科研能力的意义和价值；（二）中职德育科研工作的组织与指导；（三）中职德育干部提高科研能力的途径与方法；（四）中职德育案例的撰写与研讨；（五）中职德育的课题研究与论文撰写。

培训方式：科研专家讲座、学员撰写论文与案例并由专家指导修改、优秀作业交流、学员德育科研经验交流。

单元评价：学员课程学习及讨论参与度，课程效果反馈，论文与案例完成的质量。

单元十二　从信息中获取资源——中职德育干部信息化能力研究（8 课时）

问题情境：信息化时代的中职德育干部必须具备哪些信息能力？

单元目标：主动适应信息化背景下中职德育工作的新特点、新要求，把握中职学生的时代特征，更新教育观念，创新教育方式，充分利用网络资源开展德育工作，提升中职德育干部的信息化和数字化管理能力。

单元内容：（一）信息化时代中职学生呈现的新特征；（二）信息化时代德育工作面临的机遇和挑战；（三）信息化时代德育干部应具备的信息化和数字化管理能力；（四）中职德育干部运用信息化手段开展德育工作成功案例解析。

培训方式：专家报告、优秀同行报告、典型案例剖析、学员讨论交流。

单元评价：学员课程学习及讨论参与度，课程效果反馈，基本信息化能力测试。

单元十三　从修身中提升素养——中职德育干部人文素养与专业化提升（6 课时）

问题情境：中职德育干部必备的人文素养及影响中职德育干部专业化提升的主要因素是什么？

单元目标：了解中职德育干部应具备的人文素养与专业化发展内容，围绕学生德育发展和德育成长目标，不断提升自身人文素养水平，促进专业化发展。

单元内容：（一）人文素养的含义；（二）中职德育干部应具备的人文素养；（三）提高人文素养的途径与方法；（四）中职德育干部专业化的内涵和主要内容；（五）中职德育干部专业化发展案例解析。

培训方式：专家报告、优秀同行报告、典型案例剖析、学员自主研修。

单元评价：学员课程学习及讨论参与度，课程效果反馈，课后自主研修记录，学员专业化发展个人规划书。

附件3 上海市中职德育干部培训课程案例

课程一 顶岗实习、工学结合中的学校德育渗透与延伸

模块一 目标概述

本课程的主要目标是让学员了解顶岗实习、工学结合是具有中国特色的职业教育模式，掌握在学生的顶岗实习与工学结合过程中渗透学校德育的艺术。

模块二 内容详解

问题情境：顶岗实习是学校专业教学计划中的一个重要组成部分，是完成专业培养目标的最后一个重要实践性教学环节。《国务院关于大力发展职业教育的决定》中明确指出"中等职业学校在校学生最后一年要到企业等用人单位顶岗实习……"。中职学生的顶岗实习是学生从单一的学校课堂走向实际的职业岗位，从理论学习为主转向实践过程为主，逐步形成较强的岗位操作能力、工作实践能力和创新能力的特殊学习过程，让学生所学的理论与实践形成对接是顶岗实习的主要目的。各校通过实施"2＋1"或"2.5＋0.5"教学模式的"顶岗实习"实践教学，通过加大校企合作力度、拓展实习基地、加强学生管理等办法，在学生的顶岗实习方面取得了预期效果。但实践证明，由于企业看重经济利益，对顶岗实习认识不足，以及学生与学校时空的阻隔等因素，影响了顶岗实习的效果，甚至有的学生擅自离开实习岗位。

根据调研，顶岗实习存在的问题主要表现在以下几方面。

（一）学生的思想认识不足，适应能力差

在顶岗实习期间，学生既扮演实习者又扮演员工，既接受学校的管理又接受企业的管理。这两种角色的转变使有些学生对顶岗实习的思想认识不足，认为顶岗实习是一个任务，是完成学校规定的一项工作，难以适应从学校以育人为中心，到企业以经济利益为中心的管理模式。特别是独生子女，面对企业员工般的管理，和生产第一线顶岗较为艰苦的工作，对"出效益，见成果，以件计酬，以产品计工作量"的管理模式无法适应，碰到困难和挫折无从下手。加上他们得到的补贴低，与同类工种的员工报酬差距较大，容易出现工作消极，缺乏自信心，缺乏主动性和吃苦耐劳精神，自主能力差等状况，以致适应期长，进入角色慢。

（二）学生管理工作的难度增大

1. 学生、师生之间信息互通困难

在顶岗实习中，学生受企业工作岗位的限制，不同专业学生分到不同的单位实习，同一

个单位实习的学生岗位也不同,实习地点又分散,学生之间和师生之间信息互通困难。

由于学生顶岗实习人数多,人员基地分散,区域跨度大,实习时间长,指导老师数量少,要让每个老师到每个实习点去指导学生难度大,对学生在工作单位的实习表现情况难于了解。多数学生通过手机、E-mail、QQ 聊天、邮件等方式与老师交流,但师生无法经常进行面对面的交流,容易造成沟通的障碍与交流信息的误解。指导老师对学生的管理不到位,难以全面掌握顶岗实习学生实习过程中的动态和效果,往往只能起到有限的监督和信息反馈的作用,无形中降低了学生顶岗实习的德育管理质量。

2. 学生人身安全与思想工作难以解决

一方面,学生在实习过程中由于经验不足易出现安全问题,存在重大安全隐患;另一方面,有的学生自律性较差,法律观念淡薄,加之个人自由空间大,容易在思想认识和行为表现上出现问题。这不仅对学生本人有一定的影响,对学校校外的德育管理也会产生不良影响。

3. 环境变化导致各方面的不适应

学生因为不适应新的环境而陷入迷茫和困惑。主要有四种情况:

(1) 对于所从事的工作感到不适应。

① 专业不对口不适应。学校在安排学校顶岗实习时首先考虑的是专业对口,但不可能做到百分之百对口,有的时候不可能学生一到企业就为其安排本专业岗位。

② 身体对所从事的工作环境不适应。有的认为工作噪音太大,自己的耳朵受不了;有的感觉工作环境有气味,受不了;有的认为工作环境引起身体过敏,有点害怕等。

③ 对企业的要求不适应。有的不能适应企业的规章制度,有的也还不能尽快从学生转变到员工的角色上来。

(2) 不能吃苦。这是现在大多数的实习学生存在的问题,也是用人单位反映最多的问题。有的感觉工作太累,企业加班等身体受不了以致中途离岗;有的是心理压力大,心理疲劳等。

(3) 为人处事的能力较差,缺乏团队合作精神。学生的一些行为习惯、礼仪、为人处事、待人接物方面存在许多问题,不善于与人交往,不善于沟通,不善与人合作,有的学生表现出我行我素的个性。

(三) 企业配合力度不够,企业化的德育管理难度较大

顶岗实习需要企业积极配合,企业的积极配合程度关系着实习的质量高低,而实习质量的高低又取决于企业带教师傅的综合素质的高低。企业的带教师傅是学生实习的指导者,而企业考虑到生产安全、产品质量、经济效益等方面的原因,对学生放手不够,大多数单位将学生安排在配合性的岗位,学生的操作很难与书本上学到的知识挂钩;同时,企业对学生的思想、安全教育和指导也不到位,使学生产生企业比学校更少关心自己的想法。

(四) 学校德育工作在实习期间很难到位

在学生顶岗实习期间,大多数学校是由学生处或就业办管理,尽管有实习期间的德育管理条例,但有限的条例的内容与数量众多的就业岗位的德育管理很难对接。

模块三　答疑解惑

(一) 企业主应具有育人的使命感

《公司法》的颁布剥离了企业的育人机制,企业"一门心思"为了盈利,将育人的职能推向了政府。许多公司出现了把选人作为管理的重要环节,企业选拔的人才,主要靠从同类企业中"挖墙角"的情况。由此可见,企业主们不清楚如何进行企业的人才培养;也未进行人才梯队建设和人才培养机制建设。更重要的是企业主缺乏育人的使命感,将企业与育人对立起来。这是一个亟待解决的严重问题,需要随着校企合作的成熟,政府出台更多的政策让企业主们树立起应有的育人工作的使命感。

(二) 采取切实的措施,实现"双赢"

(1) 企业要转变观念,将员工培训,尤其对"菜鸟"的教育,看作是双赢性的投资。

(2) 以"员工"为中心,以"分析培训需求、确定培训目标"、"评估和落实培训效果"为基本点,建立并不断完善公司思想工作与培训体系的建设。

(3) 把握好德育工作的时机。当准员工们遇到问题的时候,第一要查明原因;第二要找出多种解决办法;第三要选择最适合的解决办法。

(4) 实行校企深度融合,学校与企业分工,分别担任教育的职责。

(5) 鼓励准员工积极进行自我培育,认同企业的各项管理制度,不断提准高员工的素质。

(6) 营造育人的氛围,通过建立一整套针对员工的教育、激励等制度,使他们逐步认同、融入企业文化、为企业发展做出贡献。

(三) 顶岗实习是一门重要的综合德育实践课程

本课程由学校、企业、学生三方共同参与,具有管理主体多元化、实习地点分散化、实习内容多样化等特点。为保证学生顶岗实习德育工作顺利、有序、稳定地进行,加强顶岗实习德育管理显得至关重要。为此,必须加强实习指导教师的配备,做好耐心细致的思想政治工作。

1. 顶岗实习前应做好充分的进入社会的思想准备工作

(1) 学生参加顶岗实习前应制订详细的实习计划并与实习单位的管理者做好沟通。

(2) 对实习学生进行宣传动员,将实习的目的、要求、安排和计划告诉学生,并对学分的考评方式也一并公布。

(3) 实习前加强对学生的劳动纪律、生产安全、自救自护和心理健康等方面的教育,提高学生的纪律意识和自我保护能力。

2. 建立健全德育管理机制

(1) 建立和健全德育管理工作机构。成立顶岗实习德育工作领导小组,由分管德育的校长为组长,教务科、学生科、实训中心、招生就业办等为成员来组织、管理顶岗实习中的德育工作。

（2）根据教育部等相关文件，制定实践教学规范、顶岗实习工作细则、实习基地建设与管理办法、顶岗实习指导老师职责、学生顶岗实习管理细则等制度。

（3）为保证学生安全和权益，学校与实习单位签订实习协议书。同时为了促使学生遵守劳动纪律和学校规章制度，安全有效地完成实习任务，学生在离校前与学校签订实习管理协议书。学校必须与学生家长进行沟通，取得家长的理解与支持。

3. 加强职业道德教育和诚信教育，提升实习学生职业素养

（1）对于那些对社会、对岗位期望值太高的学生，除了要加强他们正确面对社会，正确对待薪酬的教育以外，还要加强就业观、价值观的教育。

（2）加强学生安全教育和法纪教育，以生产安全、人身安全和遵纪守法作为重点内容，反复强调和提醒。制定突发性事件处理预案，及时掌握学生身体和心理动态，排查各种隐患，确保实习学生在实习中的劳动保护和安全稳定工作。

（3）加强学生团结协作精神的教育。对于为人处事能力差、缺乏团队合作精神的学生，首先要让他们知道：工作就意味着走出学校单纯的环境，走向社会的大舞台，同事关系、上下级关系，不像同学关系、师生关系那么简单明朗，容易相处；其次要重视人际交往，懂得与人团结合作的原则。要让学生认识到和谐融洽的人际关系的原则是以诚待人，为人处事要以诚信为准则。现代社会的发展注重人与人之间的合作和团队精神，不要事事以自我为中心，要以全局为重。

模块四　课后评价

（一）坚持德育为先，强化实习学生岗前教育

（1）发挥德育主体作用，坚持德育为先，通过顶岗实习渠道，围绕遵纪守法、爱岗敬业、团队协作和吃苦耐劳精神的培养，强化对学生的教育，突出职业道德教育和诚信教育，提升实习学生职业素养。

（2）充分发挥职业生涯规划和就业指导课程的作用。在顶岗实习中融入学生实习与就业德育相关案例，做到贴近学生实际，增强针对性和实用性。此外，采用第二课堂或大讲堂的形式，讲授人际交往与沟通、就业形势与就业心理、修身与修德、顶岗实习管理与安全等方面内容，来帮助学生认识自我，做出合理的综合评价、个人定位和生涯规划，从思想上和心理上做好实习与就业的充分准备。

（3）进行多级别分段教育。学校要加大宣传力度，从入学教育开始，就使学生明白前两年在校内学习，第三年进入顶岗实习，顶岗实习是每个学生必须完成的教学任务；班主任要召开主题班会和顶岗实习动员会，做好实习前的思想教育，特别是实习宣传动员，对生产安全、人身安全和法纪重点内容，要反复强调和提醒，同时要教育学生学会充分利用法律武器维护自身合法权益。

（二）加强与企业的联系

（1）学校应高度重视校外顶岗实习基地的建设，有计划地加强与学校专业相关、有一定

规模、生产技术较先进、管理严格、经营规范、社会声誉好的企业联系,将其作为重点合作对象,优化顶岗实习岗位的环境条件。

（2）选择实习学生专业对口的企业作为试点,制定切实可行的德育管理计划和实施方案,选派工作责任心强、思想品质好的实习指导教师,依据《实习大纲》和实习方案,按照工作计划组织学生进行生产实践和现场教学中的思想工作。

（3）企业配置带教师傅。学校拨出专款,聘用企业的专任带教师傅,给予一定的经济补偿;可以采用"师傅带徒弟"的一对一方式进行,从岗位规则与规范、操作过程与协调、作业保护与安全等方面开展传、帮、带,帮助学生顺利通过"三关",即理念规则关、团队协作关、心理承受关。

（三）加强实习指导教师队伍建设,抓好实习环节的德育工作

（1）建设一支师德高尚、工作能力强的实习指导教师队伍,是做好顶岗实习学生思想教育、实习管理和服务工作的保障。根据专业人数和实习单位要求不一样的特点,对学生集中的实习单位安排指导老师与学校管理层进行双向管理;对学生分散的实习单位则由相应的指导老师经常到各实习点去看望和指导学生,帮助学生解决实习过程中遇到的思想问题。

（2）学校定期对实习指导教师进行教育学、心理学、管理学等课程的培训,提高教师整体指导水平和综合素质,建立实习指导教师的考核监督机制和激励机制。

（3）实习指导老师要与学生保持通信的畅通,利用网站及时向实习生发布各类信息,做好日常性的巡查工作,及时了解、反馈学生在企业的实习情况,认真听取学生意见、企业评价和建议,及时将信息反馈给学校相关部门,为学校专业建设和教学改革提供依据。

顶岗实习作为提高学生实践技能和专业能力的重要教学方式,为保证其教学效果,对顶岗实习进行科学设计、合理安排、精心组织、规范管理是提高顶岗实习德育工作的关键,也是提高人才培养质量的重要课题。通过优化顶岗实习德育工作的措施与办法,促进学校顶岗实习工作有序地进行,使学生通过顶岗实习这个平台,不仅能提高自身德育素养与专业技能,还可以上好迈入社会的第一课。

模块五 课后拓展

顶岗实习的德育工作,应充分认识到校园文化与企业文化的差异。

1. 校园文化在建设主体上区别于企业文化

校园文化的建设主体是师生员工。其中,学校领导是一所学校校园文化的倡导者和支持者,教师和学生是校园文化的创造者和享受者,教师文化是社会主导文化在校园文化中的体现,学生是校园文化建设的主力军。德育是校园文化的灵魂。

企业文化的建设主体是企业员工。其中,高层决策者是企业文化的第一倡导者和传播者,企业员工是企业文化的创造者,中层管理者作为高层决策者和广大职工的中介,在企业文化建设中起着桥梁和纽带作用。

2. 校园文化在建设目标上区别于企业文化

校园文化是一种教育文化,其最高目标是有效地利用各种资源培养更多更好的人才,以

最大限度地满足社会需要,因此学校追求的最大目标是社会效益。所以,有人说校园文化是一种做人的文化。校园文化建设目标主要是:以校风、教风、学风建设为核心,以优美的校园环境、多彩的文化生活,高雅的艺术情趣、浓厚的学术氛围、科学的人文精神,形成催人奋进的学校精神、科学民主的价值理念、导向正确的舆论环境,使学校形态、文化形态、师生心态内外和谐,办学实力、学校活力、文明魅力刚柔相济,促进学校的全面、协调和可持续发展。

企业文化是一种经营文化,企业文化建设的最高目标和最终目的是为社会提供良好服务的同时追求利润和效益的最大化。与校园文化这种做人的文化不同,企业文化主要是一种做事的文化。在一个具体的企业中,企业文化大致体现在企业历史传统、企业价值观和理念、企业的管理风格和特色、员工的文化素质和行为规范、企业的物质设施建设、企业独特的文化仪式和活动、企业的社会形象等七个方面。创建优秀的企业文化,则要考虑以下五个主要因素:提炼价值理念,树立模范人物,规范文化仪式、拓展沟通渠道、塑造企业形象。

3. 校园文化在建设途径上区别于企业文化

校园文化建设的途径主要是通过营造优美的校园环境、制定可行的规章制度、加强和引导社团建设、加强校风学风建设、塑造学校良好形象几个环节来进行。

企业文化建设的途径主要是通过塑造企业形象、树立企业的价值观、培养团队精神、造就企业家队伍来实现利润最大化。

在建设校园文化和企业文化时,都必须坚持继承和发展相结合,借鉴与创新相结合,理论与实践相结合的指导原则。

4. 校园文化在本质上区别于企业文化

(1)校园文化本质上是一种育人文化,而企业文化则是一种实践文化。在校园里面,彼此间的关系相对比较简单,利益矛盾相对少一些,竞争味道比较淡一些,校园文化总体上是温柔和关爱的。这与企业文化有本质的区别,企业文化的核心就是创新、竞争和客户导向,因而显得比较显性和外化。

(2)校园文化是一种育人文化,而企业文化是一种责任文化。在企业里,人与人之间总是构成了"管理者与被管理者"的角色关系,而这种关系在本质上是一种责任关系,企业里每一个部门、每一个岗位的责任是非常清晰具体的,因而责任感特别重要,更强调团队精神和群体协作。而在学校里无论是教学或做研究,更多的是靠使命感,学校和教师不但要承担传递人类已有文化的使命,而且要承担构建为未来社会培养人才的新型文化的育人使命,因此更强调教书育人和环境育人。

附件 4　上海市中职德育干部培训实务操作典型案例

美心融合　自信绽放
——校园心理情景剧展演

上海市工业技术学校　杨晓清

校园心理情景剧展演是我校德育工作的亮点之一。校园心理情景剧(简称:心理剧)不同于传统意义上的治疗性心理剧;而是一种融心理教育、戏剧表演和德育于一体的融合式戏剧教育形式。

2014 年,为了完成我们学校特色示范校建设任务"心理剧展演"的任务,我校整合校内外各项教育资源,策划、设计、组织了"追逐心中的梦想　演绎生活的真情"心理剧展演活动。这是一次全校范围内的真正走进学生心灵、寓教于乐的创新教育尝试。

一、心理剧展演主要过程

凡事预则立,不预则废。为了心理剧展演顺利完成,我们成立了任务领导小组与工作小组,精心策划展演方案,参照图附 4 - 1。

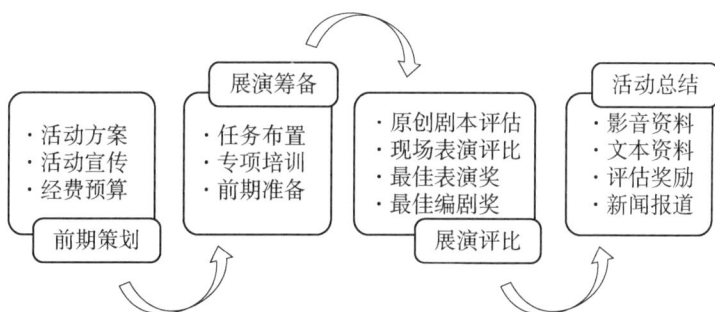

图附 4 - 1　心理剧展演策划方案图

我校心理剧展演经过了前期策划、展演筹备、展演评比、活动总结四个主要活动阶段,历时半年,四个阶段环环紧扣,步步推进。

(过渡语:心理剧展演是一次将中职校园文化生活用心灵美的形式,通过舞台再现的过程。)

二、心理剧展演实务

我们在提供专项经费、人员保障的基础上，通过网络、橱窗、专家讲座等方式进行了全校范围内的宣传。

值得做？——2014年3月，组织师生并邀请全市中职校老师参与，一起聆听了戏剧学院的专家讲座。大家认识到：戏剧教育是最容易走进心灵，打动人心的教育；是一种提高学生理解能力、创造能力、合作能力等最有效的方式；对激发学生自信心、培养学生同情心效果显著，大家一致认为：值得去做。

做什么？——那怎么做呢？我们明确将社会主义核心价值观作为指导思想，将心理剧展演与专题教育、专业学习、和谐社区共建、家教指导有机结合。我们发动学生将身边的感人故事讲出来、演出来。怎么演？参照心理学上"小步子改变技术"，我们把任务细分：想一想→讲一讲→写一写→演一演四个步骤。具体操作请欣赏情景表演：

（情景表演片段1：此处请一个学生与老师当场演出来，配合PPT；用时约1分钟）

学生：老师，我们班级同学商量演一个预防艾滋病的故事？

老师：好啊，很有意义的故事。

学生：我一个朋友君君去酒吧喝酒，被别人亲吻了。害怕得了艾滋病，心里一直很惶恐。

老师：那我们要重点突出恐惧的心理，淡化喝酒的过程。结尾加一个情节，后来君君成为预防艾滋病的志愿者，这样体现从消极到积极的转变过程。好吗？

学生：我喜欢这样的结局！那我马上回去写剧本。

老师：好！剧本对白一定要口语化，最好是大家经常用的生活语言。剧情要有矛盾冲突，情节要体现情理之中，又是意料之外。

学生：情理之中，意料之外，有点难。

老师：发挥集体的智慧，我相信，你们班级一定能的。

学生：我知道了！谢谢老师。

怎样做？ 好的剧本是成功的一半。接下来，就是选演员、排练、道具与音乐准备、后勤人员安排等。心理老师全程指导。决赛阶段，我们还外聘专家把关舞台表演动作、表情等技巧。

（情景表演片段2：此处请2名学生与老师当场演出来，配合PPT，用时约30秒）

老师：你们在排练啊？我来看看。你演男一号，你试试看？

学生1：自从被那个女的吻了，我就害怕自己得了艾滋病！我怕啊，我真的怕。

老师：我们要尽量通过夸张的动作，丰富的表情来表现人物心理。当然，服装、道具以及音乐也很重要。忘掉你是谁，现在你就是主角。再来一遍！

学生1：……

老师：好！不要背着观众！面向观众，坚持！

学生：谢谢老师。

像你 像我　又像他	情理之中 意料之外	甘于奉献 分工合作

有什么？讲故事、写剧本、选演员、排练，都是为了舞台的华美绽放和学生的心灵成长。心理剧展演，学校层面则有具体的成果如《原创心理剧汇编》、心理剧微课程《心生活，心成长》。

三、心理剧展演成果丰硕

心理剧展演是一次心灵美的历程，学生在 发现生活美 → 舞台再现美 → 心灵成长美 的不同阶段，激发潜能、增强自信，收到了预期的效果。

（1）发现生活美：所有心理剧参赛作品均与德育专题教育以及学生专业学习、自信激发、综合素养提升紧密联系；将合作、宽容、感恩、自信等积极心理品质的培养与法治、爱国、敬业、诚信、友善等社会主义核心价值观的培育和践行有机统一；集中展示了我校多姿多彩的校园文化生活。心理剧展演因此被评为我校年度最红火的校园文化盛事。

（2）舞台再现美：为了心理剧展演舞台效果更上层楼，我们聘请2位戏剧专业表演老师，1对1进行指导，形成了12个成熟的校园心理剧决赛作品。在舞台、道具、音乐、服装等方面更是精益求精，最终决赛的舞台流光溢彩，灵动变幻，照进了每一个人的心底；表演主题鲜明，情节新颖，真切感人，深深地打动了在场的观众和评委。

其中《防艾卫士》与《追逐的"苹果"》参加了2014年6月3日的校园艺术节展演；《追逐的"苹果"》代表学校参加了市级比赛，并荣获市级表演一等奖和原创作品奖。

（3）心灵成长美：展演过程中，师生共同上演了一幕幕感人的故事，学生反应不尽相同但都令人感动："扮演的男主人公受到同学肯定，这种感觉真的很棒"、"作为音乐播放的负责人要全程陪伴。没有我就没有表演的成功"、"我们班的剧本是我写的"、"做后勤，锻炼了我和人打交道的能力"、"看了表演很受启发"、"我终于理解爸爸妈妈的一番苦心啦！"、"原来老师也很不容易"、"我很享受参与的过程"……学生在收获快乐的同时，理解、自律、沟通、创造能力得以提升，同情心展现，自信增长，思想启迪。

由于我校心理剧展演的良好基础以及2014年度"追逐心中的梦想　演绎生活的真情"心理剧展演的成功，上海市第三届中职校"璀璨星光"校园文化节心理剧展演的承办任务光荣落到了我校，圆满完成任务；同时与上海市戏剧学校合作，在专家指导下，创作大型原创心理情景剧《心星》，2014年12月在上海市图书馆、逸夫职校对全市中职学校师生公演，广获赞誉。

我校心理剧展演所有过程对同行公开展示，3月至5月份期间有40多所学校来我校交流或学习，我们提供相关校园心理剧展演资料，分享经验心得；与更多的学校联动沟通，视野进一步拓宽。

四、体会与思考

本届心理剧展演贯彻"两纲"文件精神,夯实各项专题教育,提升学生艺术修养,培养学生自信、乐观等积极心理品质。展演评比顺利开展,各项目标逐步达成,取得的成效有目共睹,但是如何通过戏剧教育提升学生人文素养,培养学生创新精神,还有很多可以努力的空间。

每个人都有自己的故事,校园心理情景剧展演提供了一种安全而有益的方式,让学生得以参与同龄人的故事,透过他人的眼睛看世界。校园心理情景剧为创造更加美好的未来,更加和谐的世界,照亮学生的心灵指明了方向!

让德育满怀温度

——论学校德育论坛活动的有效开展

上海食品科技学校   汪清华

我们职校的班主任的确不易,为了有效地解决德育工作困惑,我们尝试以系列德育论坛活动来探寻有效的解决办法。德育论坛在我校已举办了四年八期,是我校德育的盛会:激扬文字,慷慨陈词,撼动心灵;是温暖师生的源泉:化解困惑,智慧积淀,浸润心灵。

一、问渠那得清如许,为有源头活水来——诞生背景

当初,为什么会想到这样一种活动形式呢?

首先,正如刚才我们谈到的,班主任老师有许许多多的德育困惑。几年前,我们的老师深感班主任工作压力大、成效低,因此愿意担任班主任工作的积极性也较低,每学年,我们都要为寻找新一届的班主任而苦苦发愁。其次,我们以往学期末的德育总结会常常以校领导、学生科领导总结、点评、提出要求为主,与一线班主任老师渴望解决德育困惑、提升德育能力这样一种诉求的契合度不高,难以调动参与老师的积极性。第三,我们也发现,在我们学校,有那么三五位班主任老师面对工作游刃有余,班级安排得井井有条,他们所带的学生正气、积极。我们深深感到"正能量就在我们校园、智慧就在我们身边!"

因此,我们就产生了通过德育论坛活动来创设一种贴心、动心、暖心的氛围,让大家交流互动、取长补短、共同进步的想法。

二、百尺竿头须进步,十方世界是全身——具体实施

我们是如何做的呢? 拿其中一期来讲。

当时,经过三年论坛的历练、积累和成长,我们的班主任群体怀揣着对学生的热爱把自己全身心地交给学生,用点点滴滴的努力融化一颗颗坚冰,让学生内心的爱和自信一点点绽放。越来越多的班主任提出,我们不仅要温暖学生的心灵,我们也需要温暖自己的心灵,只有我们班主任的心灵富足了,我们才能带给学生更多的滋养和浸润。因此,为了契合一线班主任的需求,也为了切中德育工作的脉络,我们设定了活动主题——让德育满怀温度!这个主题一敲定,老师们活动还未进行,心灵已被打动。由此可见,德育论坛的选题非常重要。最初,为积极挖掘"三全"德育模式的有效经验,扎实德育工作的基础,我们设定了"过程管理,提升时效"的主题;为从根源上解决家庭教育缺失的现状,我们拟定了"家校沟通,合力德育"的主题;为改变部分学生难以引导、班主任信心不足的困难,我们开展了"专家问诊,化疑解难"的专题;为探讨德育本源,回归德育本质,我们共同"用爱点亮盏盏心灯"……,好的选题会让德育事半功倍。

主题确定之后,我们的分管领导就赶紧召集相关人员,如学生科领导、年级组长、优秀班主任、专业科科长等商量本次活动的具体开展细节,拟定工作方案,包括前期的准备流程、具体活动形式、参与人员、嘉宾的确定、专家邀请、活动流程、经费保障等细节。随后,各部门及工作人员按照各自分工落实具体工作,如发言稿的反复修改、年级组内的预交流、微论坛的话题确定、模拟彩排等等,确保准备充分到位。论坛的呈现虽然仅有两个小时的时间,但准备却是一个长时的过程。要走过发现问题——呈报困惑——初设主题——拟定方案——分工准备——组内研讨——全校论坛这样一个流程,才能确保论坛的内容已有充分思考和酝酿,最终的呈现精彩、有深度、有效果。

2014年6月26日下午,激情澎湃的音乐响彻食品科技的报告厅,大家在文字和画面中回首三年德育论坛的精彩和感动,这就是本次活动的开场——以数字故事为载体引领大家徜徉在我校德育工作者丰润的精神世界中。三年的积淀,汇聚成《让德育满怀温度——德育论坛汇编》,德育专家、校领导分批为论坛文集的作者隆重赠书,淡淡的油墨清香是对老师们的肯定和激励,让大家品味德育积淀的价值与骄傲!随后,"班主任论坛"、"德育困惑之微论坛"、"师生代表论坛"、"专家点评"四个主要环节带领大家从不同的角度体验德育满怀温度的意境。在场的师生纷纷感到:本次德育论坛不仅展现出我校德育工作浸润了学生心灵,也浸润了在场每一位教职工的心灵。大家都在总结、反思、提升的过程中不断追求让德育满怀温度的境界,成就学生出彩的人生,成就教师出彩的生涯!

一次能打动人心的论坛一定要注意追求形式上的变换,才能保持论坛的吸引力和参与度,我们除了会在主题发言中进行微论坛,还会在现场观摩后进行快问快答,在案例剖析中集思广益,在游戏体验中促进领悟,在与专家互动中一问到底……老师们在这些变换的形式中全情投入,激荡思维,畅所欲言,触类旁通。此外,还要注意参与人员的广泛性,我校德育论坛从最初三、五位优秀班主任办起,逐渐挖掘带动了越来越多经验丰富的班主任、富有灵性的年轻班主任、具有担当的任课教师,进而更广泛地邀请专业科科长、优秀学生、家长、兄弟学校教师、社区工作人员、德育专家等,各种各样的角度、思维、声音让我们的论坛海纳百川,有容乃大。

三、忽如一夜春风来,千树万树梨花开——活动价值

四年八期的论坛举办至今,效果如何呢,让我们来听听我校一位班主任老师的心声吧。(杨晔老师:上海市班主任基本功大赛中职组一等奖,市二等奖。)

2012 年,进校一年后,学校非常信任地让我担当 1304 班的班主任。对于没有什么班主任工作经验的我而言,这无疑是个巨大的挑战。今天,我的班级已经快毕业了,我很开心地成为了同学们的良师益友,在这近三年的班主任工作中,我也有一位陪伴我成长的良师益友,那就是——德育论坛。

在这里,我感受到了每一位班主任的酸甜苦辣,感受到了德育满怀温度。最初,是它让我认识到班主任是一项平凡却又必不可少的工作;让我认识到带好一班孩子,教育好一班人的不容易;也让我真正认识到班主任的价值存在。每一位老师的心得案例都在感动着我,也在教育着我。

当我在班级管理中遇到困惑时,就会找到这位良师益友,从这里寻找班主任工作的基本规范、未成年人思想道德教育的方法、如何指导开展学生的心理健康教育、班级活动的设计与组织、班级管理的妙招。在这里,我学到了一系列科学、优秀的管理方法,领会了一系列先进的管理理念,使自己更有信心去做好一名班主任。

论坛中的许多内容,都时常让我有种"似曾相识"的感觉,激发我去反思自己的工作,就这样,我也把自己的困惑、心得通过论坛分享给大家。德育论坛让我们一起成长着,我们彼此分享经验、探讨困惑、交流看法、共同进步!

2015 年,我参加了上海市"嘉定杯"班主任基本功大赛,对于经验并不十分丰富的新班主任来说,要现场即兴演讲德育故事处理德育案例是非常有困难的。但是,德育论坛帮助了我,里面每一位老师的案例心得都给我带来灵感和启发,让我在比赛时能够充分借鉴,取得好的成绩。

感谢德育论坛,为我们提供了一个交流平台,让我们所有的班主任走到一起,让我们的内心变得丰富而充盈!

是啊,德育论坛之所以能得到老师们的认可,其核心在于:

1. 发挥了校本经验的实效性

共性的问题、相同的学生使得我们的校本经验借鉴度高、操作性强、推广力大,《让德育满怀温度》的德育论坛文集,成为班主任老师开展德育常规管理、特殊学生引导、突发事件应对等工作的宝典。

2. 激发了德育队伍的主动性

当大家从这里体验到进步成长之后,越来越多的班主任及教师主动提出借助论坛探讨德育困惑、交流德育思考、分享德育经验、征询专家指导,充分发挥出德育一线工作者的主体作用,论坛成为大家温馨、温暖的共享空间。

3. 助推了德育工作的专业性

论坛的系列开展使得越来越多的教师养成沉淀德育经验的好习惯,推动了一批教师突

破了"我只会做、不会讲、更不会写"的思维定式,激发了他们开展德育科研的兴趣;我们成功申报了三项国家级德育课题、四项市级德育课题,更使得我们许多的老师荣膺"上海市十佳班主任"、"上海市优秀班主任"、"上海市金爱心教师"、"上海市中职学校班主任培训基地新班主任导师"、"上海市中职学校班主任培训基地高研班成员"等荣誉,勇摘上海市班主任基本功大赛中职组一等奖、上海市二等奖。这些荣誉,是我们以前望尘莫及的。

4. 催化了德育模式的新探索

如今,在这一满怀温度的土壤里,我们正在努力探索具有我校特色的德育工作新模式——"三度六情"温馨德育模式。我们不仅想努力通过激情与热情让德育满怀温度,还想通过友情与亲情让德育具有滋润的感觉,通过真情与感情让德育具有凝聚的感觉,以此为了自己的职业理想而工作,为了学生的终身发展而工作。我们仍将以德育论坛为重要的载体探索、完善这一新模式。

德育工作永无尽头,德育论坛开展的探索亦永无尽头。我们只是想借助论坛温暖德育工作者的心灵,让我们的工作满怀温度,让我们的学生心灵充实健康,让老师们品味甘甜与幸福的味道!

汉家成人礼

上海医药学校　吕　慎

"汉家成人礼"是医药学校为践行社会主义核心价值观、传承中华优秀传统文化、体现学校"真诚、笃实、乐群"的办学宗旨,紧紧围绕"德,技行天下"的校训理念,为培养学生的理想信念、公民素质和健全人格而开展的一项围绕国学文化礼仪教育的系列活动。

我校开展"汉家成人礼"活动的目的在于践行社会主义核心价值观、传承中华优秀传统文化,引导学生树立正确的思想道德观念,养成良好的行为规范,培养我校学生的理想信念、公民素质和健全人格。

一、选择缘由

我校之所以选择"汉家成人礼"作为创新学生德育工作的形式,原因在于:

1. 我校专业与国学传统文化有紧密联系

习近平书记曾说过:中医药学是打开中华文明宝库的钥匙。它既是中华优秀文化的宝贵资源,又是中华优秀文化的重要载体。

2. 我校学生对传统文化有更高的接受度

由于我校很多专业与传统文化关系密切,如我校中药专业,所以学生对传统文化有更高的接受度。

3. 我校对学生礼仪训练有更高要求

我校学生就业方向多为药厂药店等服务行业，要求他们具有高水平的礼仪修养，这一需求启发我校选用国学礼仪作为创新德育工作的立足点。

整个活动主要过程分为"唱古曲"、"加冠加笄"、"冠笄者拜师长父母"、"读古训—宣读成人誓词"、"奏古乐"五个环节。"唱古曲"由我校德体艺系学生在声乐老师指导下收集古词、改编古曲、反复训练后登台演出，在当天达到了极好的暖场效果，为整场活动营造了良好的古意氛围。"行古礼"环节在"赞者"的主持下由"长者"为学生"加冠"、"加笄"，"长者"都是我校德高望重、广受尊崇的老师，这项活动既联系了师生间的情感，同时增强了仪式的庄严感。"读古训"让学生遵从祖先教训，立志成才成人。特别是我们选取和医药行业相关的古训，强化学生的行业品德训练。例如我们选取清代俞昌所著《医门法律》中的古训："医，仁术也。仁人君子，必笃于情"（解释：医药行业是和仁爱之心紧密相关的。有仁爱之心的君子必定是重感情的）以此来教育引导学生学会珍惜身边的天伦情、师生情、同学情等，始终抱有仁爱之心；"奏古乐"以老师的参与献艺为本场活动做了一个完美的结尾。

这次活动在学生和家长中间产生了热烈的反响，并树立了良好的口碑。有的学生认为自己通过这次活动学习了国学传统文化、拓展了知识面、加深了对古典古训的记忆；有的学生则为这次成人立志的主题而感到振奋鼓舞，认识到自己迈向成年时肩上承担的责任，增强了责任意识。家长们也对此次活动赞不绝口，认为这项活动体现了我校在加强学生德育上的良苦用心，对孩子起到了比较深刻的教育作用。

二、经验和教训

总结此次活动的经验和教训，我们成功的原因在于：

（1）创新德育思路。充分、深入地发掘德育资源，从而开拓了德育工作思路、创新了德育内容和形式。

（2）准备充分。成立领导小组、工作小组、制定详尽的活动方案、准备备用活动方案、制定详细的应急预案。

（3）组织有序。有专业老师指导、学生积极参与，且在各方面细节上考虑周全。

（4）领导保障有力。我校领导从活动内容及活动计划上给予积极支持并且在经费上给予保障。

三、需要改进之处

此次活动也存在不少需要改进的地方：

（1）须注重加强宣传讲解。在活动准备阶段，对此次活动的宣传讲解不够到位，导致有些人对活动产生误解，把"复兴国学优秀传统"同"复辟封建糟粕"混同起来。虽然该活动最终证明是一次有益的成人立志教育，但这种误解为日后创新德育活动在宣传包装方面敲响了警钟。

（2）须更尊重学生主体地位。此次活动,在长者为学生"加冠"、"加笄"环节中,部分学生反映希望长者人选上能参考他们的想法,由他们心目中更认可和敬爱的长者为自己"加冠"、"加笄"。这反映了学生参与此次活动的主动性,一方面是对此次活动的肯定,另一方面也对日后类似活动增强学生主体地位提出了要求。

（3）须更严密维持活动秩序。此次活动,因服装场地限制,在活动过程中有略显混乱的阶段,对日后类似活动的组织纪律严密性提出更高要求。

（4）须更持续发挥德育功效。此次活动结束后,国学教育的延续性有待提高。活动虽然结束了,但对学生的国学熏陶、德育不能停止,要把活动作为德育的推动力,将其教育意义反复利用、持续发挥。

四、后续规划

为了把"汉家成人礼"打造成一个品牌项目,我们还对此活动进行了后续规划:

1. 打造精品成人礼活动

总结经验、弥补不足,完善"汉家成人礼"活动,使之成为品牌活动。

2. 开办国学社团

聘请校外国学讲师来校开展国学讲座,让学生在国学的熏陶感染中汲取知识,陶冶情操,提高修养。

3. 打造"一系一特色"

药剂系:习古技,继承传统文化技艺;制药技术系:学古礼,教导学生礼仪规范;生物技术制药系:读古训,激发学生爱国情怀;国际教育系:唱古曲,弘扬传统文化精髓;德体艺系:跳古舞、奏古乐,传承优秀传统艺术。

五、结束语

我们举办这样的活动不是为了复古,而是要把优秀的传统文化思想、精华和礼数让学生熟知熟读,内化于心,指引学生在人生道路上诚信做人、规范做事!

对接企业需求,以校园制造文化培育合格职业人

上海电子工业学校 张贯彻

职业教育的宗旨是培养合格"职业人",但是当前学校注重知识和技能传授,对学生职业

素质的培养并不尽如人意,因而我校从专业出发,基于大德育理念,在融合校园文化和制造文化,以有效培养学生职业素养方面进行了探索和实践。

一、实施背景——制造文化吻合工科职校培养目标

自 2015 年"五一"开始,央视新闻推出《大国工匠》系列节目,向我们展示了不同领域对职业技能的完美和极致的追求。不管是在牛皮纸一样薄的钢板上焊接的航天人,还是"丝"级精度组装的船舶人,他们身上所蕴含的不仅是当代中国制造业的顶级技艺,更是一种严谨专注的制造精神。这种在现代工业生产中与企业相伴而生、相伴发展的价值理念和行为规范,可具体表现为对规范、标准的坚守,对品牌的追求和典型人物的塑造,我们称之为"制造文化"。

作为一所具有中德合作办学背景的工科类中职校,我们通过调研了解到,几乎所有合作企业都表示员工对企业文化的认同和职业素养的训练至关重要。但是,现在的学生普遍存在眼高手低,对劳动和技能的认同不够,追求个性,对秩序和规则的遵守不重视,缺乏锻炼,对企业和职业的认识不深入的问题,因而,学校结合专业特色,借鉴制造文化,对接企业需求,以独具特色的校园制造文化培育合格"职业人"成为我校校园文化自身发展的内在要求。

二、实施过程——多载体、多途径打造校园制造文化

一个学校的发展不仅体现在高质量的教育教学上,更体现在富有特色和个性的校园文化建设上。我们思考的是要在师生思维方式、价值取向、校园活动、行为规范渗透制造文化的理念,以氛围为主策略,课堂为主渠道,活动为主阵地,通过熏陶、约束和导向的方式推进师生对制造文化的了解、认同和内化。

(一)注重环境熏陶,培养学生职业意识

校园环境在学生培养中起着"润物细无声"的作用,学校通过在校园环境布置中融入优秀企业文化,培养学生的职业意识。

1. 环境凸显企业文化

学校开展以企业文化为主题的教室、实训室和走廊环境建设,教室软木板定期更新知名企业的企业文化、质量标准。实训工场内悬挂 SOP 标准作业流程、质量管理标语、生产进度表,设置安全警示线、安全提示语,设立"讨论区",配置工具柜,营造车间生产文化氛围;建设以制造文化、企业精神、专业前沿、职业素养和优秀毕业生等为主题的走廊文化,丰富育人载体。

2. 编制校本教材

着手汇编《走进制造文化》校本教材,将企业的核心精神、制度文化、典型案例等进行汇编,通过校班会、企业讲座等载体,让制造文化以系列化内容走进学生心田。

（二）强调教学渗透，培养学生职业规范

1. 言传身教，演绎现代"传、帮、带"

作为职业学校的教师，自身良好的职业素养与操作习惯对学生的培养起着潜移默化的作用。学校教师通过项目引导和教学示范，在操作过程中对学生的操作偏差进行手把手地纠正。同时，建立双师双向交流机制，有计划地安排企业教师共同参与教学和专业教师赴企业生产一线实践的形式，增强其自身的实践操作能力和规范意识。

2. 细化管理，注重过程"严、细、精"

在理论教学中，有意识地将岗位任职要求引进课堂教学，适时将最新的行业、企业信息，企业生产案例引入到课堂，让学生清楚未来从事职业需要具备的职业道德、职业规范。在实训教学中引入企业典型项目和质量管理模式，围绕严谨、规范的制造文化培养学生综合职业素养。今年暑假，我校机电系吴老师赴博世公司参观调研时发现，博世培训中心的钳工台上都有一个配套的材料架用以挂放图纸，为工件制作时对照图纸带来便捷，大受启发的她在新学期开学后就将此项内容引入了课堂。她让学生以小组为单位，自主完成了设计、制图、加工、安装等各个环节。他们要根据钳工台形状设计尺寸和结构，要对比各种材料的优缺点选定型料，还要根据标准化工艺流程，自行将毛坯材料进行割、锯、锉、削、打孔、攻螺纹、安装、调试，完成项目制作。在这个过程中不仅锤炼了学生的专业技能，更让他们在熟悉工艺流程、养成规范习惯、培养严谨态度方面得到了提高。

（三）融入日常德育，强化学生职业习惯

学校将规范行为的培养融入素质教育周、双文明创建等常态化的养成教育中，在食堂、宿舍、教室中强调桌椅复原、餐具归还、内务整洁、守时按章，取得了较好成效。在11月刚刚召开的校企合作联席会议上，上海天正机电有限公司的唐总特意以"会议室内的桌椅"为例表扬了我校15级机电专业2个班赴他们公司认知参观时的表现，他谈到我校70多位学生在天正的会议室内听完公司的企业文化讲座后，都能下意识地将会议室内桌椅进行整理和恢复，正是学校在日常中注重职业习惯养成的体现。

另外，学校重点培育了一批职业类社团，成为学生素质拓展和创新意识培养的重要载体。如电子科技社的成员通过自主学习和探究研讨，先后制作过循迹机器人、门禁控制器、电动平衡车、六轴航拍器等数十个科技小产品，他们还以"小老师"身份参与职业体验活动，社团成员的知识和技能水平甚至超过高职学生。

（四）开展双元共育，强化学生职业能力

学校与企业共同商定教学进度和实习内容，三年中循序渐进地安排学生到生产一线进行认知、随岗、轮岗和顶岗实习，为学生指派企业师傅进行一对一带教，促进学生在企业里了解岗位职责、熟悉工艺流程，培养职业习惯，适应企业需求，为就业做好充分的准备。

三、改革成效——学生的成才和企业的认可

校园文化和制造文化的融合，使学生不仅在知识和技能上紧贴企业的需求，在企业适应

能力和综合职业素养方面更获企业认可。近年来,我校学生参加各类职业技能大赛获全国奖项 3 项,上海市级 150 多项。毕业生工作适应快,综合能力全面,获企业"最好的学校,最好的学生"的评价,就业率持续稳定在 98% 以上。同时,学校还应企业需要,与上海申克器械有限公司、松下微波炉有限公司、德国采埃孚集团等多家企业联合开展订单式培养,试点实施现代学徒制培养制度,以"准员工"身份培养学生。

四、体会与思考——校企共育和教学渗透是核心

文化建设是一个长期积累、不断推进的过程,也是一个系统的过程。学校要培养合格"职业人",需要把环境、管理、教学、德育拧成一股绳,由全体教职工共同实施。同时,在整个育人过程中必须始终坚持贴近企业、双元共育,促进校企有效融合。我校通过聘请校、企双专业带头人,共同制定教学计划和实习内容,双师双向交流,共同实施教学和实习组织,共建实验实训室,共同开展学生考核评价等一系列手段,在培养合格的"职业人"上取得了较好的成效。

上海市中等职业学校中层干部培训课程体系开发研究

上海市中等职业学校中层干部培训课程体系研究课题组

课题组成员

组　长：乔　刚　原上海商学院高等技术学院院长
副组长：赵晓伟　上海市教委教育技术装备中心
　　　　王　洁　上海商业会计学校副校长
　　　　赵　宏　上海商学院高等技术学院副院长
成　员：王　芬　上海商贸职业教育集团
　　　　胡　萍　上海商贸职业教育集团
　　　　钟　华　上海市教育科学研究院
　　　　谢永业　上海市工商外国语学校
　　　　冯志军　上海商业会计学校
　　　　尤海珣　上海商业会计学校
　　　　魏　强　上海商业会计学校

目　录

MU　　LU

第一章 课题研究背景、立意及价值

一、研究背景

上海市中长期发展目标指出,21世纪的上海战略定位和要求是到2020年,上海要基本建成与我国经济实力和国际地位相适应,具有全球资源配置能力的国际经济、金融、贸易、航运中心,基本建成经济繁荣、社会和谐、环境优美的社会主义现代化国际大都市。从1990年以来,上海的人均生产总值不断提高,1990年突破1 000美元,2010年达到了11 809美元,已相当于世界中等发达国家或地区的水平。为实现上海市中长期发展目标,上海在未来十年要把握经济创新发展的重要时机。

经济的发展同人才培养紧密相连。《国家中长期教育改革和发展规划纲要(2010—2020年)》明确指出要大力发展职业教育。"到2020年,形成适应发展方式转变和经济结构调整要求、体现终身教育理念、中等和高等职业教育协调发展的现代职业教育体系。"上海的中等职业教育始终紧贴产业发展的需要,无论是在规模上还是在质量上都体现服务于社会的功能。"十二五"以来,上海市积极调整中等职业教育布局结构,共投入14.2亿元,开展了"上海市百所学校重点建设工程"和"国家级重点职业学校建设工程"。"十二五"期间,将建成18所国家级示范学校、24所上海市特色示范学校。未来十年,上海市中等职业教育将进一步保证规模、调整结构、加强管理、提高质量,面对经济转型和世界经济新局势,再次在内涵建设的基础上寻求转型、整合、突破,以期体现上海中等职业教育的高水平办学。

上海经济发展战略规划以及上海市职业教育改革发展,对上海市中职学校的人才培养提出了更高要求,对管理者队伍建设提出了更高的标准。作为中等职业学校的中层干部,他们是师资队伍建设的中坚力量,在校长室的领导下,担负着地区经济转型发展下职业教育探索的使命;担负着"十二五"至"十三五"期间职业教育体系化发展再上台阶的责任,是机遇的捕捉者,是挑战的应对者。作为中职学校改革发展的中流砥柱,他们承担着教育教学改革、对外合作交流、带领部门达成目标并创新发展等职责,是学校管理和持续发展的核心力量,他们的眼界、思维、能力、人格趋向等将直接影响学校事业发展的各个层面。因此,关注这一群体的发展,提高他们的综合素养,是上海市中等职业学校师资队伍建设工作的重要内容。

目前,上海市中职学校的中层干部培养面临着诸多问题,重使用轻培养尤为突出。由于中层干部所处的工作层面的特殊性,对于学校领导而言,更关注他们的执行能力、管理的实效,如何使用、管理好这支队伍通常放在首位,培养培训往往是次要的,但从学校的长远发展来看,有必要突破这支队伍的职业发展瓶颈,提高他们的职业能力。其次是管理规范的问题。总结近年来上海市中职学校示范校建设评估过程中所出现的专家建议,不难发现,管理的规范提升仍然是急需解决的问题。调研发现,许多学校在示范校建设的过程中,跳跃式发展的意识比较强烈,这就势必会出现实践实施过程中,管理跟不上,或者是管理不到位的问题。因此,有必要针对中职学校中层管理干部开展管理规范专题的培训,加强规范管理的意识,提升实际管理的能力。

2006 年,教育部、财政部《关于实施中等职业学校教师素质提高计划的意见》(教职成〔2006〕13 号),提出适应职业教育扩大规模和提高质量的需要,着力提高中等职业学校教师队伍的整体素质特别是实践教学能力,完善职教师资培养培训体系,创新中等职业学校用人机制,加大财政的支持引导力度,全面推动职教教师队伍建设工作,加快造就一支适应职业教育以就业为导向,满足技能性和实践性教学要求的教师队伍,为职业教育持续快速健康发展提供强有力的保障。

2011 年上海市教育委员会关于印发《上海市职业教育"十二五"改革和发展规划》(沪教委职〔2011〕38 号)的通知,明确要进一步理顺职业教育师资队伍建设的管理体制和运行机制,完善师资培养培训体系,搭建职业教育教师专业化发展平台,有计划、有组织地开展分级分类培训,提升职业院校教师的育德意识、师德水平、教学能力、实践能力和科研能力。上海市教委连续几年开展了市级层面的教师培养培训工作,包括专业教师培训、新进教师培训、特聘兼职教师培训等等,但未能对在岗的中层干部统一布置系统化的市级层面培训。

上海市经济发展以及职业教育的发展,对中职学校中层干部建设与发展提出了新任务、新要求,因此有必要对在岗的中职学校中层干部进行系统化的培训,进行中职学校中层干部培训课程体系的开发与研究,以帮助在岗的中职学校中层干部适应时代发展,提高自身素质。

对中职学校中层干部培训课程体系的开发与研究,是对上海市中职学校整体师资培养培训体系的创新发展,既能充实中职学校市级师资培养培训的内涵,也能拓宽上海市中职学校中层管理干部培养的途径,促进管理干部专业化发展;另一方面,对中职学校中层干部进行专门化培训,是上海市建设一支高素质、高水平中层干部管理队伍的需要,是中职学校凝心聚力、改革创新的需要;是顺应地区经济发展、推动职业教育体系化发展的需要。

二、研究意义与价值

(一) 核心概念

中层干部,是按一个系统、组织内干部职级划分而得出的类别名称。中层干部是组织序列中的中坚力量,兼有管理者和下属的双重身份。一方面,作为下属,在组织完成上级交付的各项任务的同时,也在做管理下属的工作;另一方面,作为管理者,在帮助下属完成本部门工作任务的同时,也在接受着上级的管理。中层领导除了具有管理职责、岗位职责以外,还起到在决策者与员工间上传下达的作用,是联系组织机构高层与基层的桥梁和纽带。

中职学校中层干部是中等职业学校系统中,处于校级层面与各职能处室部门之间的执行者和管理者。相对而言,他们的整体能力水平和综合素养较高,是中等职业学校的中坚力量,担任着承上启下、执行实施、管理参谋的重要角色。中职学校中层干部主要包括教学部主任、教务处主任、学生处主任、行政及后勤各科室主任等,其工作职责主要涵盖教学管理、学生管理、行政及后勤事务管理、信息化建设、教学研究及督导等。

本课题开展的课程体系研究主要研究对象为已经在本市中等职业学校中层干部岗位上任职一年以上的中层干部。培训课程体系涵盖了培训课程内容、形式、课程性质、实施主体、培训时效、培训考核评价、组织管理等综合元素。其实质是从中层干部个体职业发展需求、中等职业学校干部培养与管理要求出发,提高本市中等职业学校中层干部的领导能力、执行能力、合作能力。

(二) 研究立意与价值

本项目在认真调研上海市中职学校中层干部培训现状、存在问题及培训需求的基础上,有效借鉴国外先进的职业教育及师资培训理念,合理分析中层干部定位与作用,紧密结合地区经济发展、职业教育发展及中职学校师资内涵建设发展趋势,研发制定针对性强、具有前瞻性和实践效果的上海市中等职业学校中层干部培训课程及评价体系。其研究意义与价值主要体现在:

(1) 填补了上海市中职学校师资培养培训内涵建设的空白。从近年来市级师资培养培训总体情况来看,培训多侧重于专业教师培养培训课程体系研究和实践,但对中层干部这一特殊教师群体的培训缺少系统化研究和实践。因此,本课题研究是对上海市中职学校师资培养培训内涵建设的创新发展,无论是内容还是培训模式上,都具有开创性,有效地填补了上海市中职学校师资培养培训结构体系的空白。

(2) 探索管理干部专业发展的有效途径,促进上海市中职学校中层干部管理与建设,为上海市中职学校中层管理干部管理挖掘典型案例。中职学校中层干部的同质性体现在这个群体在一定系统、组织内的地位和作用,但从岗位和专业角度说,差异较大。在职业教育发展的新形势下,干部岗位专业化发展的新要求、干部自身的专业化成长需要,使得培养培训任务尤为重要。因此,有必要为中层管理干部的专业发展提供有效途径,使中层管理干部专业素养和管理能力通过适宜的培养培训得以聚焦。研发具有前瞻性、延展性、实践性,关乎中层干部的视野、思维、能力、人格拓展的培训课程体系,有助于市级中层干部管理与建设。

(3) 能够为上海市中职学校中层管理队伍的改革提供人才支撑。中职学校中层干部培训课题体系的研发,对于学校中层干部的培养目标有了明确的导向,对中层干部的职业素养、能力水平有了明确的发展要求,通过培训发现一批优秀人才,为中职学校中层管理队伍的改革提供人才支撑。

(4) 基于中职学校管理现状研究之上的培训课程体系研发,切合于上海市中职学校发展现状,着眼于促进中职学校中层管理干部的规范管理,能够作为中职学校对中层干部的培养与管理的"指导",有助于提升上海市中职学校的整体管理水平。

第二章 课题研究目的、方法、步骤、创新点

一、国内外研究现状综述

(一) 关于"中层干部"的研究

中层干部在国外并无直接对应的词汇,其内涵远不止行政管理和教务。国内目前对于"中层干部"的研究范围以高等教育为主,其次为中等教育,中等职业教育的研究几乎为零。研究者大多是来自于各级教育机构的领导者(如校长)和实际的管理者,缺少教育学界的专家学者持续的关注。研究方法主要是研究者对其实际经验和感性认识进行总结,相对缺乏详实、长期、科学的论证。即便是仅有的几篇硕士学位论文,所采用的方法多是个案研究法,缺少基于大规模、大样本的定量分析和长期的实证研究。

通过对文献的梳理,我们可以看出目前学界对于中层干部定义基本达成了共识:杨向东[1]是较早对中层干部问题有所关注的研究者,他认为中层干部在学校教育教学和管理过程中起着纽带作用,他们是学校具体教育教学活动和管理活动的带头人,是学校各部门工作的计划者和组织者,是学校具体育人劳动过程中的设计师和指挥员,是上级领导和群众之间的中介人,是上令下传、下情上达的纽带和桥梁。

从研究主题上来看,主要以实践研究为主,研究者多聚焦于中层干部的绩效考核与评价机制。也有学者对中层干部的胜任能力、执行力、结构要素进行了分析研究。郑颖[2]探讨了中层干部的胜任能力,并构建了相应的模型;管笛[3]侧重于讨论中层干部的执行力,并将其归纳为一种综合素质。汤羽[4]则尝试构建了中小学中层干部结构化面试测评要素模型,并将维度划分为教务处、政教处、总务处3个部门,提出了各自相应的素质重点。

中层干部常常作为许多学者在研究学校管理情况、教师现状问题的一个重要维度。孙小丽[5]从教师参与决策的角度,将中层干部视为其中一个重要维度进行分析。王益宏[6]、李文威[7]则从学校人事制度改革的角度,将中层干部作为改革的重要参考维度。值得注意的是,刘侠[8]在调查教师幸福度时发现,中层干部的职业幸福感最低。

---

① 杨向东. 试论当前中学中层干部的管理[D]. 武汉:华中师范大学,2003.
② 郑颖. 高校中层管理者胜任力模型构建与应用[D]. 南京:南京农业大学,2011.
③ 管笛. 巨型中学中层干部执行力的个案研究[D]. 南京:南京师范大学,2011.
④ 汤羽. 中小学中层干部结构化面试测评要素模型研究[D]. 大连:辽宁师范大学,2013.
⑤ 孙小丽. 关于教师参与学校决策的问题——基于一所中学的实地研究[D]. 南京:南京师范大学,2006
⑥ 王益宏. 湖北省钟祥市第三中学人事制度改革的探索与思考[D]. 武汉:华中师范大学,2004.
⑦ 李文威. 深圳市罗湖区中小学人事管理体制改革问题研究[D]. 武汉:华中师范大学,2005.
⑧ 刘侠. 上海市徐汇区中学教师职业幸福感状况调查与研究[D]. 上海:上海师范大学,2009.

(二) 关于"中职学校教师培训"的研究

中职学校中层干部的培训,属于中职学校师资培养培训的一部分。对于中职学校中层干部培训课程体系的相关文献几近于零,但有诸多关于中职学校的教师培训的研究文献;研究者以一线的教师、实际管理人员为主,但缺少具有影响力、权威性的研究成果。研究方法主要是文献综述、比较研究,也有不少在调查研究、案例研究之上的实证研究。

从研究主题来看,关于中职学校教师培训的文献可以分为译介与比较、政策研究与实践研究几类。我们试图从这些文献中来间接地了解中职学校层面培训体系结构、特点及评价指标体系的框架。

很多研究者通过对国外成熟的执教师资队伍培训的翻译介绍,以期对国内的实践有所启示。如贺文瑾[①]介绍了部分发达国家职教师资培训的特点。谌启标[②]介绍了 20 世纪 90 年代以来的美国职业教育新任教师的专业发展计划。也有部分学者对国外职业教育师资培训模式进行了细致的比较与甄别,宫雪[③]将职教师资培训的模式分为三种,分别为"附加模式"、"整合模式"和"结果导向模式"。

曹晔,刘宏杰[④]回顾了新中国成立以来,我国出台的一系列加强中职师资队伍建设的政策,从依托普通高等院校进行培训发展到构建出完善的国家、省级、市(地)级和校本培训四级培训体系。

有研究者对各地区的中等职业教育师资现状进行了调查研究。如徐英俊、齐爱平、李抗美[⑤]、陈明昆[⑥]、李梦卿、陈钢[⑦]分别调查分析了北京市、浙江省、湖北省的中等职业学校,对中等职业学校师资现状进行了描述与概括,以实证支撑中等职业学校师资培训中需要加强的薄弱之处。石美珊[⑧]、曹勇[⑨]基于长期的实践探索,总结归纳国外职业教育师资培训模式本土化过程中遇到的问题与解决策略,为后来者提供了可供借鉴参考的经验。

赵宝柱、曹晔、刘永军[⑩]则针对中等职业教育教师培训评价体系,借鉴柯克帕特里克培训评价模型和 CIPP 评价模型理论,构建了一个多维、两级的中等职业学校专业教师培训评价指标体系框架。

随着上海市中职教育的发展,以及《国家中长期教育改革和发展规划纲要(2010—2020年)》实施推进,上海市政府、教育机构对中职学校的师资队伍建设越来越重视,从近五年上海市中职学校骨干教师培训计划的实施开展情况来看,在培训指导思想、培训内容、培训模

① 贺文瑾. 部分发达国家职教师资培训的特点[J]. 中国职业技术教育,2006(23): 54—55.
② 谌启标. 美国职业教育新任教师的专业发展计划[J]. 职教通讯,2006(01): 57—59.
③ 宫雪. 国际职业教育师资培训模式述评及其启示[J]. 职教通讯,2006(08): 55—57.
④ 曹晔,刘宏杰. 我国中职师资队伍培养培训主要政策 60 年演变进程综述[J]. 职业技术教育,2010(25): 18—24.
⑤ 徐英俊,齐爱平,李抗美. 北京市中职师资队伍现状、问题与对策[J]. 职业技术教育,2006(07): 45—48.
⑥ 陈明昆. 浙江省中职师资队伍现状分析[J]. 中国成人教育,2005(04): 55—56.
⑦ 李梦卿,陈钢. 湖北省中等职教师资培训现状分析[J]. 职业技术教育,2005(28): 30—32.
⑧ 石美珊. 对职教师资培训模式的探索与创新——中澳(重庆)职业教育与培训项目成果[J]. 中国职业技术教育,2006(24): 30—31＋34.
⑨ 曹勇. 借鉴澳职教经验探索我国职教师资培训新模式[J]. 中国职业技术教育,2007(03): 31—32.
⑩ 赵宝柱,曹晔,刘永军. 中等职业学校专业教师培训评价体系建构研究[J]. 职业技术教育,2010(22): 50—55.

式等诸多方面,都不断加强了研究。由上海市师资培训中心批审的培训基地,每年都根据学校发展总体需求、专业教师专业发展需求、专家学者建议,调整培训方案。许多专家、学者对于职业学校的师资队伍建设问题都给予了较高的关注。

然而,纵观"中层干部"、"中职学校教师培训"两个主题的现有文献,我们不难发现,对于中职学校的管理类师资队伍建设,特别是以中层干部为培训对象的培训课程体系研究几乎是个空白。

本课题研究拟通过较为全面、深入的调研,在全面了解中等职业教育中层干部发展现状的基础上,构建中等职业教育中层干部培训体系,进一步丰富中等职业教育教师培养培训体系的实践与探索。

二、研发目的与方法

(一) 研发目的

本次上海市中职校中层干部培训课程体系研究将结合上海市人才培养战略发展规划,借鉴国内外教师及管理人员培训的经验,针对当前上海市中职中层干部培训中存在的问题,形成具有前瞻性、针对性、实效性的科学而规范的中职中层干部培训体系,为中职校中层干部的培养建设提供理论依据与实践指导。

1. 整合培训资源,着力解决培训供需矛盾

经过前期调研发现,中职校中层干部中除了少部分参加教委、区教育局等上级部门组织的干部专题培训学习外,大部分是参加学校自行举办的培训,而校内培训往往无法针对中层干部岗位差异来设置内容。对校内外的培训资源缺乏深入的挖掘和整合,优质培训资源不足,培训供需矛盾较为突出,无法适应和满足中层干部日益增长的培训需求。因此,本课程体系的开发,其目的在于从内容到形式,从培训覆盖面到深度对接供给与需求,提高培训的有效性。

2. 丰富培训内容,创新培训方式,提高培训的针对性和实效性

当前开展的与中职校相关的培训主要是针对专业教师,针对中层干部的培训较少,且培训内容没有根据培训对象的层次和需求来设置,重理论轻实践,对于提升干部的业务素质与综合素质帮助不大。培训方式不够多样,仍是以单一的集中讲授为主,对中层干部的吸引力不够,不能有效激发中层干部学习的主动性和参与的积极性。基于充分调研,课题将对培训内容进行模块化处理,兼顾共性与个性需求,关注能力挖掘;对培训方式进行结构化处理,丰富培训形式,重视实践教学、实战体验,提高培训的针对性。

3. 完善培训体制,增强培训工作的系统性

中层干部培训要针对干部未来发展规划而设定,将干部定位及干部发展规划结合在一起,进一步完善培训目标,使培训更有价值与意义。目前来看,对中职校中层干部培训体系的探索和研究还不够,培训规划缺乏时效性和系统性,符合时代要求的中职校中层干部培训体系有待进一步完善。

4. 增强中层干部领导力、执行力、合作能力的培养

通过培训课程体系的研发,确立相应的培训课程,提高中层干部对新形势下领导力、执行力、合作能力的认识,帮助中层干部提高这"三力"的综合运用能力。

(二)研发方法

1. 文献研究法

通过广泛查阅文献资料,借鉴相关学科知识,了解以往相关研究内容,总结相关研究成果,为项目研究提供理论指导。

2. 经验总结法

总结上海市中职学校教师培训的经验,探寻市级中职学校师资培训普遍性的做法,为项目研究提供实践指导。

3. 调查法

针对培训目标、培训内容、培训方法、实施模式、评价机制等,对上海市中职学校在职中层干部、中职学校校长、培训基地负责人、市级师资培训管理人员等进行问卷调查与访谈。

4. 案例研究法

对国内外相关培训案例进行研究分析,总结规律,为项目研究提供参考的资料。

5. 跨学科研究法

由于中职校中层干部任职岗位不同,学科背景不同,对中层干部业务能力的要求也就不相同,所以研究过程中要运用多学科的理论、方法和成果,从整体上对本课题进行综合研究。

三、研发内容与创新意义

(一)研发内容

本课题着重在三个方面开展研究。一是如何针对不同岗位中层干部进行分类培训,使得培训可以满足中层干部自我发展需求和岗位工作需要;二是如何丰富培训内容与形式,提高培训的实效性;三是如何健全教育培训的考核管理机制,确保培训质量。通过对上述三个方面的深入研究,完成以下四项研究成果:

(1)上海市中职学校中层干部培训调研报告;
(2)上海市中职学校中层干部培训实施意见;
(3)上海市中职学校中层干部培训课程体系(框架);
(4)上海市中职学校中层干部培训考核评价(框架)。

(二)研发创新意义

1. 课程培训体系的创新

截至日前,针对上海市中职学校中层干部培训课程体系的开发研究还是一片空白,因此

本次的开发研究是一次创新,它顺应了上海市中职学校师资队伍建设的发展趋势,属于上海市中职校师资培训体系的一部分,势必促进上海市中职学校师资培训体系的不断发展与完善。

2. 培训模式的创新

本次研究开发的培训课程体系,针对中层干部的不同岗位职责,不同业务能力需求,分类别进行培训,结合目前上海市中职校工作开展的特点,培养中层干部发现问题、分析问题、解决问题的能力,力求做到按需培训。

3. 培训课程内容的创新

在调研分析的基础上,通过对培训需求的剖析(不同岗位中职校中层干部,其个性需求,个人发展规划会有所不同),使培训内容兼顾个性需求与共性能力,个人职业生涯发展规划与学校教育发展需求相结合,将课程体系按照模块进行分类,针对中层干部的能力需求进行课程内容的全新研发。

4. 培训评价体系的创新

首次对中职学校中层干部培训效果进行评价体系研发,无论从研发角度还是研发内容来看,都是一次创新。

第三章 上海市中等职业学校中层干部培训调研及现状研究

一、上海市中等职业学校中层干部基本情况

根据上海招考热线公示,2014 年上海市有招生计划的中等职业学校共 75 所,若按每校平均配备 20 名中层干部(含副职)计算,2014 年上海市中职学校约有科级以上管理干部 1 600 余人。2014 年 4—5 月走访的 9 所学校抽样调查结果显示,在教龄结构上,中层干部平均教龄 21.54 年,其中 1—10 年教龄的占 14.5%,11—20 年教龄的占 31.2%,21—30 年教龄的占 39.8%,31—40 年教龄的占 14.5%;在学历结构上,硕士研究生及以上比例为 23.33%,本科比例为 76.67%;职称结构上,高级职称占 43.3%,中级职称占 43.3%,初级职称占 13.4%。

二、中层干部培训工作的政策措施分析

分析近年国家乃至地方已发布的政策措施可以发现,政府对中职学校的师资队伍建设,呈现出加强、扶持、持续发展的态势,2005 年,《国务院关于大力发展职业教育的决定》(国发〔2005〕35 号)明确提出要实施职业院校教师素质提高计划。2006 年 12 月,教育部、财政部颁布《关于实施中等职业学校教师素质提高计划的意见》教职成[2006]13 号,提出要充分重视师资队伍建设。2010 年,国务院颁布《国家中长期教育改革和发展规划纲要(2010—2020

年)》,明确指出要大力发展职业教育,建设高素质师资队伍。《上海市中长期教育改革和发展规划纲要(2012—2020 年)》亦指出,要大力发展职业教育,建设高素质教师队伍;重视师资队伍建设工作,保障经费、人力、物力,加大力度,全面推进教师培养培训工作。从 2008 年开始,上海市教委陆续颁布了促进上海市中职学校师资培养工作的有关文件,尤其是《上海市中等职业教育全面提高教学质量行动计划(2009—2013 年)》(沪教委职[2009]30 号)、《上海市中等职业教育师资培养培训行动计划(2011—2015 年)》(沪教委职[2011]16 号)等文件,进一步就市级层面的培训指导思想、目标、内容、管理措施等方面给予了支持。

三、上海市市级层面中职学校中层管理干部培训需求调研分析

2014 年 4—5 月,课题组对上海市具有代表性的 9 所中职校的教学部主任、教务处主任、学生处主任、办公室主任、后勤管理部门主任等进行调研(回收调研有效问卷 90 份),通过座谈、个别访谈、实地考察等方式,了解中层干部在岗能力要求、知识结构要求和管理水平要求,了解中层干部对培训内容和方式的需求。9 所学校如下表:

表 1 调研样本学校一览表

国示范	市特色示范校	一般公办学校	民办学校
上海信息技术学校	上海市商贸旅游学校	上海港湾学校	震旦中等专业学校
上海市工程技术管理学校	上海市工业技术学校	上海市机械工业学校	
	上海市工商外国语学校		
	上海商业会计学校		

通过调研和走访,课题组对数据进行了分析研究:

(一) 关于培训需求

调研发现,几乎所有的中层干部都表达了培训需求,尤其是希望开展专门针对中层干部管理能力的培训。近年来开展的市级培训,主要的培训对象以在职教师群体为主,中层干部培训项目数量极少。他们中的一部分,或以专业教师的身份,或从教师下企业实践培训的角度,参与到市级层面的培训中。其中有50%的中层干部参加过职务业务培训,但主要局限于区属教育局,职业教育类的针对性不强,他们对从中层管理角度开展的市级层面的培训,尤为渴望。

在对中职学校的校领导进行访谈中发现,中职学校的校领导对进行中层干部培训认为"很有必要的"占 83.3%,"有必要"的占 16.7%,中职学校顶层管理者们非常支持开展市级层面的中职学校中层干部培训。

(二) 关于培训内容

调研发现,担任不同管理岗位的中职学校中层干部对职业教育发展类、经济发展趋势分

析类、提高管理能力素养类、岗位工作能力提升类等培训内容的需求呈现不同的要求：

1. 职业教育发展类

调研对关于职业教育发展方面的讲座需求设计了 7 个讲座题目供选择，分别是：①世界职业教育发展现状及趋势；②我国职业教育发展现状及趋势；③我国现行的职业教育法律法规和政策；④上海市职业教育的发展现状及存在问题；⑤上海市中等职业教育的发展现状及存在问题；⑥我国建立健全职业教育体系的整体规划及思路；⑦职业教育信息化的现状及发展趋势。并要求按照需求重要程度排序，最重要的为"1"，以此类推。统计结果见表 2。

表2 职业教育发展方面的讲座需求统计分析表

重要性 顺序	1	2	3	前 3 名 合计	4	5	6	7	合计
讲座①	26.30%	4.00%	9.20%	39.50%	13.20%	10.50%	9.20%	27.60%	100.00%
讲座②	21.70%	24.10%	19.30%	65.10%	12.00%	14.50%	6.00%	2.40%	100.00%
讲座③	7.00%	14.10%	4.20%	25.30%	19.70%	17.00%	22.50%	15.50%	100.00%
讲座④	13.00%	35.00%	24.70%	72.70%	9.10%	9.10%	7.80%	1.30%	100.00%
讲座⑤	25.30%	26.60%	24.10%	76.00%	10.80%	8.40%	2.40%	2.40%	100.00%
讲座⑥	13.50%	14.90%	9.50%	37.90%	20.10%	14.90%	19.00%	8.10%	100.00%
讲座⑦	3.90%	5.10%	15.60%	24.60%	18.20%	22.10%	18.20%	16.90%	100.00%

调研结果显示，绝大多数的中层干部对这部分讲座内容的需求是肯定的，尤其是排序在前 3 位的：⑤上海市中等职业教育的发展现状及存在问题；④上海市职业教育的发展现状及存在问题；②我国职业教育发展现状及趋势。其中把第④项排序为第 1、2、3 位的总计有 72.7%，把第⑤项排序为第 1、2、3 位的总计有 76%，说明中职学校的大部分中层干部关心职业教育发展现状及趋势，尤其是上海中职教育发展的现状以及存在的问题，希望通过培训及时了解这方面的最新信息，站在更高层次的角度对目前中职学校存在的问题有比较清醒的认识，有利于更好地做好自己的工作。将第⑥项排序为第 4 的有 20.1%，前 4 位的合计有 58%，低于④、⑤项，说明目前中层干部中对这项内容的认识还略欠缺，需要加强学习，尤其是对刚刚颁布的《国务院关于加快发展现代职业教育的决定》（国发〔2014〕19 号）和《现代职业教育体系建设规划（2014—2020 年）》精神及其对我国职业教育发展的指导意义，还要提高认识。

2. 经济发展趋势分析类

调查对经济发展及对人才需求方面的讲座设计了 5 个讲座题目供选择，也要求按照需求愿望重要程度排序。5 个讲座题目分别是：①上海经济发展的现状及趋势；②上海经济结构的现状及转型（调整）方向；③现代制造业、现代服务业的诠释及发展前景；④各行业对中职

学校培养的一线工作人员的综合素质要求;⑤其他。调研结果见表 3:

表 3　经济发展及对人才需求方面的需求统计分析表

重要性 顺序	1	2	前两项 合计	3	4	5	合计
讲座①	28.50%	24.70%	53.20%	19.50%	26.00%	1.30%	100.00%
讲座②	20.70%	36.60%	57.30%	35.40%	6.10%	1.20%	100.00%
讲座③	14.30%	27.30%	41.60%	27.30%	31.10%	0%	100.00%
讲座④	44.50%	18.50%	63.00%	14.80%	22.20%	0%	100.00%

　　调研结果显示,大多数老师对"①上海经济发展的现状及趋势;②上海经济结构的现状及转型(调整)方向;④各行业对中职学校培养的一线工作人员的综合素质要求"的选择基本一致,把第①项排序为第 1、2 位的占 53.2%,把第②项排序为 1、2 位的占 57.3%,把第④项排序为 1、2 位的占 63%。说明大多数老师更关心目前上海经济发展的趋势,结构的转型对中职学生的就业影响,各行业对中职学校培养的一线工作人员的综合素质要求的了解。

3. 提高管理能力素养类

　　调查对提高管理能力素养方面的讲座设计了 4 个方面的培训内容,即 A. 统筹安排本部门工作的思路、方法;B. 与内、外部门人员进行工作沟通的方法技巧;C. 与上级部门以及内、外部门的协调工作的方法技巧;D. 根据形势变化需要制定与本部门工作相关的规章制度;第 5 个选项为"其他"(可多选)。统计结果见图 1。

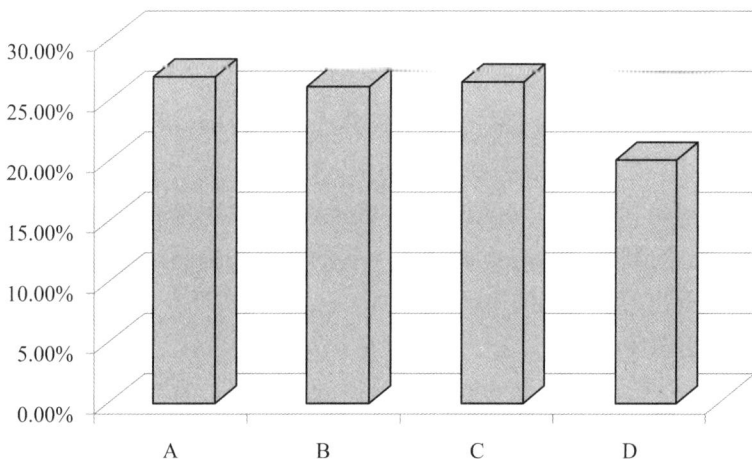

图 1　对提高管理能力素养方面的需求统计

　　调研结果显示,前 4 项培训内容需求分别为 26.9%、26.2%、26.5%、20.1%,选择比例较为平均,特别是前 3 项,非常接近。数据表明中层干部普遍看重统筹安排本部门工作的思路、方法；与内、外部门人员进行工作沟通的方法技巧；与上级部门以及内、外部门的协调工作的方法技巧这三项内容。

4. 岗位工作能力提升类

调研发现，不同岗位的中层干部对自身岗位工作能力提升锻炼有着不同的诉求。

专业教学部负责人：

调研结果表明，在近几年示范校建设、重点专业建设、精品课程建设的推动下，目前各中职学校的专业教学部负责人对本职工作多数还是熟悉的，整体素质较高。专业建设方面的困难主要表现在校企合作、双证融通等方面。通用工作能力上更看重协调沟通能力，需要通过培训提高。

教务办负责人：

在对教务办负责人进行调研后发现，这一群体对本职工作的认识多数是清晰的，表现在他们对"常规教务管理工作、中职校教学教务管理相关制度、当前教育部和市教委对专业、课程建设的基本要求和主要指标体系、学校各专业的校企合作实施情况、学校各专业双证融通实施情况"等都比较了解或熟悉。但他们仍然希望在"相关管理制度及条例（25.0％）"、"日常教务管理内容及程序（25.0％）"、"教师教学管理事务（28.6％）"、"学生学籍管理事务（14.3％）"等方面有进一步的了解和提高；认为"沟通与协调能力（36.4％）"、"顾局大全的能力（18.2％）"、"较好的心理素质（18.2％）"、"创新能力（9.1％）"等方面需要加强，尤其看重在沟通协调能力上的培养，在培训形式上希望得到更多的交流学习机会。

学生办负责人：

多数学生办负责人对本职工作还是比较熟悉和了解的，所有学校都开展了"学生心理健康教育"、"班主任管理工作"。这一群体希望在校园文化建设、学生心理教育、相关管理制度及条例、日常学生管理内容及程序等方面有进一步的了解和提高，尤其是在"校园文化建设（66.7％）"、"学生心理分析疏导（33.3％）"两个方面提高解决实际问题的能力。

后勤管理负责人：

多数后勤管理负责人对本职工作还是比较熟悉和了解的，认为作为学校后勤管理主要负责人应该具备的工作能力依次为"协调能力（50.0％）"、"综合能力（37.5％）"、"专业知识（12.5％）"；希望通过培训在"日常后勤管理内容及程序"、"服务意识和手段"、"相关管理制度及条例"、"校园安全预防措施"等方面有进一步的了解和提高。加强"协调能力"的培养，也是后勤管理人员提出的最迫切的培训需求。

科研处（督导室）负责人：

多数科研处（督导室）负责人认为学校的科研处（督导室）常规工作从重要程度来看，依次为"教研评估"、"教育研究和探究"、"教学常规工作检查和抽查"。希望通过培训在"学校教师教学质量提高的途径、方法（35％）"、"中职校的督导日常工作内容及程序（25％）"、"本校教师科研能力提高的途径、方法（25％）"、"中职校的科研日常工作内容及程序（15％）"等方面有进一步的了解和提高。从培训需求上看，科研（督导）负责人更看重教师科研能力的培养和教师教学方法的提升。

校办负责人:

多数校办负责人基本了解校办常规工作,希望通过培训在"学校的行政管理日常工作内容及程序"、"人事管理日常工作内容及程序"、"财务管理日常工作内容及程序"、"党务管理日常工作内容及程序"、"大型活动的策划和组织"等方面有进一步的了解和提高。校办负责人的培训需求更为突出地表现在沟通协调能力方面。

综合分析上述不同岗位的中层干部培训需求可以发现,中层干部面对日益繁忙的工作任务,面对愈加复杂的人际交往环境,容易产生职业倦怠感,急需有效的工作方法的了解和运用。因此,不同岗位的中层干部尽管对岗位培训有着不同的需求,但对于一些培训内容还是有着一致的认可:

第一,关于管理心理、人际交往与沟通、工作方法运用、信息化理念培育等方面的通用能力的培训;

第二,教研项目、课题的申报、建设方面的培训;

第三,与职业教育现状相适应的能力培养,如策划能力、创新能力的提高等;

第四,开阔视野,与时代背景相适应的岗位内容的培训,这些培训重在启发受训者思维,激发深度思考。

(三) 关于培训模式

总体来说,被调研的中层干部希望的培训模式是融讲座、研讨、校际交流、考察为一体的方式,使理论与实践相结合,在培训中能尽量畅通学校间信息,使优秀的管理经验能够在培训过程中得到有效的交流和推广。

(四) 关于培训时间

中层干部普遍工作繁忙,大多数中层干部希望培训是中长期培训,每周可以抽出一天的时间参与培训;能够兼顾工作与学习,以保证工作的顺利进行和学习的持续有效。

第四章 上海市中职学校中层干部培训建议及措施

一、上海市中职学校中层干部调研情况梳理

通过对上海市部分中职学校中层干部调研总体情况进行梳理,不难发现,中职学校的中层管理干部务实而富有学习精神,从各自工作以及管理岗位的实际角度出发,对培训的需求做了甄别与选择;对与之息息相关的中职学校发展现状及存在问题、岗位能力素养要求、管理规范要求以及制度建设给予了高度关注。在能力培养上,尤其关注沟通与协调能力培养问题;在培训模式上,倾向于多元化的培训方式;在培训时间安排上,结合工作实际,突出地表现为希望每周抽出一天时间参加培训。

表4 部分中职学校中层干部培训需求调研梳理

课程类别	调研对象	调研对象较为集中感兴趣的内容（按重要程度及选择数量梳理）		
		排序1	排序2	排序3
职业教育发展类	各岗位中层管理干部	上海市中等职业教育的发展现状及存在问题	上海市职业教育的发展现状及存在问题	我国职业教育发展现状及趋势
经济发展趋势分析类	各岗位中层管理干部	各行业对中职学校培养的一线工作人员的综合素质要求	上海经济结构的现状及转型(调整)方向	上海经济发展的现状及趋势
提高管理能力素养类	各岗位中层管理干部	统筹安排本部门工作的思路、方法	与内、外部门人员进行工作沟通的方法技巧	与上级部门以及内、外部门协调工作的方法技巧
岗位工作能力提升类	专业教学部负责人	校企合作建设	双证融通建设	沟通与协调能力培养
	教务办负责人	教学管理与日常教务管理建设	管理制度及条例建设	沟通与协调能力培养
	学生办负责人	校园文化建设	学生心理分析疏导	沟通与协调能力培养
	后勤管理负责人	沟通与协调能力培养	日常后勤管理内容及程序	服务意识和手段
	科研处(督导室)负责人	学校教师教学质量提高的途径、方法	中职校的督导日常工作内容及程序	教师科研能力提高的途径、方法
	校办负责人	沟通与协调能力培养	学校的行政管理日常工作内容及程序	大型活动的策划和组织

二、上海市中职学校中层干部培训设想

经对调研数据的分析,课题组认为:

(1)随着上海市城市建设发展和职业学校发展,有必要对在岗的中职学校中层干部实施新一轮培训,培训内容首先要符合现代职业教育发展特点、符合目前以及今后五年中职学校中层干部岗位实际需求。

(2)《上海市中长期教育改革和发展规划纲要(2012—2020年)》明确指出,要建设高素质教师队伍;重视师资队伍建设工作,保障经费、人力、物力,加大力度,全面推进教师培养培训工作。这是中职学校中层干部培训重要的指导思想。新一轮的中职学校中层干部培训必须在政府层面的协调指导下,总结六年的市级层面教师培训经验,依托一批市级培训基地的

优势资源,有效有序地开展。因此,有必要出台《上海市中职学校中层干部培训实施意见》、《上海市中职学校中层干部培训课程体系》、《上海市中职学校中层干部培训考核评价》等指导文件,对市级中职学校中层干部培训加以全面指导和评价。

(3) 加强对培训目标、内容、模式、考核方式的研究。培训目标需要明晰化,即培训需要明确不同岗位的中层干部的培训目标,体现培训的有效性。在培训内容上实施模块化培训,基于中层干部这一工作岗位的跨领域多样性,从整体横向情况来看,需要兼顾共性能力和个性需求的结合;从个体纵向情况来看,不仅需要关注目的性极其明确的现阶段岗位能力培养,还需关注与时代背景相契合的前瞻思维和潜在能力的挖掘。所以,在培训内容的构造上,需要进行模块化处理,以满足不同受众的需要。有必要建立多元化的培训模式。从抽样调查情况来看,中职学校中层干部均是本科毕业水平,具有较强的学习力、判断力和综合力,因此,理论学习应该只是培训的方式之一,中层干部更注重理论学习的能力转化、方法指导和实践经验,培训模式上应根据培训目标和内容,采用讲座、研讨、校际交流和考察相结合的多元化培训方式。考核方式的关注点应聚焦在"实用"上,培训的最终目的是体现学以致用,能力提高,因此在培训考核方式上,建议突破传统思维,不局限于简单的一次性理论化总结,而是采用多阶段、多任务、多主体评价,体现实践成果的考核模式。

(4) 对中层管理干部的培训既要体现"专业性"也要体现"人文化"。在培训体系的设计安排上,从中层管理干部的职业发展需要出发,既针对中层管理干部的管理岗位专业性,设计与管理岗位相匹配的"专业课程",同时注重对干部素养的培养,特别是党性教育、文化素质教育,在素质提升模块中适当增加相应内容的课程。

三、上海市中职学校中层干部培训实施意见框架及内容

从 2008 年起,上海市教委开始实施市级层面的教师培训项目,包括专业教师、新进教师、特聘兼职教师培训;相继出台了一些制度措施进行指导与协调。作为市级层面的中职学校中层干部培训,有必要出台培训实施意见,进一步明确此类培训项目的指导思想、培训要求、申报审核实施程序、评价考核办法等等,对培训的实施开展进行协调和指导。

(一) 上海市中职学校中层干部培训实施意见的目的

为贯彻落实国家和上海市中长期教育改革和发展规划纲要,进一步实施国务院"职业院校教师素质提高计划",加强上海市职业教育中层管理干部队伍建设,提高中等职业学校中层干部队伍的整体素质,丰富和完善上海市中等职业学校教师培训体系,协调与推进上海市中职学校中层干部培训的管理,制定《上海市中等职业学校中层干部培训实施意见》。

(二) 意见实施的指导思想与目标任务

以邓小平理论和"三个代表"重要思想为指导,树立和落实科学发展观,全面贯彻全国职业教育工作会议和《国务院关于大力发展职业教育的决定》的精神,适应职业教育扩大规模和提高质量的需要,着力提高中等职业学校中层干部队伍的整体素质,特别是实践管理运用能力,加快造就一支适应现代职业教育发展需要的干部队伍,为职业教育持续快速健康发展

提供强有力的保障。

从 2015 年起,通过五年时间,依托上海市中职学校师资培训中心、上海市属中职学校教师素质提升项目培训基地的优质资源,分批分类对上海市中职学校中层干部实施培训,促进全市中职校师资队伍结构的优化,推动上海市中等职业学校干部队伍的建设与发展。

(三) 意见实施的对象、组织管理

培训对象主要为在岗一年以上的上海市中职学校中层干部,主要包括教学部主任、教务处主任、学生处主任、行政及后勤各科室主任等管理人员,年龄在 50 岁以下。

组织与管理主体多元化,包括政府有关职能管理部门、市级中职学校师资培训中心、职业院校市属培训基地、各类中等职业学校、职教集团等,其中:

(1) 政府有关职能管理部门全面负责上海市中职学校中层干部培训指导工作,研究制定发展规划、日常管理规定、考评办法,确保资助经费投入,协调与其他委(局)的关系,解决培训工作实施过程中出现的重大问题;

(2) 市中职校师资培训中心具体负责上海市中职学校中层干部培训总体工作的实施与推进,包括确定培训名额、组织市属培训基地开展培训申报、组织专家对培训申报方案开展审批、对培训总体进展情况进行监督与控制、对培训总体效果进行评价,组织开展通识课程培训模块教学、管理及评价;

(3) 职业院校市属培训基地、各类中等职业学校、职教集团等各类主体参与并负责承担相应的培训课程模块的日常教学与管理工作,包括策划制定专业课程培训方案、组织开展日常培训与管理、总结、评价分析等。

在颁证资质的认定上,凡是完成规定培训课时,符合结业证书发放条件的培训教师,由市中职学校师资培训中心审核颁发统一印制的培训结业证书。建议将培训课时记录到个人档案,与中层干部职称评定挂钩或与当年的中层干部绩效考核挂钩。

四、中职学校中层干部培训课程体系框架设计构想

通过调研分析,课题组认为有必要建立一个包含多元化培训模块的中职学校中层干部培训体系框架,在 2015 年或 2016 年进行试点推行,并通过五年时间逐步完善建设。

整个培训体系的设计构想:

(1) 总体框架架构:模块化架构,既考虑到每个培训模块的侧重点,又考虑到每个模块的具体内容、开设课程范围、主要形式、课时安排以及实施主体,通过模块化架构,将上述元素统一呈现,体现培训体系条线和层面的既交叉又相结合的特点。

(2) 框架内容设计:从中层管理干部管理岗位素养、工作能力培养角度出发,将培训体系模块分为中层干部基本素养模块和中层干部岗位工作能力两大基础模块。根据职业岗位素质要求,从工作理念、工作思路、岗位职业道德三个维度出发,将中层干部基本素养模块细化,分为职教理念、工作思路、师德规范三个子模块,结合当前职教发展特点,再逐一确定培训课程。中层干部岗位工作能力模块则从"通用"和"术有专攻"两个层面,细分为通用能力模块、履职能力、科研能力以及操作能力(侧重干部的信息化能力提升)四个子模块。教学块

中层干部涉及专业类别,为使培训更有针对性,提高培训质量,初步设想分为商贸管理类、工科类、公共基础类、其他类四大类开设。在通用和履职能力模块拟开设课程中,除了现有培训体系框架中罗列的课程外,培训主体应根据培训需求适度地增加拓展课程,对课程进行弹性调整,以使培训更能贴近参加培训的中层干部的实际需求。

(3)培训课程课时安排:讲求实效和针对性,以每 4 课时(半天)为一个单元。中层干部基本素养模块的全部内容以及岗位工作能力中的通用能力、科研能力、操作能力模块要求全体参训干部参加;对于中层干部岗位工作能力中的履职能力模块,培训学员可根据工作岗位的性质及要求进行必修和选修。这种课时安排既体现对全体中层管理干部的通用能力和基本素养的提升要求,又体现专业岗位较强的培训要求,满足不同岗位的干部培训需求。

(4)课程类型多元化、组合式开展,讲座、研讨、考察交叉进行;课程中每个模块都安排了若干单元的研讨或考察,每个讲座配以研讨、考察为一个组合,研讨课的内容聚焦于同一组合中的讲座主题,研讨课可采取校际交流、小组互动、大组交流等多种形式开展。

(5)课程修订要求设想:根据中层干部工作性质特点,每位中层干部完成全部培训课程有效时间为五年,可以根据各培训实施主体公布的课程安排表进行自主选择,每次完成的培训课时由该培训实施主体考勤(考核)后计入参训人员个人的培训手册。

(6)培训时间安排设想:讲座、研讨以周六为主,考察以周五为主;根据中层干部工作的需要,在全年选择合适的时间开展培训。

五、中职学校中层干部培训课程体系具体框架及内容

(表见下页)

六、中职学校中层干部培训课程考核评价体系框架

在中职学校中层干部培训课程体系框架的基础上,课题组制定了"中职学校中层干部培训课程考核评价体系框架",框架总体突破传统思维,不局限于单一的理论总结,采用多元的考核评价方式。

从评价考核的对象——中职学校中层干部这一群体出发,兼顾培训课程考核评价的科学性、系统性原则,结合中职学校中层干部培训课程体系不同培训模块的特点、不同的授课方式特点,培训课程考核评价突破传统思维,不局限于简单的一次性理论化总结,而是采用多阶段、多任务、多评价主体的综合考评,一切从实际出发,使培训课程考核评价既体现培训课程体系模块实施的特点,又充分体现中层干部的培训实效。

参训的对象既有共性——都是中职学校的中层干部;又有差异性——任职于不同的中层管理岗位。因此,不同岗位的中层干部既有统一培训的模块内容,也有以岗位定方向的培训内容,这些是作为中职学校中层干部培训课程考核的重要依据。同时,建立有效的保障体系,确保多元考核评价有效实施。

简单的培训课程考核评价不能体现作为中职学校中层干部的个体的职业能力(思考判断能力、综合管理能力、组织执行能力)。对中职学校中层干部培训课程考核评价应当是综

表 5 中职学校中层干部新培训课程体系具体框架及内容

培训模块	培训内容	拟开设课程	讲座	研讨	考察	培训对象	实施主体	研讨提纲
1. 基本素养 / 1.1 职教理念	1. 世界职业教育发展现状及趋势 2. 我国职业教育发展现状 3. 我国建立健全现代职业教育体系的整体规划及思路 4. 上海市职业教育的发展现状及思路 5. 上海市中等职业教育的发展现状及存在问题 6. 上海市中职中层干部队伍的现状分析	1. 现代职业教育发展国际视野	4			全体中层干部	各类培训主体	1. 如何贯彻落实"决定"和"规划"精神? 2. 联系本校示范校建设以及教改发展现状,剖析存在主要问题; 3. 联系本职工作,剖析中层干部如何做好自己的工作;
		2. 《现代职业教育体系建设规划(2014—2020年)》解读	4	4				
		3. 《国务院关于加快发展现代职业教育的决定》解读	4					
		4. 各级各类职业教育协调发展思想与体系架构的解读	4					
		5. 上海中等职业教育的发展现状及存在问题分析	4	4				
1.2 工作思路	1. 把握立德树人为根本的内涵 2. 理解服务发展为宗旨的实质 3. 明确促进就业为导向的目标 4. 上海经济发展的现状及趋势方向 5. 上海经济结构调整的现状及结构调整 6. 对先进制造业、现代服务业含义的解读 7. 各行业对中职学校培养的一线工作人员的综合素质要求	6. 中职学校办学宗旨的理解和目标实现的探索	4			全体中层干部	各类培训主体	1. 随着上海经济转型、产业结构的调整,分析本校专业设置如何与上海经济发展相适应? 2. 本校各专业人才培养模式与企业对人才的要求及素质如何匹配;
		7. 上海十二(三)五发展规划诠释	4	4				
		8. 现代职教体系建设与区域经济发展的关系	4					
		9. 现代服务业对中职培养人员的综合素质要求	4	4	8		各类培训主体	
		10. 先进制造业对中职培养的一线工作人员的综合素质要求	4	4	8		各类培训主体	

续表

| 培训模块 | 拟开设课程 | 培训形式 | | | 培训对象 | 实施主体 | 研讨提纲 |
		讲座	研讨	考察			
1.3 师德规范	11. 反腐倡廉，警钟长鸣	4			全体中层干部	各类培训主体	1. 联系本职工作谈如何提高个人修养，增强工作责任意识； 2. 联系本职工作，谈谈在加强工作作风建设中自己应该如何做好工作；
	12. 反四风，加强工作作风建设	4	4				
	13. 中职教师职业生涯的发展与个人综合职业素养的提高	4					
	14.《中等职业学校教师专业标准（试行）》解读	4					
2. 岗位能力							
2.1 通用能力	15. 教育管理与心理学的探索以及案例剖析	4	4		全体中层干部	各类培训主体	1. 联系本职工作，交流如何提高工作中沟通能力； 2. 作为中层干部如何加强本部门团队凝聚力的困惑，问题； 3. 如何在工作中锻炼、提升自己的领导力，执行力？ 4. 如何把全员育德工作与本职工作联系起来？
	16. 中职学校常规管理工作的规范要求及流程	4	4				
	17. 工作沟通协调的方法与技巧以及案例剖析	4	4				
	18 凝聚力工程与部门团队管理方法和技巧	4	4				
	19. 学校财务规范制度诠释	4					
	20. 中职学校中层干部的领导力和执行力的提升	4	4				
	21. 中职学校中层干部的育德能力拓展类课程 其他拓展类课程……	4					

续表

培训模块	培训内容	拟开设课程	培训形式 讲座	培训形式 研讨	培训形式 考察	培训对象	实施主体	研讨提纲
2.2 履职能力	1. 学校中长期发展的规划思考 2. 本部门中长期发展的规划思考 3. 统筹安排本部门全年(本学期)工作的思路、方法 4. 示范校建设与本部门工作安排 5. 专业建设工作 6. 课程改革工作 7. 产教融合校企合作工作 8. 教学实践实习工作 9. 常规教务管理工作 10. 学生管理工作 11. 班主任队伍建设 12. 校园文化建设工作 13. 学生心理健康辅导工作 14. 职业意识教育及就业指导 15. 校园大型活动策划与组织实施 16. 学校日常后勤管理工作及程序 17. 中职学校全员德育意识 18. 坚持各部门的服务育人意识 19. 加强校园安全工作级别,提高突发事件的处理效能	22. 品牌建设与教育创新 23. 国际水平专业教学标准研发案例诠释 24. 一体化专业课程标准设计思想和方法 25. 产教融合校企合作的探索 26. 常规教务管理工作中的常见问题及案例剖析 27. 中职学校教学质量监控与督导工作的开展 28. 重点专业建设实践探索及案例分析 29. 实践教学环节改革的探索及案例分析 30. 专业课程体系的构建及方案例分析 31. 职业教育领域人才培养模式和教学模式的探索 32. 专业师资团队的建设及方案例分析 其他拓展类课程……	4 4 4 4 4 4 4 4 4 4 4	 4 4 4 4 4 4 4 	 4 8 8 	教务块 教学块 教学块	各类培训主体 各类培训主体	1. 联系本校专业建设现状,交流存在问题的策略以及解决问题的经验、方法; 2. 联系本校的校企合作现状,交流取得的经验,碰到的难题以及解决方法; 3. 如何理解"决定"中提出的深化产教融合,校企合作的要求?在中职教育中如何创新人才培养模式? 4. 在现代职教体系中,中职校如何准确定位?在实施一体化课程标准时如何准确把握中职层次的深化课程改革? 5. 如何处理好通用职业能力与专业能力的关系? 6. 联系本校教务管理工作,交流存在问题的思路以及解决问题的方法;

续表

培训模块	培训内容	拟开设课程	培训形式 讲座	培训形式 研讨	培训形式 考察	培训对象	实施主体	研讨提纲
	20. 加强学校各项目的运行管理及设备的管理规范 21. 学校质量监控管理工作 22. 学校行政管理常规工作 23. 提高学校的宣传、外联、公关工作的效能 24. 学校招生与就业工作 25. 毕业生质量跟踪调研及分析工作	33. 学生管理工作中的常见问题及案例剖析	4	4	8	学生块	各类培训主体	1. 联系本校现状，交流当前中职学生管理工作中存在的问题、难点，交流解决问题的思路、方法； 2. 当前中职学生常见心理问题交流，心理辅导工作的难点和解决问题的策略、方法； 3. 当前中职校班主任队伍建设交流，班主任队伍建设经验和教训交流； 4. 近年中职学生就业中常见问题交流，有效进行职业生涯指导的经验交流； 5. 结合本校实际情况，交流校园文化建设经验；
		34. 学生心理辅导工作的问题与案例分析	4	4				
		35. 班主任队伍建设的探索及案例分析	4					
		36. 班主任管理工作的规范要求及案例分析	4	4				
		37. 职业生涯的指导技巧及案例分析 其他拓展类课程……	4	4				
		38. 学校后勤管理工作中常见问题及案例分析	4	4		后勤块	各类培训主体	1. 本校后勤工作中常见问题和难点交流；提高后勤服务意识和工作效率的经验交流； 2. 交流校园安全工作经验和教训；交流突发事件的处理经验和教训；
		39. 学校后勤部门服务育人理念的提升及实施的创新	4		8			
		40. 校园安全维护及突发事件处理的案例分析	4					

续表

培训模块	培训内容	拟开设课程	培训形式			培训对象	实施主体	研讨提纲
			讲座	研讨	考察			
		41. 学校基建项目运行管理的规范要求……其他拓展类课程	4					
		42. 学校行政管理工作中常见问题及案例分析	4					
		43. 学校大型活动的策划、组织实施及案例分析	4					1. 交流学校大型活动的组织、实施经验; 2. 交流学校宣传、公关工作的经验;
		44. 学校公文的编写、流转、保管的规范要求	4	4	8	行政块	各类培训主体	
		45. 学校的宣传、外联、公关工作的开展及案例……其他拓展类课程	4					
		46. 学校招生就业工作的政策解读与问题分析	4	4		教学、学生块	各类培训主体	1. 理解、落实最新招生政策的经验; 2. 交流各校毕业生跟踪调研的经验
		47. 毕业生质量跟踪调研的方法与技巧及案例……其他拓展类课程	4					
2.3 科研能力	1. 中职学校教科研工作的管理 2. 科研信息资料的检索与收集 3. 科研项目的申报、立项、实施与结题工作 4. 科研成果的申报工作	48. 职业教育科研选题及书写作方法	4			全体中层干部	各类培训主体	
		49. 职业教育科研信息资料的检索方法与收集渠道	4					
		50. 中职学校教改科研工作的组织和管理	4					
		51. 科研项目的研究方法与技巧的案例分析	4					

续表

培训模块	培训内容	拟开设课程	培训形式			培训对象	实施主体	研讨提纲
			讲座	研讨	考察			
2.4 操作技能	1. 现代教育技术的发展沿革 2. 现代信息技术在教育领域的应用现状及发展趋势 3. 教学资源库建设的设计与应用	52. 多媒体演示文稿的制作设计与操作技巧	4	4		全体中层干部	各类培训主体	多媒体演示文稿的交流、演示;
		53. 信息化平台的策划与设计及应用案例分析	4					
		54. 常规工作文案写作要求及案例分析	4					

合性评价,更注重职业能力测评、成长性评价和结论性评价。综合其考评主体,其对应的评价平台分别为:过程评价、学校评价和各类培训实施主体的综合评价。

"中职学校中层干部培训课程体系框架"所包含的培训方式主要有讲座、研讨、考察。讲座、考察基本采用出勤率的考核评价方式;研讨直接体现讲座学习和考察的效果,根据实用性原则和目标导向原则,采用多阶段、多任务评价手段(多阶段,是指分不同的培训模块给予分阶段的评价;多任务,是指研讨方式可根据需要采用不同的完成方式),可选择的有:5分钟演讲(发言)、工作方案或可行性报告撰写、调研报告、发言提纲准备、资料搜索、校际交流、案例分享、相互点评、PPT演示、作品展示等。多主体评价方式,是指根据讲座、研讨、考察等不同的培训方式,采用班主任考勤、讲座专家或导师对研讨情况评价、学员间对研讨情况相互评价的多主体评价方式。

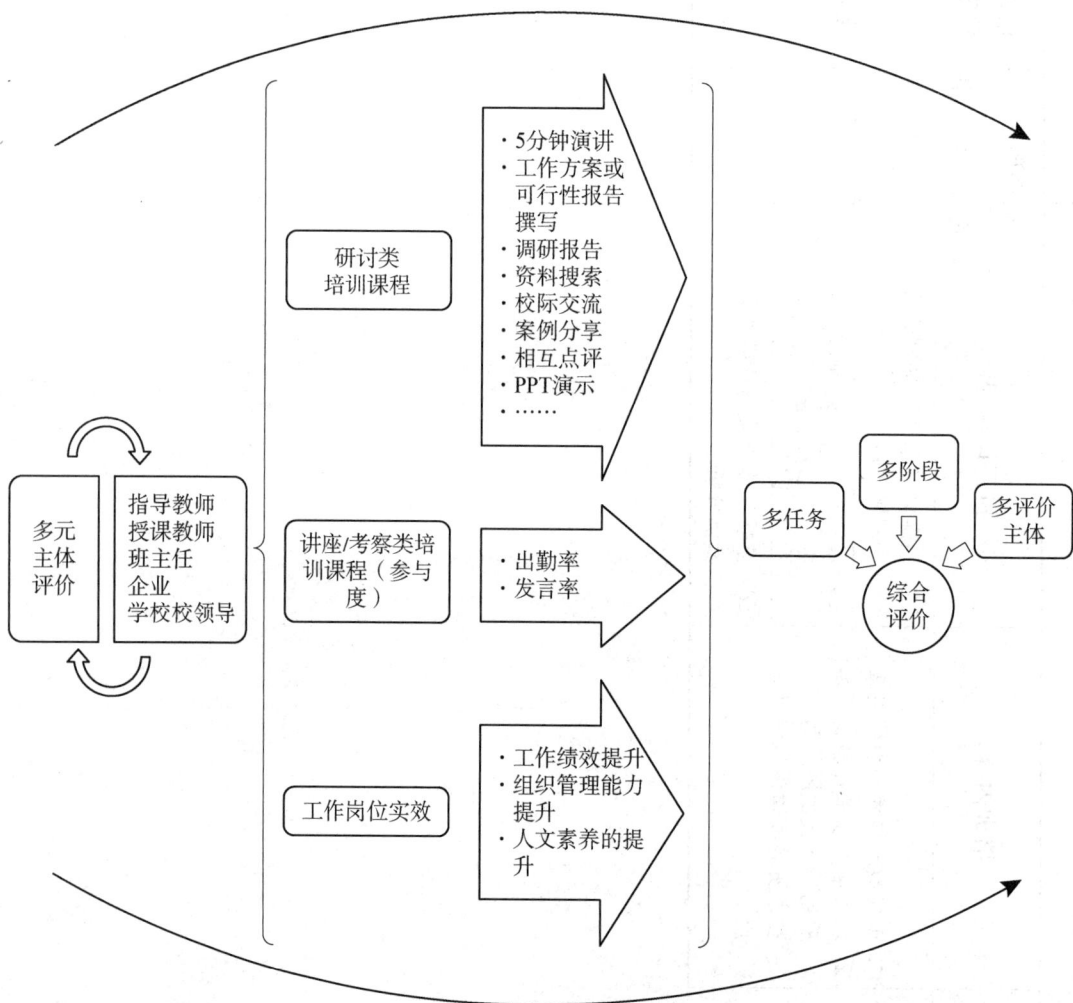

图 2　考核评价体系框架图

第五章　课题总结与展望

一、课题总结

课题组通过对政策文件的研读、对文献资料的研究与分析,以及对上海市部分中职学校中层管理干部的广泛调研与访谈,总结了上海市近六年开展的市级中职学校教师培训经验,认为有必要开展市级层面的中职学校中层干部培训,并对培训实施提出了设想、措施和建议,并将其集结为《上海市中职学校中层干部培训实施意见》《上海市中职学校中层干部培训课程体系(框架)》《上海市中职学校中层干部培训考核评价(框架)》等文件。本课题研究旨在推动上海市中职学校中层干部培训的建设与发展。课题研究的成果既能作为中层干部培训设计的总体指导纲领,也能作为今后研发的基础。

二、课题展望

课题研究成果有效地填补了上海市中职学校师资培养培训体系中的"空白",对于上海市市级层面的中职学校中层干部人才培养具有明确的导向性和指导性,为学校中层干部的培养提供了方向。

上海市的经济发展以及职业教育的发展对中职学校中层干部建设不断提出新任务、新要求。在培训的实施过程中,如何根据上海市中职学校的建设发展去研发和补充中层干部动态需求的培训课程,尤其是体现人文素养、心理健康等个人职业修身类的课程,强化中层干部信息技能类的课程,有必要组建研发团队,每年推出相应的拓展课程。开展中层干部培训课程授课专家库的组建与研究,吸纳高水平的授课教师、企业行业培训专家进入授课专家库;组建导师团队,通过导师团队的引导,帮助参加培训的中层干部开展理论与实践的再思考,提高培训效果。

此外,要充分利用网络资源,建设中层干部培训专项教学网络平台,通过平台开展线上学习、微论坛交流,使得线上与线下的学习更为交融,亦可通过平台开展教学资源库的建设。

促进上海市中职学校中层干部综合素养的提高,使他们具备较高水平的领导能力、执行能力、合作能力,有必要对在岗的中职学校中层干部进行系统化的培训,对培训效果和辐射效应进行及时归纳和总结,实施并修订中层干部培训体系和评价体系。

上海市中等职业学校
中层干部培训课程体系研究课题小组
2015 年 1 月

附件1　上海市中职学校中层干部培训实施(意见稿)

为贯彻落实国家和上海市中长期教育改革和发展规划纲要,进一步实施国务院"职业院校教师素质提高计划",加强上海市职业教育中层管理干部队伍建设,提高中等职业学校中层干部队伍的整体素质,丰富和完善上海市中等职业学校教师培训体系,协调与推进上海市中职学校中层干部培训的管理,特制定《上海市中等职业学校中层干部培训实施(意见稿)》。

一、指导思想

以邓小平理论和"三个代表"重要思想为指导,树立和落实科学发展观,全面贯彻全国职业教育工作会议和《国务院关于大力发展职业教育的决定》的精神,适应职业教育扩大规模和提高质量的需要,着力提高中等职业学校中层干部队伍的整体素质,特别是实践管理运用能力,加快造就一支适应现代职业教育发展需要的管理干部队伍,为职业教育持续快速健康发展提供强有力的保障。

二、目标任务

从 2015 年起,利用五年时间,依托上海市中职学校师资培训中心、上海市属中职学校教师素质提升项目培训基地的优质资源,分批分类对上海市中职学校中层管理干部实施培训,促进全市中职校师资队伍结构的优化,推动上海市中等职业学校干部队伍的建设与发展。

三、培训实施对象

培训对象主要为在岗一年以上的上海市中职学校中层干部,主要包括教学部主任、教务处主任、学生处主任、行政及后勤各科室主任等管理人员,年龄在 50 岁以下。

四、组织与管理

上海市中职学校中层干部培训的组织与管理主体包括上海市教育委员会教育技术装备中心、上海市中职学校师资培训中心、上海市中职学校教师素质提升市属培训基地、各类中等职业学校、职教集团等,具体管理职责如下:

(1)上海市教育委员会教育技术装备中心全面负责上海市中职学校中层干部的培训指导工作,研究制定发展规划、日常管理规定、考评办法,确保资助经费投入,协调与其他委(局)的关系,解决培训工作实施过程中出现的重大问题;

(2)上海市中职学校师资培训中心具体负责上海市中职学校中层干部培训工作的实施与推进,包括确定培训名额、组织市属培训基地开展培训申报、组织专家对培训申报方案开

展审批、对培训总体进展情况进行监督与控制、对培训总体效果进行评价,组织开展通识课程培训模块教学、管理及评价;

(3)上海市中职学校教师素质提升市属培训基地、各类中等职业学校、职教集团等各类主体,参与并承担相应的培训课程模块的日常教学与管理工作,包括策划制定专业课程培训方案、组织开展日常培训与管理、总结、评价分析等。

五、经费保障与管理

上海市中职学校中层干部培训经费由两部分组成:

(1)培训学费。由各培训单位根据自身承担的上海市中职学校中层干部培训项目的培训方案决定培训学费,经上海市中职学校中层干部培训工作领导小组专家审核并确定,区县中职学校承担全额培训学费,行业学校承担三分之一的培训学费;

(2)培训补贴。行业学校的三分之二培训学费由上海市教育委员会职业教育处通过"上海市教委专项资金(教育费附加中职部分预决算管理系统)"进行审核确定并给予补贴。

六、培训认证

(1)对于完成规定的培训课时,符合结业证书发放条件的培训教师,由上海市市属中职学校教师素养提升培训基地负责向上海市中职学校师资培训中心报备,由上海市中职学校师资培训中心统一印制核发培训结业证书;

(2)培训课时将记录到个人档案,与中层干部职称评定挂钩或与当年的中层干部绩效考核挂钩。

附件 2　中职学校中层干部培训课程体系框架的说明与建议

一、关于培训课程框架体系的说明

(1)本中层干部培训课程框架体系设置一级、二级培训模块。一级模块分为"基本素养"、"岗位能力"两部分,"基本素养"模块下设三个二级模块:"职教理念"、"工作思路"、"师德规范";"岗位能力"模块下设四个二级模块:"通用能力"、"履职能力"、"科研能力"、"操作技能"。根据每个二级模块拟定了主要培训内容,根据内容设计了若干培训课程菜单、一级研讨提纲菜单,培训的课程形式有讲座、研讨、考察等。

(2)为方便各培训基地(主体)安排课程,所有设计的课程均以每 4 课时(半天)为一个单元;

(3)本培训课程面对的培训对象是本市各中职学校中层干部,根据调研结果,按照中层干部群体职责岗位的不同,分为五大块:

　　教学块（以教育部主任、专业主任、实训室主任等为主）；

　　教务块（以教务办主任、科研督导办主任等为主）；

　　学生块（以学生办主任、招生就业办主任、团委书记等为主）；

　　后勤块（以总务办主任、设备基建办主任等为主）；

　　行政块（以校党办主任、人事主管、财务主管等为主）；

　　(4) 根据调研结果，绝大部分中层干部希望在培训中能有较多的机会进行校际交流、研讨、考察等活动，以开阔思路、学习经验、分享成果。所以课程中每个模块都安排了若干单元的研讨或考察，一个或若干个讲座配以相关的研讨或考察整合成为一个培训课程组合。建议：

　　① 每次研讨的内容以同一组合中讲座主题为主线，可参考该模块中提供的研讨提纲；

　　② 可围绕讲座主题以及培训对象提出的问题另外设计若干研讨提纲。

二、关于培训课程安排的建议

　　(1) 为贯彻落实《国务院关于加快发展现代职业教育的决定》中有关"实行五年一周期的教师全员培训制度"，在市教委新一轮五年师资培训规划指导下，各培训基地（主体，含市级、区级或职教集团、校级）可根据各自的特色和培训资源开办面向不同群体的中层干部培训班，在本课程体系菜单中选择相关的培训课程组合成培训方案。根据市教委有关文件精神，每个培训方案中组合的课程数为 80—100 课时（含考察、研讨等），形成市级、区级、校级不同层级的培训，满足不同培训对象的需求。

　　(2) 由市教委培训中心统一印制师资培训手册，每位中层干部完成规定的培训课程，通过规定的过程考核和结业考核，由各类培训（主体）核准后，发放相关培训结业证书，并在培训手册中计入培训课时数，同时上报市教委培训中心备案。

　　(3) 每位中层干部完成全部培训课程数的有效时间为五年，可以根据各培训基地（主体）公布的培训方案进行选择，原则上以某一个市级培训基地（主体）的培训方案为主，其课程为必修课程，并可在其他培训基地（主体）方案中选择若干选修课程，配以本校的培训课程，组合成自己的培训计划，五年内完成有效。

　　(4) 培训时间安排：讲座、研讨以周六为主，考察以周五为主；暑假中可安排连续两至三周，全天培训；为适应中层干部需要，工作、培训两不误，建议每个培训基地的时间安排如下：

　　上半年培训（3 月—6 月）为一轮；

　　假期培训（暑假 7 月）为一轮；

　　下半年培训（9 月—12 月）为一轮；

　　五年内各基地的培训方案每年可实施一轮，根据形势的发展变化，培训课程内容应有适时的调整、修改。

　　(5) 教学块中层干部涉及到专业类别，为使培训有较好的针对性，提高质量，建议按照商贸管理类、工科类、公共基础类以及其他类再细分为四大类，所开设的培训课程（含讲座内容、研讨提纲、考察目标）应结合专业大类特点安排具体内容。

附件 3　中职学校中层干部培训课程考核评价体系说明

一、评价原则

（一）科学性原则

根据中职学校中层干部培训的特点，考虑其同质性及差异性，科学实施同纬度跨领域结构化培训模式，并根据不同模块不同培训结构设置不同的考核方式，以便更科学有效地反映学员学习成绩。

（二）系统化原则

从中层干部岗位须具备的基本素养和岗位能力要求出发，结合现阶段职业教育发展需求和示范校建设要求，系统设置课程并分别以各模块、各模式进行考核，系统反映学员学习情况。

（三）实用性原则

任何的培训，其最终目的是体现学以致用，能力提高。因此，根据不同培训模块、培训模式的特点，一切从实际出发，培训考核突破传统思维，不局限于简单的一次性理论化总结，而是采用多阶段、多任务、多评价主体、体现实践成果的考核模式，充分体现实用性。

（四）目标导向原则

考核方式结合不同模块和培训模式，基于目标设计和能力提高，体现实用和实效，以目标驱动的考核方式达到中层干部培训的目的。

二、评价体系框架

（一）考核模块

根据"中职学校中层干部培训课程体系框架"，设置一级、二级培训模块，并细化为培训内容和拟开设课程。一、二级培训模块如下：

一级培训模块	二级培训模块
基本素养	职教理念
	工作思路
	师德规范

一级培训模块	二级培训模块
岗位能力	通用能力
	履职能力
	科研能力
	操作技能

各模块课时分配及培训模式详见"中职学校中层干部培训课程体系框架"及说明与建议。

不同岗位的中层干部既有统一培训的模块内容,也有以岗位定方向的培训内容,共同作为考核依据。

(二) 评价方式

从培训的评价意图出发,主要注重职业能力测评、成长性评价和结论性评价,其对应的平台分别为:过程评价、学校评价和市级培训基地综合评价。

1. 过程评价

即培训期间的评价。采用"多阶段、多任务"与"多主体"相结合的评价方式。

"中职学校中层干部培训课程体系框架"中的培训方式主要有讲座、研讨、考察。讲座、考察基本采用出勤率的考核评价方式,而研讨直接体现讲座学习和考察的效果,遵循实用性原则和目标导向原则,故采用多阶段、多任务评价手段。多阶段,是指分不同的培训模块给予分阶段的评价;多任务,是指研讨方式可根据需要采用不同的完成方式,可选择的有:5 分钟演讲(发言)、工作方案或可行性报告撰写、调研报告、发言提纲准备、资料搜索、校际交流、案例分享、相互点评、PPT 演示、作品展示等。

多主体评价方式是指根据讲座、研讨、考察等不同培训方式,采用班主任考勤、讲座专家或导师对研讨情况评价、学员间对研讨情况相互评价的多主体评价方式。

2. 学校评价

培训的过程,是开阔视野、提高中层干部综合素养的过程,也是在实际工作中锻炼成长的过程。因此,培训期内,由所在学校给出工作评定和能力发展评价,是总体评价的重要依据。

3. 各类培训主体综合评价

根据过程评价和学校评价,最后由各类培训主体做出综合评价。

三、评价体系保障

(一) 导师制

聘请中职校相关领域优秀中层干部做导师,全程指导并跟踪,细化研讨方案。学员既获得整体化学习,也能获得导师个别化指导,提高了培训效果。

（二）班主任制

按照一定的班级编制配备相应班主任,利于学习状态跟踪和事务联系,保证培训工作顺利进行。

（三）管理制度保障

各培训单位应建立健全考勤制度、学习制度、考察制度及其他相关制度,利于培训工作有章可循,规范有序。

（四）小组制

把中层干部按工作性质分组,例如教学组、德育组、后勤组等,各组选出小组长,研讨、考察、交流都由组长负责组织协调,导师全程参与。

附件4 上海市中等职业学校中层干部培训课程体系研究课题调研报告

一、调研背景及意义

（一）职业教育发展面临的历史机遇

当前,我国正处在改革发展的关键时期,面临着转方式、调结构、惠民生的艰巨任务与严峻挑战。我国职业教育为提高劳动者素质、推动经济社会发展和促进就业作出了重要贡献,但也存在着种种问题,还不能完全适应经济社会发展的需要。职业教育如何突破瓶颈,聚力发展与升级,回应时代发展给出的题目,找到着力点,2014 年的一系列改革举措给出了答案。一是国务院在九年之后再次召开全国职业教育工作会议,发布《关于加快发展现代职业教育的决定》,发展职业教育体系的"顶层设计"出炉;二是教育部等六部门印发了《现代职业教育体系建设规划(2014—2020 年)》,拟将全国 1 200 所高校中的 600 多所地方本科院校转向职业教育。"加快发展职业教育,让每个人都有人生出彩机会",国家对职业教育的重视程度、部门协调力度与改革力度前所未有。

（二）职教发展重在师资建设

振兴职业教育关键在于教师的培养,教师是教育的第一资源,是教育的核心要素,是教育事业发展最根本的依靠力量。师资队伍建设是提高技能型人才培养质量、完善现代职业教育体系的关键性因素,推动职业教育科学发展必须把师资队伍建设摆在突出的位置。近年来,国家建设了 93 个中职师资培训基地支持骨干中职教师脱产培训;中央财政拿出 26 亿元开展职业院校教师素质提高计划,是"十一五"期间投入的 5 倍多;上海市教委也于 2011 年颁布《上海市中等职业教育师资培养培训行动计划(2011—2015 年)》,提出上海职业教育要

"形成一支数量足够、结构合理、满足社会经济发展需要、专兼结合的'双师制'师资队伍,为职业教育持续健康发展提供人力资源保障"。

中职学校中层干部的培训,属于中职学校师资培养培训的一部分。然而,无论是在国家层面还是在上海市层面,目前的中职师资培训大都指向专业教师培训,几乎看不到对中职中层干部培训的配套政策和具体指导。

(三) 中职中层干部培训的战略意义

创新驱动、转型发展是上海经济发展的战略选择,而产业转型的方向是先进制造业、现代服务业的并驾齐驱。这对上海市中职学校的人才培养提出了更高要求,对管理者队伍建设提出了更高的标准。作为教师队伍中的中流砥柱,中层干部引领着学校教育教学改革、战略规划、德育工作、信息化建设、后勤保障等工作,是学校管理和持续发展的核心力量,他们的视野、思维、能力、人格趋向等将直接影响学校事业发展的各个层面。因此,关注这一群体的发展,提高他们的综合素养,是上海市中等职业学校师资队伍建设工作的重要内容。

而长期以来中职校中层干部的培训一直存在短板和盲区。除了政府对中职中层干部培训重视不够之外,更大的困难来自培训课程的设置。目前某些上海市中职师资培训基地已经开设了中职管理干部培训班,培训的对象是中职校中层干部,主要包括教学部主任、教务处主任、学生处主任、行政及后勤各科室主任等,其工作职责主要涵盖教学管理、学生管理、行政及后勤事务管理、信息化建设、教学研究及督导等。如何为这些来自不同管理岗位的中层干部开设课程是一个难题。有针对性的课程往往会忽略一部分人的兴趣,如讲专业开发和精品课程建设,可能只有教学管理人员感兴趣,讲实训室建设只有实训中心管理人员感兴趣。如果开设通用通识类课程,应该开设哪些课程?是以通用通识类课程为主,还是以管理领域类课程为主,还是两者兼顾?本次调研的目的就是希望解决以上问题,以便为上海市中职中层干部培训的课程设置提供战略性参考意见。

二、调研预设与实施

(一) 调研目的

深入了解上海市中等职业学校中层干部对中职教育的理解、工作状态及管理水平现状,了解中层干部职业能力发展需求,为中层干部培训课题体系的开发打好基础。

(二) 调研对象及方法

1. 调研对象

(1) 校级领导(正校长或者分管教学、科研的副校长):2 位;

(2) 行政中层干部(校办、教务、学生、督导、后勤):4 位;

(3) 教学部(教研室)中层干部:4 位。

2. 调研方法

(1) 调研问卷(9 校/每校 10 位/有效卷)(附件 1：问卷样本)；

(2) 座谈会访谈(9 校座谈会)(附件 2：访谈提纲)；

(3) 个别访谈(教科院等)。

(三) 调研内容

本次调研以"如何设计中职学校的中层干部培训课程体系"为调研内容,从中层干部对哪些培训内容有需求、感兴趣,对培训形式、培训考核、培训时间等有哪些要求着手,设计了调研问卷和访谈提纲,对 9 个中职学校进行了问卷调研及访谈调研。

(四) 调研范围及抽样方式

采取半结构化的访谈方式和分层目的抽样,走访、调研、实地考察上海市具有代表性的 9 所中职学校。(见表附 4 - 1)

表附 4 - 1 调研样本学校一览表

国示范	市特色示范校	一般公办学校	民办学校
上海信息技术学校	上海市商贸旅游学校	上海港湾学校	震旦中等专业学校
上海市工程技术管理学校	上海市工业技术学校	上海市机械工业学校	
	上海商业会计学校		
	上海市工商外国语学校		

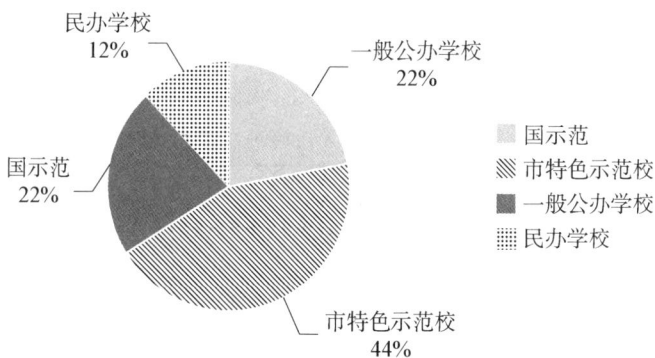

图附 4 - 1 调研样本学校按办学性质的比例分布

从图附 4 - 1 中可以看出,在调研的 9 所学校中国示范 2 家,占比 22%,上海市特色示范 4 家,占比 44%,一般公办学校 2 家,占比 22%,民办学校 1 家,占比 12%。上述样本比例分布较为符合上海市中职办学主体的实际状况,具有较强的代表性。

三、调研内容分析

(一) 调研数据分析

1. 调研样本的回收情况

本次共调研 9 所学校,回收调查问卷 90 份,结构比例分布详见表附 4-2:

表附 4-2　回收样本的结构比例分布

类别	校领导	专业教学部主任	校办	教务处	科研处(含督导)	后勤	学生处主任	合计
数量	11	23	6	12	9	10	19	90
占比	12.22%	25.56%	6.67%	13.33%	10.00%	11.11%	21.11%	100.00%

由表附 4-2 可以看出回收问卷占比最高的依次是专业教学部主任和学生处主任,这两类中层干部分别承担学校教育教学和德育工作,是中职校常规工作中的重头戏,说明问卷调查对象的结构比例选择较为合理。

2. 中职学校中层干部对培训内容需求的选择分析

(1) 对职业教育发展方面的需求分析。

调研问卷中对关于职业教育发展方面的讲座需求设计了 7 个讲座题目供选择,分别是:①世界职业教育发展现状及趋势;②我国职业教育发展现状及趋势;③我国现行的职业教育法律法规和政策;④上海市职业教育的发展现状及存在问题;⑤上海市中等职业教育的发展现状及存在问题;⑥我国建立健全职业教育体系的整体规划及思路;⑦职业教育信息化的现状及发展趋势,并要求按照需求愿望重要程度排序,最重要的为"1",以此类推。统计结果见表附 4-3。

表附 4-3　职业教育发展方面的讲座需求统计分析表

重要性 / 顺序	1	2	3	前3名合计	4	5	6	7	合计
讲座①	26.30%	4.00%	9.20%	39.50%	13.20%	10.50%	9.20%	27.60%	100.00%
讲座②	21.70%	24.10%	19.30%	65.10%	12.00%	14.50%	6.00%	2.40%	100.00%
讲座③	7.00%	14.10%	4.20%	25.30%	19.70%	17.00%	22.50%	15.50%	100.00%
讲座④	13.00%	35.00%	24.70%	72.70%	9.10%	9.10%	7.80%	1.30%	100.00%
讲座⑤	25.30%	26.60%	24.10%	76.00%	10.80%	8.40%	2.40%	2.40%	100.00%

续表

重要性 顺序	1	2	3	前 3 名 合计	4	5	6	7	合计
讲座⑥	13.50%	14.90%	9.50%	37.90%	20.10%	14.90%	19.00%	8.10%	100.00%
讲座⑦	3.90%	5.10%	15.60%	24.60%	18.20%	22.10%	18.20%	16.90%	100.00%

调研结果显示绝大多数的中层干部对这部分讲座内容的需求是肯定的，尤其是排序在前 3 位的有："⑤上海市中等职业教育的发展现状及存在问题；④上海市职业教育的发展现状及存在问题；②我国职业教育发展现状及趋势"，其中把第④项排序为第 1、2、3 位的总计有 72.7%，把第⑤项排序为第 1、2、3 位的总计有 76%，说明中职学校的大部分中层干部关心职业教育发展现状及趋势尤其是上海中职教育发展的现状以及存在的问题，希望通过培训及时了解这方面的最新信息，站在更高层次的角度对目前中职学校存在的问题有比较清醒的认识，有利于更好地做好自己的工作。对于第⑥项排序为第 4 的有 20.1%，把前 4 位的加总有 58%，低于④、⑤项，说明目前中层干部中对这个话题的认识还略欠紧迫，需要加强学习，尤其是对刚刚颁布的《国务院关于加快发展现代职业教育的决定》和《现代职业教育体系建设规划（2014—2020 年）》精神及其对我国职业教育发展的指导意义。

在座谈会上，多数老师对这第一大类讲座提出更具体要求，如希望能请较权威的领导、专家开设这类讲座，希望能联系具体实例进行分析，希望能联系具体政策进行诠释。

（2）对关于经济发展及对人才需求方面的需求分析。

调查问卷中对关于经济发展及对人才需求方面的讲座需求设计了 5 个讲座题目供选择，也要求按照需求愿望重要程度排序。5 个讲座题目分别是：①上海经济发展的现状及趋势；②上海经济结构的现状及转型（调整）方向；③现代制造业、现代服务业的诠释及发展前景；④各行业对中职学校培养的一线工作人员的综合素质要求；⑤其他。调研结果见表附 4-4：

表附 4-4　经济发展及对人才需求方面的需求统计分析表

重要性 顺序	1	2	前两项 合计	3	4	5	合计
讲座①	28.50%	24.70%	53.20%	19.50%	26.00%	1.30%	100.00%
讲座②	20.70%	36.60%	57.30%	35.40%	6.10%	1.20%	100.00%
讲座③	14.30%	27.30%	41.60%	27.30%	31.10%	0%	100.00%
讲座④	44.50%	18.50%	63.00%	14.80%	22.20%	0%	100.00%

调研结果显示大多数的老师对"①上海经济发展的现状及趋势、②上海经济结构的现状

及转型(调整)方向、④各行业对中职学校培养的一线工作人员的综合素质要求"的选择基本一致,把第①项排序为第1、2位的占53.2%,把第②项排序为1、2位的占57.3%,把第④项排序为1、2位的占63%。说明大多数老师更关心的是目前上海经济发展的趋势、结构的转型对中职学生的就业影响,各行业对中职学校培养的一线工作人员的综合素质要求的了解。因为这些问题关系着中职学校的发展方向和前景,关系着中职学校各专业的培养目标和课程体系的设置等核心问题,所以希望通过培训能够获得确切的、具体的信息和诠释,有利于各学校在进行顶层设计、做中长期发展规划时能有比较清晰的方向,调整专业方向、设计专业培养目标时能更加贴近企业和行业的需求。

在座谈会上,主管教学的专业部负责人、教务部负责人、就业办负责人对这一大类的讲座更为关注,提出希望能请高层次权威专家来开设讲座,尤其是"对中职学校培养的一线工作人员的综合素质要求"讲座最好请与专业相关的行业资深人士来讲具体的要求,并能与学校的专业老师一起分析研讨专业的培养目标课程设置,根据岗位职业能力要求一起设计专业课程的教学内容。

(3) 对提高管理能力素养方面的需求分析。

调查问卷中对提高管理能力素养方面的讲座需求设计了4个方面的培训内容,即"A. 统筹安排本部门工作的思路、方法;B. 与内、外部门人员进行工作沟通的方法技巧;C. 与上级部门以及内、外部门的协调工作的方法技巧;D. 根据形势变化需要制定与本部门工作相关的规章制度",第5个选项为"其他"(可多选)。统计结果见图附4-2。

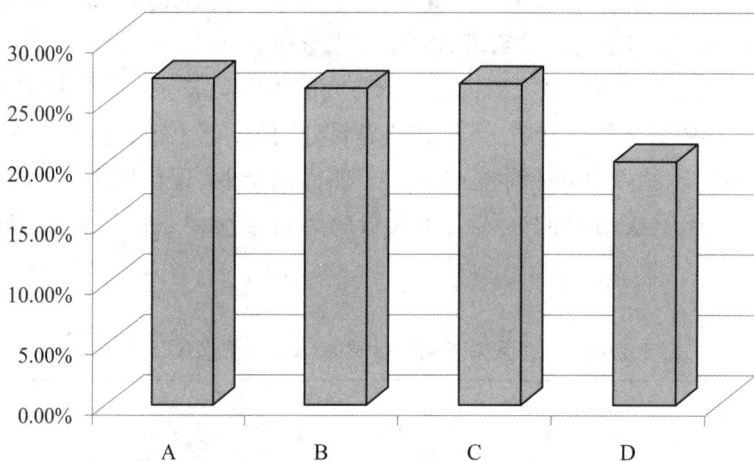

图附 4-2 对提高管理能力素养方面的需求统计

调研结果显示前4项培训内容需求分别为"26.9%、26.2%、26.5%、20.1%",选择比例较为平均,特别是前3项,非常接近,说明大家认为这4个选项均比较重要。在座谈会上,不少中层干部提出希望这类讲座最好请相关的专家来讲,并希望能联系实际工作中的问题讲,组织同类职能部门的中层干部研讨座谈,结合自己的工作经验进行交流,可能效果会更好。

(4) 对本职工作范畴的认识及能力提高方面的需求分析。

调查问卷中对本职工作范畴的认识及能力提高方面的需求根据各自分工不同分为 7 大类,每一类设计了若干相关培训内容选项,调研结果如下:

① 对专业实施的校企合作评价"较好"的有 33%,"一般"的有 50%;

② 对专业实践教学环节实施评价"很好"的有 72.2%,"一般"的有 27.8%;

③ 对双证融通的实施评价"很好"的有 21%,"一般"的有 78.9%;

④ 作为专业教学部负责人对本部(室)各专业教师的管理情况"有师资队伍发展规划的"占 81.8%,聘有企业的兼职教师占 69.2%,其中 53.3% 企业兼职教师承担专业核心课程教学;

⑤ 专业教学部负责人对本部(室)各专业教师的业务专长"较了解"的有 64.3%;对当前教育部和市教委对专业、课程建设的基本要求和主要指标体系"非常了解"的有 28.6%,"部分了解"的有 57.2%;

⑥ 认为作为专业部(教研室)主要负责人应该具备的工作能力有沟通协调能力(37.5%)、创新能力(8.4%)、应变能力(12.5%)、相关知识(20.8%)、统筹能力(20.8%);

⑦ 认为作为专业部(教研室)主要负责人应该具备的基本素质有敬业(4.7%)、有奉献精神(9.5%)、道德素养(28.6%)、沟通协调(28.6%)、理论知识(28.6%);

⑧ 需要通过参加市教委的培训班得到解决问题或疑惑有强化工作方法(11.1%)、工作策略(5.6%)、促进沟通与合作(28.6%)、理论知识(28.6%)。

从以上调研结果中可看到目前各中职学校的专业教学部负责人整体素质较高,专业建设方面的困难主要表现在校企合作、双证融通等方面,通用工作能力上更看重协调沟通能力,在近几年示范校建设、重点专业建设、精品课程建设的推动下,这个群体的老师对其作为专业教学部负责人的角色基本是称职的,对本职工作多数还是熟悉的,需要通过培训提高的主要是通用能力。

(5)针对教务办负责人的选项及调研结果。

教务办负责人对本职工作的认识多数是清晰的,如对常规教务管理工作的了解情况、中职校教学教务管理相关制度的熟悉情况、当前教育部和市教委对专业、课程建设的基本要求和主要指标体系的了解、学校各专业的校企合作实施情况、学校各专业双证融通实施情况等都比较了解或熟悉。

多数老师认为作为学校教务处主要负责人应该具备的工作能力有:掌握双侧能力、沟通能力、协调能力、管理组织能力等;应该具备的基本素质有突发事件应变能力(9.1%)、专业背景(9.1%)、沟通与协调能力(36.4%)、顾局大全(18.2%)、创新能力(9.1%)、较好的心理素质(18.2%)等;希望通过培训在相关管理制度及条例(25.0%)、日常教务管理内容及程序(25.0%)、教师教学管理事务(28.6%)、学生学籍管理事务(14.3%)等方面有进一步的了解和提高;需要通过参加市教委的培训班得到解决的问题或疑惑有中职专业教师的专业能力与工作交流(44.4%)、经验借鉴(11.2%)、管理方法(44.4%)等。

从以上调研结果可看到,目前各中职学校的教务办负责人对本职工作基本能胜任,更看重沟通协调能力培养,在培训形式上希望得到更多的交流学习机会。

(6)针对学生办负责人的选项和调研结果。

多数学生办负责人对本职工作还是比较熟悉和了解的,例如学生办常规工作、上海市中职校学生管理相关制度;所有学校都开展了学生心理健康教育、班主任管理工作;多数学校学生办主要负责人希望通过培训在相关管理制度及条例(22.2％)、日常学生管理内容及程序(16.7％)、学生心理教育(27.8％)、校园文化建设(33.3％)等方面有进一步的了解和提高;多数学生办主要负责人认为应该具备的工作能力有沟通能力(42.8％)、管理技巧与方法(28.6％)、学生辅导(28.6％);希望通过参加市教委的培训班解决的问题或疑惑主要集中在校园文化建设(66.7％)、学生心理分析疏导(33.3％)两个方面。总的来说,培训需求主要集中在校园文化建设、沟通能力培养、学生心理辅导等方面。

(7) 针对后勤管理负责人的选项和调研结果。

多数后勤管理负责人对本职工作还是比较熟悉和了解的,认为作为学校后勤管理主要负责人应该具备的工作能力有协调能力(50.0％)、综合能力(37.5％)、专业知识(12.5％)等;希望通过培训在相关管理制度及条例(22.2％)、日常后勤管理内容及程序33.3％、服务意识和手段(25.9％)、校园安全预防措施(18.6％)等方面有进一步的了解和提高。从统计数据看,后勤管理人员的培训需求同样突出协调能力。

(8) 针对科研处(督导室)负责人的选项和调研结果。

多数科研处(督导室)负责人认为学校的科研处(督导室)常规工作主要包括了教育研究和探究(40％)、教学常规工作检查和抽查(10％)、教研评估(50％);认为学校教改、科研工作实施情况很好的占 57.1％,教学督导工作实施情况很好的占 71.4％;希望通过培训在中职校的科研日常工作内容及程序(15％)、中职校的督导日常工作内容及程序(25％)、本校教师科研能力提高的途径、方法(25％)、学校教师教学质量提高的途径、方法(35％)等方面有进一步的了解和提高。从培训需求上看,科研(督导)负责人更看重教师科研能力的培养和教师教学方法的提升。

(9) 针对校办负责人的选项和调研结果。

多数校办负责人基本了解校办常规工作,对上海市中职校所有的规章管理制度熟悉的有 25％,一般了解的有 75％;认为作为学校校办主任应该具备的工作能力有沟通协调能力(55％)、师资培训(10％)、人际交往(10％)、执行能力(25％);希望通过培训在学校的行政管理日常工作内容及程序(29.4％)、学校的人事管理日常工作内容及程序(23.5％)、学校的财务管理日常工作内容及程序(20.6％)、学校的党务管理日常工作内容及程序(11.8％)、学校大型活动的策划和组织(11.8％)等方面有进一步的了解和提高。校办负责人的培训需求更为突出地表现在沟通协调能力。

(10) 针对学校领导的选项和调研结果。

中职学校的校领导对进行中层干部培训认为"很有必要的"占 83.3％,"有必要"的占16.7％;认为学校中层干部的培训应该安排的最重要的内容是工作思路(33.3％)、工作方法(66.7％);认为学校中层干部的培训时间安排比较合理而有效的是短期(5—10 天)(45.5％)、暑假/长期(20—40 天)(45.5％);认为学校中最需要培训的中层干部是专业管理(50％)、教学(50％)。

从以上调研结果来看,校领导们非常支持中层干部进行集中培训,大多数中层干部也非常愿意参加市教委组织的培训;培训的内容有提升职教理念、拓展视野的经济发展趋势、开阔思路的行业对人才综合素养的需求等讲座,还希望针对各自的工作岗位,开设提高通用工作能力素养的专题性质的讲座,呼声比较高的有提高沟通技巧、工作方法、管理组织方法、协调能力等。

3. 中职学校中层干部对培训形式的选择分析

调研中各校的中层干部对培训形式有多重选择,数据统计见图附 4-3:

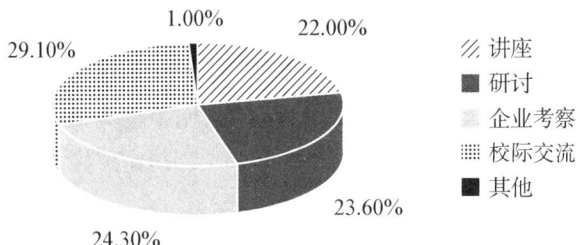

图附 4-3　中职学校中层干部对培训形式的选择分析

统计结果表明受欢迎的培训形式依次为校际交流、企业考察、研讨、讲座,可以看出传统的培训方式"讲座"排在相对次要的位置,中层干部更愿意选择能主动学习的培训形式。

座谈中提出,中层干部的培训应该根据具体内容来设定培训形式。提升职教理念、开拓视野的内容以讲座为主;针对专职岗位工作、提高本职工作能力的可以讲座和研讨相结合,必要的时候应该组织到企业、兄弟学校参观考察。

4. 中职学校中层干部对培训结业作业和考核形式的选择分析

对于培训结业的作业,中层干部的选择是专题调研报告(33.6%)、专题实践报告(44.1%),选择写专题论文的只有17.1%。座谈会中多数老师认为参加了培训,还是结合自己的本职工作,写一些有针对性的调研或实践报告更有意义。

对于考核形式,多数中职干部的选择是汇报交流形式(48.9%)。座谈会上多数老师都认为汇报交流形式更有利于取长补短。

5. 中职学校中层干部对培训时间安排的选择分析

对于培训时间的安排,调研结果是每周1天(周末1天,8课时)(46.8%)、每周2天(周五、周六各1天,16课时)(20.2%)、每周5天(全脱产,40小时)(4.5%)、其他(8.5%)(每周两天工作日;两周一天,八课时非周末)。座谈会中中层干部对培训时间有很多建议,比较集中的是每周一天,安排在周末较好;也有中层干部提出平时工作较忙,时间难以保证,可以集中安排到假期,尽量避免影响工作。从校领导的意见来看,也比较倾向于"每周周末一天,或假期集中若干天"的安排方式。

(二)访谈反馈分析

1. 关于培训需求

在访谈过程中,几乎所有的中层干部都表示开展专门针对中层干部管理能力的培训很有必要。在调查过程中发现,目前的市级培训,主要的培训对象以在职教师群体为主,中层干部培训项目开展数量极少,他们或从专业角度,或从企业实践需要,参与到市级层面的培训中,虽然有 50% 的中层干部参加过职务业务培训,但也主要局限于区属教育局,职业教育类的针对性不强。

2. 关于培训内容

在访谈过程中了解到,中层干部面对日益繁忙的工作任务,面对愈加复杂的人际交往环境,容易产生职业倦怠,也急需工作方法的了解和运用。因此,首先,他们希望有较多的关于管理心理、人际交往与沟通、情商管理、团队建设、信息化理念培育、危机干预等方面的通用能力的培训;其次,也有中层干部提到了面对中职学校越来越多项目、课题的申报与建设,希望有与职业教育现状相适应的能力培养,如策划能力、创新能力的提高等;第三,中层干部也希望开阔视野,有与时代背景相适应的内容培训,主要是国家及上海职教政策、方向、趋势等,能启发思维,丰富思考。

3. 关于培训模式

在访谈过程中了解到,中层干部希望被培训的受众尽可能属于相同业务范围;从培训的模式来看,希望是讲座、研讨、校际交流、考察相结合的方式,做到理论与实践相结合,并通过这几种方式的运用,能畅通学校间信息,使经验得到有效交流和推广。

4. 关于培训时间

因中层干部普遍工作繁忙,有 46.8% 的老师提出希望是在较长期限内但每周一天的培训,兼顾工作与学习,以保证工作的顺利进行和学习的持续有效。

四、调研结论和培训建议

(一) 准确定位培训目标

培训目标是指培训活动的目的和预期成果。培训是建立在培训需求分析的基础上的,培训需求分析明确了中层干部所需提升的能力,评估的下一步就是要确立具体且可测量的培训目标。通过调研发现中层干部能力提升的需求主要体现在:1. 沟通协调能力、情商管理、工作方法运用、团队建设、信息化理念培育等通用能力方面;2. 宏观政策的解读能力,具体来说,即通过对宏观政策的解读能开拓视野,引发深层思考,触发工作思路,因此绝大部分中层干部希望了解国家及上海职教政策的内涵、方向、趋势。所以,必须根据调研获得的信息准确定位培训目标,体现培训的有效性。培训目标的明确清晰有助于培训任务的执行。

(二) 模块化设计培训内容

基于中层干部这个被培训群体工作岗位与性质的跨领域多样性,因此,从整体横向情况来看,需要兼顾共性能力和个性需求的结合。另外,从个体纵向情况来看,对于中层干部的培训,不仅需要关注目的性极其明确的现阶段岗位能力培养,还需要关注与时代背景相契合的前瞻思维和潜在能力的挖掘。所以,在培训内容的构造上,需要进行模块化处理,以满足不同受众的需要。根据调研反馈信息，建议设立以下培训模块：

表附 4-5　中职中层干部培训课程设置建议模块

序号	一级模块	二级模块	三级模块	培训对象	培训形式	师资建议	考核方式
1	基础通用	理念培育	1. 职业教育发展现状、趋势和方向	全体	讲座	职教专家	研讨、汇报、点评
		信息化素养	2. 职业教育与信息化的融合		讲座、项目	信息化大赛专家	项目作业
		个人素养	3. 演讲、写作、礼仪		案例、情景	语文学科专家	现场演示
			4. 情商管理		讲座、案例	心理专家	研讨、汇报、点评
2	管理能力	基础管理	5. 执行力、凝聚力、创新力		案例	优秀中层	研讨、汇报、点评
			6. 协调沟通、团队打造能力		案例	优秀中层	研讨、汇报、点评
			7. 财务预算		案例	教研专家	项目作业
3	业务方向	教学类	8. 专业开发、课程改革、实训实践	教学部主任、教务处主任、督导室主任、实训中心主任	项目教学	教研专家	项目作业
			9. 产教融合、校企合作		案例	优秀中层	研讨、汇报、点评
			10. 教学改革、教法研究		讲座、项目	教研专家	研讨、汇报、点评
		德育类	11. 育德能力	学生处主任、团委书记	讲座	德育专家	研讨、汇报、点评
			12. 校园文化建设		讲座	优秀中层	研讨、汇报、点评
			13. 学生心理辅导		案例	心理专家	项目作业
			14. 危机干预		案例、情景	优秀中层	项目作业
		行政后勤类	15. 活动组织策划	办公室主任、后勤保卫处主任等	案例、项目	优秀中层	项目作业
			16. 安全文明校园建设		案例、项目	优秀中层	项目作业

(三) 合理组合培训方式

从抽样调查情况来看,中职学校中层干部100%是本科毕业水平,具有较强学习力、判断力和综合力,更希望在培训中发挥主观能动性,希望培训方式多样化,更加注重培训的实效。因此,理论学习应该只是培训的方式之一。建议参加培训的中层干部根据培训基地的培训计划制定自己的学习计划,同时实行导师制,提高培训的针对性和有效性。中层干部更注重理论学习的能力转化、方法指导和实践经验,因此,建议根据培训目标和内容,采用讲座、研讨、校际交流和企业考察、对口挂职相结合的方式;在师资选择上考虑引入更多的案例教学,例如邀请上海市中职中层干部中各领域的佼佼者现身说法,抛砖引玉,激发更深层的思考。

(四) 灵活设置培训形式

培训的形式建议要"四化"。1. 模块化,即课程设置按照通用通识类、管理能力类、专业方向类进行模块化设计。2. 选课化,即学员根据自身情况和以往培训的经历,自由选择某些课程或模块的培训,培训要突出以学员为本,发挥各基地的优势与特色,开设不同类型课程,提供给学员选择。各培训基地学分互认,学分修满即可结业。3. 项目化,以项目教学为主要教学方式,体现任务引领,做学一体。4. 经常化,培训要常态化、经常化,学员每隔一定时期要参加继续培训,保证其知识结构的持续更新。

(五) 创设创新评价模式

基于培训目标是体现学以致用,能力提高。因此,建议培训考核突破传统思维,不局限于简单的一次性理论化总结,而是采用多阶段、多任务、多评价主体,体现实践成果的多元考核模式。多阶段是指强调过程性评价,评价与培训过程同步进行;多任务是指把讲座、研讨、交流考察都作为评价内容;多评价主体是讲座专家、研讨小组、交流考察小组共同评价。评价模式的创新点体现在评价的全方位、多维度、全覆盖等特点上。

附件5 调研问卷

1. 个人基本情况

您的专业背景:　　　(本科专业)(研究生专业)

教龄:　　(其中:职教教龄:　　)　　职称:　　职业资格证书:

现任职务:　　　　　　　　　　　　任职年限:

2. 您认为市教委组织的中层干部培训中是否需要安排以下内容讲座?(请在"是"与"否"中做单项选择,并在括号内打√;同时在选择"是"的基础上,按照您的需求愿望重要程度进行排序,最重要的为"1",以此类推)

① 世界职业教育发展现状及趋势:是(　　),否(　　),排序

② 我国职业教育发展现状及趋势:是(　　),否(　　),排序

③ 我国现行的职业教育法律法规和政策：是（　　　），否（　　　），排序

④ 上海市职业教育的发展现状及存在问题：是（　　　），否（　　　），排序

⑤ 上海市中等职业教育的发展现状及存在问题：是（　　　），否（　　　），排序

⑥ 上海经济发展的现状及趋势：是（　　　），否（　　　），排序

⑦ 上海经济结构的现状及调整方向：是（　　　），否（　　　），排序

⑧ 对现代制造业、现代服务业含义的解释：是（　　　），否（　　　），排序

⑨ 各行业对中职学校培养的一线工作人员的综合素质的要求：是（　　　），否（　　　），排序

⑩ 其他（自述、添加）

3. 您认为中层干部的培训中需要安排以下哪些培训内容？（可多选）（　　　）

A. 统筹安排本部门工作的思路、方法

B. 与内、外部门人员进行工作沟通的方法技巧

C. 与上级部门以及内、外部门协调工作的方法技巧

D. 根据形势变化需要制定与本部门工作相关的规章制度

E. 其他（简述）

4. 您认为中层干部的培训形式哪些比较合适？（可多选）（　　　）

A. 讲座　　　　　　B. 研讨　　　　　　C. 企业考察　　　　D. 校际交流

E. 其他（简述）

5. 您认为中层干部的培训结业作业形式哪些比较合适？（可多选）（　　　）

A. 专题调研报告　　B. 专题论文　　　　C. 专题实践报告　　D. 其他（简述）

6. 您认为中层干部的培训结业考核形式哪些比较合适？（可多选）（　　　）

A. 汇报交流形式　　B. 项目完成形式　　C. 答辩形式　　　　D. 其他（简述）

7. 您认为中层干部的培训时间在总课时确定的情况下安排在什么时间比较合适

A. 每周 1 天（周末 1 天，8 课时）　　　　B. 每周 2 天（周五、周六各 1 天，16 课时）

C. 每周 5 天（全脱产，40 小时）　　　　　D. 其他（简述）

8. 请学校专业教学部（教研室）主任回答下列几个问题（做单项选择，在括号内打"√"或简述）

① 本部（室）各专业是否有近 3—5 年的专业发展规划？有（　　　）　无（　　　）

② 是否知道本部（室）各专业建设的目标？是（　　　）　否（　　　）

③ 您认为本部（室）各专业课程体系是否符合培养目标的要求？是（　　　）　否（　　　）

④ 本部（室）各专业的校企合作实施情况如何？

很好（　　　）　一般（　　　）　基本没有（　　　）

请简单叙述实施情况：

⑤ 本部(室)各专业实践教学环节实施情况如何？很好(　　)　　一般(　　)　　不好(　　)

请简单叙述实施情况：

⑥ 您作为专业部(教研室)主要负责人,对本部(室)各专业教师的管理情况：

➢ 本部(室)各专业是否有师资队伍发展规划？有(　　)　　没有(　　)

➢ 本部(室)各专业是否有企业的兼职教师？有(　　)　　没有(　　)

➢ 本部(室)各专业聘请的企业兼职教师是否承担专业核心课程教学？是(　　)　　否(　　)

➢ 您是否了解本部(室)各专业教师的业务专长？

　　A. 非常了解　　　　B. 了解　　　　　　C. 有点了解　　　　　D. 一点也不了解

9. 请学校教务办主要负责人回答下列几个问题

① 您认为学校的常规教务管理工作主要包括哪几项？请简要叙述。

② 您是否熟悉上海市中职校教学教务管理相关制度？(单选)(　　)

　　A. 很熟悉　　　　　B. 较熟悉　　　　　　C. 一般　　　　　　D. 不熟悉

③ 作为学校教务办主要负责人,您希望通过培训在哪些方面有进一步的了解和提高？(可多选)(　　)

　　A. 相关管理制度及条例　　　　　　　B. 日常教务管理内容及程序

　　C. 教师教学管理事务　　　　　　　　D. 学生学籍管理事务

　　E. 其他(简述)

10. 请学校学生处主要负责人回答下列几个问题

① 学校的常规学生管理工作主要包括哪几项？

② 您是否熟悉上海市中职学校学生管理相关制度？(单选)(　　)

　　A. 很熟悉　　　　　B. 较熟悉　　　　　　C. 一般　　　　　　D. 不熟悉

③ 作为学校学生处主要负责人,您希望通过培训在哪些方面有进一步的了解和提高？(可多选)(　　)

　　A. 相关管理制度条例　　　　　　　　B. 日常学生管理内容及程序

　　C. 了解学生心理　　　　　　　　　　D. 校园文化建设

　　E. 其他(简述)

11. 请学校后勤管理主要负责人回答下列几个问题

① 学校的常规学生管理工作主要包括哪几项？

② 您是否熟悉上海市中职校后勤管理的相关制度？（单选）（　　）

A. 很熟悉　　　　　　B. 较熟悉　　　　　　C. 一般　　　　　　D. 不熟悉

③ 作为学校后勤管理主要负责人，您希望通过培训在以下哪些方面有进一步的了解和提高？（可多选）（　　）

A. 服务意识和手段　　　　　　　　　B. 日常后勤管理相关内容及程序

C. 资产及物业管理　　　　　　　　　D. 校园安全预防措施

E. 其他（简述）

12. 请学校科研处（督导室）主要负责人回答下列几个问题

① 学校的科研处（督导室）工作主要包括哪几项？

② 您是否熟悉上海市中职校科研、督导的相关制度？（单选）（　　）

A. 很熟悉　　　　　　B. 较熟悉　　　　　　C. 一般　　　　　　D. 不熟悉

③ 作为学校科研、督导主要负责人，您希望通过培训在以下哪些方面有进一步的了解和提高？（可多选）（　　）

A. 中职校的科研日常工作内容及程序　　　B. 中职校的督导日常工作内容及程序

C. 本校教师科研能力提高的途径、方法　　　D. 学校教师教学质量提高的途径、方法

E. 其他（简述）

13. 请学校领导回答下列几个问题

① 您认为中职学校的中层干部培训是否必要？

A. 很有必要　　　　B. 有必要　　　　C. 可要可不要　　　　D. 不必要

② 您认为学校中层干部的培训内容应该安排哪些内容？最重要的是什么？（简述）

③ 您认为学校中层干部的培训时间怎么安排比较合理而有效？（简述）

再次感谢您的支持和配合！

参考文献

CAN KAO WEN XIAN

1. 国务院. 国家中长期教育改革和发展规划纲要（2010—2020 年）[EB/OL].（2010 - 7 - 29）. http://www.moe.gov.cn/srcsite/A01/s7048/201007/t20100729_171904.html

2. 上海市政府. 上海市中长期教育改革和发展规划纲要（2010—2020 年）[EB/OL].（2010 - 3 - 30）. http://old.moe.gov.cn/publicfiles/business/htmlfiles/moe/s4604/201010/110458.html

3. 逯长春. 职业院校中层干部能力素养及其发展策略[J]. 职业教育研究,2013(2)：65—66.

4. 沈汉达. 上海市中等职业教育发展的现状、问题及对策研究[J]. 职业技术教育,2008(25)：29—32.

5. 吴恒祥. 学校中层干部角色定位[J]. 教学与管理（理论版）.2002(10)：13—14.

6. 李仰臣,杨晔. 略论学校中层干部的管理[J]. 河北教育（综合版）,2006(10)：17—18.

7. 朱晨辉. 发达国家职业教育面面观[N]. 青年时讯,2006 - 12 - 29.

8. 卢新予. 国外职教师资队伍建设的有益经验[J]. 中国职业技术教育,2007(6)：19.

9. 毕家驹. 外国高等职业教育的特点和发展趋势[J]. 高教发展与评估,2006(2)：77—81.

10. 周文杰,魏政莉. 国外教师培训研究现状述评：基于知识图谱分析[J]. 教师教育研究,2012(4)：91—96.

11. 李力,董琪. 欧美职业学校教师培训与管理机制比较研究[J]. 成人教育,2009(2)：95—96.

12. 孙玉明. 职业学校"双师型"教师队伍建设的现状与对策思考[J]. 科教文汇（上旬刊）,2007(9)：11,15.

13. 任晓珍. 德国职业教育对云南职业教育发展的启示[J]. 云南教育（视界时政版）,2006(10)：30—32.

14. 许亚南. 职业学校双师型教师建设的研究[J]. 科技创新导报,2006(18)：239—240.

15. 王川. 职业学校教师培养模式的改革探索[J]. 教育与职业,2011(9)：20—22.

16. 李全彦. 职校教师队伍建设中的问题与策略初探[J]. 青海教育,2008(7)：42.

17. 曹艳. 参与式教师培训的必要性及实施策略[J]. 沈阳教育学院学报,2009(1)：102—104.

18. 祝怀新,许啸. 英国教师培训管理体系改革探析[J]. 西南大学学报（社会科学版）,2009(3)：90—93.

19. 林振华,刘红. 教师培训效果的有效性探索——关注教师个人教育观念的形成[J]. 基础教育,2009(3)：44—46.

20. 孙红艳. 试论当前我国中等职业学校的教师培训[J]. 职教论坛,2008(19)：34—36.

21. 李聪莉. 21 世纪美国职业学校教师专业发展初探[J]. 外国中小学教育,2004(9)：39—42.

22. 牛岩红. 浅谈新时期中职教师素质提升[J]. 职业技术,2009(7)：63.

23. 卫晓燕. 现状　问题　对策——对建立多样化的教师培训模式,促进教师专业化发展初探[D]. 上海：上海师范大学,2004.

24. 李延平.当代国际教育发展[M].上海：华东师范大学出版社,2002.

25. 李如密.关于教学模式若干理论问题的探讨[J].课程·教材·教法,1996(4)：25—29.

26. 朱海燕.中等职业教育发展中的政府行为研究：以南通市为例[D].南京：南京理工大学,2010.

27. 黄莉.中等职业教育现存的问题及发展对策研究[D].武汉：华中师范大学,2002.

28. 王晓蕾.论中职教师的专业发展[D].武汉：华中师范大学,2007.

29. 雷同飞.德国职业教育的师资队伍建设及启示[J].中国成人教育,2010(9)：105—106.

30. 郑建萍.简论德国职校教师教育[J].中国职业技术教育,2010(6)：29—32.

31. 李全意,李鹏,郭琳.关于澳大利亚职业教育教师的培训体系[J].职业教育研究,2008(11)：166—167.

32. 蔡慧君,雷玉英.论教师职业倦怠[J].教育探索,2004(1)：107—108.

33. 王晓春,甘怡群.国外关于工作倦怠研究的现状述评[J].心理科学进展,2003(5)：567—572.

34. 傅道春.教师的成长与发展[M].北京：教育科学出版社,2001.

35. 张丽君.浅析职业学校专业教师师资培训[J].职业技术教育研究,2006(11)：59.

36. 李星云."十一五"期间中等职业教育发展策略研究[J].教育与职业,2006(32)：13—14.

上海市中等职业学校班主任培训课程体系开发研究

上海市中职班主任培训项目体系开发研究课题组

课题组成员

组　长：邬宪伟　原上海信息技术学校校长

副组长：周　健　上海信息技术学校校长

赵晓伟　上海市教育委员会教育技术装备中心

秦德英　上海中职德育研究会秘书长

张　勤　上海信息技术学校副校长

成　员：匡　瑛　华东师范大学职业教育与成人教育研究所党支部书记，教授

乔蔓菁　上海商业会计学校书记

沈　满　上海市现代职业技术学校校长

夏　添　上海市商贸旅游学校副校长

鱼东彪　原上海市现代职业技术学校副校长

黄　虹　上海市黄虹班主任带头人工作室主持人

祝纪景　上海市中等职业学校班主任培训项目体系开发研究组成员

目　录
MU　　LU

一、课题研究的背景及意义

(一)课题研究的背景

1. 政策层面日益重视,班主任专业化发展关乎中职学生全面发展

随着 2009 年 6 月首个全国中职德育工作会议召开,从国家到省市,一系列与中职班主任队伍建设相关的文件陆续出台。文件中对中职班主任这一重要的专业岗位提出了明确的职责规范,并对其评聘、激励、培训等各方面作出了具体的要求。2010 年的《关于加强中等职业学校班主任工作的意见》(教职成[2010]14 号)从国家层面,强调要将班主任培训纳入教师全员培训计划,所需经费在教师培训专项经费中列支。上海市级层面提出了针对不同类型班主任的特点和需求,逐步建立上岗培训、在岗培训、骨干培训三个层次有机衔接的班主任培训体系,努力提高班主任工作专业化水平。综上所述,中职班主任作为中职学生健康成长的引领者,其专业化水平直接与中职学校的德育发展相关,与中职学生的全面发展相关。对中职班主任胜任力研究呼之欲出,为中职班主任队伍的选拔、考核、绩效、培养、发展等专业化建设提供更多专业的实施办法。

2. 班主任的专业化培养培训亟需中职班主任胜任力研究的支撑

2009 年经申报审核,上海市成立了中职校第一个班主任带头人工作室——黄虹工作室,2010 年成立上海市中职班主任培训基地。目前,黄虹班主任工作室已招收两期学员,共培养 24 位名师班主任。上海市中职班主任培训基地已累计培训新任及转岗班主任 617 人、骨干班主任 261 人、德育干部 129 人、新进教师 65 人、高级德育干部及班主任 27 人;此外,逾一千人次完成市内外中职班主任合作培训。在送走一批批学员的同时,我们发现随着中职班主任队伍建设要求的日益提高,中职班主任培训需求也日趋多样化,一边是从量到质变化多样的培训需求,一边是培训课程的针对性、满意度众口难调,而归根结底是各中职校班主任队伍配备中存在的各种差异。中职班主任专业化建设的同时,急需更为契合的培训课程和方案来引领专业化的成长之路,满足班主任职业生涯各阶段的发展需求,而中职班主任胜任力研究则可以为班主任专业化培训提供有力支撑。

(二)课题研究的意义

短期内,各中职校班主任队伍不能做大刀阔斧的任职资质统一要求。面对任职年限、年龄、学历、专业背景、工作经历、学校性质等差异造成的培训对象不同质带来的培训需求的不同面,寻求一个新的视角来观测班主任专业化成长轨迹,进而设计更有针对性的培训课程方案,或是一条新的路径。本课题希望通过研究,搭建中职班主任能力胜任力模型,从而提出

更灵活搭配、更契合需求的培训课程体系及实施方案;对班主任职业生涯有更长远的规划,确立适当成长目标,完成专业化自觉成长。

1. 研究的理论意义

当下正在施行中的培训或是由培训需求搭建的,或是由职责要求出发的课程方案。其逻辑起点,前者往往陷于实际,使得知识、技能一味遵从需求而失去连贯性;而后者又可能凌驾在应然,从文本中来回文本中去,为培训而培训,受课时和课堂展示形式等条件的限制,未能将中职班主任专业化成长的终极目标全貌展示在学员面前。而胜任力模型及其课程的开发,是将相对成熟的企业胜任力培训课程在中职班主任研究和实践领域本土化的过程,不仅可以为培训体系的开发提供全新的逻辑起点,同时也能开启中职班主任工作绩效评估、专业化成长方案的不同视角,为新型培训课程的开发提供理论基础与实践支持。

2. 研究的实践意义

在四年的全市中职班主任培训实操过程中,我们也曾经理想化地设置课程分层,让新任(转岗)班主任的课程针对岗前适应性培训;校本班主任的课程注重在岗的应用型培训;骨干班主任更倚重研究的提高型培训;而工作室名师团队则倾向于研修实践。而 2011 年承担的相关决策课题主要为完成中职班主任培训大纲,在文本上明确了中职班主任在什么样的阶段学习什么样的任务。然而,实践中还是遇到这些课程是否与中职班主任专业化成长的不同阶段需求契合的疑问。一来是这样的研究虽然来源于应然,但更多是来源于文件和专家领导的设定,未能针对中职班主任专业化成长的路径来设置;二来受到事先课时数的限制,看锅下米,因人给菜,那么量和口味的适合度就难求了。另一方面,以往的培训课程方案往往围绕班主任要学什么,班主任想学什么的内容来设计,而在现实培训实效中,可能有超前过量、滞后不足同时并存的现象。而从班主任实践工作中构建出来的胜任力模型,必将是接地气又具有成长力的,以此作为逻辑起点的课程设置,模型所涉及的能力、知识、技能等将会为课程方案的设计提供丰富的教学内容、教学组织形式甚至一部分同伴师资,可以让受训者各取所需,更多体现了自主成长的可能。所以,这是一个极富实际意义的研究过程,将为中职德育及中职班主任专业化成长研究开启另一扇窗口。

二、课题研究的理论依据

(一) 胜任力的定义

本课题认为,胜任力是指能很好地完成某一工作所具备的内在特征,包括知识、技能、自我概念、特质和动机。胜任力主要有三大特点,即胜任特征与特定岗位密切相关,具有动态性和相对性,能够显著区分人员绩效的优劣。

(二) 胜任力模型

胜任力模型也被称作胜任特征模型(Competency Model),是指担任某一特定角色所需要具备的胜任特征的总和,其典型模型是冰山模型和洋葱模型。

史宾塞(Lyle. M. Spencer)借鉴弗洛伊德人格理论中的冰山理论,通过对胜任力的深入研究,用海中的冰山类比胜任力的结构。从冰山模型的构造来看,它主要包括知识、技能、自我概念、特质和动机五种类型的层次性要素。其中知识与技能处在冰山的水面以上,属于显性要素,容易被感知,被称为是基准性胜任特征(根据美国著名训练专家霍耳姆斯的划分);而水下部分的自我概念、特质和动机等则属于隐性要素,不易被感知,被称为鉴别性胜任特征。冰山模型从上到下的深度不同,表明被感知和被挖掘的难易程度也不同,即越向下就越稳定,同时也越难被测评和开发。但是,恰恰是这些底层的要素是左右一个人的行为和影响一个人的工作业绩的深层次的因素。

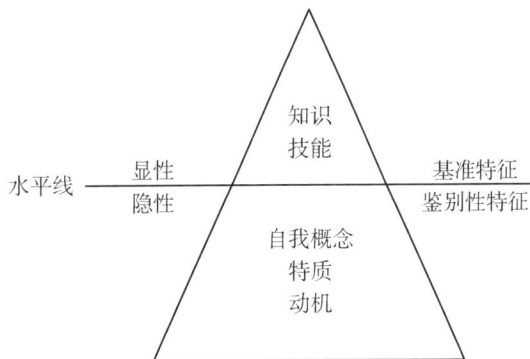

图 1　胜任力冰山模型

博亚特兹(Richard·Boyatzis)根据麦格利兰(McClelland)的解释在冰山模型的基础上,提出了胜任力洋葱模型。该模型的思路和冰山模型一脉相承,但强调的是胜任力特质的权重,最核心最重要的特质被放在了洋葱模型的内核,包括动机或者说特质,是人格的最深层次,决定了员工在极端情况下的第一反应,能够用来区分工作绩效卓越者和平庸者。包裹在核心之外的一层,扮演的是中介效应的角色,包括自我形象、社会角色、态度和价值观,是人的核心特质在与外界环境长期的交流过程中衍生出来的对自我的认知,有很强的稳定性,可以调节人的行为。最外面一层是最容易观察和改变的,包括知识与技能。在洋葱模型中,越往里深入,其包含的特质越是稳定,越难以观察和改变;越是往外,可塑性越强。

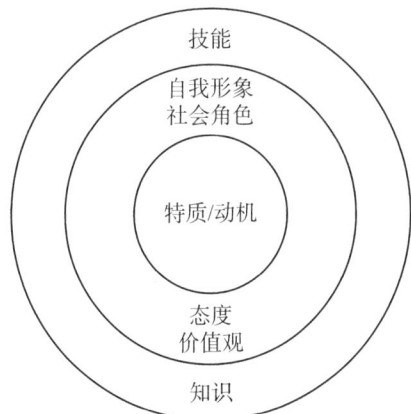

图 2　胜任力洋葱模型

(三) 班主任胜任力的研究现状

班主任胜任力的研究能有效解决学校管理和服务中的职业倾向、动机技巧及工作绩效等问题。班主任胜任力指优秀班主任在教学、班级管理、教育环境协调和教育教学研究等方面所表现出来的内在的稳定特征或特点。它隶属于班主任的个体特征,是班主任成功从事教育和管理的必要条件和班主任培训机构的主要培养目标。

韩曼茹在《中学班主任胜任力研究》中,通过对中学生和学生家长进行问卷调查,采用行为事件访谈法对优秀班主任和一般班主任进行访谈,最后确定了中学班主任结构的四大类12 个胜任特征共 56 个胜任力项目。

韩曼茹、杨继平在《中学班主任胜任力的初步研究》中认为,中学班主任胜任力结构包括12 项胜任特征,具体分为知识结构、教学能力、育人能力、心理辅导能力、班级管理技能、教育观念、职业道德、情感、自我监控能力、人际交往、成就动机和工作质量意识。

王英、敖洪、王蓓蓓在《班主任十个胜任力因素》中,通过对学生与家长的开放式调查、行为事件访谈以及在此基础上对 500 名初中班主任的问卷调查及其数据的因素分析,得出十个胜任力因素,分别是育人能力、心理辅导能力、职业道德、情感、知识结构、成就动机、人际交往、自我监控能力、教学能力、班级管理技能。

叶瑾在《中学班主任胜任特征研究》中,主要采用问卷调查、个案追踪、访谈法。首先对 5 名学生、家长、同事公认的优秀班主任教师进行关键行为事件访谈,然后请三位与中学班主任工作相关的问卷修订人员根据文献综述、访谈内容对班主任胜任特征评价问卷进行修订,最后得到 12 个维度、54 项测量指标的胜任特征模型。

成云在《普通高中班主任胜任力差异研究》中,通过问卷法、文献法等多种实验方法,对普通高中班主任胜任力结构中的专业素养、工作卷入、服务导向、沟通技能、协作意识五个因子从教龄差异、学历差异、地区差异、性别差异、优秀与否差异五个维度上进行比较分析,研究普通高中班主任胜任力差异现状,并针对差异现状进行归因分析。结果表明普通高中班主任胜任力结构中岗位卷入特征在学历、地区和优秀与否上存在显著差异;服务导向特征在性别上有显著差异;沟通技能特征在个体优秀与否方面差异显著;协作意识特征在教龄和性别上存在显著差异。这些差异既与个人特质有关,也与社会环境有关。

综上所述,国内关于班主任胜任力的研究文献比较少,但在已有的研究中,基本上确定了班主任胜任特征结构,包括以下几个方面:育人能力、班级管理能力、教学能力、知识结构、自我监控能力、教育观念、职业道德、工作态度、人际交往、心理辅导能力、情感、人格魅力等。我国现行班主任胜任力研究主要停留在初等教育管理领域。

在研究模式方面,我国主要以英国模式为主,即以班级管理者的一般表现为基准,研究成果提供的是班主任、辅导员的职业资格标准,主要用于指导班主任、辅导员的选聘;而对美国模式的运用较少,即学者很少以学生管理者的卓越表现为基础,深入开展更适合于指导班主任、辅导员绩效评价或职业发展方面的研究。

三、课题研究的目标及主要内容

(一)课题研究的目标

本课题力图通过借鉴企业高管胜任特征模型、政府管理者胜任力模型以及中学班主任胜任力系统模型的研究成果,综合考虑中职班主任岗位的特殊性和基础性,结合心理学、管理学、社会学、功效学等学科理论,构建中职班主任胜任力模型,开发中职班主任胜任力培训课程体系,制定中职班主任培训实施方案,为中职班主任队伍的专业化建设提供有力的支撑。

(二)课题研究的主要内容

(1)中职班主任胜任力模型研究。研究如何通过有效的方法,确定中职班主任的胜任力维度、分析胜任力特征,然后研发中职班主任胜任力模型。

(2)基于班主任胜任力模型的中职班主任培训课程内容研究。研究如何选择有助于达成胜任力模型课程的内容,重点探索在胜任力模型的引导下,中职班主任培训课程内容选择的基本原则、主要依据和具体课程方案。

四、课题研究的方法

(一)专家调查法

主要通过对中职学校优秀班主任开展问卷、座谈等调查,选出班主任认为的重要工作任务,汇总出排名靠前的工作任务。

(二)焦点访谈法

主要通过对优秀班主任进行访谈,深入交流班主任的关键任务,在对优秀班主任成长案例的研究中,明确班主任的任务和主要活动,归纳班主任的重要职责。

(三)经验总结法

通过对优秀班主任、分管德育工作的领导等人员开展工作坊,结合班主任的成长案例和工作经验,总结讨论班主任工作的关键任务及其活动。

(四)归纳法和演绎法

主要通过行为事件访谈(BEI)进行编码分析,然后综合运用归纳法和演绎法来开展班主任胜任力素质模型的建模工作。

五、课题研究的主要过程

本课题的研究主要分成两个阶段:建模和应用。其中建模部分包括开发班主任关键任务(专业能力)和开发班主任胜任素质(综合素质)两部分。应用部分则主要是开发班主任的学习地图。

(一)开发班主任关键任务的行为手册

1. 明确班主任的职业发展通道

研究初期,通过开展初步的小组研讨,确定班主任专业岗位的发展通道分成 3 个等级——初级、中级、高级,同时对 3 个等级班主任的专业能力给出定义。(当然,班主任的专业能力等级不止 3 级,3 级以上更高级别能力不在本次课题的研究范围内)。

2. 讨论班主任的关键任务

◇ 子过程 1:专家调查

通过约见优秀班主任座谈,初步明确班主任工作的关键任务。同时根据文件要求、班主任的访谈结果和各校班主任的岗位职责(教师手册)上的资料,归纳出班主任的一些重要职责和任务,在问卷调查中让各学校的班主任老师选择他们认为重要的工作任务。问卷调查后对问卷答案进行统计,汇总出排名靠前的工作任务。

◇ **子过程 2：开展工作坊讨论（讨论关键任务及其活动、行为标准）**

分别邀请来自上海不同类型的中职学校专家,开展了 3 场工作坊,讨论班主任关键任务及其活动。每一次讨论约有 20 位优秀班主任参加,还特邀华东师大职业教育研究所的教授、江苏和浙江中职德育的研究员作为特邀嘉宾进行指导。工作坊首先通过头脑风暴的方式分组讨论班主任的主要工作职责,按照重要程度列出工作职责;接下来,在尽可能符合 MECE（独立、穷尽）的原则下,对应列出工作职责下的全部且不重叠的工作任务;同时,按照 20/80 法则,在上述这些工作任务中,选择出班主任的关键工作任务;在每个小组独立选择后,再综合各个小组的意见,进行排序,得出研讨会的结论;最后,结合前面的深度访谈和问卷调查,综合 3 场讨论会的结论,确立了班主任的 12 项关键工作任务,后期专业能力的研究则基于这 12 项关键任务进行。

在前面工作坊的基础上,结合班主任专业发展通道的研究,进一步讨论三种不同等级下班主任关键任务的行为标准。例如"建设班干部队伍"工作任务下有 4 个主要活动"深入了解班级学生"、"合理组建班委"、"培养班干部能力"、"提供发展机会"。研究则根据每项活动,识别出不同的行为,探讨不同等级的班主任工作如何开展,最后写出关键任务的行为标准手册。

（二）开发班主任的胜任素质行为手册

在开展班主任胜任素质的研究中,主要采用了 2 种方法——演绎法和归纳法。演绎法是通过问卷调查、工作坊讨论等方法来进行,归纳法则主要通过行为事件访谈来进行。具体进展分为以下 4 个子过程:

◇ **子过程 1：做好研究的准备工作**

在开展班主任胜任素质研究之前,我们主要做了以下三项工作:

（1）编写中职学校教师的胜任力词典。胜任力词典是开展胜任力研究的基础工具。在这一阶段需要通过对优秀班主任做深入的行为事件访谈,对访谈结果进行编码,得出关于班主任胜任素质的词条和基本描述。其次,参照文献和咨询公司关于学校胜任力模型的数据,也得出一些词条和词条的有关描述。

（2）组织班主任填写"履职报告"。履职报告分为两部分:基本情况和工作绩效的回顾、"行为事件"描述,要求答卷人员认真填写他们在班主任工作中最成功的 3 件事和最失败的 3 件事。据此,再一次萃取一些有关中职班主任的胜任力词条。

（3）选择两组对照研究的班主任人员。行为事件访谈要求寻找 2 个对照组共计 30 人,一组代表优秀班主任（18 人）,一组代表普通班主任（12 人）,通过比较两类班主任的行为特征识别优秀班主任独一无二的特质。

◇ **子过程 2：通过演绎分析法、行为事件访谈研究胜任素质**

问卷调查：我们根据前面编好的中职学校班主任胜任力词典,设计好问卷,让答题人员在全部的 70 条素质中选择最重要的 7 条胜任素质。通过收回的 350 份有效问卷,系统自动汇总出排序最靠前的 10 条素质,作为一个重要的输出成果。

工作坊讨论：胜任素质工作坊承接关键任务工作坊而来。岗位胜任力是某项工作任务需要怎样的素质,其确立要基于对工作任务的详尽分析。工作坊将大家分成不同小组,根据自己的实际工作经验,依次讨论每项关键任务的成功要素和面临的困难挑战;根据前述认知,借助于胜任力词典中所列出的素质名称(称为词条)进行选择,识别出要出色完成该项任务所需要的胜任素质,也可以提出词典中没有包括的词条;在上述的词条中尽可能寻找重复出现次数最多、相对最重要的 10 个词条;汇总各小组结论,按出现频率排列,得出工作坊研讨中达成共识的词条。

在行为事件访谈过程中,要求区分班主任类型分别进行访谈,从而获取他们的优秀行为,然后加以编码,统计分析得出结论。主要分为以下两个步骤:

(1) 行为事件访谈:与 2 组班主任对履职报告第二部分进行访谈。在访谈中,访谈者不断追问受访人员一些工作细节,以获得受访人员的行为特征和思维特征。

(2) 对行为事件进行编码和统计分析:根据胜任力词典,每种素质都有一些行为表现,而这一阶段则反向使用,根据受访人员的行为,得出他身上具有哪些素质。编码完毕,开始进行统计分析。此时要将优秀班主任的编码结果和普通班主任的编码结果进行比较,得出差异性显著的素质词条,作为本项任务的一个输出。

◇ **子过程 3:确认胜任素质,编写胜任素质行为手册**

本阶段整合战略演绎和实证归纳两类方法的输出结论,形成一个完整的胜任素质词条,根据词条设置重要的维度,对行为作出详细描述。主要分为以下三个步骤进行:

(1) 确认胜任素质词条。综合考虑演绎法(包括建模工作坊、问卷调查等)、实证归纳法(行为事件访谈及编码)得出的关键胜任素质词条,得出胜任素质词条。确认了 9 条班主任胜任素质,分别是信息搜集与分析、应变能力、建设班集体、培养学生、关爱与尊重、建立信任、协调能力、责任心、学习成长。

(2) 为胜任素质建立维度。胜任素质维度也称为剖面,是为了进一步说明胜任素质词条而建立的几个观察角度,是为了达成相关行为的子结构,具体包括要素或者流程步骤等。有了这些维度,素质的描述会变得更加丰富和具体。比如"信息搜集与分析"素质有 3 个维度:"建设信息渠道"、"筛选整合信息"和"分析判断信息";再比如"关爱与尊重"素质也有 3 个维度:"包容理解"、"尊重学生"和"同理心"。

(3) 对胜任素质作出详细行为描述:胜任素质要通过行为描述来表达,通过把行为分成优秀、合格和不合格行为 3 个层次,分别加以描述。行为描述是萃取优秀班主任在该项胜任素质中具备的典型行为,作为引导全体班主任的行为标准,胜任素质行为描述的详细内容参见附件 3《班主任胜任力模型手册》。

(三) 开发班主任的学习地图

中职班主任胜任力模型的应用主要是在中职班主任培养发展方面,通过建构班主任胜任力模型,对班主任实现精准高效的培养。其基本的原理是建立工作场所与学习场所的一致性。简言之,工作任务是学习任务的来源,学习任务要能够在工作任务中体现出行为改变,学习场所的学习效果能有效迁移到工作场所,从而改善工作绩效。开发过程如下:

◇ **子过程 1：开发知识技能标准并识别学习目标和学习主题**

通过开展工作坊讨论，对关键任务做知识、技能、态度（KSA）分解，得出班主任完成工作任务所需的知识技能标准。在工作坊讨论中，运用头脑风暴的方法，让参与人员围绕着每一项关键任务的活动内容，识别完成任务所需要的知识点和技能点。然后，对这些知识技能进行整理，去掉重复内容，补充一些内容后，形成知识技能的清单。这部分主要是讨论人员根据自己的经验进行拆分。

项目组人员把每项任务主要活动的行为标准和相应的知识点技能点放在一起，即可逐项识别学习目标。即通过学习某些知识点和技能点，能使学习者在日常工作中的行为达到某种标准。对学习目标进行整理，去掉相对简单的学习目标，归并重复的学习目标，形成若干学习主题。学习主题有两个排序，一是直接根据关键任务的顺序排列，二是将那些在各种不同任务中反复出现的学习主题，独立出来形成一些模块。

◇ **子过程 2：根据学习地图实施学习主题**

开发学习地图是要在学习内容和工作内容上建立一致性，把学习内容迁移到工作上，在工作场所和学习场所形成对应关系，因此需要明确两者之间的关联性。设计一张矩阵表格，在学习主题与工作任务中建立对应关系，说明学习主题如何有力支持工作任务。通过详细分析每一个学习主题的学习内容、学习方式、学习时间和学习效果评估方式，对学习主题进行初步设计。

根据前面的步骤，将学习主题用甘特图的形式呈现出来。通过合理编排各学习主题及其多种实施方式，配以实施的时间，确定班主任在各阶段的培养与发展路径。

六、课题研究取得的成果

本课题研究的主要成果有 2 项：中职班主任的胜任模型手册和中职班主任的学习地图。分述如下：

（一）中职班主任的胜任力模型手册

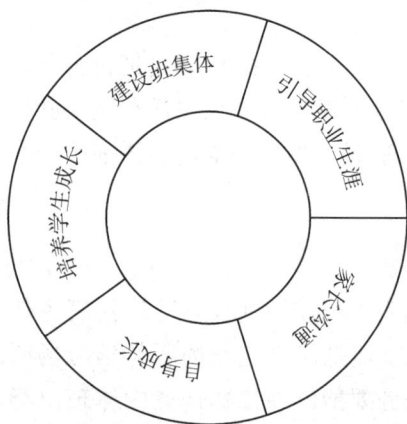

图 3　中职班主任的工作领域

经过课题研究，我们发现完整的班主任的胜任力模型分为外中内三层。

该模型的最外层部分代表班主任的工作领域，由培养学生成长、建设班集体、引导职业生涯、家长沟通以及自身成长五个部分组成。

该模型的中间部分代表班主任的关键任务，由建设师生关系、开展行为养成教育、关注学生心理、制定班级建设目标与计划、建设班级规章制度、建设班干部团队、建设班级文化、处理校园突发事件、开展主题教育活动、开展职业指导、开展家校沟通、班主任自身成长十二个方面构成。

该模型的内层为班主任胜任核心素养，由人才培养、责任心、建立信任、团队建设、协调能力、信息搜集与分析、关爱与尊重、应变能力、学习成长九个元素组成。

图 4 中职班主任关键任务

图 5 中职班主任胜任核心素养

综合班主任的工作领域、关键任务以及胜任的核心素养三个部分,形成了班主任胜任力模型——洋葱模型。结合胜任力冰山模型,可以得出关键任务是冰山模型中海平面以上的外显部分,胜任素质是冰山模型中海平面以下的隐藏部分。

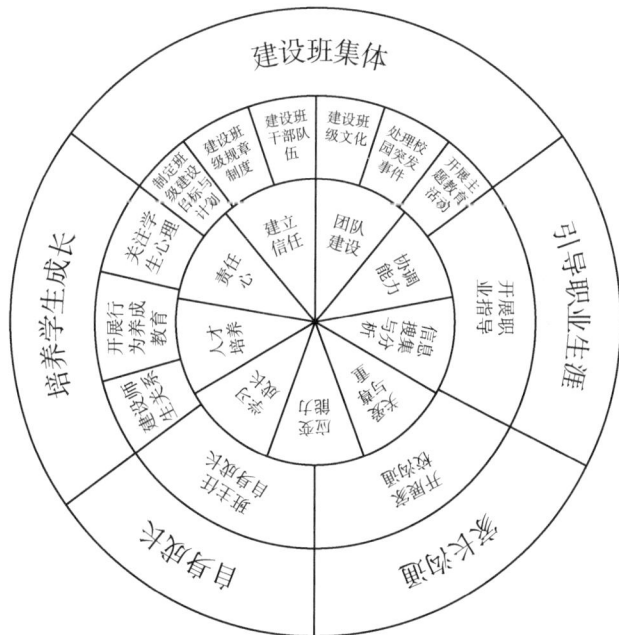

图 6 中职班主任胜任力模型

在这 5 项领域、12 项关键任务和 9 项胜任素质之间，存在相关关系，其关系强弱性如下表所示：

表 1　关键工作任务与胜任素质的对应关系

工作职责	关键任务	信息搜集与分析	应变能力	建设班集体	培养学生	关爱与尊重	建立信任	协调能力	责任心	学习成长
建设班集体	制定班级建设目标计划	○		★	★				○	
	建设班级管理规章制度	○		★			★			
	建设班干部队伍	○		★	★		★			
	建设班级文化			★	○		○			○
	处理校园突发事件	○	★			○	○	★	★	
	开展主题教育活动	○		★	○			★	○	○
培养学生成长	建设师生关系	○		○	★	○	★		○	
	开展行为养成教育			○	○	○			★	
	关注学生心理	○	★				★		○	
引导职业生涯	开展职业指导	★			★		○	○	○	○
家校沟通	开展家校沟通	○		○			★	○	★	
自身成长	班主任自身成长									★

其中：★代表两者有强相关关系；○代表两者有弱相关关系。

为了使胜任力模型得到更好的呈现和应用，我们研究出班主任行为描述的手册，用规范的语言详细描述班主任的行为特征。

第一部分：关键任务

表 2　代表中职班主任专业能力的关键任务与主要活动一览表

序号	关键任务	主要活动
1	制定班级建设目标和计划	了解专业学生 共识培养目标 制定长期规划 制定分项目标
2	建设班级规章制度	做好准备工作 引导学生参与 认真执行制度

序号	关键任务	主要活动
3	建设班干部队伍	深入了解学生 合理选拔干部 培养干部能力 提供发展机会
4	建设班级文化	树立班风学风 确立价值导向 开展环境建设 开展文化活动
5	处理校园突发事件	掌握处理流程 处理普通事件 处理恶性事件
6	开展主题教育活动	完成规定活动 开展班级教育 组织大型活动
7	建设师生关系	收集学生信息 保持交流沟通 开展个别指导 参与学生活动
8	开展行为养成教育	明确行为规范 加强教育 树立典型 建立长效机制
9	关注学生心理	关注心理特点 引导常见问题 处理复杂问题 关心问题学生
10	开展职业指导	建立职业认同 关注职业兴趣 开展职业活动 顶岗实习管理
11	开展家校沟通	平时保持沟通 召开家长会 开展家访 协同家长工作
12	班主任自身成长	养成学习习惯 反思总结交流 参加培训比赛 带教新班主任

在班主任行为描述的手册中,根据初级班主任、中级班主任和高级班主任的发展通道,每项关键任务区分出 3 种不同的行为标准(具体见附件研究成果)。

(1)初级班主任:0—2 年班主任工作经验,又称为初做者、新任班主任,处于边工作边学习的状态,能完成基础业务,复杂的业务要在他人指导下完成,能基本满足工作要求。

(2)中级班主任:2—5 年班主任工作经验,又称为有经验者,能独立开展班主任的各项常规任务,基本胜任班主任的工作。

(3)高级班主任:5 年以上班主任工作经验,又称为能手,骨干班主任,具有优秀的班主任管理知识技能和经验,是学校有突出业绩的贡献者。

下面以"建设班干部队伍"和"开展职业指导"2 项关键任务的行为标准举例说明。

【举例 1:建设班干部队伍】

表 3 "建设班干部队伍"关键任务的行为标准

关键活动	初级班主任 (0—2 年)	中级班主任 (2—5 年)	高级班主任 (5—10 年)
深入了解班级学生	1. 能认真阅读学生档案,基本了解学生的以往表现; 2. 能与学生沟通,大致掌握学生情况	1. 能认真阅读学生档案,基本了解学生的以往表现,基本能理解档案背后隐含的意思; 2. 能与学生沟通,大致掌握学生情况; 3. 在各类活动中对学生有所观察,能了解一些基本情况	1. 通过仔细阅读学生档案,能读懂关键点,正确判断学生的以往表现; 2. 能通过谈话等途径,在军训等各种活动中明确学生的兴趣爱好、性格特点、学习情况等; 3. 能创设机会观察同学日常表现,对班干部人选做到心中有底
合理组建班委	1. 能根据学生基本情况组建班委; 2. 能够发现班委中存在的问题,并作出适当调整	1. 能通过班级民主选举的方式产生班干部,有效整合学生的意见与班主任考察判断的结果; 2. 能注意倾听学生反馈,根据学生的真实表现来确定班级干部人选	1. 能采用民主的方式组织班干部的选举; 2. 能把学生的群体意见与班主任的考察判断有效结合起来,选择合适的班干部人选; 3. 能明确班干部的岗位职责,根据个性特长合理分工
培养班干部能力	1. 能支持班干部工作,在班级管理中发挥班干部的作用; 2. 定期召开班干部会议	1. 能支持班干部工作,在班级管理中充分发挥班干部的作用; 2. 定期召开班干部会议,有问题时能提供合理的建议和对策; 3. 能对班干部进行一对一辅导点拨	1. 能明确班干部能力培养目标; 2. 能定期召开班干部会议;能通过各种活动的组织充分锻炼班干部的综合能力,能加强活动反馈; 3. 班干部工作中遇到问题时适时辅导点拨。通过手把手教导能够达到独当一面的能力

续表

关键活动	初级班主任 （0—2 年）	中级班主任 （2—5 年）	高级班主任 （5—10 年）
提供发展机会	无	1. 支持班干部的管理,持续指导班干部开展工作; 2. 能推荐一些班干部进入团委、学生会	1. 在经过一段时间的辅导和考察后,能逐步放手,让班干部独当一面,让班级进入自主管理的状态; 2. 能在班级活动中发现新鲜血液,推荐他们承担班级工作; 3. 能推荐优秀的班干部进入团委、学生会,给他们提供更大的平台

【举例2：开展职业指导】

表4 "开展职业指导"关键任务的行为标准

关键活动	初级班主任 （0—2 年）	中级班主任 （2—5 年）	高级班主任 （5—10 年）
建立职业认同感	能按学校要求帮助学生正确了解自己,树立对职业和岗位的基本认同感	能按学校要求帮助学生正确了解自己,树立对职业和岗位的基本认同感	主动设计班级专业特色活动,帮助学生树立职业岗位的认同感,引导学生全面认识自身特点
关注职业兴趣与规划	能查看学生的职业规划图,了解上课表现和成绩	1. 能让学生在校期间开展一次职业兴趣测试,对部分学生做出分析,提出建议; 2. 能查看学生的职业规划图,了解上课表现和成绩; 3. 能在日常班级管理中完成规定的职业素养教育	1. 能每学年开展一次职业兴趣测试,对全部学生做出分析,提出建议; 2. 能帮助学生做好职业生涯规划,了解学生在职业课上的表现; 3. 能在日常班级管理中有意识渗透职业素养教育
开展职业活动	能适当开展一些职业主题活动	1. 能适当开展一些职业主题活动,如博物馆、职业礼仪、志愿活动等; 2. 能带队去企业参观	1. 能根据班级特点设计并开展相关职业主题活动,如参观博物馆、参加志愿活动等; 2. 能带队去企业参观,参观前有辅导,参观后有总结
开展顶岗实习管理	能按照学校要求开展顶岗实习管理工作	1. 能及时发布和了解企业信息,落实学生报名工作; 2. 在顶岗实习阶段能按学校规定开展定时定量回访,反馈一些意见	1. 能向学生及时发布实习企业的信息,向学生提出建议,提醒学生做好相关准备工作; 2. 在顶岗实习阶段能及时和学生、企业、家长对接,及时反馈意见,适时引导

从以上两张行为标准表中可以看出，班主任的关键任务和主要活动，不管是哪个级别，包含的主题是相同的；在不同的能力等级上，班主任的关键任务和主要活动的行为标准不同，高级班主任的行为标准要求高于中级班主任，中级班主任的行为标准要求高于初级班主任。

第二部分　胜任素质

表5　班主任胜任素质的行为描述

序号	胜任素质	维度
1	信息搜集与分析	建设信息渠道 筛选整合信息 分析判断信息
2	应变能力	洞察真相 分析判断 适应变化
3	团队建设	确立目标与规则 慧眼识人 提升凝聚力
4	人才培养	培养心态 培养指导 启发引导
5	关爱与尊重	包容理解 尊重学生 同理心
6	建立信任	信守承诺 以身作则 取得快赢 公平公正
7	协调能力	关系建立和维护 倾听理解 处理分歧 达成共识
8	责任心	认真敬业 奉献精神 敢于担当
9	学习成长	坚持学习 反思总结 学以致用

在班主任行为描述的手册中分别对这9项胜任素质划分维度，按照优秀、合格与不合格的标准，每项胜任素质区分出3种行为表现，"信息搜集与分析"、"应变能力"2条胜任素质的实例如下。

【举例1：信息搜集与分析】

素质定义：重视信息的收集工作，能建立各种信息渠道，有计划性地收集信息，有效地筛选有用的信息，把零散的信息整合在一起，分析信息并作出有价值的判断，预测未来的趋势。

维度：建设信息渠道、筛选整合信息、分析判断信息。

行为表现如表6所示。

表6 "信息搜集与分析"胜任素质的维度及行为标准

维度	定义	优秀行为	合格行为	不合格行为
建设信息渠道	非常重视信息的搜集工作，通过建立各种信息渠道，获取有效信息	能开展有计划性的、针对性强的信息搜集工作；能借助老师、学生、家长等来源建立获取信息的多种渠道，不断地获取班集体和学生的相关信息；班级发生紧急情况时，迅速了解信息，能有效掌控实际情况	开展基本的信息搜集工作；在学生、老师中拥有基本的信息渠道，能掌握班集体的基本信息，有情况能较快了解；遇到事情时，通常能询问2—3个当事人，获取一定量的信息	不重视信息搜集工作，往往采集一些不准确的或者没有价值的信息；信息来源狭窄，往往采用别人的二手信息；往往直接询问当事人，或稍作了解，获取有限信息后不再努力
筛选整合信息	能从大量信息中筛选出有用的信息，把各种信息整合成完整的内容	善于从信息的海洋中去伪存真，筛选出有参考价值的信息；善于把来源不同的信息整合起来，把零散的信息拼接成为一个完整的形象	能通过阅读档案、家访、在活动中观察等方式获取学生信息，并根据这些信息进行初步的整理	没有能力对零散的信息进行加工；对于原始信息没有经过系统的整理，需要决策时得不到足够的信息支持
分析判断信息	能对信息作出分析，获得有价值的判断，把握未来的发展趋势	能根据经验，通过有效方法，对信息作出分析，从而得出有价值的判断和意见；能敏锐地洞察信息中呈现的趋势和动向，对于事情的未来发展作出比较准确的把握	能对信息经过综合后作出判断，通常得出有价值的结论	无法对搜集的信息进行有效分析，仅根据粗略的情况草率得出结论；无法在信息中获得有价值的东西；无法从对信息的分析中，预判未来的趋势和动向

【举例2：应变能力】

素质定义：通过认真观察，从现象中识别问题的真相，作出分析和判断，灵活地适应不同的环境和不同的人群。

维度：洞察真相、分析判断、适应变化。

行为表现如表7所示。

表7 "应变能力"胜任素质的维度及行为标准

维度	定义	优秀行为	合格行为	不合格行为
洞察真相	多方面观察事物,能够从多种现象中识别真相	能从平凡的事例中找到问题的关键所在,能察觉到别人未能注意到的情况和细节;在遇到问题或冲突时,洞察其内在及潜在原因,预测可能发生的结果	能多方面观察事物,能够识别事情的真实情况,对问题产生的原因有正确的判断	对环境变化或危机缺乏敏感性,危机和冲突发生后不知所措;只见树木或只见森林,无法抓住问题的根本,因此无法采取有效的举措
分析判断	能够将所见、所闻、所感综合在一起,通过归纳、演绎、分析等思维过程形成最终的判断和决策	能够客观地审视情境,剥离表面现象,迅速理清各种有利与不利因素,判断问题产生的根源,澄清问题的关键;能够迅速从各种争论中分辨出赞成理由和反对理由;能够寻求标准以形成合理的判断	能独立地对各种情况作出思考和分析,寻找问题的原因;能对比学校和班级有关规章制度,作出合理的判断	往往在相对肤浅的层次上思考问题,不会花时间进行深入思考,也不会对他们所听到和看到的问题仔细地评价
适应变化	具有能适应不同环境、不同个性或不同人群,并有效开展工作的能力	对人、对事持乐观态度,能够以平和的心态面对环境的转换;能积极应对环境变化和情况变化,调整自己的部署,通过学习新技术新知识来适应各种挑战	能够根据不同地域、不同文化、不同人等情景因素,适当地调整自己的应对方式;在必要时能够使用妥协、忍让等策略,化解冲突,推动事情的进展	习惯以一种固定的方式处理事情,对于任何变化首先总是以反对者的态度出现;对待冲突会表现得非常畏缩,或者表现得情绪激动

(二) 中职班主任的学习地图

中职班主任的胜任力模型,包括专业能力和胜任素质两个部分。确定专业能力标准,能引导员工通过各种手段去达到要求。通常,员工的行为标准与实际情况之间是有差距的,这个差距就形成了培训的需求。因此,专业能力行为标准的一个主要目标是形成班主任的培养发展方案,这也是开发班主任学习地图的初衷。

1. 班主任的知识技能标准

班主任职业生涯有不同阶段,从初级到中级再到高级班主任,需要不同范围、不同深度的知识技能。我们采用知识技能标准试图说明在这3个不同层次下,班主任到底需要掌握多少知识点和技能点,以及掌握程度需要有多深。

【方法：KSA 分解法】

对班主任的关键任务进行分解，分解出知识点（Knowledges）和技能点（Skills），加以归纳，就可以列出某级别班主任的知识技能清单。12 项关键任务分别得出每项活动所需的知识技能。事先需要定义初级、中级、高级班主任对于知识技能的不同的掌握程度。仍旧以"培养班干部"为例。

表 8　培养班干部的知识技能标准

类别	关键活动	编号	知识技能点	初级	中级	高级
3.1	深入了解班级学生					
	知识点	3.1.1	人格心理学测评知识（性格、气质、大五人格，MBTI，九型人格，星座、血型等）	K1	K2	K3
		3.1.2	胜任力模型的一般知识	K0	K1	K1
		3.1.3	阅读和分析档案的技能	S2	S3	S3
	技能点	3.1.4	分析学生性格和职业兴趣的技能	S2	S3	S3
		3.1.5	识人的一般技能	S2	S3	S4
3.2	合理选拔班干部					
		3.2.1	岗位分析的一般知识	K0	K1	K1
		3.2.2	班干部岗位职责的知识	K1	K2	K2
	知识点	3.2.3	识别人才的一般知识	K0	K1	K2
		3.2.4	民主选举流程的知识	K1	K2	K2
		3.2.5	选拔人才的一般知识	K0	K1	K2
		3.2.6	选拔班干部的技能	S2	S3	S4
	技能点	3.2.7	组织班干部民主选举的技能	S0	S2	S3
		3.2.8	在班干部选举中引导学生的技能	S0	S2	S3
		3.2.9	撰写岗位说明书的技能	S2	S3	S3
3.3	培养班干部能力					
		3.3.1	培养人才的一般知识	K1	K2	K3
		3.3.2	项目管理的一般知识	K1	K2	K3
	知识点	3.3.3	教练技术的知识	K0	K1	K2
		3.3.4	在岗一对一辅导知识	K1	K2	K3
		3.3.5	情境领导的知识	K0	K2	K3

类别	关键活动	编号	知识技能点	初级	中级	高级
		3.3.6	设立班干部培养目标的技能	S2	S3	S3
		3.3.7	召开班干部会议的技能	S2	S3	S3
	技能点	3.3.8	开展班级活动项目管理的技能	S1	S2	S3
		3.3.9	开展教练辅导的技能	S0	S1	S2
		3.3.10	开展班干部辅导技能(启发引导技能)	S2	S3	S4
		3.3.11	开展情境领导的技能	S2	S3	S4

3.4 任用与考核,提供机会

类别	关键活动	编号	知识技能点	初级	中级	高级
		3.4.1	合理用人的知识	K1	K2	K2
		3.4.2	对班干部考核的知识	K1	K2	K2
	知识点	3.4.3	激励的一般知识	K1	K2	K3
		3.4.4	非物质激励方法的知识(表扬和批评等)	K1	K2	K3
		3.4.5	授权管理的一般知识	K0	K1	K2
		3.4.6	任用班干部的技能	S2	S3	S4
		3.4.7	开展激励的一般技能	S2	S3	S4
	技能点	3.4.8	开展非物质激励的技能(表扬和批评,认可与赏识等)	S2	S3	S4
		3.4.9	对班干部开展激励的技能	S2	S3	S4
		3.4.10	实施授权和分层管理的技能	S1	S2	S3
		3.4.11	对班干部考核的技能	S2	S3	S3

3.5 班干部团队建设

类别	关键活动	编号	知识技能点	初级	中级	高级
		3.5.1	建设班干部团队的知识	K1	K2	K3
		3.5.2	团队建设的一般知识	K0	K1	K2
	知识点	3.5.3	团队角色与分工的知识	K0	K1	K1
		3.5.4	塔克门团队发展知识	K0	K0	K1
		3.5.5	建设班干部人才梯队的知识	K0	K0	K1
		3.5.6	建设团队的一般技能	S2	S3	S4
	技能点	3.5.7	建设班干部团队的技能	S2	S3	S4
		3.5.8	配置班干部分工协作的技能	S2	S3	S4
		3.5.9	建设班干部人才梯队的技能	S0	S2	S3

简要说明：

从上表看出，"培养班干部"这项关键任务包括 5 个主要活动，如"深入了解学生"，"合理选拔班干部"等。每个活动都能识别出若干知识点技能点。例如"合理选拔班干部"这个活动，能识别出"岗位分析的一般知识"、"班干部岗位职责的知识"、"识别人才的一般知识"等 5 个知识点，还能识别出"选拔班干部的技能"、"组织班干部民主选举的技能"、"在班干部选举中引导学生的技能"、"撰写岗位说明书的技能"4 个技能点。

在上表中，初级、中级和高级班主任对于同一项知识点或技能点掌握程度不同。对于知识的掌握程度，从 K0、K1 到 K4 分成 5 级；对于技能的掌握程度，从 S0、S1 到 S5 分成 6 级。每项知识技能点都有不同的掌握程度的分级，从而区分了初级、中级、高级班主任的不同特点。

表 9　K0—K4 的说明

	代号	英文定义	中文定义	详 细 解 释
K0	NR	Not Required	不作要求	不要求掌握此项知识
K1	KL	Know a little	知道一些	知道一部分相关知识，能简单复述主要概念和模型框架
K2	KW	know well	深度了解	深入理解某项知识的完整架构，能详细阐述其原理、方法和流程，能列举该知识下面包含的主要细节
K3	GC	have good command of	非常熟悉掌握	非常深入地掌握某项知识，能回答别人提出的疑难问题，并且能讲授和指导该知识
K4	RD	Researching & Developing	研究和发展	对某项知识做过深入研究，并且能发展出很多创新性结论和应用

表 10　S0—S5 的说明

	代号	英文定义	中文定义	详 细 解 释
S0	NR	Not Required	不作要求	不要求掌握该项技能
S1	IH	implement under the help of others	在别人帮助下实施	协助他人工作，或在他人协助下运作，或者能运作整个过程的一部分
S2	II	implement independently	能独立实施	能独立地实施整个过程，至少 1—2 次
S3	ES	be experienced & skilled	熟练，富有经验	独立实施过 3 次以上；能策划和组织实施该过程；有一定的经验和技巧
S4	M	Master；be proficient	精通掌握	做过多次，富有技巧；能解决该领域的疑难问题；能指导他人操作
S5	I	Innovating	能创新性应用	能在应用过程中作出创新

2. 学习主题的实施方式

为识别出的每一个学习主题初步设计其实施方式，包括 4 方面的内容，即学习内容、学习方式、学习时间和学习效果评估方式等。仍然以"培养班干部"这个学习主题为例说明。

表 11 "培养班干部"学习主题（H 指小时）

学习内容	学习方式	学习时间	学习效果评估方式
人才培养的知识 在岗辅导的知识 情境领导的知识 制订班干部培养目标 与计划 召开班干部会议 开展情境领导 开展班干部辅导	自学 1：　　— 自学 2：　　√ 面授：　　　√ 任务中学习：　√ 标杆学习：　　— 师徒制：　　　√ 项目式学习：　—	共 2 周，其中： 自学 1：　　　0 H 自学 2：　　　4 H 面授：　　　16 H 任务中学习：16 H 标杆学习：　　0 H 师徒制：　　　4 H 项目式学习：　0 H	自学 1：— 自学 2：在线自测，书面考试 （标准化） 面授：书面考试、技能考核 任务中学习：主管行为观察，技 能比赛 标杆学习：— 师徒制：导师评价 项目式学习：—

"培养班干部"这个学习主题包括了 4 种信息：

（1）学习内容：包括要学习哪些知识和技能。知识部分用"……的知识"表示，如"人才培养的知识"，"在岗辅导的知识"，"情境领导的知识"等；技能部分直接用"能做什么"来表示，如"召开班干部会议"，"开展班干部辅导"等。

（2）学习方式：罗列了 7 种学习方式，如"自学，面授，任务中学习，标杆学习"等方式；前有文件说明什么是"自学 1""自学 2""任务中学习"。

（3）学习时间：分别给出了某种特定的学习方式所需要的时间，如自学 2：4 H；面授16 H；任务中学习 16 H 等。

（4）学习效果评估方式：指明了我们为某种学习方式建议的相对效果明显的评估方式，如对于"自学 2"的学习方式，建议开展"在线自测、书面考试（标准化）"的评估方式；对于"面授"方式，我们建议采用"书面考试、技能考核"的评估方式；对于"任务中学习"方式，建议采用"主管行为观察、技能比赛"等评估方式。

3. 描绘中职班主任的学习地图

中职班主任的学习地图是依据混合式学习设计的原理，把中职班主任的全部学习主题进行罗列，并且设计多种实施方式，用甘特图确定某种实施方式的实施时间及时间跨度等。学习地图不同于课程体系，课程体系是一系列学习主题用课堂学习（面授）的方式实施学习的计划表；而学习地图是采用多种实施方式混合学习的计划表。本研究主要呈现的是高级班主任的学习地图。

学习地图的纵向是学习主题及其实施方式（即学习任务）。学习主题是学习任务的组合，即班主任需要的学习内容、学习方式、学习时间的配套系列。在班主任的高级阶段，共识别出 31 项学习主题，学习主题"由易到难"排列，通过 FID 分析（频率-重要性-难度分析）确定难易程度,并确定工作任务的相对难易程度。根据混合式学习任务设计的原则,学习主题设计了 7 种不同的实施方式,每个主题由 7 种学习方式中 1 种或多种学习任务组成。学习地图的横向是学习任务的实施时间。高级班主任的参考工作年限为 6—10 年。本方案设计用前 3 年完成班主任的达标活动(规定培养内容),即合格的中级班主任通过 3 年时间,接受有关机构的系统培养和发展,达到高级班主任所需的标准。后面的若干年,可以接受更高程度的培养计划。根据中职学校的实际情况,班主任培训通常安排在每年的下半年(秋季学期),因此每阶段的学习都安排在每年的 9 月—第二年 2 月实施。

中职班主任的学习地图通常以月度为单位,把中职班主任的 10 年职业生涯发展中所需的学习主题和实施方式一次性呈现出来。如"制订和实施班级管理制度"这项学习主题,分别采用"任务中学习"、"面授"、"自学 1"3 种学习方式,时间安排在第 1 年的第 39 周、40 周和 41 周。最后,这幅地图呈现出非常明显的台阶形状。

七、课题研究存在的主要问题及后续研究的方向

本课题中的大部分精力花在了建模的研究上,而具体的应用环节还没有落到实处,所以后续研究会将中职班主任胜任力模型应用到中职班主任培训、中职班主任绩效考核上。

(1) 将中职班主任胜任力素质模型应用到中职班主任的培训中,开发出配套的班主任培训课程大纲,进一步做好中职班主任培训课程的组织研究。研究如何将选出来的课程内容进行有效组织,重点探索中职班主任课程组织模块化的结构和具体形式。同时,研究如何实施中职班主任培训课程,重点探索培训的具体方式以及课程实施的师资条件、资源条件和评价等。

(2) 将中职班主任胜任力素质模型应用到中职班主任绩效考核上,给出可行的班主任待遇及激励措施建议。目前,中职校的绩效工资属于实施起步阶段,而班主任的绩效考核还没有形成一个体系,中职班主任胜任力素质模型的研究将给班主任绩效考核一个科学规范的参考依据。

参考文献

CAN KAO WEN XIAN

［1］李明斐,卢小君.胜任力与胜任力模型构建方法研究［J］.大连理工大学学报(社会科学版),2004(1)：28—32.

［2］韩曼茹.中学班主任胜任力研究［D］.太原：山西大学,2004.

［3］韩曼茹,杨继平.中学班主任胜任力的初步研究［J］.教育理论与实践,2006(1)：59—61.

［4］王英,敖洪,王蓓蓓.班主任的十个胜任力因素［J］.班主任,2007(2)：5—6.

［5］叶瑾.中学班主任胜任特征研究——以银川市五所初级中学班主任为个案［D］.兰州：西北师范大学,2007.

［6］成云.普通高中班主任胜任力差异研究［J］.中小学学校管理,2010(6)：47—50.

上海市中等职业学校专业教师培训课程体系开发研究

上海市中等职业学校专业教师培训课程体系开发研究课题组

项目组成员

组　长：周齐佩　上海市教育委员会教育技术装备中心党总支书记、副主任
　　　　王继平　同济大学职业技术教育学院
成　员：赵晓伟　上海市教育委员会教育技术装备中心
　　　　乔　刚　原上海商业会计学校
　　　　朱建柳　上海市交通学校
　　　　蔡　跃　同济大学职业技术教育学院
　　　　王建初　同济大学职业技术教育学院
　　　　左适够　上海市交通学校
　　　　赵　宏　上海商学院
　　　　王　芬　上海商贸职业教育集团
　　　　王　洁　上海商业会计学校
　　　　唐　慧　同济大学职业技术教育学院
　　　　王　静　同济大学职业技术教育学院

目　录

MU　LU

第一章　绪　论

一、课题研究的背景和意义

（一）研究背景

教师是教育事业发展的基础,是提高教育质量、办好人民满意教育的关键。教育规划纲要发布之后,我国职业教育改革发展进入加快建设现代职业教育体系、全面提高技能型人才培养质量的新阶段。实现职业教育科学发展,进一步保证规模、调整结构、加强管理、提高质量,对中等职业学校(以下亦简称"中职")教师队伍建设提出了更高的要求。面对新的形势和要求,中职教师队伍要进一步扩大规模、优化结构、提高素质,加快解决生师比过高、"双师型"教师和兼职教师比例偏低、教师实践教学能力不足的问题。职教教师决定着职业学校人才培养的质量与办学成效。职业教育师资队伍建设不仅是教育主管部门及各职业学校的一项重要工作,同时也与教师个人专业成长密切相关。在师资队伍建设方面,职教教师培养与培训机构起到重要支持作用。

也正因如此,一段时间以来,国家推出了一系列职教教师队伍建设专项政策措施,规范职教教师能力要求和职业准入,并借助"职业院校教师素质提高计划"等措施带动各层级教育主体对教师队伍建设的投入,通过教师企业实践及企业兼职等方式促进"双师型"教师队伍建设。

就上海市而言,经过"十一五"期间的大发展,上海职业教育已形成一定规模,积累了相当的经验,职业学校学生的就业、创业和继续学习能力显著增强,职业教育服务经济社会发展和改善民生的能力明显提升。进入"十二五"以后,上海职业教育继续适应经济社会发展需要,持续加强基础能力建设,改革技能型人才培养模式,为经济社会发展输送了大量高素质技能型人才。为适应这一需要,上海市各级政府高度重视中职教师工作,普遍加强对中职教师工作的领导和统筹,加大经费投入,全面实施上海市中职教师素质提高计划,有组织、大规模地开展教师培训活动,推动市级培养培训基地加强内涵建设、创新培训模式,深入开展教师国际合作与交流,一系列举措使上海市中职教师队伍建设达到了新的水平。五年来,教师队伍规模稳步增长,结构更加优化,整体素质明显提升,培养高素质技能型人才的能力大幅提高,为上海市职业教育快速发展提供了强有力的支撑和保障。

与此同时,也必须看到,与职业教育改革发展的需要相比,职教教师队伍建设,特别是职教教师培训工作还存在许多亟待解决的问题。例如培训工作的宏观政策与微观操作衔接不足;以基地为主进行项目设计,不可避免会带来培训工作的体系性、前瞻性考虑不足;不同培训项目之间过程监控差异较大,项目实施质量缺乏可控性;培训后期跟踪不足,有效性难以验证;仅有部分培训项目形成了持续完善机制等等。因此,在培训需求不断变化,项目数量、培训投入持续增加的背景下,对培训进行系统规划和规范指导,充分兼顾培训的现实有效性与适度超前性,形成培训工作的持续改进机制,切实保证培训效果,也就显得至为迫切了。

本课题从职教教师培训实效性的视角,系统分析一段时间以来上海市中职专业教师市级培训中所存在的问题,建构和设计中职专业教师市级培训课程体系。这对创新和完善上海市职教教师培训制度,优化职教教师能力结构,建设高水平"双师型"教师队伍都具有十分重要的意义。在上海市加快构建现代职业教育体系的重要时期,加强中等职教教师培养与培训工作,对专业教师培训工作进行系统研究,并对教师专业化发展视野下的师资培训问题进行深入解读,是提高上海市职教教师培训实效性与科学性的有效途径。因此开展上海市中职专业教师培训课程体系开发研究具有重要的理论意义及实践价值。

(二) 研究意义

本课题在深入研究当前上海市职教发展及职教教师培训工作现状和趋势的基础上,借鉴国外尤其是职业教育发达国家先进的职教教师培养培训理念,认真调研上海市中职专业教师培训现状、存在问题及培训需求,紧密结合上海市职业教育发展趋势,开发制定出切实可行、具有前瞻性和实践性的上海市中职专业教师培训课程体系,从而进一步推进上海市中等职业教育教师师资队伍建设。本课题的研究成果必将对"十二五"期间上海市中等职业教育教师素质提高计划的实施、为上海市中职高素质专业化教师队伍的建设,对于提高技能型人才培养质量、完善现代职业教育体系、推动职业教育科学发展具有十分重要的理论意义和实际应用价值。

1. 理论意义

(1)进一步完善职教教师培训理论。近年来我国职业教育的研究方向主要侧重于如何适应市场变化、对专业结构的调整、课程的开发等问题的研究,且积累了较丰富的经验。但对职教教师培训的方式、模式、途径与质量的研究,没有引起足够的重视,这方面理论和实践的研究还相当薄弱。对职教教师培训工作展开系统研究能丰富职业教育理论,促进职业教育的健康发展。

(2)有利于动态地把握职教教师培训的本质和规律。长期以来,人们对师资的研究,习惯于采取分析思维为主导的研究方法,只重视对师资的短期性培训与专业实践技能的强化提高,而忽视其入职后的专业发展和更高实践层次的培训环节,没有起到很好的引导作用和效果,开展职教教师培训的研究可以帮助我们从整体上综合地认识和把握职教教师培训的本质和规律。

(3)重视职教教师培训具有政策导向性的作用。研究职教教师培训特色、专业设置、课程体系是引导职业教育培训工作办出特色,办出水平,提高培训质量的必然途径。

2. 实际应用价值

该课题在对上海市职教教师培训充分调研的基础上,吸纳国内外职教教师培训的先进教学理念及方法,构建一种紧密结合上海市职业教育发展需要、适应上海市职业教育专业教师培训需求的课程体系,对规范职教教师培训工作、确保培训工作的科学性及实效性具有指导意义。

课题研究成果主要应用于上海市中等职业教育专业教师培训工作,必将对上海市职教教师队伍建设起到积极的推进作用。课题研究成果还将为上海市职教教师培训工作提供一个科学的标准依据,以科学、可行的培训课程体系为指导,以完备的培训质量指标体系为监控手段,使上海市专业职教教师培训工作迈入科学、规范的轨道,不断创新培训模式,最终为形成一支具有较高专业教学素养和能力的专业职教教师队伍奠定基础,为上海市中职人才培养提供重要的师资保障。

课题研究成果还可为上海市教育主管部门制定教育培训政策提供参考依据。

二、国内外研究现状综述

(一) 国内研究现状

近年来随着中等职业教育办学水平的提高,各级政府对于中等职业教育师资队伍建设的关注达到了前所未有的高度,在重视教师专业化的同时,中职教师培训也成为职教教师队伍建设的重要研究课题之一。

当前关于职教教师培训的文献多以职教教师培训基地研究居多,其次是依托某个培训项目或者培训机构的研究。现有职教教师培养与培训的研究成果主要是对已有实践经验的总结,以及对新方法、新模式的探索,这对于我国职教教师队伍建设具有重大的现实意义。为数不多的关于中职师资培训的文献大致可以分为三大类别:教师专业化视角下的研究、有效性研究、现状对策反思性研究。无论哪一种类型的文献都或多或少地对中职教师培训中存在的问题有所提及,但深入系统的探讨不多,在有限的问题研究中提出的问题往往比较模糊、缺乏可操作性。此外,大部分研究视角都是定位在研究者或者政府的高度上,缺少教师视野;现存的一些问题研究也仅仅局限于个别地区,缺乏有效的示范性和代表性。综合分析目前关于中职教师培训研究中的文献,可从以下维度进行综述:

1. 中职师资培训的目标取向

任何教育活动都离不开既定目标,教师教育的目标也就决定了整个师资培养的方向,具有导向性。当前文献中对于职教教师培养目标的研究主要分为两个方面:讨论教师培养目标的应然状态以及当前存在的问题,其中以前者的阐述居多。

就职教教师培养目标而言,长期以来学历与学识一直是职教教师培训博弈的焦点。大部分学者认为当前中等职业教育教师的学历情况有了很大的改观,学历教育已不再是培训的目标,提高职业教师的整体素质是当务之急,且不仅是目前整个职业教育改革与发展的形势的需要,也是顺应时代对跨世纪教师素质要求的需要。培养适应职业教育发展需要的、具备高素质专业教育教学能力的素质型职业教师应当是各级各类职教教师培训活动的唯一目标，通过培训打造一支不仅能够自觉更新教育观念、适应时代发展需要，且具有较强专业知识应用与操作能力、教书育人能力和创新能力的高质量职业师资队伍①。从这个意义上来说，开阔视野、提升学识应当是职教教师教育的终极目标。

目标导向方面注重学识提高已经得到专家学者的认可，并达成一致。而就存在问题而言，有人认为当前职教教师在培训目标上仍然过分强调学历教育，忽视学识水平的提高，专注于职业教师的学历达标率，忽视了对教师综合能力素质提高的要求②。除此之外，职教教师培训目标还存在重行政管理轻教师专业发展，重"工程"项目轻教师制度建设，教师职后培训缺乏长期、规范的计划等不足之处。综合来看，职业教师培训中培训目标方面的研究问题主要有学识学历之争，理论技能之争。

2. 中职师资培训模式研究

就当前文献来看，理想状态下典型的中职教师培训模式主要有三种：校本培训、校企合作以及培训基地在职培训。校本培训由学校组织实施，其核心是产学研相结合，以学科带头人为核心，鼓励教师参与，提高教师的技术开发能力，拓宽其专业知识面，了解大量专业发展的前沿信息，及时更新专业知识，提高自身技术创新能力及实践指导能力③。校企合作是学校与用人单位共同合作，着力提升专业教师的综合素质，保障学校专业教学知识与技能的与时俱进，这种双元制的教师培训形式具有其他形式难以比拟的优越性。由职业学校派教师到企业实习，了解企业真正需要的人才，同时为企业提供智力支持，也可以由企业派技术人员到学校对教师进行集中培训，传授技能、交流信息，达到学校教师受培训、企业得发展、学生得实惠的局面④。

就存在问题而言，实际上中职教师培训目前主要是在基地，而职教教师培训基地工作处于初步阶段，在培训的专门化、系统化工作方面还存在许多问题，其自身发展有很大的局限性。有人提出培训基地大多依托于高校，受传统教育观念影响，一直遵循"在职为主，脱产为辅；学历培训为主，技能培训为辅"的滞后的培训方式，很难对学术前沿动态和产业技术发展高端做出迅速有效的反映，产、学、研一体化的开发性培训还没有得到足够重视⑤。现在举办的各类中职师资培训，从表面上看是重视技能与专业特色，但与中等职业教育的实际情况相去甚远。

3. 培训师资研究

大多数学者认为，根据不同的培训目标和培训内容，师资的选择应该有所差异。理想的师资队伍主要包括三种来源。首先是专门从事职业教育研究的专家，他们能够提供系统、科学的理论以及架构完整的专业知识体系。其次是职业院校中的专家教师资源，他们来自教

---

① 梁艳. 教师视野下中职教师培训问题研究[D]. 上海：华东师范大学，2012.
② 贺文瑾，石伟平. 我国职教师资队伍专业化建设的问题与对策[J]. 教育发展研究，2005(19)：73—78.
③ 宋德如. 校本培训是教师在职教育的有效途径[J]. 中国职业技术教育，2002(22)：24—26.
④ 徐笑. 中等职业学校教师培训的问题及对策[J]. 科技风，2010(17)：18.
⑤ 黄杜鹃. 我国当前中职教师培训的现状和需求研究[D]. 长沙：湖南农业大学，2009.

学前线,拥有丰富的专业教学经验,具备较强的实践反思和自主探究能力。由于具有相似的工作背景,他们能与接受培训的职业教育教师建立良好的对话,可以通过经验分享的方式解决职校教师在教学实践中遇到的问题。最后是企业一线技术专家,他们了解最新的企业动态,能够熟练把握生产实际中存在的问题以及技术技巧,能够引导教师与企业对接[1]。值得注意的是,不同经历和背景的教师在自己不同的实际工作中形成了对不同问题的个人的看法,这是教师教育中的重要的学习资源。

极少数学者提及职校师资培训中的师资问题,有些学者认为任课教师应当保持高层次、多渠道性,培训对象均来自教学和教学管理第一线,必须具有更高层次的专业人员才有培训资格,但其在倡导先进、科学的教育观念的同时,往往超出了中职教师对培训内容的接受程度[2]。此外,有些培训专家采用了与实践性、参与性观念不符,甚至是相反的培训形式,培训内容与内容的展现方式背道而驰,培训者言行不一致也是目前培训师资的主要问题。师资是影响教师教育质量的一个关键因素,要根据培训特点和要求有针对性地选择教师,这是确保培训质量的重要因素[3]。当前有关研究中对于职校教师培训中师资问题的研究比较少,没有对实际的师资问题进行深入的分析和解读。

4. 其他培训问题研究

此外,很多中职师资培训的文献中还提到培训经费不足的问题。有研究者认为学校和管理部门对教师培训经费的投入一直不足,还没有建立起稳定完备的职教教师培训经费的筹措与分拨渠道,导致职教教师培训严重的低投入标准与高产出要求的矛盾[4]。经费筹措渠道有限所造成的培训经费短缺,不仅影响了职教教师培训工作的正常开展和功能的充分发挥,有时也给参训单位和教师个人带来压力。有些学者还提出了职校教师培训机会少、工学矛盾突出的问题。有研究认为所有问题的核心实际上就是缺乏一个中等职业教育师资培养和培训支撑体系,这导致中等职业教育师资队伍的质量无法保证,也无法持续健康地发展[5]。

(二) 国外研究现状

20世纪下半叶以来,教师专业化成为全球教师教育改革的主要趋势。许多发达国家与地区在推进职教教师专业化的同时,也更加重视加强教师队伍建设。由于各国职业教育发展程度和水平存在差异,职教教师教育与培训也呈现出各自的特点,在职教教师培训方面,具备完整职业教育体系的国家必然有一套相对完善的职教教师培养培训制度。就当前资料的呈现情况看,对于发达国家职业教师的介绍有很多,主要涉及以下几个方面的经验介绍:

1. 完善的政策、财力支持以及体制保障

坚持职教教师教育的国家化取向,从国家的高度来规范和管理教师教育。各国都出台

① 梁艳. 教师视野下中职教师培训问题研究[D]. 上海:华东师范大学,2012.
② 方至,凌云. 职业技术教育师资培训模式研究[J]. 当代教育论坛,2002(2):69—71.
③ 姜村. "国培计划"项目效益最大化研究[J]. 继续教育研究,2014(8):51—54.
④ 黄杜鹃. 当前中职师资培训的问题[J]. 教师,2009(20):107—108.
⑤ 赵宝柱,陈瑞华,赵香兰. 对中等职教师资培训的思考[J]. 河北科技师范学院学报(社会科学版),2005(1):44—45.

了各种法律、法规、文件来促进职教教师教育的规范化,有的还专门成立职教教师教育的机构,负责中职教师教育的组织、管理工作。很多国家更倾向于把教师教育规定为一项义务,教育法规对教师的进修培训有严格的规定,教师到一定时期必须参加培训,一般为1年1次短训,5年1次长训,否则会影响升级乃至取消教师资格。

德国大部分州都把职业教师在职培训列入了专门的教师培训法规或者相关的学校立法中,并且关于教师培训的所有细节,包括培训组织、申请、认证以及具体的课程教学等都是由官方管理,同时规定职业教育管理部门必须保证提供持续性的教师培训课程。澳大利亚政府在大力加快职业教育师资队伍建设的同时,也制定相关政策不断提高职业教育教师的社会地位和经济地位,鼓励职业教师提高入职后的专业水平,同时为职业教师培训提供强大的财政支持,并规定教师进修专业课程,免缴相关的国家费用。为了使教师跟上科技发展的步伐,美国很重视职业技术学校教师的培训和提高,并有严格的职业教师资格证书制度,职业教师资格证书包括永久证书和临时证书[①]。职业学校聘用教师时非常重视教师的直接工作经验,合格职业教师必须具有相关职业领域1至2年实际工作经验,才可以获得永久性职业教育教师证书。即使是获得了专业教师证书的教师,每5年也必须对证书进行一次更新,而证书更新必然伴随相应培训课程的学习。根据法国法律规定,在职进修是职业教师的权力,每个职业教师每五年必须有一年的学术休假来进行专门的进修学习,获得相应州政府的教师培训证书。在芬兰参加在职培训也是教师的义务。根据有关规定,中职学校不同专业的教师每学年都有1—5天不等的免费带薪学习,职教教师一般比普通教师要参加更多的在职培训。据统计,2005年没有参加在职培训的职教教师仅为12%,而普通基础学校和普通高等学校分别有62.5%和10.8%的教师未参加在职培训[②]。

2. 重视双元制职教教师培训方式

美国与澳大利亚都十分重视职业教师的生产实践经验,除了教师入职的经验要求之外,也有严格的职业教师双元制培训体系。每年职业教师不仅要到高等学校或者专门的教师培训机构进修,同时还必须到工厂、企业等生产一线参与具体的操作实践,以接触实际的专业技术,保证学校专业教学与企业技术发展同步[③]。

在许多欧美发达国家职业教育教师除参加各种新知识和新技术的培训外,还必须定期去企业进行技术实践,参加企业培训。除此之外,教师还要进入相关行业或专业委员会,通过加强与社会联系的各种活动,获得专业发展的各种新信息,以应对市场对职业教育提出的新要求。澳大利亚各校规定,职业教育教师每周要在相关企业兼职工作10小时,并且培训的相关费用由企业承担,极大地调动了教师参加企业培训的积极性。此外,教师参加企业培训也可采用企业与学校挂钩的方式进行。企业为学校师资培训提供基地,学校为企业提供员工培训的师资和教材,双方均受益[④]。

① 徐以芬. 美国职业教育教师专业发展研究[D]. 上海:华东师范大学,2009.

② 何倩,方彤. 对芬兰中等职业教师教育特点的探析[J]. 职教论坛,2009(27):61—64.

③ 徐国庆. 美国双元制职业教师培养模式研究——以俄亥俄州为例[J]. 全球教育展望,2011(8):87—91.

④ 陈祝林,徐朔,王建初. 职教教师培养的国际比较[M]. 上海:同济大学出版社,2004.

3. 培训内容与形式的多样性

在德国,各州都有集中的或者地方性在职培训,师资培训也显示出不同的特色。就培训机构而言,有些是由教育学院承担,有些则由专门的培训中心作为培训机构,同时职业学校也会有校内培训或者是有指导的个体学习形式。在职培训是为保持并拓展教师的专业技能服务的,它可以帮助教师满足与时俱进的教学要求,实现学校的教育任务。在职业技术领域,教师培训大部分是实现技术知识的更新学习,熟悉当前的技术发展,教育学的内容通常是最基本的问题。对于教师来说,培训的出席率并不会影响其评奖评优、薪资或者生涯发展,但是会间接影响到职务晋升,在申请更高职位时,通常会根据教师培训出勤率判断一个人是否有积极表现。澳大利亚职业教师培训的内容既有学历学位培训,也有教师资格证书和现代教育技能等多种培训。在美国,职业教育教师如果想通过进修更新自己的知识结构,可以到相应大学进修,获得硕士学位;专业教师可以到有关大学或社区学院进修,也可以到有关企业学习。以教师资格证书为依托,培训内容设计成了一个非常严密的系统,这个系统对每个阶段教师的学习内容与要求进行了详细界定,这就确保了课程内容的衔接。教师通过进修获得证书后,其岗位职级随之可以得到晋升,因而教师进修学习的积极性较高[1]。

法国中学教师的在职进修,有短期培训和长期培训两种。前者一般是根据教师的实际需要进行补充性培训,其内容可以是专业知识,也可以是教学法等。后者包括改换专业的进修班、准备证书考试进修班及最新技术进修班等。专门化强的更具普遍性的教师进修,一般由国家组织。培训的内容包括各科教学内容和方法、技术教育、计算机应用、教学评估等问题[2]。此外,法国还有各类应用技术教育和新技术的短训班,时间为一至二周,经费由教育部提供。比较特别的是在法国参加继续教育和培训对教师工资和事业的发展有直接影响,培训就是为了使职业教师具备尖端的技能与能力。

发达国家充分认识到职教教师教育的重要性,为职教教师提供了多种多样的进修场所和机会,除了专门的教育学院,还有各种教师进修中心;或者是开设内容广泛、程度不同的教师教育课程。此外,灵活、多样是各国职校教师教育形式最突出最普遍的特点之一。"从时间上划分有长中短之分,内容上有专题研究也有系统学习,有官方的也有民办的,有学历进修班也有以会代训的研讨班,有正规的也有非正规的[3]"。

4. 职教教师教育行为市场化

教育培训行为市场化是发达国家教育培训最具生命力的特色之一,也是保障教师教育质量和有效性的重要因素。我国的师资培训机构主要是靠行政手段推动,否则很难维系。随着市场机制的建立,师资培训工作必须转变观念,主动服务,提高质量,成为教师终身教育的重要载体。了解职业学校对培训的需求,建立起迅速收集和反馈的信息系统,改变等、靠、要的被动思想,才能在职校教师教育中有计划地转变观念,把提高质量放在首位,加强职业

---

① 何齐宗. 国外中等职业技术教育师资建设综述[J]. 比较教育研究,2000(A1): 217—222.
② 何齐宗. 外国中等职业技术教育师资队伍建设的经验探讨[J]. 师资培训研究,1999(1): 41—45.
③ 梁艳. 教师视野下中职教师培训问题研究[D]. 上海:华东师范大学,2012.

教师教育的规范性，形成一套比较科学成熟的教育培训模式；同时注意内容与方法的融会贯通，要用新的教学方法和手段传递新教育理念和新知识、新技术。在德国与澳大利亚，职教教师教育是由市场培训机构承担的，依靠社会需求来调节，本质上都是一种市场行为，只有对于培训效果好的培训机构，政府才会给予财政支持。这种市场导向的师资培训模式，使得培训机构与职业学校和企业形成了关系紧密的网络，有效地保障了职业教师培训质量。

三、课题的主要工作

（一）问题的提出

伴随着发展重心从规模扩张向质量提升转变，职业教育的能力建设也正在经历从硬件设施建设到师资队伍建设的变化。充分挖掘在职教师特别是专业教师的潜力，满足职业教育改革发展的需要，成为教师队伍建设的重点所在。鉴于在职教师面临着弥补既往能力建设欠缺和应对未来改革发展挑战的双重任务，而对职教教师在职培训又缺乏系统的研究和规划，所以非常有必要深入探讨专业教师的培训课程体系建设问题。

（二）研究对象的界定

本课题的研发工作主要针对中职专业教师群体展开，尤其是经历了系统入职培训的中职专业教师，以支撑其在相对系统的职教教师能力维度上持续提升自身的专业化水平。

（三）研究目标

开展上海市中等职业教育专业教师培训课程体系开发研究，其目标主要在于：

（1）总结上海市中职专业教师培训工作现状，分析存在的问题，探讨可能的对策；

（2）开发中职专业教师培训课程体系框架，为上海市开展中职专业教师职后培训工作提供依据；

（3）给出上海市中职专业教师市级培训实施建议，全程控制培训项目的准入、过程质量和最终效果，以形成培训工作的持续完善机制。

本课题将为宏观层面的政策制定、体制完善等提供理论依据，同时也对各基地中职教师市级培训工作开展的规范性与科学性及培训质量的改善与提高提供理论支持。

（四）研究内容

为达成上述目标，课题研究将主要围绕以下内容展开：

1. 理论研究与政策研究

梳理国内外职教教师专业化发展的理论研究与实践经验，准确定位培训工作在职教教师队伍建设中的地位和作用；系统归纳我国及上海市重要的职教教师继续教育和培训政策，明确当前上海市中职专业教师培训的目标要求和政策框架。

2. 上海市中职专业教师培训现状调研、问题剖析与对策研究

课题将对从 2013 年到 2015 年间所开展的各类市级培训的实施情况进行问卷调查研究，

并对未来市级培训需求进行调查研究。调查主要采取网络问卷形式，围绕教师、基地及学校在中职教师市级培训工作中的培训情况、培训模式、实施现状以及评价方式等核心问题而设计，以期通过调查与数据统计了解现状，发现问题，分析原因，总结经验，探索解决问题的途径。

3. 上海市中职专业教师培训课程体系框架及案例专业方案设计

在上海市中职专业教师市级培训现状调研的基础上，研究、设计上海市中职专业教师培训课程体系的合理构成框架，并以选定专业为案例，开发基于教师工作工程系统化的培训课程体系，重点解决目前课程体系中存在的培训内容示范性不强、缺乏可借鉴性及与教师需求契合度低的实际问题。

4. 给出上海市中职专业教师市级培训实施建议

对市级培训的具体实施给出建议，主要涉及上海市中职专业教师市级培训实施的指导思想、工作目标、培训专业及对象、培训内容、考核与颁证、组织管理与实施、经费保障等。其中，在设计课程体系框架基础上，建立相关管理部，形成《上海市中职专业教师市级培训课程开发指导意见》作为参照标准，指导各基地在课程体系框架约定内开发和设计培训课程，规范呈现培训课程开发依据、培训目标、培训专业及对象、培训内容等内容和环节，形成培训课程的科学设计、规范实施、科学评价、持续改进机制。

（五）研究计划、研究方法与技术路线

1. 研究计划

课题研究将依照以下原则和计划展开：

（1）以深入调研为先导。

课题将首先从中职教师专业发展这一全新视角出发，对当前上海市中等职业教师市级培训问题进行深入调研与分析，对当前中职教师市级培训中存在的问题进行具体、细致的分析和阐述。通过深入调研，为制订上海市中职教师市级专业（项目）培训课程体条并发标准提供科学依据。

采取对培训主体调研、文献调研、数据库检索等手段，吸取优势基地在职教教师培训方面的优势及丰富经验，掌握中职教师市级培训工作的培训情况、培训模式、实施现状以及评价方式，通过调查与数据统计了解现状，发现问题，分析原因，总结经验，探索解决问题的途径。

（2）组建复合型团队。

在项目调研、总结经验的基础上，组织研究梯队，对上海市中职教师市级专业（项目）培训进行总体研究和规划，进而构建上海市中职教师市级专业（项目）培训课程开发框架方案。

（3）课题研究实施步骤。

首先，在深入调研的基础上对上海市中职教师市级专业（项目）培训问题进行剖析及对策研究，通过对问卷数据的整理，从政策层面、学校层面、基地层面及教师层面四个维度对中职教师市级培训现状、存在问题及对策进行深入剖析。

其次,对上海市中职教师市级专业(项目)培训实施建议进行研究。研究如何实施上海市中职教师市级培训工作。重点研究上海市中职教师市级专业(项目)培训实施的指导思想、工作目标、培训专业及对象、培训内容、考核与颁证、组织管理与实施、经费保障等。

最后,对上海市中职教师市级专业(项目)培训课程体系进行研究。研究上海市中职教师市级专业(项目)培训课程体系的合理构成框架,基于专业培训及项目培训维度,研究合理的专业分布及项目培训的内容,并针对选定的专业及项目开发基于教师工作工程系统化的《上海市中职教师市级专业(项目)培训课程体系开发标准》,重点解决目前课程体系中存在的培训内容示范性不强、缺乏可借鉴性及与教师需求契合度低的实际问题。

2. 研究方法

在课题研究过程中,主要运用文献研究法、调查研究法、案例分析法、专家咨询法等方法来展开本课题的研究工作。

(1)文献研究。通过广泛检索文献,吸收相关学科的知识,从中汲取营养,以增强研究的理论性和科学性。通过分析综合、归纳演绎等具体思维方法,以各种逻辑的方式对文献进行加工处理,从而构建本研究的理论框架。

(2)政策研究。有关中职教师队伍建设特别是培训工作的现行政策性文件,是开发中职专业教师培训课程体系所应遵循的制度框架。分级、分类梳理这些政策文件,既可以明确开发中职专业教师培训课程体系的参照依据,也有助于明确哪些政策有待于变革和突破。

(3)实践调研。全面、准确了解上海中职专业教师队伍及其建设现状,以及对未来的队伍结构走势进行基本预测,是针对性研发专业教师培训课程体系的重要基础。实践调研与文献研究、政策研究相呼应,将形成理论、制度与实践三者的相互印证。在课题的研究中选取参训教师、培训基地、职业学校对目前市级培训中存在的问题,包括培训目标、培训内容、培训方法、实施模式、后勤保障、师资保障、考核模式等进行访谈、问卷调查及网络调查。

(4)案例分析。在研究中能够对典型案例作详细解剖分析,再由个别到一般,使其具有广泛的指导意义。

(5)专家咨询。组织专家咨询和论证,征求来自政府、行业、企业和职教界的专家和代表对市级培训的意见和建议,特别是对在前期研发中形成的培训方案给出论证意见。

本研究侧重于应用研究,采用文献研究和问卷调查相结合的方式,通过理论研究和实证分析来确保研究的科学性,提高研究成果的理论水平和研究意义。

3. 技术路线

针对每一项研究内容,制定系统的技术路线如下:

(1)调研工作技术路线。

基础资料调研工作按其进展顺序,分成5个阶段完成。形成5阶段双向循环、交错反复、深化递进的技术路线和工作流程。详见图1。

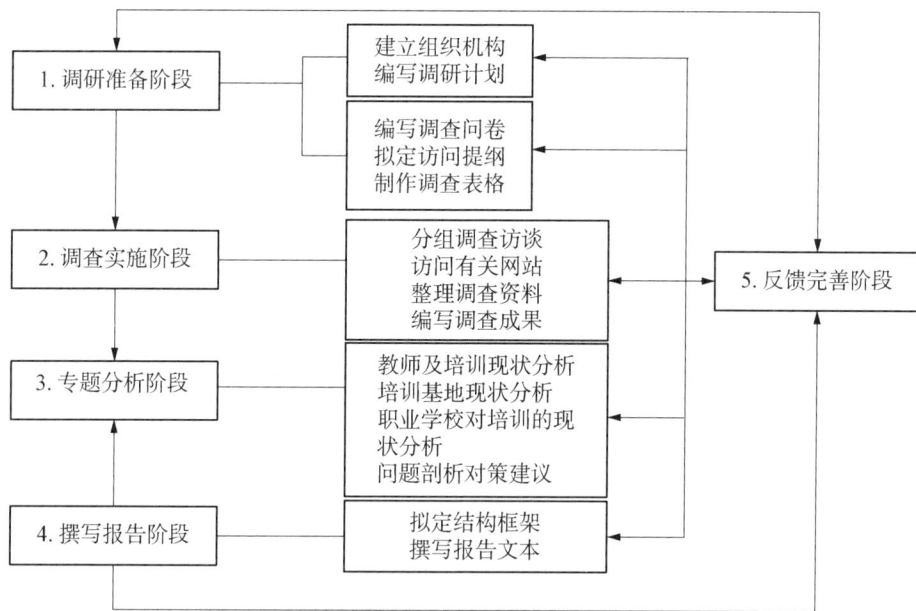

图 1 基础资料调研技术路线和工作流程图

（2）培训课程体系开发技术路线。

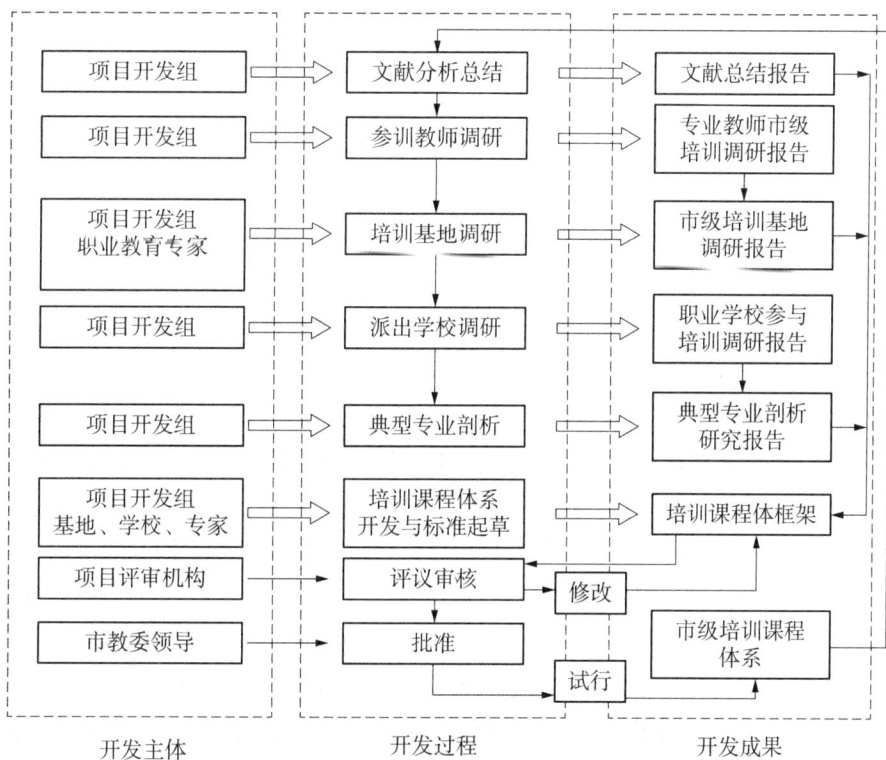

图 2 专业教师培训课程体系开发技术路线

第二章　理论基础和政策分析

一、理论基础

（一）成人教育理论

1. 学习心理学中的相关理论

（1）目标理论。目标理论包括目标设定理论和目标导向理论。目标设定理论认为，一个人的行为方式由其有意识的目标和意图所决定。目标会通过引导精力和注意力的分配，支持长时间的努力，激励个体为达到目标而进行战略开发来影响行为方式。目标导向理论认为，培训中存在知识导向和绩效导向两种不同的学习者。坚持知识导向的受训者认为，真正成功的培训应该提高自己完成任务的素质和能力，培训者应该关注受训者是如何学习的，而不是受训者的绩效如何。坚持绩效导向的受训者认为，培训的成功在于相对于他人而言学习所导致的更高效，而不是学习本身。目标导向会影响受训者在学习中所投入的精力多少和学习动力大小。

目标设定理论对教师培训带来的启示为：培训者给受训学员提供具体的、富有挑战性的、可实现的、能测评的目标，将有助于学员的有效学习。目标导向理论对教师培训带来的启示为：基于理论学习的教师培训与基于实践问题解决的活动，是当今教师学习和专业发展的两种选择路径和目标导向。培训者针对不同目标导向，需要通过研训一体的工作模式有效达到系统知识学习和工作绩效提高的双重目标。

（2）需求理论。需求理论解释了受训教师对一种学习成果的价值取向。马斯洛的需求理论注重的是生理需求、社会需求、成长需求以及自我价值实现需求。他认为，人们首先满足低层次需求，然后随着低层次需求的满足，才会追求更高层次的需求。

需求理论给教师培训带来的启示：其一，为激励学习者学习，培训者要了解受训者的需求，并使培训内容与这些需求相一致；其二，培训者要为受训者提供更多选择培训项目和课程的自由；其三，受训者在很多情况下不知道自己需要的是什么，培训者应研究和开发培训项目，展示和引导受训者的学习需求。

（3）期望理论。期望理论认为一个人的行为基于行为预期、实现手段和效价三个因素。行为预期是指相信完成一个行为的意图与实际执行结果之间有关的想法（受训者认为自己能学会吗？）；实现手段是指认为执行给定的行为与特定成果之间存在关联（受训者相信能够获得承诺的培训成果吗？）；效价是指一个人对一种成果的评价（与培训相关的成果有价值吗？）。

这一理论对于教师培训的启示为：有效培训可能在以下情况中发生，即学员相信自己能够完成培训项目内容（行为预期），培训与自己的教育教学改进、专业发展、学历学位提高和职称晋升等成果有关（实现手段），并且学员认为这些成果是有价值的（效价）。

（4）强化理论。强化理论认为，人们受到激励去实施或避免某些行为是由于这些行为过去导致的结果。正强化是对满意行为结果的加强，负强化是对不良结构的排除。

这一理论对于教师培训所带来的启示为：为了让学员获得知识、改变行为或调整心智模式，培训者要知道学员认为哪些结果属于正向，哪些属于负向。在此基础上，培训者要把学员希望得到的结果与培训目标结合起来，要思考学员参加培训可以获得具体的好处体现在哪些方面。培训课程及内容设计要充分考虑学习者掌握这些培训内容后的收获，以便提高培训的有效性。

2. 成人学习理论

成人学习活动有别于未成年人的学习活动。美国成人教育学家诺尔斯就成人学习心理提出了四个方面的基本论点。

首先，成人学习心理倾向于自主学习。诺尔斯认为成人学习者与未成年人在学习的主动性上，存在着显著差别。在未成年人的学习活动中，教师决定学习目的、学习内容、学习计划和教学方法，是属于被动地依赖于教师的教学活动。在成人学习活动中，学习者的自主性和独立性在很大程度上取代了对教师的依赖性。成人学习者在多数情况下有能力自己选择学习内容，自己制定学习计划。虽然个别情况下仍然依赖教师的帮助，但是在主导的心理需要上，他们更倾向于独立自主地进行学习。

其次，成人认知过程以经验学习为主。诺尔斯认为，个体生活经验对于未成年人和成人的学习活动影响存在着很大差异。对未成年人而言，生活经验主要来自成人（主要是教师和家长）并且很不丰富且很不全面。因此，未成年人的生活经验对其学习活动的影响十分有限。对成人而言，随着个体成熟和实践活动的增加，成人的社会生活经验日益丰富，这些经验对个体学习所起的作用也日益增大。对于成人来说，在社会生活中积累的经验为学习提供了丰富的资源，学习活动不是以教师的传授为主要途径，而是更多地借助自己的经验来理解和掌握知识。

再次，成人的学习任务体现为完善社会角色。成人学习任务已经由未成年人时期的以身心发展为主转变为以完成一定的社会职责为主。未成年人的学习任务主要是促进其身心成熟与发展，他们必须按照社会的统一要求学习掌握最基础的知识。对成人而言，学习任务是促使其更有效地完成其所承担的社会职责。由于成人学习主要是为了完成社会角色任务，因而学习要求的针对性很强。成人学习的这一特点要求成人教育及培训在课程设置、教学方法选择等方面，必须适应成人社会角色发展的需要，即成人自我实现的需要。

最后，成人学习目的主要为解决问题。未成年人学习目的主要指向未来的生活，为将来工作准备知识；而成人的学习目的在于直接运用所学知识解决当前的现实问题。因而，教育活动对成人而言应该是一个十分明确的学以致用的过程。成人学习者能够针对社会生活中的具体问题进行学习，并带有通过学习解决实际问题的强烈愿望。

（二）教师培训课程开发理论

1. 教师培训课程内涵

教师培训课程是培训者所组织、学员所体验的经验总和。它既来源于培训者在培训活动中提供的各种资料、传授的言语信息、呈现的观摩现场、营造的学习气氛,也来源于学员在学习过程中的聆听、发问、交流、反思、行动等积极状态,以及师生在互动过程中所生成的体验情境、正式与非正式的交往环境。

教师培训课程作为成人的学习经验,远远超越以书本理论知识为中心的学科课程范畴。它主要是综合课程,体现出以树立科学教育理念为先导、以支持教师学习为目的、以改进学校工作为目标、以研究教育教学实践问题为导向、以选择多种形态知识为载体的特征。

2. 教师培训课程开发模型

课程开发模型是以传播理论、学习理论、教学理论为基础,运用系统理论观点和知识,从培训现状分析和学习方案设计出发,开发培训课程的一种方法。此模型包含如下几个环节:

(1)分析环节。对专业领域要求、学员状况、培训相关需求、组织工作情况和环境进行全方位的基本分析,为课程开发奠定必要的基础。

(2)开发环节。基于分析结果,根据培训目标和要求开发出具体课程,包括课程体系建构、课程标准制定、课程模块、课程专题和课程单元的内容选择及组织。

(3)设计环节。为实现课程目标,选择学习资源、认知工具,准备必要的学习情境和管理服务,设计有效学习策略。

(4)实施环节。实施开发的课程,重视培训者为学员创建积极参与的学习情境,帮助学员在体验中获得能力。

(5)评价环节。检测培训实施的质量和效果,通过形成性评价和结果性评价,评估课程实施效果,并将评估反馈结果作为继续完善课程的重要依据。

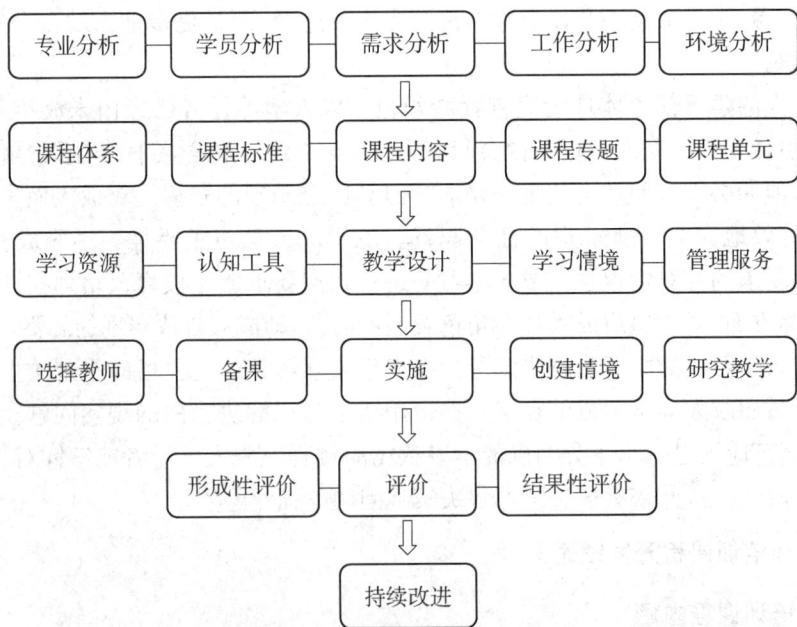

图 3 教师培训课程开发模型图

3. 教师培训课程开发流程

课程开发是课程形成、实施、评价和发展的全部过程,涉及课程基本要素及其组织形式和方法的安排设计。具体包括:

(1)确定培训课程目的。课程目的是在项目背景下说明为什么要培训,对课程目标要求、范围、对象和内容起到指导作用。

(2)进行培训需求分析。培训需求分析是课程开发的起点,是用来判断组织和个人是否需要培训以及需要哪些方面培训的重要依据。

(3)确定培训课程目标。培训课程目标说明学员通过培训应达到的具体标准,具有可达、可测、可评的特征,不像课程目的那样宏观和抽象。

(4)进行课程体系设计。课程体系是针对某一专题或某一类群体培训需求所开发的课程架构,具体设计任务包括确定经费预算、划分课程模块、安排课程进度、设计课程形态、选定培训场所。

(5)开展课程单元教学设计。课程单元教学设计是在课程体系设计基础上,具体设计确定某一课程单元的培训内容、方法、策略、手段和教学过程。

(6)实施培训课程。实施培训课程包括培训教学、培训管理和培训服务三个方面的工作。培训教学实施主要包括培训方式选择、教学技巧应用、课堂时间调控、学习氛围营造等。培训管理包括培训者选择、培训质量检测、培训效果评估等。培训服务包括培训场所安置、教学设施准备、学员学习档案管理等。

(7)开展培训课程的整体评价。培训课程整体评价是在课程实施后对课程全过程进行总结和判断,重点分析培训目标达成度、学员满意度及其原因。其目的是要进一步完善培训课程的结构、形态、内容和资源。

(三)职教教师职后专业发展

1. 职教教师专业成长

(1)专业成长。

在教师专业成长中,教师作为最初起作用的主体,既不是被塑造也不是被训练,既不是被计划也不是被控制,它是在教师已有的知识、经历构成的基础上生成的[①]。同样,职教教师的自主性应是专业成长的核心特征。同时,现实生活体验与教育教学实践反思是职教教师专业成长的有效路径。另外,职教教师专业成长的最终目的要指向学生的教育与培养工作,旨在帮助学生获得现实生活与未来职业岗位及工作真正所需的知识与能力。

从当前学界来看,人们更倾向于把作为教师发展主体的自身实践活动看作是教师发展成长的根本动力,因为,在教师教育实践中既包含着教师的内在需求与条件、外部影响与条件,也包含着发展主体的能动认识与选择,教育实践是内、外因作用于教师发展的聚集点,也是推动教师成长的直接与现实的力量。

近年来有关研究指出,使新手教师成为优秀教师的关键因素,不是他们的知识和方法,

---

① 何菊玲. 教师专业成长的现象学旨趣[J]. 教育研究,2010(11):88—94.

而是教师对学生、教师自己,在教学目的、意图和教学任务方面所持有的信念;是教师在教育实践中表现出来的教育机智和批判反思能力。

美国学者波斯纳(G. J. Posner)十分简洁地提出了教师成长的规律:"成长＝经验＋反思",并指出没有反思的经验是狭隘的经验,至多只能形成肤浅的知识,教师如果仅仅满足于获得经验而不对经验进行深入的思考,其发展将大受限制。基于上述分析,我们可以认为,职教教师专业成长要在职校教育教学实践中进行建构性的反思才能真正实现,同时,职教教师的专业成长离不开专业发展活动对自我的督促与支持。

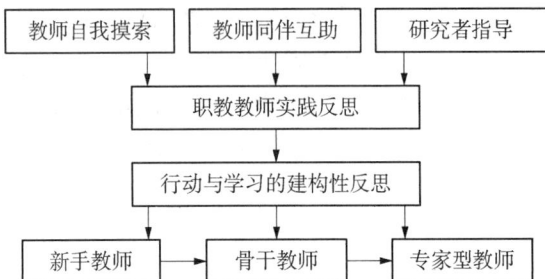

图 4　基于实践反思的职教教师专业成长

(2) 职教教师专业成长主要阶段。

有研究者将教师从新手到专家的过程划分为 5 个阶段:新手水平、高级新手水平、胜任水平、熟练水平、专家水平。新手水平教师是师范生或刚进入教学领域的教师。高级新手水平教师是有两三年教龄的教师[1]。其中大部分熟练新手教师经过教学实践和继续教育,需要3 至 4 年才能成为胜任型教师[2]。胜任水平在教学上有两个特性:能明确自己的教学目标和内容;能确定课堂教学活动中各类事件的主次。而熟练水平教师对课堂教学情境和学生的反应有敏锐的观察力。经过 5 年左右知识和经验的积累,有相当部分的教师成为业务精干型教师,其中部分业务精干型教师在以后的职业发展中成为专家型教师[3]。专家水平教师在处理课堂教学事件时,并非以分析、思考、有意识选择与控制等方式采取行动,而是以直觉方式立即反应,从而轻松、流畅地完成教学任务,能够做到这样的水平主要基于其所具备的相关教学知识与能力,即教学专长。

由英国的教师专业标准可知,英国职教教师在专业成长上主要分为一般教师、骨干(资深)教师和优秀教师三个层级,并分别制定了相应的具体标准。职教教师取得入职资格后成为职教一般教师,一般教师之后的第二阶段是骨干教师,骨干教师要在职教一般教师基础上满足骨干教师所要求的所有标准。骨干教师之后为优秀教师,成为优秀教师要在骨干教师基础上满足优秀教师所要求的所有标准。

---

① 吴庆麟,胡谊. 教育心理学——献给教师的书[M]. 上海:华东师范大学出版社,2003:7—10.

② D. C. Berliner. The Development of Expertise in Pedagogy [M]. New Orleans:American Association of College for Teacher Education,1988.

③ D. C. Berliner. The Development of Expertise in Pedagogy [M]. New Orleans:American Association of College for Teacher Education,1988.

我国职教教师的专业成长阶段包括：新入职教师(刚拿到教师资格证者至胜任水平)、骨干教师(熟练水平)、学科带头人(专家水平)等层级。课题组认为，目前上海市中等职教新入职教师及骨干教师是教师队伍的主体，也是直接影响职教教师队伍素质和水平提升的决定性力量，因此，这两大群体应成为专业发展支持和关注的主要对象。

2. 职教教师专业发展

(1) 专业发展的内涵。

职教教师专业发展是指职教教师作为专业人员，在专业思想、专业知识、专业能力等方面不断发展和完善的过程，即从专业新手到专家型教师的过程。职教教师专业发展的关键是其素质和能力的培育与提升，核心是教师职业教育教学能力的关注与获得。职教教师专业成长力的获得是使其专业成长速度改变的根本原因。在当今以信息和计算机技术为基础的知识经济时代，终身学习已成为每个个体的必备素质。作为职教教师来说，专业发展活动是其专业成长的重要支撑和促进手段，其目的就是帮助职教教师获得专业成长力，从而促进其专业成长与变化。

(2) 教师专业成长与专业发展的差异。

"教师专业发展"和"教师专业成长"在内涵范畴上存在着差异。从广义的角度说，"教师专业成长"与"教师专业发展"都是针对加强教师专业化提出的。教师专业成长强调教师的自主性，是教师个人自觉地根据内在成长需要和动力，结合个人生活实际，通过自我规划、自主学习、自我评价和调试，以实施自我更新和自身素质提高为目的的学习活动。自主成长有三个特征：一是成长动力来源于个人的内需；二是学习方式和过程由个人来控制；三是融入到个人的生命生活中，与个人的信念、兴趣、爱好、特长、习惯等个性品质紧密结合在一起。但从狭义的角度说，他们之间存在着一定的区别。首先，"专业成长"内涵较为单一，只包含对教师生命本体的关注，对教师的社会地位、生活环境、组织氛围等外部因素关注较少；而"专业发展"内涵较为丰富，既包含对教师生命本体的关注，也包含对教师的外部因素的关注。其次，专业成长的研究对象多为个体，对群体关注较少；而专业发展的研究对象既包括个体，也包括群体。再次，专业成长侧重于结果，对过程关注较少；而专业发展更侧重于过程，但也包含一定的结果[1]。

(3) 专业发展的核心目标。

职教教师专业发展在于通过专业发展活动来促进教师专业成长力的获得，以促使教师在教育教学实践中提升职业教育教学能力，并最终促进学生综合职业能力的获得与提升。

职教教师的职业教育教学能力包含四个方面的内容：职业技术专业理论、职业技术专业实践、职业教育教学理论、职业教育教学实践。职教教师的职业教育教学能力的获得是在这四个方面的基础上整合而成的，也可以说，在职教教师专业发展过程中，职教教师在这四个方面的专业教育教学能力均需得到关注和加强。

当然，特别是以骨干教师为指向的专业发展活动在围绕职业教育教学能力提升要求的

[1] 贾亮亭，张秋杰. 教师专业发展与教师专业成长的差异及促成策略探究[J]. 教育导刊,2012(10)：65—68.

同时,也需重视和加强教学研究(教育教学实践领域的论文撰写和课题研究)、课程改革和开发等方面能力的提升,为新教师指导、专业建设、课程建设、学校发展等相关工作的参与和实施提供有效支持。

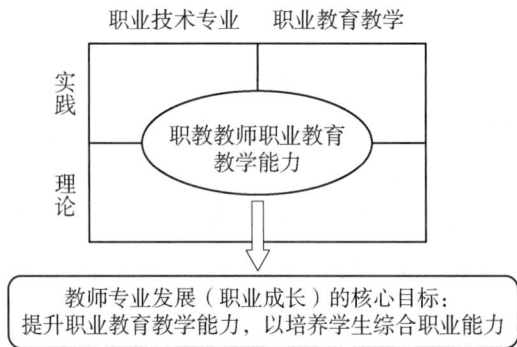

图 5　职教教师专业发展目标

(4)专业发展的主要途径。

职教新教师入职初期在角色适应上会遇到一系列的问题,这个阶段由具有丰富教学经验的老教师一对一地加以指导,使新教师更好地解决新角色适应过程中所遇到的问题。这是一种传帮带的形式,常被称为"老带新"或"师徒结对带教"。"老带新"中带教者的素质最为关键。有研究者通过研究提出了带教者的六条素质要求:能够帮助新教师找到工作中的成功因素和令人满意之处;能够接受各种类型的新教师,包括业务基础差的、过于自信的、不老练的、戒备心理强烈的等;善于为新教师提供教学方面的支持,通过听课及课后讨论与新教师分享教育观念;善于处理各类人际关系,能用新教师可接受的方式来调节自己的带教指导行为;能够做不断学习、不断提高自我的表率;善于向新教师传递希望和乐观主义精神。

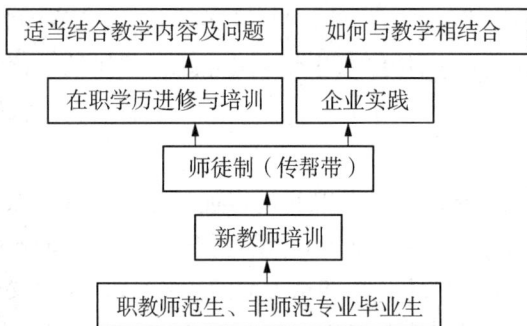

图 6　职教教师在职专业发展的通常做法

除了新教师的入职培训以及采用师徒制的传帮带培训之外,职教教师的专业发展途径还包括校内教研活动(公开课、研讨等),下企业实践、在职接受校外专题培训和学历提升进修等。

采用专业发展学校的形式是近年来教师专业发展的一种新途径。职业学校除了作为职业教育教学实习或见习基地外,还可以成为专业发展学校。一所专业发展学校通常要具有非常强的教育教学实力和专业人才培养的影响力和知名度,对同一专业领域具有较强的辐射和指导能力。专业发展学校是职教教师进行专业发展的重要场所,一般来讲,专业发展学校的选择与设立需要符合和满足相应的标准,所选择学校的数量也是有一定限定的。目前我国还未开展职教教师专业发展学校方面的工作。但是,近年来,上海市已在中小学中设立了一批教师专业发展学校,不论对于相关教师的专业发展,还是对于所在学校的办学水平提升而言,都具有重要的促进作用。因此,在促进职教教师专业发展过程中,专业发展学校工作的开展颇值得考虑。

二、中职专业教师培训的政策措施分析

鉴于培训在中职专业教师职后专业化发展中的重要地位,国家和上海市出台了一系列与此有关的政策和措施,其中既有对中职专业教师专业化发展目标的约定,也有对培训内容、培训方式以及培训时间的要求。毫无疑问,这些政策和措施为中职专业教师培训设立了非常直接的约束条件,因而也应该在设计培训课程体系时予以充分的考虑。

在我国,中等职业教育属于中等教育范畴,如无单独的专项政策,关于中小学教育的规定也将适用于中等职业教育。基于这一背景,与中职专业教师培训相关的政策措施主要有(以下为按时间顺序排列):

(1) 1999 年 9 月 13 日,中华人民共和国教育部,《中小学教师继续教育规定》(教育部令第 7 号)

(2) 2007 年 5 月 23 日,《教育部办公厅 财政部办公厅关于组织实施中等职业学校专业骨干教师培训工作的指导意见》(教职成厅〔2007〕4 号)

(3) 2008 年 11 月 13 日,上海市教育委员会,《上海市中等职业学校专业骨干教师市级培训实施意见》(沪教委职〔2008〕38 号)

(4) 2016 年 11 月 3 日,《教育部 财政部关于实施职业院校教师素质提高计划的意见(2017—2020 年)》(教师〔2016〕10 号)

(5) 2011 年 5 月 9 日,上海市教育委员会,《上海市中等职业教育师资培养培训行动计划(2011—2015)》(沪教委职〔2011〕16 号)

(6) 2013 年 5 月 16 日,教育部办公厅 财政部办公厅关于印发《职业院校教师素质提高计划中等职业学校专业骨干教师培训项目管理办法》等三个文件的通知,(教师厅〔2013〕3 号)

(7) 2013 年 8 月 20 日,上海市教育委员会,《上海市中等职业学校教师培训工作指导意见(试行)》(沪教委职〔2013〕28 号)

(8) 2013 年 9 月 20 日,中华人民共和国教育部,《中等职业学校教师专业标准(试行)》(教师〔2013〕12 号)

初步梳理上述政策文件的关系,可以发现以下特点:

第一,1999 年颁布的《中小学教师继续教育规定》(教育部令第 7 号),作为中职专业教师培训的上位文件,规定了对中职专业教师继续教育的原则要求,提供了有关培训目标、培训内容和要求等方面的基本依据。

第二,教育部、财政部"十一五"、"十二五"期间连续推出"中职教师素质提高计划"(《教育部财政部关于实施中等职业学校教师素质提高计划的意见》(教职成〔2006〕13 号))、"职业院校教师素质提高计划"(《教育部、财政部关于实施职业院校教师素质提高计划的意见(2017—2020 年)》(教师〔2016〕10 号)),其下均有专项文件进一步详细规定中职专业骨干教师培训工作,特别是 2013 年 5 月 16 日发布的"十二五"《职业院校教师素质提高计划中等职业学校专业骨干教师培训项目管理办法》(教师厅〔2013〕3 号)对中职专业教师培训工作具有更为现实、直接的参考价值。

第三,为了落实"十一五"、"十二五"教育部、财政部有关中职专业骨干教师培训的文件精神,针对地方职业教育改革发展需要及师资队伍建设特点,上海市分别于 2008、2011、2013 年制定了《上海市中等职业学校专业骨干教师市级培训实施意见》(沪教委职〔2008〕38 号)、《上海市中等职业教育师资培养培训行动计划(2011—2015)》(沪教委职〔2011〕16 号)、《上海市中等职业学校教师培训工作指导意见(试行)》(沪教委职〔2013〕28 号)等文件。特别是最后一个文件是在对此前工作的总结和完善的基础上形成,具有更加明确的针对性和时效性,也因而对中职专业教师培训具有更强的参考价值。

最后,为了更为系统地规范中职教师的职业准入和终身专业化发展,经过长期研究与开发,教育部于 2013 年 9 月 20 日发布了《中等职业学校教师专业标准(试行)》(教师[2013]12号)。《专业标准》是国家对合格的中职教师专业素质的基本要求,是中职教师开展教育教学活动的基本规范,是引领中职教师专业发展的基本准则,是中职教师培养、准入、培训、考核等工作的基本依据。依托该标准并作为对该标准的细化、落实,教育部、财政部也在中职教师培养资源开发项目框架内设置了一系列专业的教师能力标准。毫无疑问,这些标准作为中职专业教师能力发展的导向,为专业教师的职后培训设置了明确的上位标准和努力方向,应该在培训课程体系设计中加以充分的考虑。

基于以上原因,下文对政策文件的细化分析将重点聚焦于前述(1)、(6)、(7)、(8)四个政策文件,分别分析政策文件所设定的中职专业教师培训的目标、内容、方式、时间等内容,以期为后续课程体系的设计提供依据。

(一) 有关中职专业教师培训目标的政策分析

表 1　相关文件对中职专业教师专业化发展(培训)目标的表述

政策文件	专业化发展(培训)目标	简要分析
1999 年 9 月 13 日,中华人民共和国教育部令第 7 号《中小学教师继续教育规定》	提高中小学教师队伍整体素质,适应基础教育改革发展和全面推进素质教育的需要(第一条)	因为是对中小学教师继续教育的通用约定,表述相对笼统,但强调了服务教育发展和全面推进素质教育的要求

政策文件	专业化发展（培训）目标	简要分析
2013 年 5 月 16 日，教育部办公厅、财政部办公厅关于印发《职业院校教师素质提高计划中等职业学校专业骨干教师培训项目管理办法》等三个文件的通知，（教师厅〔2013〕3 号）	以提高教师实践教学和课程开发能力为培训重点，着力培养一批专业理论扎实、职业技能娴熟、实践经验丰富、教学水平较高、掌握现代职业教育教学方法、能够在教育教学中发挥引领示范作用的骨干教师和专业带头人（第二条）	1. 强调以提高实践教学、课程开发能力为重点； 2. 细分目标，与培训内容有较好一致性，具体细分为专业理论、职业技能、实践经验、教学水平、现代职业教育教学方法等方面的目标。它们又可以概括为三个维度：专业理论、职业实践能力（含职业技能与行业企业实践能力）、教育教学能力； 3. 仅约定了急需加强的重点能力维度，对师德等未做系统考虑
2013 年 8 月 20 日，上海市教育委员会，《上海市中等职业学校教师培训工作指导意见（试行）》（沪教委职〔2013〕28 号）	全面提升教师的育德意识、师德水平、教学能力、实践能力及科研能力，满足教师终身学习和专业化发展的需要	可以按更清晰的逻辑重新结构化，归纳为教师理念与师德（涵盖育德能力、师德水平）、专业知识与能力（涵盖实践能力）、专业教学能力、教学研究与专业发展能力（涵盖科研能力、学习能力等）
2013 年 9 月 20 日，中华人民共和国教育部，《中等职业学校教师专业标准（试行）》（教师〔2013〕12 号）	➢ 理念——师德为先、学生为本、能力为重、终身学习，理念指引目标。 ➢ 能力维度：专业理念与师德、专业知识、专业能力。三个能力维度所涵盖的领域分别为：①专业理念与师德：职业理解与认识、对学生的态度与行为、教育教学的态度与行为、个人修养与行为；②专业知识：教育知识、职业背景知识、课程教学知识、通识性知识在内的专业知识（教师职业知识）；③专业能力：教学设计、教学实施、实训实习组织、班级管理、教育教学评价、沟通与合作、教学研究与专业发展的专业能力	1. 约定了职教教师专业化发展的三大维度，设定了规范的方向，但对专业教师而言，教师的职业要求和发展目标涉及到学科专业及授课专业与教师职业的双重内容，文件表述存在一定的抽象性，需要结合职业教育专业进行具体化、直观化； 2. 落实到专业教师后，能力发展维度可具体为：教师理念与师德、职业教育知识（职业教育政策与理论、课程与教学知识、通识性知识等）、专业知识与能力（含职业实践能力）、专业教学能力（包括教学研究与专业发展能力在内）
总结	为切实保障专业教师职后专业化发展的有效性、可持续性，能力维度要系统、全面，又鉴于中职专业教师能力维度的复合性（专业能力与教育教学能力），可以将专业化发展（培训）目标归纳为：①师德与基本素养（涵盖：传统的师德部分，例如育德能力、师德水平等；职业教育知识，例如职业教育政策与理论、通识性知识等）；②专业知识与能力（涵盖专业实践能力）；③专业教学能力（包括教学研究与专业发展能力在内）	

(二) 有关中职专业教师培训措施的政策分析

当前,我国的职业教育正处于快速发展时期,师资的重要性不言而喻,这点也可以从政策的颁布中得见。众多政策的出台目的只有一个,即强调师资队伍建设的重要意义,提供具体的政策和措施推动这项工作。

表 2　有关专业教师培训内容的政策分析

政策文件	培训内容	简要分析
1999 年 9 月 13 日,中华人民共和国教育部令第 7 号《中小学教师继续教育规定》	➤ 对取得教师资格的中小学在职教师进行思想政治和业务素质提高培训(第三条)。 ➤ 以提高教师实施素质教育的能力和水平为重点。内容主要包括:思想政治教育和师德修养;专业知识及更新与扩展;现代教育理论与实践;教育科学研究;教育教学技能训练和现代教育技术;现代科技与人文社会科学知识等(第八条)	内容指向:思想政治与业务素质两大维度,具体又细分为思想政治与师德修养、专业知识及更新与扩展、现代教育理论与实践、教育科学研究、教育教学技能训练和现代教育技术、现代科技与人文社会科学知识等六个领域,是对中小学教师的一般要求,并未具体到职业学校专业教师的要求。
2013 年 5 月 16 日,教育部办公厅、财政部办公厅关于印发《职业院校教师素质提高计划中等职业学校专业骨干教师培训项目管理办法》等三个文件的通知,(教师厅〔2013〕3 号)	➤ 专业理论扎实、职业技能娴熟、实践经验丰富、教学水平较高,掌握现代职业教育教学方法,能够在教育教学中发挥引领示范作用的骨干教师和专业带头人(第二条)。 ➤ 培训主要包括以下内容: 专业知识与技能训练(120 学时左右)。学习本专业领域的前沿理论知识、先进技术,进行专业技能训练。 教育理论与教学方法(40 学时左右)。学习国家职业教育政策、国内外先进职业教育理论与教学方法、现代教育技术手段、职业教育教学研究方法等。 企业实践活动(160 学时左右)。了解企业生产组织方式、工艺流程、生产技术、岗位规范、管理制度、企业文化等,进行关键岗位实践和技能训练,增加生产实际经验。 教学演练与实践(160 学时左右)。运用在培训机构学习的专业知识与技能,将教研与培训有机结合,在真实课堂中进行教学方法训练,改进教学行为,开展备课、说课及教学演练等活动,发挥培训骨干示范作用	1. 依中职教师专业化发展的能力维度设定培训内容:专业知识与能力(专业理论知识提升、职业技能训练、行业企业实践);教育知识(国家职业教育政策、国内外先进的职业教育理论等);专业教学能力(教学方法,含现代职业教育技术、职业教育教学研究方法等,教学演练与实践——依托专业知识与技能,结合并运用教育教学方法进行实际演练); 2. 对教师理念与师德未做内容上的细化

政策文件	培训内容	简要分析
2013年8月20日,上海市教育委员会,《上海市中等职业学校教师培训工作指导意见(试行)》(沪教委职〔2013〕28号)	➤ 中职教师培训内容注重教师职业基本素养和教育能力的提升,培训课程包括师德与素养、知识与能力、教育实践活动三大类别。 ➤ 师德与素养课程。强化师德教育,增强从事职业教育的荣誉感、使命感,实施敬业爱岗、热爱学生、严谨治学、为人师表等为主要内容的教师职业理想和职业道德培训;着眼于教师育德意识和能力的提高,开展以法制素养、人文素养、科学素养、情操修养和身心健康等为主要内容的综合素养培训。 ➤ 知识与能力课程。促进教师对现代教育理念、专业发展的新知识、新技术和关键技能、教学设计与实施、班级管理、学生职业指导、专业实训、企业实践、对外交流、信息资源开发运用技能等方面的更新、学习与提高。 ➤ 教育实践活动课程。以教育教学实践需求为导向,运用观察记录、诊断改进、专题讨论、课题(项目)研究、成果展示等方法,促进教师掌握班级管理、家庭教育、学生职业指导、心理辅导和学科德育等教育实践知识;掌握企业实践知识与技能的教学运用;掌握教学设计、教学方法、教学过程、教学评价、技能训练、专业实训等教学实践知识;掌握课程(教材)开发、教学研究、教育科研等教研实践知识	在国家规定的基础上进一步细化了约定: 1. 师德与素养课程(对应"教师理念与师德"能力维度),在实际操作中可以更进一步拓展为"师德与基本素养",将部分有关职业教育的基本理念和政策信息等纳入其中; 2. 为进一步增强内容的结构化程度,增加可操作性,知识与能力课程应从另一视角重新切分,划分为教育知识与能力课程、专业知识与能力课程。前者包括职业教育政策与趋势、现代教育及职业教育理念、班级管理、学生职业指导、对外交流等内容,大多可纳入"师德与基本素养"维度;后者包括专业发展的新知识、新技术和关键技能、行业企业实践等,大多可纳入"专业知识与能力"维度; 3. 专业教学能力课程,将专业教学理论与实践一体化呈现,同时将专业教学实践活动纳入考虑范畴
2013年9月20日,中华人民共和国教育部,《中等职业学校教师专业标准(试行)》(教师〔2013〕12号)	前文已做分析,文件并未细化和具体到培训内容上	
总结	综上分析,并考虑到与教师专业标准诸维度的对应和培训的具体操作可行性,培训内容可划分为以下三大模块: 1. 师德与基本素养课程模块,包括: 教师职业理想和职业道德培训;着眼于教师育德意识和能力的提高,开展以法制素养、人文素养、科学素养、情操修养和身心健康等为主要内容的综合素养培训; 职业教育知识与能力课程模块,包括最新职业教育政策和趋势、现代教育及职业教育理念、班级管理、学生职业指导、心理辅导、对外交流等内容;	

政策文件	培训内容	简要分析
	2. 专业知识与能力课程模块,包括: 专业发展的新知识、新技术和关键技能、行业企业实践(了解企业生产组织方式、工艺流程、生产技术、岗位规范、管理制度、企业文化等,进行关键岗位实践和技能训练,增加生产实际经验等); 3. 专业教学能力课程模块,将专业教学理论与实践一体化呈现,包括教学设计、教学方法、教学过程、教学评价、技能训练、专业实训等教学实践知识;掌握课程(教材)开发、教学研究、教育科研等教研实践知识	

表3　有关专业教师培训时间和培训方式的政策分析

政策文件	培训方式和培训时间	简要分析
1999 年 9 月 13 日,中华人民共和国教育部令第 7 号《中小学教师继续教育规定》	➢ 原则上每五年为一个培训周期(第七条)。 ➢ 新任教师培训:为新任教师在试用期内适应教育教学工作需要而设置的培训。培训时间应不少于 120 学时(第九条)。 ➢ 教师岗位培训:为教师适应岗位要求而设置的培训。培训时间每五年累计不少于 240 学时(第九条)。 ➢ 骨干教师培训:对有培养前途的中青年教师按教育教学骨干的要求和对现有骨干教师按更高标准进行的培训(第九条)	1. 对培训方式未做约定和严格要求; 2. 在职培训及骨干教师培训强调适应岗位需要和一定的前瞻性要求; 3. 五年一个周期;五年继续教育学时不少于 240 学时,骨干教师要求可以更高
2013 年 5 月 16 日,教育部办公厅、财政部办公厅关于印发《职业院校教师素质提高计划中等职业学校专业骨干教师培训项目管理办法》等三个文件的通知,(教师厅〔2013〕3 号)	➢ 以校企合作为主要培训模式(第二条)。 ➢ 国家级培训每期 12 周(含企业实践 4 周),共 480 学时。培训采取集中培训和企业实践交替进行的方式,实行小班教学、分组训练,每班 35 人左右(第七条)。 ➢ 具体课时:专业知识与技能训练(120 学时左右),教育理论与教学方法(40 学时左右),企业实践活动(160 学时左右),教学演练与实践(160 学时左右)	1. 强调校企合作,鼓励集中培训与企业实践交替进行,推崇小班教学、分组训练; 2. 总学时 480,理论学习与企业实践分别为 320 和 160 学时; 3. 进一步细分:教育理论与教学方法模块 40 学时,专业知识与能力模块(含企业实践)共 280 学时,专业教学能力模块 160 学时
2013 年 8 月 20 日,上海市教育委员会,《上海市中等职业学校教师培训工作指导意见(试行)》(沪教委职〔2013〕28 号)	➢ 明确培训学时要求。五年内,所有在职中职教师须修满 360 学时,高级职称教师须修满 540 学时。教师完成培训学时和培训考核情况将作为教师资格定期注册、职务聘任和教师考核的必备条件。	1. 中级教师和高级教师五年内的继续教育学时要求分别为 360 学时和 540 学时;再次明确了满足继续教育学时要求的必要性;

政策文件	培训方式和培训时间	简要分析
	➤ 完善市、区县(职教集团)、学校培训三级课程体系。建立中职教师定期到企业接受实践教育培训的长效机制,原则上每位在职教师参加市级培训课程、区县(职教集团)培训课程和校本培训的学时比例分别为 15%—25%、25%—35% 和 50%。 ➤ 中职教师培训内容注重教师职业基本素养和教育能力的提升,培训课程包括师德与素养、知识与能力、教育实践活动三大类别,其培训方式为: (1) 师德与素养课程:形式未做约定,课时 120; (2) 知识与能力课程:形式未做约定,课时 140; (3) 教育实践活动课程:以教育教学实践需求为导向,运用观察记录、诊断改进、专题讨论、课题(项目)研究、成果展示等方法,课时 100	2. 提出建构三级培训课程体系,三个层级之间合理分工的要求;为满足课时总量要求,并发挥市级统筹协调的能力,市级培训应在保证 15%—25% 学时比例的基本任务基础上,做好自上而下的总体设计; 3. 对于所有在职教师而言,五年内至少要完成总计 360 课时的培训,具体模块划分:师德与素养 120 学时,知识与能力 140 学时,教育实践活动课程 100 学时
2013 年 9 月 20 日,中华人民共和国教育部,《中等职业学校教师专业标准(试行)》(教师[2013]12 号)	文件对培训方式和培训时间未做具体约定	
总结	1. 应以教师专业化发展需要为最根本依据,总体考虑培训课程体系设计。为此,培训课程体系应一体设计,依培训需求和供给特点在三级培训主体之间分配,形成三个层级之间的合理分工。 2. 国家级培训等上级部门组织的培训虽不在本课程体系设计的权限和考虑范围之内,国家级培训的学时也应考虑在内(可以"市级及以上培训"总体表述和涵盖); 3. 中级教师和高级教师五年内的继续教育学时要求分别为 360 学时和 540 学时;为满足不同层级教师以及教师个体的差异化需求,课程体系的学时设计应大于 540 学时,以选学形式实现; 4. 总学时应大于 540 学时,师德与基本素养课程 180 学时(包含职业教育知识与能力课程模块 60 学时在内),专业知识与能力 180 学时,专业教学能力课程(含教育实践活动)180 学时(按总量 1/3 计算)	

第三章　上海市中职专业教师市级培训现状及存在问题

一、上海市中职教师市级培训现状

当前,上海市已构建了以高等院校为龙头、以重点中职为主体、以校本培训为基础、以专业培训为特色的教师培训网络。本市拥有同济大学、华东师范大学、上海市交通学校、上海商学院等 15 个市级职教教师培训基地,培训专业/项目覆盖面达 40 余个。

表 4 是 2011 年—2015 年上海市教委组织的市级培训专业/项目数量表。表 5 为 2011 年至 2015 年上海市中职校专业教师参加上海市教委组织的市级培训参训人次表(资料来源:上海市中职师资培训工作年报)。

表 4　上海市市级培训专业/项目数量表

培训年份	培训专业/项目数量（个）	培训年份	培训专业/项目数量（个）
2011 年	17	2014 年	43
2012 年	29	2015 年	42
2013 年	38		

表 5　上海市中职校专业教师市级培训参训人次表

培训年份	培训教师人次	培训年份	培训教师人次
2011 年	907	2014 年	1 337
2012 年	1 270	2015 年	1 120
2013 年	1 246		

由表 4 及表 5 可见,2011 年到 2013 年期间,上海市级培训开展的专业/项目和参训人数数量大体上逐年递增,2013 年—2015 年的市级培训班开展的专业/项目和参训人次较为稳定,上海中职专业教师市级培训体系已初具规模。

2011 年—2015 年,上海市中职师资培训中心共为上海市中职专业教师开设市级培训情况详见表 6、表 7、表 8、表 9 和表 10。

表6 2011年上海市中职专业教师市级培训一览表

序号	基地	专业/项目	人次
1	华东师范大学	现代职教理论与方法(专业骨干教师)	192
2		现代职教理论与方法(新进教师)	32
3	上海市教委教学研究室	新任(与转岗)德育教师培训	36
4	同济大学职业技术教育学院	现代教学媒体开发	90
5		现代职教理论与方法(新进教师)	55
6		中德专业教学法	129
7	上海商学院	会计	13
8		国际商务	26
9	上海市交通学校	汽车运用与维修	17
10	上海徐汇职高	烹饪	11
11	上海市工业技术学校	数控技术应用	25
12		模具设计与制造	8
13	上海市高级技工学校	机电技术应用	20
14	上海信息管理学校	计算机及应用	20
	上海信息技术学校		17
15	上海信息技术学校	新任(与转岗)班主任培训	175
16	上海商贸旅游学校	旅游服务与管理	22
	上海现代职校		
17	上海市现代流通学校	现代物流	10
	上海港湾学校		9
		合计	907

表7 2012年上海市中职专业教师市级培训一览表

序号	基地	专业/项目	人次
1	华东师范大学	现代职教理论与方法(专业骨干教师)	207
2		现代职教理论与方法(新进教师)	45

续表

序号	基地	专业/项目	人次
3	上海市教委教学研究室	新任(与转岗)德育教师培训	26
4	同济大学职业技术教育学院	现代教学媒体开发	41
5		中德职业教育专业教学法	127
6		中等职业教育科研能力建设与提高	29
7		中等职业教育精品课程开发	125
8		思维导图在职业学校管理及教学中的应用	17
9		赴德研修	60
10	上海商学院	商贸专业负责人	15
11		国际商务	18
12		语文	29
13		师训基地负责人	33
14		中等职业教育科研能力建设与提高	36
15	上海市交通学校	汽车运用与维修	14
16	上海徐汇职高	烹饪	12
17	上海市工业技术学校	数控技术应用	23
18		模具设计与制造	7
19	上海市高级技工学校	机电技术应用	20
20		电气运行与控制	4
21	上海信息管理学校	计算机及应用	28
	上海信息技术学校		14
22	上海信息管理学校	计算机网络技术	12
	上海信息技术学校		9
23	上海信息技术学校	新任(与转岗)班主任培训	75
24	上海信息技术学校	骨干班主任培训	90
25	上海商贸旅游学校	旅游服务与管理	18
	上海现代职校		

序号	基地	专业/项目	人次
26	上海市现代流通学校	现代物流	9
	上海港湾学校		9
27	上海交通大学医学院附属卫生学校	卫生保健师资培训	30
28	上海教科院	管理干部培训	59
29		现代职教理论与方法(专业骨干教师)	29
		合计	1 270

表8 2013年上海市中职专业教师市级培训一览表

序号	基地	专业/项目	人次
1	华东师范大学	现代职教理论与方法(专业骨干)	132
2		现代职教理论与方法(新进教师)	68
3	上海市教育科学研究院	现代职教理论与方法(专业骨干)	54
4		教学管理干部素质提高培训	64
5		教学管理干部高级研修班(下半年)	62
6	上海商贸旅游学校/同济	市场营销	13
7	上海市高级技工学校	机电技术应用	7
8		电气运行与控制	10
9	上海商学院	教科研成果培育与申报能力提升	24
10		商贸专业建设设计	10
11		英语	36
12		语文	19
13	上海徐汇职高	烹饪	7
14	上海商贸旅游学校/现代职校	旅游服务与管理	14

序号	基地	专业/项目	人次
15	同济大学	中等职业教育精品课程开发	58
16		中等职业教育科研能力建设与提升	36
17		思维导图在职业教育教学与管理中的应用	20
18		行动导向教学法在职业教育教学中的应用	40
19		信息化教学设计与现代教学媒体开发	40
20		区县科长班	17
21		出国培训(德国团)	54
22		出国培训(芬兰团)	19
23		"教学高尔夫"(下半年)	35
24	上海港湾学校	物流服务与管理专业负责人	8
25	上海市现代流通学校	物流服务与管理	12
26	上海市工业技术学校	数控技术应用	16
27		模具设计与制造	2
28	上海市交通学校	汽车运用与维修	13
29		体育类教师培训(下半年)	35
30	上海信息技术学校	计算机应用	7
31		计算机网络技术	13
32		中职骨干班主任培训	74
33		中职新任(转岗)班主任培训	134
34		德育管理干部培训(下半年)	40
35	上海信息管理学校	计算机应用	8
36		计算机网络技术	8
37		文秘(下半年)	9
38	上海市教委教研室	中职德育课程转岗(新任)教师培训	28
		合计	1 246

表 9 2014 年上海市中职专业教师市级培训一览表

序号	基地	专业/项目	人次
1	华东师范大学	现代职教理论与方法	168
2	上海市教育科学研究院	现代职教理论与方法	111
3		中职德育干部	32
4		教学管理干部素质提高培训	57
5	上海商贸旅游学校	市场营销	4
6	上海市高级技工学校	机电技术应用	9
7		电气运行与控制	8
8	上海商学院	教学管理干部素质提高	6
9		教学成果培育	9
10		英语	31
11		语文	29
12		金融事务专业	7
13		中职学校影视教育骨干教师培训	27
14	同济大学	微课程制作及在职业教育教学中的应用	78
15		中等职业教育科研能力建设与提升	33
16		行动导向教学法在职业教育教学中的应用	34
17		中等职业教育精品课程开发	40
18		信息化教学设计与现代教学媒体开发	44
19		思维导图在职业教育教学与管理中的应用	28
20		信息化素养	21
21		区县科长班	17
22	上海港湾学校	物流服务与管理	9
23	上海市现代流通学校	物流服务与管理	6
24	上海市工业技术学校	数控技术应用——CAM 技术应用	4
25		数控技术应用——零件综合测量	5
26		模具设计与制造——逆向工程与 3D 打印技术	6

序号	基地	专业/项目	人次
27	上海市交通学校	汽车运用与维修	18
28		体育类教师培训	28
29		体育专项运动技能专业化培训	56
30	上海信息技术学校	计算机应用	14
31		计算机网络技术	8
32		中职德育干部	33
33		信息化素养	23
34		骨干班主任	54
35		新任(转岗)班主任	90
36	上海信息管理学校	计算机应用	11
37		计算机网络技术	12
38		文秘	8
39	上海市教委教研室	中职德育干部	18
40	上海市现代职校/上海商贸旅游学校	旅游管理与服务	12
41	上海交大医学院附属卫校	医学类骨干教师培训	26
42	同济大学/上海市交通学校	中高职贯通	38
43	同济大学/华东师范大学/上海信息技术学校	新进教师	65
		合计	1 337

表 10　2015 年上海市中职专业教师市级培训一览表

序号	基地	专业/项目	人次
1	华东师范大学	现代职教理论与方法	119
2		课堂教学能力实践	16

续表

序号	基地	专业/项目	人次
3	上海市教育科学研究院	现代职教理论与方法	76
4		中职德育干部	27
5		教学管理干部素质提高培训	51
6	上海市高级技工学校	机电技术应用	11
7		电气运行与控制	10
8	上海商学院	中职英语骨干教师培训	20
9		中职语文骨干教师培训	34
10		中职数学骨干教师培训	26
11		中职学校影视教育骨干教师培训	21
12	上海徐汇职高	西式面点制作(糖艺制作)	
13	同济大学	微课程制作及在职业教育教学中的应用	25
14		中等职业教育科研能力建设与提升	13
15		行动导向教学法在职业教育教学中的应用	11
16		信息化教学设计与现代教学媒体开发	23
17		思维导图在职业教育教学与管理中的应用	23
18		信息化素养	13
19		中高职贯通 体化课程开发及教师教学能力培训	27
20		中职教师教学法创新培训项目——"教学高尔夫"	30
21	上海市现代流通学校	物流服务与管理	7
22		电子商务	11
23	上海市工业技术学校	数控技术应用——四轴数控加工	4
24		模具设计与制造——逆向工程与3D打印技术	7
25	上海市交通学校	汽车运用与维修	10
26		体育专项	61

续表

序号	基地	专业/项目	人次
27	上海信息技术学校	计算机应用——影视动画特效/广播影视	14
28		计算机网络技术	6
29		中职德育干部	19
30		信息化素养	11
31		骨干班主任	35
32		新任(转岗)班主任	89
33		中职德育高级研修培训	26
34	上海信息管理学校	计算机应用——影视动画特效	8
35		计算机网络技术	12
36	上海市教委教研室	中职德育干部	27
37		教学管理干部素质提高	51
38	同济大学/华东师范大学/上海信息技术学校	新进教师	65
39	联想	校长领导力内涵建设高级研修班	28
40	上汽集团	中层干部胜任力提升研修班	52
41	南澳洲政府	中职教育办学模式创新与职教国际化视野拓展	20
42	上海市高级技工学校/客尼集团	机电一体化	20
		合计	1 120

  2011 年至 2015 年,由 15 个培训基地开展市级培训实现主要专业大类和学校的全覆盖。为使更多的专业教师参与市级培训工作,基地并行开展专业培训和项目培训,项目培训的总学时一般较专业培训短,内容比较灵活,报名不限专业,一般针对职业教育的热点问题及教师的公共模块如教学法、信息化素养提升等培训内容。从上述各表可以看出,专业培训和项目培训的培训群体从新任教师、班主任到专业骨干教师,培训内容从教学法、科研能力到信息化技术,无论是培训群体还是培训内容所涉及的广度与深度是符合目前上海市职业教育发展需要的。专业培训则由专业大类培训向专业方向培训具体化,针对新技术、新工艺开展的特定的专业培训新项目不断涌现,各基地在新项目申报上呈现出百花齐放的局面。2015 年的市级培训首次探索引进企业资源,由企业全程组织开展培训,分别是联想集团开展的中职校校长领导力内涵建设高级研修班和上汽集团开展的中层干部胜任力提升研修班。

二、上海市中职专业教师市级培训工作的核心特色

（一）精心组织培训工作，不断创新培训模式

为适应职业教育改革发展的新要求，满足职教教师能力提升的新需要，上海市一直尝试探索以教学、科研、培训一体化的校长和教师培训模式，以项目为引领，以网络为平台，对专业课、德育课、文化课等不同类型的教师开展职教政策法规、现代职教理念和方法、专业技能等培训。同时，通过专家指导、名著研读、案例分析、成果展示、专题报告、专题研究、经验介绍等形式，开展"名校长与名师"培训，搭建实践舞台，促进专业化发展，从而形成了多层级、多类型的培养培训体系框架，其中的核心模块和培训模式又做到了不断创新、滚动完善。

（二）注重参训教师个性发展，保障培训效果和质量

上海市在培训方案、培训形式、考核手段等方面进行了个性化探索。一是培训内容项目化。突出模块化、菜单化、个性化、针对性的项目引领，方便学员选择。二是培训形式灵活多样。必修选修相结合，长班短班相结合，专家讲解与小组研讨相结合，理论学习与实践操作相结合，基地培训与企业实践相结合，满足不同的培训需求。三是培训过程实践化。突出理论与实践一体化培训，要求各培训基地与企业联手拟订、合力实施专业实践计划。四是加强组织支持和引导，创造有利于学习培训的机会和条件，注重发挥教师的主体价值，增强教师不断学习的主动性。

（三）注重拓展教师国际化视野，加强国际交流与合作

仅 2011—2012 年，上海市教委通过送出去、请进来的方式，先后组织了 154 位校长及教师赴德参加培训，先后两次邀请德国职教专家来沪组织专业教学法培训班，累计参加培训的教师 288 人次。通过赴德培训，参训教师接受了德国职教专家的培训、聆听德国教师的精彩讲学、参观多家著名企业举办的培训学校，对德国"双元制"职业教育模式的内容、形式、方法、保障措施有了深入体会。参训教师开阔了视野、转变了观念，进一步增强了现代职业教育理念与意识。出国培训造就了一批具有国际化视野的职教教师，为上海职业教育的继续进步及国内领先地位的保持提供强有力的保障。

三、上海市中职专业教师市级培训中存在的问题

尽管从规模、模式、质量等诸方面看，上海市中职专业教师市级培训都取得了有目共睹的成绩，有力地支撑了职业学校的教育教学改革和办学质量提升，得到了参训教师和送培学校的高度认可。但不可否认，培训工作仍存在一些问题，突出表现为：

（一）相对缺乏对中职专业教师职后发展的整体性考虑，教师职后培训的理念和目标未做清晰设定

迄今为止，在各级政府和教育机构日益重视职教教师队伍建设的大背景下，国家级、市

级、区县级以及校本培训等各级各类中职教师培训项目不断推出。但鉴于全国范围内的区域差异，国家级培训在很大程度上并不能代表规范的高要求，无法满足职业教育发达地区的师资发展需要；受专业和规模限制，区县一级培训很难有效组织高水平的专业教师培训；而学校层面则往往受制于资源和能力约束，更多是将培训与专业建设等直接任务结合在一起，缺乏对教师队伍建设的科学性和专业性的整体把握。也正因如此，市级培训管理主体应更多发挥统筹区域职教教师队伍建设的能力和资源优势，向下兼容，总体考虑区县及校本培训的任务设定和分工，市级的这种统筹功能也与职业教育自身的省级统筹形成了较好的呼应。但到目前为止，在市级培训管理主体权责仍处在逐步明确和强化的过程中，区域中职专业教师培训的前瞻性、发展性与规范性、专业性之间权衡不足的现象仍十分突出。

（二）培训专业设置比例偏低，各专业培训人数占该专业总人数的比例不均衡

目前全市 79 所中职学校经过专业布局与结构调整优化工作，逐步建立起专业布局合理、结构优化、特色鲜明、品牌纷呈的专业体系。调整后的专业在第一、二、三产业中所占比例分别为 1.43％、19.89％、78.68％，与上海未来以现代服务业和先进制造业为发展主体的产业布局结构吻合。2013 到 2015 年间所开设市级培训专业共计 16 个，从专业维度去看上海市中职市级培训专业的设置比例偏低，专业的涉及面比较窄，难以使更多专业的教师享有参与市级培训的机会。

（三）培训内容及培训模式仍需创新

职业教师培训的目标体系是一个从抽象到具体的结构，每一级别的目标设置都要从三个方面进行考虑：专业教师的专业化发展、培训系统化以及教师需求分析。教师培训要以教师专业发展为最终目标，教师培训重视的不仅仅是培训阶段性的短暂成效，而是以专业化的重要表现即学会学习、学会发展为目标取向。目前上海市中职教师市级培训目标体系还没有完全建立，由于培训目标不明确，导致市级培训的培训内容及培训模式仍需创新。

就培训内容维度而言，市级培训内容仍存在示范性不强、缺乏可借鉴性及与教师需求契合度不高的问题。中职教师培训内容是整个培训中决定培训质量的关键性问题，而在这一问题领域中，培训内容与教师培训需求之间的矛盾是教师视野下最为重要的培训问题。就培训模式而言，培训模式的选择对于保障每节培训课程的效果来说是至关重要的。在当前中职教师培训模式的选择上，主要存在专题讲座、专题研讨过多，缺乏课堂互动、教师参与度过低、经验交流不够及培训中的主动权始终没有落实到参训教师本身等亟待解决的问题。

（四）在职教教师队伍建设政策、措施不断推出的背景下，培训管理体系和保障机制仍有较大的提升空间

一段时间以来，随着各级教育行政主管部门对职教教师队伍建设重视力度的不断加大，职教教师队伍建设的政策和举措不断推出，也直接带来了政策、措施冗余以及碎片化现象，导致部分职业学校和教师为培训而培训、疲于应付，培训的系统性、针对性不高，效果难以保证。经过多年的扎实工作，市级培训工作的评价重点已转移到了培训的整体效果之上，关注的是培训服务质量的满意程度，但也存在对参训教师的实际收益和能力提升考量不足的问

题,更没有关注到教师能力提升所带来的教育教学行为的改变,以及所带来的学生收益。当前的中职教师市级培训中普遍存在过程性评价缺失的现象,同时评价内容缺少针对性,忽视对参训主体的行为改变的关注,更缺少对参训教师在回到工作岗位后受培训影响而发生在行为上的改变的评价及培训的长效性评价。鉴于质量生成的系统逻辑,上述问题的解决更多还应从进一步完善整个培训管理体系和管理制度考虑,建构更加完善、系统的过程管理和质量监控以及持续完善机制。

与此同时,特别需要指出的还有教师参训仍面临较为尖锐的工学矛盾,诸如教师参训学校扣课时费等现象时有发生,直接影响了教师参训的积极性;且评先评优的制度设计与培训工作也未形成系统的呼应,使教师在专业化发展过程中缺乏伴随、扶助和激励,在一定程度上也影响了其发展与进阶的持续性和高效率。

第四章　上海市中职学校专业教师培训对策分析

一、在职培训在职教教师专业发展中的重要作用

从教师专业发展角度看,职教教师在职培训可以区分为:入职培训(包括新进教师培训)、骨干教师、专业负责人或带头人培训等几个层级。结合地理范围和教师划分等级可以分为:校本培训、区级培训、省(市)级培训、国家级培训。在上述划分基础上,结合实际需要可开展针对具体主题内容的有针对性的培训。

(一) 专业发展和在职培训的基本依据

2013 年 9 月 20 日,教育部发布《中等职业学校教师专业标准(试行)》,其中提出,将该专业标准作为教师培训的重要内容,依据该专业标准制定教师培训课程指南。

在实施建议中提出,中职要将该专业标准作为教师管理的重要依据。制定中职教师专业发展规划;开展校本研修,促进教师专业发展。中职教师要将该专业标准作为自身专业发展的基本依据。制定个人专业发展规划,爱岗敬业,增强专业发展自觉性;大胆开展教育教学改革,不断创新;积极进行自我评价,主动参加教师培训和自主研修,逐步提升专业发展水平。

该专业标准由三个维度即专业理念与师德、专业知识和专业能力构成,内容包括 15 个二级指标和 60 个三级指标。在专业能力维度包含的二级指标有 7 个,分别为:教学设计、教学实施、实训实习组织、班级管理与教育活动、教学评价、教育教学评价、沟通与合作、教学研究与专业发展。

(二) 基于实效性与实践性的培训质量提升策略

1. 实效性应为在职培训评价的重要指标

在职培训项目及实施要体现培训需求,培训项目方案形成需在充分的需求调查和分析

基础上来设计,同时还要与中职教师专业标准、职业学校发展和教师未来需要相结合。这样的培训方案及内容才具有现实针对性,富有实效。所设计方案应体现如下表所示的一些特征①。

表 11　教师在职培训实施特征

所涉方面	特征	所涉方面	特征
立足点	学习需要	实施方式	灵活多样、资源丰富
培训课程原则	以学员为中心	评价	多方评价
培训课程目标	可以测量	结果	与工作需求紧密结合
活动过程	体验式、参与式、情境式学习		

2. 实践性应为在职培训的主要实施理念

尽管不同年龄阶段的学习存在共性,但成人的学习因为发展过程、经验积累和生活情境的影响而与非成人学习者存在差异。成人学习者强调需求驱动、自我导向和现实的转化。

职教教师是成人学习者,开展专业发展实际上目的就是促进其专业工作的不断改善。改善首先需要"学会在工作情境中做正确的事",因此在培训中,要结合教师所从事工作的具体工作场景,要落实于学校与班级场景中②。当教师在学校里从事各种专业活动的过程中,能够更进一步对自己的具体经验进行观察与反思、进行抽象概括化,甚至主动去实验验证时,教师的专业发展效果就会更加明显、更加富有成效。

3. 跟踪指导与研究应为培训质量保障的重要举措

要了解职教教师的在职培训效果如何用于教育教学过程以及应用到何种程度,离不开培训后的跟踪指导与调查研究。教师专业发展不是一次性的,专业发展中的高质量在职培训也不是单次培训本身,而应把培训后的结果应用于教师教育教学实践当中,同时需结合培训结果的实践应用给以具体指导,使得培训目标真正落到实处,体现到学生教育和人才培养上,实现教师专业发展(专业成长)的根本目的。

另外,加强培训效果的跟踪调查与研究,对于职教教师后续在职培训及专业发展质量的改进和完善具有重要价值,并且也有助于在职培训机构(培训基地)工作效益和质量的提升,对于教师专业发展管理工作的加强也具有重要价值。

二、解决上海市中职专业教师培训问题的基本考虑

职后培训(继续教育)是职教教师教育的重要组成部分,是教师专业发展的基本途径。职教教师的职后培训如何与职前培养、入职环节等形成有机的整体,促进职教教师专业化水

---

① 余新. 教师培训师专业修炼[M]. 北京:教育科学出版社,2012:143.
② 崔允漷,柯政等. 学校本位教师专业发展[M]. 上海:华东师范大学出版社,2013:88—100.

平的提高,是职教教师教育领域的一个重要问题。职后培训专业化是专业化取向的职教教师教育理论与实践的重要内容,职教教师职后培训的专业化必须以教师专业发展为导向。

应在终身教育、终身学习以及教师终身专业发展的大前提下,系统规划职教教师的职后培训问题。为此,职教教师职后培训也应是专业化的。所谓专业化的职后培训,就是指"它应该有专业性的机构和人员,有专门化的培训模式和课程计划,也有专业化的评价标准。""只有教师培训工作本身的专业化,才能够保证教师专业化水平的提高。"①就全国的总体情况看,职教教师的职后培训还处于一种非专业化的摸索状态中,还缺乏建立在对职教教师专业发展研究基础上的科学的继续教育规划,缺乏对职教教师专业发展状态的准确把握,职教教师的职后培训还在以一种行政手段的方式推进。综合职教教师教育的基本规律以及中国职教教师职后培训的现状,我们认为,应着力在以下方面作出系统调整。

(一)职教教师职后培训理念:先进性与专业性兼顾

理念是行动的先导,任何一项活动,其成熟的标志就是有先进的理念、科学的理论作指导。职教教师的职后培训也是如此,需要理论上的创新与理念上的引导。职教教师继续教育理念的建构,是从促进职教教师专业化发展的视角,围绕职教教师继续教育专业化建设的目标,从不规范走向规范,从非专业走向专业,从盲目走向理性、从落后走向进步的过程。

1. 转变职教教师职后培训价值取向——从"弥补型"转变为"发展型"

传统的职教教师继续教育认为教师要接受继续教育,是因为他们现有的教学知识、教学技能存在缺陷与错误,继续教育的目标就是弥补缺陷、纠正错误,在教育内容上强调知识、理论的灌输与积累。然而,随着信息社会、知识社会的到来,这样的继续教育显得越来越力不从心,对教师的帮助也越来越小。因此,现在的教师继续教育"应更多地着眼于教师整体素质上的转型,而不仅仅只是知识、技能和观念的进一步补充。这是一个非常重要的问题,直接关系到教师培训的目标取向和基本模式,以及评价标准。"②

首先,职业教育面临的挑战对教师继续教育提出了更高、更专业的要求。一方面,职业教育在社会经济发展中的基础地位日益提高,职业教育已经从纯粹适应社会经济发展转变为引领社会经济发展,对职教教师而言这种转型是整体的、彻底的,它不仅要求职教教师必须增加新知识、新技能,更要求职教教师抛却旧思想、旧观念的影响,树立全新的职教发展观。另一方面,伴随规模的扩大,职业教育自身的内涵改造也在同步深化,职业教育结构改革、职业教育观念更新、大职教体系建立、职业教育课程教学改革等因素无不对教师继续教育提出了新的要求。因此,职教教师的课程开发能力、技术创新能力、实践动手能力能够不断追随新技术、新方法显得无比重要,这些仅仅靠传统的知识补充式的培训是无法实现的。

其次,职教教师自身的角色转变也要求确立职教教师继续教育发展观。正如联合国教科文组织在《从现在到 2000 年教育内容发展的全球展望》中所指出的:"为组织适应未来的教育,我们需要有新型的教师。"在新形势下,教师的应然角色正在发生转换:从"教师"到"导

① 谢维和. 教师培训:补充还是转型[J]. 高等师范教育研究,2002(1):17—22.
② 谢维和. 教师培训:补充还是转型[J]. 高等师范教育研究,2002(1):17—22.

师"、从"教书匠"到"研究者"、从"课程实施者"到"课程开发者"、从"生涯发展服从者"到"生涯发展自主设计者"。教师无法再充当知识的权威,转变为学生学习的伙伴与引领者。教师的专业权威不是知识量的多寡,而是对学习的研究、专业的创新、学生的塑造,这都要求继续教育应该着眼于发展教师的综合能力。

再者,职教教师这一职业具有极高的专门性,它不仅需要专业学科知识与技能,更重要的是要掌握职业教育的教育教学规律,能够设计科学合理的教学过程,把自己的专业知识与技能有效地传授给学生;能用专业的方法对学生的心理发展、思想发展等开展研究,指导学生的学习活动、文化活动、班集体建设等,培养学生全面发展。

综上所述,弥补型的职教教师继续教育理念已无法适应职业教育对教师的要求,必须确立职教教师继续教育的发展观,即职后培训应该为了职教教师的终身发展,促进教师的专业化发展。

2. 进一步强化职教教师职后培训的教师主体理念

教师继续教育的主体是谁,是一个常被忽视的问题,但却是一个影响职后培训全局的问题。"在目前的在职教师教育中普遍存在着'要我学'而不是'我要学'的问题,陷入惟学历教育、文凭热和学历热的误区"。许多教师在实现职业的社会价值的同时,却迷失了个人价值定位。教师在内化职业价值、认同职业规范和形成职业性格等方面缺乏强烈而持久的内在需要和动机,已成为有目共睹的事实。另外,在主体性教育的实质阶段,也因教师自身发展的主体性缺失而使学生的主体性发展受到极大的限制。观察现实的职教教师继续教育现状,不难发现,许多继续教育活动是上级行政主管部门计划设定的,很多教师被安排去参加各种继续教育,往往也是由学校指派的。尤其是在继续教育过程中,在职教师被当作了一无所知的学生,是被动的"受训者",完全受培训教师的控制与灌输。教师本人丧失了决定自身专业发展方向及方式的自主权。"只有弘扬教师的主体意识和创新精神,树立终身学习观念和唤起自我发展的意识,师资培训才能事半功倍。"[①]

3. 坚持职教教师终身发展和职后培训一体化的理念

研究表明,优秀教师的各种特殊能力大部分是职后形成的[②],为了使教师在职业上获得持续有效的发展,必须对教师职前教育和职后发展进行系统的规划[③]。要坚持职教教师终身发展和职后培训一体化的理念。

一方面,要坚持职教教师职前培养与职后培训一体化的理念。长期以来,我国的大学教育有个无法回避的弊端,就是大学教育与社会现实相脱节,而职教教师教育也是如此。职教教师教育与职业院校的实践割裂,职前教育阶段不了解职业院校的要求,而负责继续教育的机构或人员也不了解职教教师职前教育的情况,很多培训内容要么是简单复制职前教育课程(尤其反映在教育学科与专业学科方面),"炒冷饭",要么是不顾教师的实际经验与水平,盲目求新、求异。在一体化发展理念之下,职前教育不再、也不可能培养成熟的职教教师,而

① 李崇爱. 教师专业化背景下的教师继续教育:理念、目标、模式[J]. 继续教育研究,2006(2):4—6.
② 王邦佐,陆文龙主编. 中学优秀教师的成长与高师教改之探索[M]. 北京:人民教育出版社,1994:46.
③ 李方,钟祖荣. 教师专业标准与发展机制——教师专业化国际研究译文集[M]. 北京:北京出版社,2004:194.

是为成熟教师未来的专业发展打下坚实的基础,培养职教师范生终生学习、自主发展的能力;而职后培训也不再是职前教育的重复或简单补充,而是应以职前教育为基础,相互衔接,以职教教师的专业发展阶段为导向,根据教师每个发展阶段的特点,设计目标与内容,实施有针对性的继续教育,让职前教育与职后教育各司其职,有效合作,共同打造专业化的"双师型"职教教师。

另一方面,要充分把握职教教师职后培训自身的一体化。现代终身教育及教师专业发展理论强调教育的连续性与整体性,职教教师职后培训作为教师职后专业发展的主要途径,也应该具有连续性与整体性,这是发展型继续教育的根本特征。这种一体化反映在职后培训的各个层面。一是培训机构的一体化。开展职教教师职后培训的机构很多,每个机构都有自己的培训计划与内容,教师也会通过多种机构接受继续教育。因此,各机构之间要相互协调,互相配合,发挥各自的优势,既不能恶性竞争,争抢生源;又要避免重复教育。解决的途径是加强统筹管理,建立教师继续教育档案袋,制定培训计划时充分了解教师的继续教育经历。二是职后培训内容的一体化。职后培训的内容不仅要与职前教育内容相互衔接,其本身也应该是一个有机的整体,要根据教师的全面发展进行整体设计与规划,这也是本次培训课程的目的所在。

(二) 职教教师职后培训目标:全面化与个性化兼有

职教教师职后培训的目标关系到职教教师职后培训的内容、模式以及相关政策、制度的确立,是职教教师职后培训的核心问题。一体化的"双师型"职教教师是职教教师职后培训和专业化发展的终极目标,但在每一个具体的教育活动中,必须立足于职教教师的现实需求,从促进教师专业发展的角度,为教师的职后培训设定具体的目标。以教师专业发展为导向的职教教师职后培训目标呈现出以下两方面特点:

1. 要以全面化为教师专业发展目标

"二战后,由于国际政治、经济形势的巨大变化和科学技术的迅猛发展,教师教育目标再次经历深刻的变化,呈现出全面性趋向。"[1]如"美国提出了'五者型'教师培养目标,即教师应当成为学者、教学者、交往者、决策者和示范者。在继续教育的内容、结构、体系方面体现出全面性。"[2]"英国近年来提出'完整型'教师培养目标,指教师优良的个人品质、精湛的教育教学技能和较强的学习能力三要素的完整统一。"[3]"法国的继续教育目标除常规要求外,还包括了解学校社会和经济环境的知识。"[4]随着教师专业化的推进和对教师自我成长过程的重视,人们越来越意识到作为生命主体的教师在继续教育中的意义,继续教育不应只是职业生存能力的培训,"更重要的是培养一种积极的生活状态,以积极的生存心境,积极的人生态度对待生活。"[5]在这种背景下,职教教师继续教育的目标也超越了狭隘的学科知识的获得,教

① 王长纯. 简论当代教师教育发展的基本特征[J]. 外国教育研究,1996(6):2.
② 尤登星,刘岭南. 国外教师继续教育发展趋势简述[J]. 云南教育,2005(1):48.
③ 盛宾. 近年美英中小学教师继续教育的发展特点及启示[J]. 继续教育研究,2005(2):13.
④ 张国胜. 国外教师在职培训发展的趋势对我国教师继续教育的启示[J]. 继续教育研究,2005(2):69.
⑤ 朱永新. 我的教育理想[M]. 南京:南京师范大学出版社,2001:29.

育理论、教育教学能力的提高扩展到教师发展的各个方面,包括教育观念的更新、教师个性的发展,了解社会经济科学技术的发展、环境保护的知识等等。为了把职校生培养成全面发展的人,而不是劳动的工具,职教教师首先必须是一个健全的人,是一个相对完善的人。职教教师继续教育应该朝着为每位教师的全面发展服务的目标实施。

2. 要充分关注教师个体发展的个性化需要

当我们要求每个职教教师都能做到全面发展,努力实现职后培训目标全面化的同时,我们也不能忽视教师作为有生命的个体,有自己独特的生命特征。"教师专业发展虽然有其阶段性,但教师个人的特征在工作中起着非常重要的作用。从事教育工作的教师同样也是非常具体的人,他有自己的社会背景(包括性别、年龄、专业教育、担任职务、工作年限等),有某方面突出的专业能力,也有特定的个性倾向,在具体的教育过程中,应切实了解成员的性格、能力、教育水平、实践经验等方面的差异,培养出不同层次、具有不同专长的教师。"[①]职教专业课教师专业类别繁多,承担的教学任务差别很大,所需要的专业知识、技能及教育教学能力也不同。而且由于职业教育专业的波动性,职业学校的教师经常需要调整自己的专业方向,因此,对继续教育的个别化需求尤其强烈。如有些教师需要在专业理论方面进行深造,而有些教师却需要在动手能力方面得到加强。因此,必须认真研究职教教师专业发展的特殊需求,为他们制定个性化的培训目标与培训内容,使每位教师得到适合自己的职后培训,加快专业成长。

(三) 职教教师职后培训课程:经验性与生成性兼容

1. 要突出内容的针对性与实用性

职教教师参加职后培训的学习符合成人学习特点,其动力往往来自内在强烈的需求,主要为解决工作与生活中遇到的问题。因此,他们学习目的明确,学习针对性非常强,要求所学内容与他们的工作、生活实际相关,并且能够学以致用,立即解决问题。为此,职后培训的课程体系建设要对教师的实际需求进行充分调查研究,了解教师在教育教学实际工作中遇到的问题,在此基础上进行课程规划,且教学内容要根据教师的情况变化而及时调整,以教师的工作任务为中心,以解决教师职业发展中的问题为目标,为"教"而学,突出实用性。

2. 要基于教师教育经验确定核心培训内容,也要使培训内容与受训教师的经验相关联

经验学习理论认为,学习是以教育为基础的连续过程。"它包含着所有的学习都是不断地再学习的过程。人们通过各种途径获得经验,形成观念并以此为依据来接受教育。因此,教育者的任务不是把新观念灌输给受教育者,而是要剔除、修改旧观念。一般情况下,当新旧观念发生矛盾冲突时,新观念就会受到抵制。如果教育从学习者已有的观念出发,在教育过程中检验、证实它们,同时融入新观点,那么新观点就能进入个人的观念系统中。这样设计的教育过程能促进学习过程。"[②]任何教育或学习活动都必须建立在学习者已有经验的基

---

① 联合国教科文组织国际教育发展委员会编著. 学会生存——教育世界的今天和明天[M]. 华东师范大学比较教育研究所译. 北京:教育科学出版社,1996:196.
② 戚先锋. 库伯的经验学习理论—研究中小学教师继续教育的新视角[J]. 继续教育研究,2006(2):10.

础上,在教师继续教育活动中教师已有经验及主动参与极为重要,这也是成人学习最显著的特点。如果课程内容与教师经验脱节,将很难得到教师的认可与内化。因此,应该从教师的经验出发,以教师的经验为课程设计起点,把教师的经验作为重要的教育资源融入课程,加强新内容与经验之间的意义联系,充分发挥教师经验的作用。

3. 要使职教教师职后培训的内容具有弹性,具有伴随需要而变化的生成性特征

即职教教师继续教育的内容不是事先预设和固定的。一方面,要改变自上而下的规划方式,职教教师继续教育课程内容不应该由上级行政部门或专家学者事先规定,而应该通过教师与专家学者协商,共同规划课程。因为归根结底,以教师专业发展为导向的继续教育是要满足教师专业发展需要什么的问题。另一方面,课程内容也不是固定不变的,而要根据职业教育发展的需要,根据职后培训过程中学员的学习情况和反馈,随时调整,可以说,"培训内容应该是一个不断生成的文本,而不是一个固定了的文字性体系。在这个意义上说,教师培训本身不应该有其自身详细的、固定的或是不可更改的培训主题与内容[①]。"这是继续教育课程与职前教育课程的最大区别,它具有更大的灵活性,紧紧围绕职教教师的"实际需要"而展开,因教育实践的变化而调整,为解决新出现的问题而重新建构,是不断变化的动态生成的过程。

由于职教教师职后培训的特殊性,其课程不宜采取职前教育那种严格按照学科逻辑体系编制的方式,而应该采取多样化的模式,灵活组合。针对职教教师的职业特点,可以设计以下几种课程形式:①模块化课程;②课题研究类课程;③问题解决类课程;④案例性课程;⑤项目课程等。

(四)职教教师职后培训模式:开放性与协作性兼具

根据不同的标准,职教教师职后培训模式有不同的划分,鉴于上海区域职业教育特征及职教教师培训基地现状,此处以职后培训机构为划分依据探讨模式的建构。职教教师职后培训模式的开放性是指职教教师教育机构的开放性,目前主要的培训机构有高校、企业、职业学校、社会力量举办的机构以及高校或企业与职业学校协作培训等等。总之,要尽量拓展教师职后培训渠道,多途径开展继续教育。职教教师继续教育模式的协作性是指各机构、各种培训渠道之间既有办学质量上的竞争,也能够加强协作,相辅相成,优势互补,资源共享,形成一体化的职后培训网络。

1. 要以开放性为原则适时按需优化基地和专业布局

就上海市职业教育和职教教师队伍建设的需要而言,从高水准、系统性规划上海市职教教师培训工作的需要来看,现有市级培训基地的数量、专业和项目覆盖范围还较为有限,为满足需要,也为了进一步促进基地之间的有序竞争,都有必要以开放性为原则,在基本规划和设定培训课程体系框架的前提下,重新考虑基地和专业布局问题,吸纳新的基地和项目加入职教教师培训工作。

---

① 王玉苗. 关于职教教师培训有效性的思考[J]. 职教论坛,2006(15):35.

2. 要充分发挥职教教师培养院校的示范功能

职业技术师范学院在培养培训职教教师方面已形成了一定的特色,以技术性、师范性、学术性的整合为追求,是我国职教教师教育的主体力量,而且都是国家级重点建设职教教师培训基地,在培训职教教师方面积累了丰富的经验,应该能够发挥示范功能。

3. 要积极推动培训基地办出自身的优势和特色

依托既往办学和培训经验,高校、企业、职业学校、教育行政部门等类型的基地已基本形成了自身的专业、项目优势和特色,在上海市区域整体规划职教教师职后培训工作的大背景下,各基地应遵循课程及内容的生成性原则,适时更新自身的培训内容,进一步强化优势和特色,推动职教教师终身专业发展。

4. 要大力促进基地之间的交流学习与相互协作

职教教师职后培训目标的全面化,要求培训基地在发挥优势的基础上相互协作,共同完成系统设计的完整培训课程体系,也包括深度合作完成共同承担的培训项目。与此同时,为充分满足教师的个性化培训目标,培训课程和培训过程组织也势必呈现灵活性、个性化的特征,这对基地之间工作的衔接和协作提出了更高的要求。

(五)职教教师职后培训制度:法制化与人本化兼备

1. 应强化立法和规划,避免职教教师职后培训的随意性

在国家统一的法律法规保障下,上海还应根据本地职业教育及职教教师队伍现状,以实际发展需要为导向,充分发挥作为国家教育综合改革试验区的有利条件,出台创新性、前瞻性政策措施,促进职教教师的专业化发展,巩固职教教师的专业地位。

2. 应有针对性地健全和细化各类职教教师的职后培训制度

鉴于职教教师组成的复杂性(在任教科目上,有文化课、专业课之分;在工作方式上,有专职教师、兼职教师之分;在发展阶段上,有入职教师、骨干教师、专业带头人等之分;专业课教师亦有文理工商之分等),其专业发展规律和发展情况不同,所应采取的职后培训措施也应有所不同。为此,应有针对性地健全和细化各类职教教师的职后培训制度。

3. 建立层级化的职教教师职后培训证书体系

教师资格证书只是规定了教师入职的标准,而不能代表教师今后的专业发展水平。因此,应参照国际社会的成熟做法,把教师资格证书制度与继续教育制度结合起来。可以建立职教教师职后培训证书制度,对在职教师建立继续教育档案,并根据其职务、职称层次规定继续教育的时间、内容(范围),由培训单位对其考核、颁发继续教育证书,并把它与教师职称评审结合起来,以此促进教师的专业发展,真正做到继续教育的专门化管理。

4. 制定人性化的职教教师职后培训激励制度

为提高教师参加职后培训的积极性,保障教师继续教育的便利和可能,应考虑制定直接的激励政策,如带薪学习,与职称晋升、加薪挂钩的物质奖励,工作量减免、时间保障等,也可以有荣誉方面的鼓励,如作为评选优秀教师的条件等。

第五章　中职专业教师培训课程体系开发及实施建议

建构针对专业教师的培训课程体系,首先需要准确分析专业教师能力要求和专业化发展规律与培训手段、养成方式之间可能存在的对应关系,开发相对普适的专业教师培训课程体系框架,并在其指导下落实到具体专业教师群体,形成相关专业的专业教师培训课程体系。

一、培训课程体系框架建构

前文第 2 章为专业教师培训体系框架的建构奠定了理论及政策基础,第 3 章则进一步说明上海市专业教师培训的现状,根据政策结合培训实际,比对《中职教师专业标准(试行)》与《上海市中等职业教育专业教师培训包开发指引》政策文件(如表 12),同时根据对项目服务对象的定位,部分培训领域覆盖的相关素养对职校教师的工作有直接影响,尽管与其他并行培训体系(诸如新进教师培训,如附录 1 等)内容交叉重叠,为保证体系的完整性,仍予以考虑。

表 12　专业教师培训课程体系开发模块分析

教育部《中等职业学校教师专业标准（试行）》中规定的教师能力模块		《上海市中等职业教育专业教师培训包开发指引》中所列培训模块	
维度	领域	模块	内容与要求
专业理念与师德	（一）职业理解与认识	专业教师基本素养模块	1. 了解国内外职业教育改革发展形势
	（二）对学生的态度与行为*		2. 熟悉并理解专业教学标准的理念,熟悉各课程的主要内容、各课程的关联,以及与专业培养目标的关系
	（三）教育教学态度与行为		3. 掌握职业教学基本环节(备课、上课、听课、说课、评课等)的要求等
	（四）个人修养与行为*		
专业知识	（五）教育知识	专业教学能力模块	1. 基于标准的教学计划。根据专业教学标准,解读专业教学计划,能科学合理地制定学期或学年授课计划,科学合理地安排教学内容与活动
	（六）职业背景知识*		2. 基于标准的教学设计。能进行单元教学设计和单节课堂教学设计,如课堂教学目标确定、活动安排、教学策略运用、教学方法的选择、理论与实践的结合等

续表

维度	领域	模块	内容与要求
	（七）课程教学知识		3. 掌握先进的职业教育教学方法。重点是任务引领型课程倡导的做学一体教学方法
	（八）通识性知识*		4. 掌握学生学业考核与评价的要求与方法
专业能力	（九）教学设计	现代教学技术模块	1. 了解专业教学中需要的各种现代教学技术与方法
	（十）教学实施		2. 熟悉掌握专业教学中常用的现代教学技术与方法，如相关课件的制作、常用的软件、仿真设备等
	（十一）实训实习组织	专业核心技能模块	1. 掌握与生产实际联系紧密的专业新知识新方法新技术新工艺等
	（十二）班级管理与教育活动		2. 充分利用开放实训中心，熟悉掌握专业教学中的技能操作
	（十三）教育教学评价		3. 了解企业生产实际，深入企业进行专业实践
	（十四）沟通与合作*		
	（十五）教学研究与专业发展*		

表12为《中等职业学校教师专业标准（试行）》与《上海市中等职业教育专业教师培训包开发指引》模块的对比，其中打星号的，是《教师专业标准》中列出、但《开发指引》中没有涵盖的内容。具体的补充和完善建议见表格后。

针对上述能力模块中没有覆盖的能力领域，课题组做以下分析：

1. 对待学生的态度与行为

本领域所覆盖的知识和能力对职校教师的日常工作具有重要价值，尤其在目前职校学生生源较为复杂多样、理论知识基础较差的情况下，职校教师很有必要掌握有关学生发展、学生权益、引导学生的方式方法等知识和能力。因此建议增加相应模块的培训，其内容可参考《教师专业标准》中的相关描述：关爱学生，重视学生身心健康发展，保护学生人身与生命安全。尊重学生，维护学生合法权益，平等对待每一个学生，采用正确的方式方法引导和教育学生。信任学生，积极创造条件，促进学生的自主发展。

2. 职业背景知识

本领域所覆盖的知识和能力没有在《开发指引》中列出，但其内容对于职业学校教师更加深入地理解工作世界和职业世界、了解其所教授内容的相关背景信息有重要作用，因而也对其专业教学有着一定的影响。因此建议增加相应模块的培训，其内容可参考《教师专业标准》中的相关描述：了解所在区域经济发展情况、相关行业现状趋势与人才需求、世界技术技能前沿水平等基本情况。了解所教专业与相关职业的关系。掌握所教专业涉及的职业资格及其标准。了解学校毕业生对口单位的用人标准、岗位职责等情况。掌握所教专业的知识体系和基本规律。但鉴于本部分内容的专业相关性较强,因此在设计培训模块时,可以考虑分为若干专业大类进行开发。

3. 教学研究与专业发展

本领域覆盖内容对于教师的专业发展具有重要意义,相关知识、信息和能力的掌握将有助于推动教师的专业化发展。因此建议增加相应模块的培训,其内容可参考《教师专业标准》中的相关描述:主动收集分析毕业生就业信息和行业企业用人需求等相关信息,不断反思和改进教育教学工作。针对教育教学工作中的现实需要与问题,进行探索和研究。参加校本教学研究和教学改革。结合行业企业需求和专业发展需要,制定个人专业发展规划,通过参加专业培训和企业实践等多种途径,不断提高自身专业素质。

4. 个人修养与行为＋通识性知识＋沟通与合作

这几个领域所覆盖的相关素养尽管对职校教师的工作也有直接影响,但放在市级专业教师培训中的话,内容会显得过于宽泛,因此建议不必增加相关领域的培训模块。

综合比较上述 2 份文件,本课题专业教师能力发展要求与培训课程体系框架如下表 13。

表 13　专业教师能力发展要求与培训课程体系框架

能力维度	领域	内容与要求	模块性质
师德与基本素养	(一) 师德	1. 理解职业教育工作的意义,认同中职教师的专业性和独特性; 2. 了解职校学生特点,正确对待学生,遵循职业教育规律、技术技能人才成长规律和学生身心发展规律,促进学生职业能力的形成; 3. 了解国内外职业教育改革发展形势,国家实施职业教育的基本要求和评价教育现象;信息化教学素养; 4. 掌握职业教学基本环节(备课、上课、听课、说课、评课等)的要求,熟悉并理解专业教学标准的理念,熟悉各课程的主要内容、各课程的关联,以及与专业培养目标的关系	公共模块
	(二) 基本素养		
专业知识与能力	(三) 学科专业基础知识与能力	1. 深入地理解工作世界和职业世界、了解其所教授内容的相关背景信息有重要作用; 2. 掌握与生产实际联系紧密的专业新知识新方法新技术新工艺等; 3. 掌握当前职业领域的专业软件; 4. 充分利用开放实训中心,熟悉掌握专业教学中的技能操作; 5. 了解企业生产实际,深入企业进行专业实践	专业模块
	(四) 从事专业的知识与能力		
	(五) 行业企业实践能力		
	(六) 职业岗位操作能力		

续表

能力维度	领域	内容与要求	模块性质
专业教学能力	（七）课程教学知识 （八）专业教学设计 （九）专业教学实施 （十）专业教学评价 （十一）教学研究与专业发展	1. 基于标准的教学计划，根据专业教学标准，解读专业教学计划，能科学合理地制定学期或学年授课计划，科学合理地安排教学内容与活动； 2. 基于标准的教学设计，能进行单元教学设计和单节课堂教学设计，如课堂教学目标确定、活动安排、教学策略运用、教学方法的选择、理论与实践的结合等； 3. 掌握先进的职业教育教学方法，重点是任务引领型课程倡导的做学一体教学方法； 4. 掌握学生学业考核与评价的要求与方法； 5. 教学研究与专业发展； 6. 了解专业教学中需要的各种现代教学技术与方法	专业模块

二、中职案例专业教师培训调研

课题组考虑到案例专业在上海的长期需求度，及其作为专业教师培训案例课程体系应该具有的推广性与参照性，从 15 个市级培训基地中遴选出上海市交通学校的汽车运用与维修作为工科案例专业，选出上海商学院的国际商务作为商科案例专业进行调研与分析。

（一）中职汽车类专业教师培训需求调研

为全面了解上海市中职汽车类教师专业成长现状，掌握第一手资料，课题组展开了为期半年的深入调研。在这段时期里，我们潜心研究设计调研问卷以保障调查的有效性和科学性。同时，还有针对性地抽取了上海部分中职汽车类教师作为本次研究的对象，开展了问卷调查。

1. 样本情况

此次调查，我们有针对性地抽取了上海 12 所中职校作为调查对象。调查过程中共发放调查问卷 46 份，回收 42 份。采集到的大量原始数据，比较客观地反映了当前中职汽车类教师专业发展的现状。（问卷见附录 2、3、4）

2. 调研结果分析

（1）被调查教师的基本情况。

本次问卷采用随机发放的方式，接受调查的教师性别比例为男性 47%，女性 53%，男女比例适当；教师年龄结构为 30 岁以下的占 34%，31—40 岁的占 29%，41—50 岁的占 30%，51—60 岁的占 7%，从年龄结构来看，中青年教师居多；学历结构为专科及以下占 3%，本科占 41%，硕士研究生占 47%，博士研究生占 2.8%，绝大多数教师为研究生学历，博士学历所占比例较少,总体来说,中职汽车类教师的学历层次有待提高;从教师职称结构来看,高级占20%,中级占48%,初级占28%,其他占4%;从教师教龄来看,5年及以下占37%,6—14年占26%,大于或等于15年占37%;从教师的来源看,学校改制前就已在职的占27%,大学毕业生直接到学校的占41%,由企业调入的占13%,其他来源占19%,理论性教师居多,实践性教师相对较少,从另一侧面反映出中职汽车类"双师型"教师还比较欠缺。

(2)对教师专业发展的认知情况。

这一部分,我们主要针对被调查者对教师专业发展内涵的认知情况、专业发展的动力、影响因素以及促进专业发展方式等方面进行了调查。51%的被调查者表示对教师专业发展内涵只是一般了解,有11%的被调查者表示不知道其内涵,仅有38%的教师表示对教师专业发展的内涵比较清楚。从数据上看,大多数中职汽车类教师对教师专业发展内涵的认知还处于懵懂阶段,并不是非常清楚教师专业发展的内涵;当问及是否考虑过自己作为教师的专业发展时,48%的教师表示会经常思考这个问题,并有自己的发展规划,但是也有超过五成的人表示虽然考虑过,但是不知道怎么下手,一些人则表示只是听从管理部门的安排。对于促进教师专业发展的主要动力上,占据前两位的动力一是追求职务的晋升(61%),二是使学生获得更好的发展(30%),中职汽车类教师专业发展的动力明显过于功利化。在问及阻碍自己专业发展的主要因素有哪些时,60%的人表示参加教研进修的机会少,有37%的人表示缺少高水平教师和专家的指导。对于有利于促进专业发展的方式,大多数人认为最有利于促进专业发展的方式是外出考察,参观学习、培训,或是到企业锻炼。

(3)教师专业发展水平情况。

这一部分,主要对被调查者自身的专业发展情况作详细的调查,重点从教师个体性能力、条件性能力和实践性能力三个专业素质结构来了解情况。

◇ 个体性能力

个体性能力是教师所具有的特定学科或专业的知识与能力,是教学活动的基础,主要指专业知识与技能素养。在这个方面,从图7和图8中可以看出在专业知识与技能方面,被访

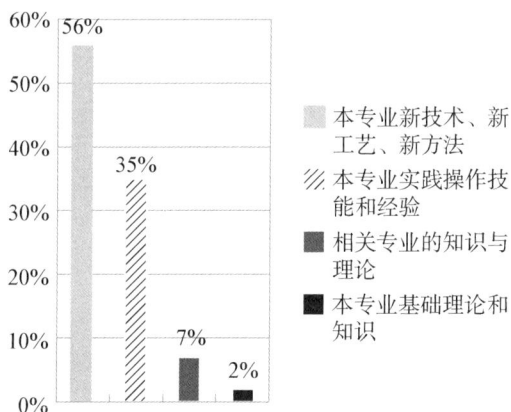

图7 专业知识与技能

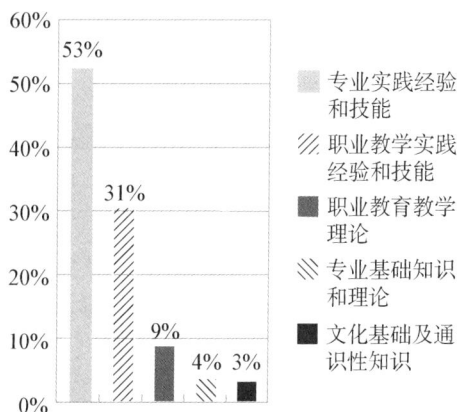

图8 知识与能力

者认为最需要补充的分别是：本专业新技术、新工艺、新方法(56%)，本专业实践操作技能和经验(35%)，相关专业的知识与理论(7%)，本专业基础理论和知识(2%)；在知识与能力方面，53%的人表示最需要补充的是专业实践经验和技能，31%的人表示最需要补充的是职业教育教学实践经验和技能。图 7 和图 8 中所显示的数据是相对吻合的，表明了现今中职汽车类教师在实践经验和操作技能上相对不足，这说明中职汽车类教师亟需提高本专业的实践操作能力。

◇ 条件性能力

条件性能力是指掌握职业教育教学知识与技能，并能应用于教学实践的能力，是有效进行教学和教学改革的理论支持和方法支撑，主要是指职业教育教学基础知识与技能。调查中，当问及"在职业教育教学知识与技能方面，您认为您最需要补充的是什么时"，53%的人表示最需要补充的是课程开发与教学设计方面的知识和技能；当问及"您认为您掌握的中职汽车类教育思想与教学理念的程度"时，36%的人表示能系统把握中职汽车类教育教学的特点，并有效运用到教学改革中，45%的人表示能较好把握，初步运用到教学改革中，只有不足20%的人表示虽能把握，但是还未运用到教学改革中。从以上数据来看，大多数中职汽车类教师还是具备了从事职业教育的基本知识和基本技能。在问及"近五年来，您参与教育教学与技能培训的频率"时，61%的人表示只是偶尔参加，19%的人表示没参加过，只有 20%的人表示多次参加，虽然大多数中职汽车类教师基本具备了从事中职汽车类教育的知识和技能，但是持续改进和增强教师的条件性能力依然是必要的，中职汽车类应重视这方面的培训。

◇ 实践性能力

实践性能力是指教师在教学各环节中所积累的情境性操作技能和现代教育技术技能，主要是指中职汽车类教学实践基本技能、教育科研能力等。

实践性能力主要包括：

① 课程开发能力：中职汽车类教师应具备主动适应社会经济发展和新技术、新工艺、新方法的调查研究，设计课程，编写教材，制定目标，评估评价等基本操作能力。此项调查，被访教师中能通过校企合作开发课程的教师仅占 46%，具体如图 9 所示。

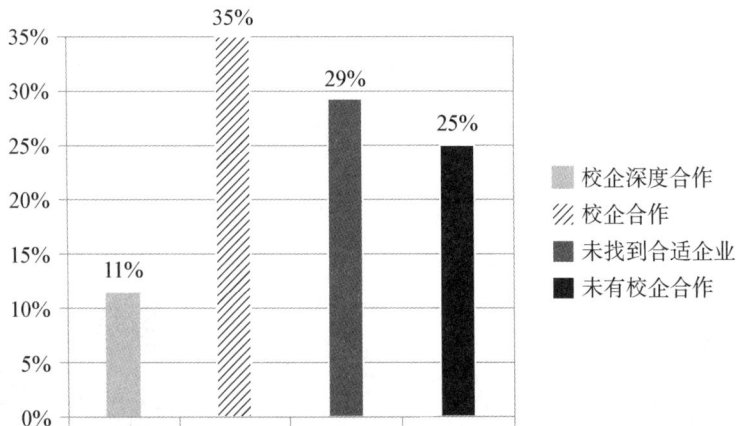

图 9　课程开发能力

② 教学设计能力：中职汽车类教师应具备适应中职汽车类教育人才培养模式改革的教学设计能力，包括教学策略的制定、教学媒体的选择应用和教学目标的评价等。在此项调查中，81％的被访教师表示能够组织和实施具有中职汽车类教学特点的工学结合，教、学、做一体的教学方式。

③ 专业技术实践能力：中职汽车类教师应具备熟练的专项技术技能和较丰富的企业实践经验，能够胜任专业技术实践的指导工作。在此项调查中，55％的被访教师认为自己实践能力一般，需要加强专业技术实践能力，10％的教师认为自己完全能胜任专业实践教学。

④ 专业实践途径：中职汽车类专业教师应定期进行专业技术和实践能力的提升，以保证专业实践教学的针对性、适应性和质量。在此项调查中，被访教师参与校内实践活动的占49％、参加专业技能培训班的占32％、到对口企业实践的占9％。

⑤ 实践频率：中职汽车类专业教师应定期进行专项技术和实践能力的提升，以保证专业实践教学的针对性、适应性和质量。在此项调查中，有18％被访教师中表示能经常到行业企业中进行生产性实践锻炼、52％的教师偶尔去、30％的教师从未参加过。

⑥ 实践锻炼中的困难：在此项调查中，35％的教师认为学校支持的力度不够，33％的教师认为教学任务重，难以抽出时间，15％的教师认为难以找到合适的单位，17％的教师表示没有合适的机会。

⑦ 就业指导能力：中职学校的教育方针是以服务为宗旨、以就业为导向，走产学研结合的发展道路，中职汽车类教师的就业指导能力也是衡量教育实践能力的一个重要指标。在此项调查中，50％的教师会经常为学生收集和传达就业信息，43％的教师偶尔为之，7％的教师则从来没有。

⑧ 教研科研工作：在此项调查中，只有23％的教师能经常主动地从事教研科研工作，71％的教师表示从事教研科研工作的动力是为了职称的提升；近五年来，有60％的教师公开发表论文5篇，10％的教师发表6—10篇，5％的教师发表超过10篇，25％的教师没发表过论文，52％的教师没有主编或参与编写书籍，80％的教师没有主持或参与国家级课题，55％的教师没有主持或参与省级课题。

◇ 专业发展环境及专业态度

在专业发展环境方面，50％的教师认为学校在这方面提供的机会不够充足，60％的教师认为学校在相关政策制度、管理机制上不规范、不完善，没有起到真正的效用，55％的教师认为学校提供的培训和学习的作用不明显，58％的教师希望学校为自己的专业发展提供的培训内容是实践性知识与技能。此外，本次调查还关注教师的专业态度问题，考察教师是否能对教学工作产生强烈的认同感和投入感，是否愿意终生献身于教育事业，是否致力于改善教育素质以满足社会对教育的期望，并能努力提高专业才能和专业服务水准，维护专业的荣誉和形象。教师的专业态度往往决定了教师专业发展的程度。具体情况见表14。

表 14 专业态度

问题	A	B	C	D
对教师职业的满意程度	非常满意 （15%）	比较满意 （64%）	不太满意 （18%）	非常不满意 （3%）
对本职工作的态度	全心投入 （45%）	尽力去做 （52%）	应付过去就行 （2%）	最好少做些 （1%）
是否会维护专业荣誉和形象	一定会 （78%）	可能会 （19%）	不会 （2%）	不知道 （1%）

表 14 数据表示，中职汽车类教师对于从事教师这个职业还是感到满意的，对本职工作还是愿意尽力去做，也愿意为了维护专业荣誉和形象，而不断地提高自己的专业才能和专业服务水准。

（4）培训需求情况分析。

发放问卷调研对培训需求提出询问，结果如下：

◇ 参加培训的意愿

表 15 参培意愿

选项	频数	百分比（%）
是	42	100
否	0	0

从表 15 中可见，上海市中职汽车类教师具有强烈的求知欲，都愿意通过职后培训，继续学习，不断丰富自身的知识储备，积累经验，提升自我的专业水平。

◇ 最需要的知识

表 16 最需要的知识

选项	频数	百分比（%）	排名
对课程开发、校本教材开发的理解与把握	15	35.7	1
专业知识	11	26.2	2
教育技术方面知识	9	21.4	3
教育学、心理学方面知识	7	16.7	4

◇ 最需要提升的能力

表 17　最需要提升的能力

选项	频数	百分比（%）	排名
课程开发的能力	12	28.6	1
教学活动的设计能力	12	28.6	1
教学反思能力	6	14.3	3
教育科研能力	5	11.9	4
信息技术的应用能力	4	9.5	5
课堂教学实施能力	3	7.1	6

◇ 最喜欢的授课老师

表 18　最喜欢的授课老师

选项	频数	百分比（%）	排名
有教学经验的一线教师	16	38.1	1
课改专家	10	23.8	2
教科研人员	7	16.7	3
教育行政部门领导	6	14.3	4
高校教师	3	7.1	5

◇ 考核评价的方式

表 19　考核评价的方式

选项	频数	百分比（%）	排名
综合评价	19	45.2	1
提交论文和培训心得	10	23.8	2
提交教学案例	9	21.4	3
理论试卷考试	4	9.5	4

◇ 最合适的教师培训方式

表20　最合适的培训方式

选项	频数	百分比（%）	排名
集中面授方式	22	52.3	1
远程培训方式	9	21.4	2
导师培养	8	19.1	3
其他	3	7.2	4

3. 调研总结

（1）目前上海市中职汽车类教师的专业发展现状。

① 中职汽车类教师专业发展的三个能力中，实践操作技能最为欠缺，对中职汽车类教育所要具备的条件性适应能力、教育科研能力仍较薄弱；

② 中职汽车类院校为教师提供的专业发展环境不尽人意，还缺乏系统的、规范的和针对性的管理制度，提供的培训力度不强、效果不明显，培训渠道不够宽，经费投入不足。

（2）中职汽车专业教师培养需求现状。

当前中职学校汽车类骨干教师的整体素质较好，有很大的发展空间。其年龄结构优势、职称结构优势等都有助于支撑起中职汽车类专业的教学改革。然而中职学校汽车类骨干教师的职业能力亟待培训提升，专业教师培训的形式必须灵活有效。

（3）对师资培训内容的建议。

①希望多组织安排到企业考察实习，让骨干教师有更多机会了解企业对本专业培养人才的要求；②建议培训内容模块化设置，根据自身实际需求选择；③建议培训内容切入当前专业教学改革热点，如专业建设、精品课程、"双证融通"、中高职贯通等专业教学改革专题；④希望通过各种途径了解上海市"十二五"规划中与汽车类专业相关的建设发展趋势；⑤增设汽车新能源技术培训；⑥增设国际职业资格证书认证培训；⑦非常希望组织开展校际交流，组织一些专业建设研讨活动。

（二）中职国际商务专业教师培训需求调研

1. 调研基本情况

（1）调研背景。

专业师资队伍建设是职业教育发展的关键，是增强劳动者竞争能力的根本保证。近年来，从中央到地方都十分重视中职学校教师队伍的建设，并且把师资培训作为中职教育基础能力建设的重要组成部分。针对中职系统专业教师特点开展专业教师培训工作则是加强专业师资队伍建设的法宝。专业教师培训要随着职业教育发展而进一步完善，尽可能实现专业教师与行业、企业实际需求的无缝衔接。专业教师培训课程体系的开发要坚持"以人为本"的原则,而充分了解专业教师的现状和培训需求是构建专业教师培训课程体系的基础。

(2) 调研目的。

为了促进中职国际商务专业教师培养培训工作的科学化、规范化,完善职教教师培养培训体系,我们课题组进行了这次调研。主要的调研目的如下:

① 了解上海市中职国际商务专业教师职业能力现状;

② 掌握上海市中职国际商务专业教师的培训需求及建议;

③ 对上海市中职学校国际商务专业骨干教师培训课程体系构建进行分析和优化,规范职教教师培训工作,确保培训工作的科学性及实效性。

(3) 调研对象。

截至 2014 年 11 月,调研组对上海商业会计学校、上海市商业学校、上海工商信息学校、上海市工商外国语学校、上海市行政管理学校、上海市商贸旅游学校等 14 所学校中国际商务的 42 位专业教师(其中有近 30 名教师参加过上海商学院师资培训基地的中职国际商务骨干教师培训)进行了调研。主要采取问卷调查的方式,根据所需信息设计了《上海市中职国际商务专业教师能力素养调查问卷》(见附录 5)。通过互联网、电话、现场调查等多种形式,按照事先已知的被调查者的 E-mail 地址、现场地址发出问卷并收集信息,获取了大量的与此次调研主题相关的可靠数据。同时在现场调研时对多位教师进行了现场访谈,了解到国际商务专业教师对专业培训的一些想法。

(4) 调研内容。

调研的主要内容有被调查的上海市中职国际商务专业教师的年龄、学历、职称、职业资格证书、教龄等基本情况,以及教师们对职业教育素养、专业前沿、专业人才培养方案制定、课程建设、教学实施、教科研、实训基地建设、学生指导、校企合作资源开发、社会服务、专业教学团队建设、课堂掌控等职业能力素养领域的重要性程度、难易程度、发生频率的评价(问卷,参见附录 6)。力求从多角度为上海市国际商务专业教师培训课程体系开发提供更多有效的信息。

2. 调研结果分析

表 21　背景资料数据统计表

问题	选项	数量	选项	数量	选项	数量	选项	数量	选项	数量
年龄(岁)	26—30 岁	6	30—35 岁	11	36—40 岁	10	40—50 岁	9	50 岁以上	6
最高学历	中职		高职		本科	26	硕士	16	博士	
职称	初级	7	中级	26	高级	9	其他			
职业资格证书	初级工	2	中级工	12	高级工	6	技师	3	高级技师	1
	无	11	其他	7						

问题	选项	数量	选项	数量	选项	数量	选项	数量	选项	数量
中职教龄	3年以下	3	3年—5年	5	5—10年	11	10年以上	23		
企业工作经历	无	7	1年以内	16	1—3年	12	3年以上	7		
近五年企业实践的累计时间	10天—3个月	17	3个月—6个月	13	6个月—1年	3	1年—2年	3	无	6
近五年是否参与、主持过企业项目或为企业提供培训	有	17	无	25						
近五年是否参与、主持过校内实训建设项目	有	26	无	16						
对现所从事的国际商务专业教师工作的态度	充满激情和信心,想要开拓更大的发展空间	15	谈不上激情,本着负责任的态度,认认真真做好眼前的工作	27	没有激情					

(1)教师背景信息。

◇ 教师基本情况

被调研的 42 位教师中年龄在 26—30 岁的有 6 位,占 14.29%;30—35 岁的有 11 位,占 26.19%;36—40 岁的有 10 位,占 23.81%;40—50 岁的有 9 位,占 21.43%;50 岁以上的有 6 位,占 14.29%。年龄结构较为合理。

最高学历是本科的有 26 位,占 61.9%;硕士的有 16 位,占 38.1%。学历层次相对较高。

如图 10 所示,职称是初级的有 7 位,占 16.67%;中级的有 26 位,占 61.9%;高级的有 9

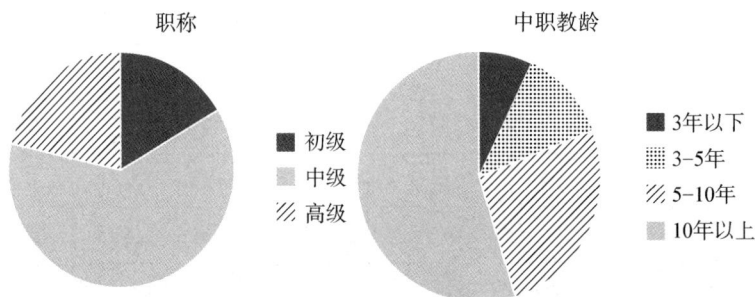

职称　　　　　　中职教龄

■ 初级
■ 中级
▨ 高级

■ 3年以下
▨ 3-5年
▨ 5-10年
■ 10年以上

图 10　被调查教师基本情况

位,占 21.43%。

中职教龄在 3 年以下的有 3 人,占 7.14%;3—5 年的有 5 人,占 11.9%;5—10 年的有 11 人,占 26.19%;10 年以上的有 23 人,占 54.76%。

这些数据比例与我们调研的大部分教师是骨干教师这一情况是吻合的。

◇ 企业工作经历及实践等

被调研的 42 位教师中职业资格证书情况为:初级工 2 人,占 4.76%;中级工 12 人,占 28.57%;高级工 6 人,占 14.29%;技师 3 人,占 7.14%;高级技师 1 人,占 2.38%;11 人无资格证书,占 26.19%;其他 7 人,占 16.67%。

关于企业工作经历,42 位教师中 7 人无企业经历,占 16.67%;1 年以内的有 16 人,占 38.1%;1—3 年的有 12 人,占 28.57%;3 年以上的有 7 人,占 16.67%。

近五年企业实践的累计时间,10 天—3 个月的有 17 人,占 40.48%;3 个月—6 个月的有 13 人,占 30.95%;6 个月—1 年的有 3 人,占 7.14%;1 年—2 年的有 3 人,占 7.14%;无企业实践的有 6 人,占 14.29%。

如图 11 所示,目前国际商务专业的大部分教师都有企业工作经历、近五年内也都曾参加过企业实践,但占最大比重的是短期工作经历及实践。

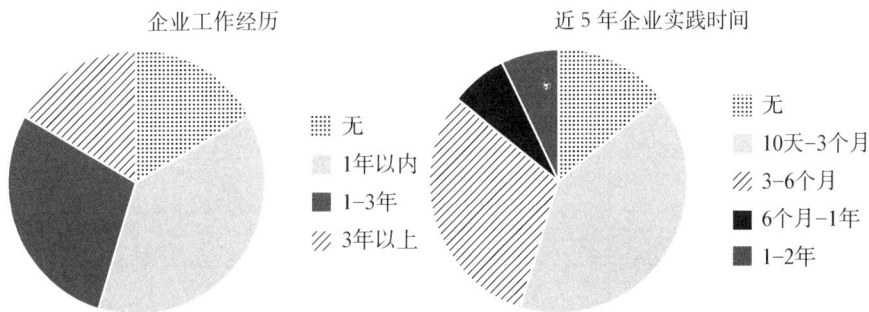

图 11　调查教师企业工作经历及实践情况

近五年参与、主持过企业项目工作或为企业提供培训的有 17 人,占 40.48%;25 人没参与过,占 59.52%。

近五年参与、主持过校内实训建设项目的有 26 人,占 61.9%;16 人没参与过,占 38.1%。

如图 12 所示,近五年没有参与、主持过企业项目工作或为企业提供培训的教师比参与过的教师更多,近 60%;而近五年参与、主持过校内实训建设项目的教师情况恰恰相反,有近 62%参与过校内实训建设项目。

◇ 工作态度

在对现在所从事国际商务专业教师工作态度的调查中,有 15 人(占 35.7%)充满激情和信心,想要开拓更大的发展空间;有 27 人(占 64.29%)谈不上激情,但本着负责任的态度,认认真真做好眼前的工作。

(2) 职业能力调研数据分析。

在调查中,调研组将能力素养领域分成了职业教育素养、专业前沿、专业人才培养方案

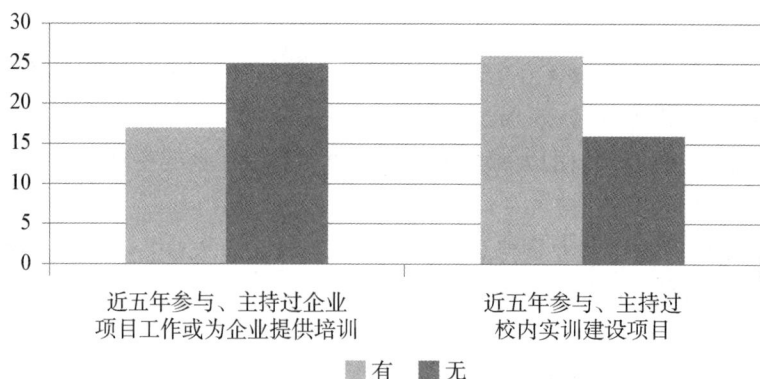

图 12　调查教师近五年参与项目情况

制定、课程建设、教学实施、教科研、实训基地建设、学生指导、校企合作资源开发、社会服务、专业教学团队建设、课堂掌控十二个领域,每个领域下面又分几个任务(见附录 6)。

将每个领域的几个任务加总平均后,得出表 22 职业能力素养领域数据统计表。结合附录 6 职业能力任务数据统计表,我们可以得出以下分析结果。

表 22　职业能力素养领域数据统计表

能力素养领域	重要性程度 (1—5)	难易程度 (1—5)	发生频率 (1—5)
职业教育素养	4.248 781	3.646 341	3.134 146
专业前沿	4.475 61	3.621 951	3.020 325
专业人才培养方案制定	4.329 268	3.929 878	3.204 269
课程建设	4.492 683	3.948 78	3.392 683
教学实施	4.429 878	3.804 878	3.948 171
教科研	4.033 537	4.097 561	2.899 39
实训基地建设	4.033 333	3.645 833	2.812 5
学生指导	4.158 536	3.796 748	3.634 146
校企合作资源开发	4.157 143	3.826 786	2.880 357
社会服务	3.884 045	3.573 171	2.671 951
专业教学团队建设	4.315	3.965	3.51
课堂掌控	4.329 269	3.788 618	3.987 805

◇　重要性程度

根据附录 6,在具体的职业能力任务中,教师们认为最重要的前三名依次是 4.2 制定课程标准、4.3 项目教学设计、2.3 专业系统的操作训练;相较而言老师们认为最不重要的依次是 10.3 技术服务、7.3 实训场地布置、10.2 社会培训。

统计各个能力素养领域的结果并进行分析后发现(如图 13 所示),教师们认为最重要的前三名依次是课程建设、专业前沿、教学实施;而相较而言老师们认为最不重要的依次是社会服务、实训基地建设、教科研。

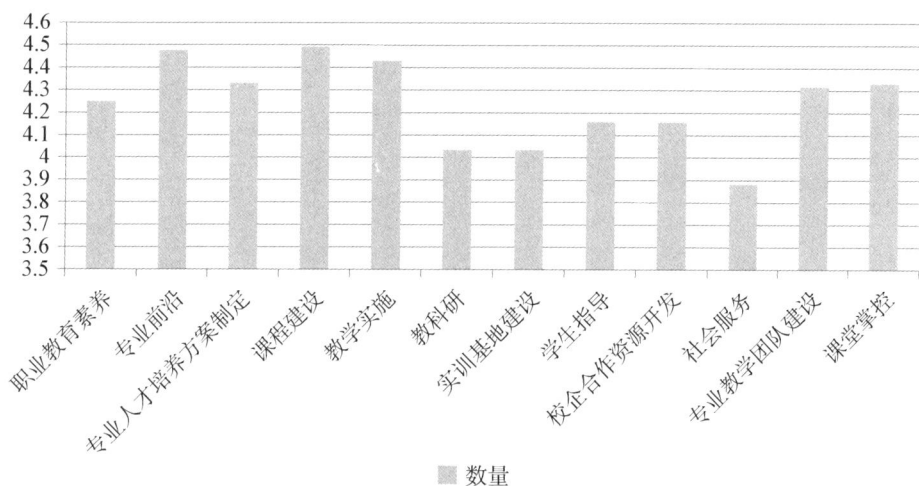

图 13　教师对能力素养重要性的评价

◇ 难易程度

根据附录 6,在具体的职业能力任务中,教师们认为最难的前三名依次是 6.3 课题申报研究、6.2 撰写教改论文、11.5 建立企业兼职教师资源库。

统计各个能力素养领域的结果并进行分析后发现(如图 14 所示),教师们认为最难的是教科研,其次是专业教学团队建设、课程建设、专业人才培养方案制定;而最容易的是社会服务。

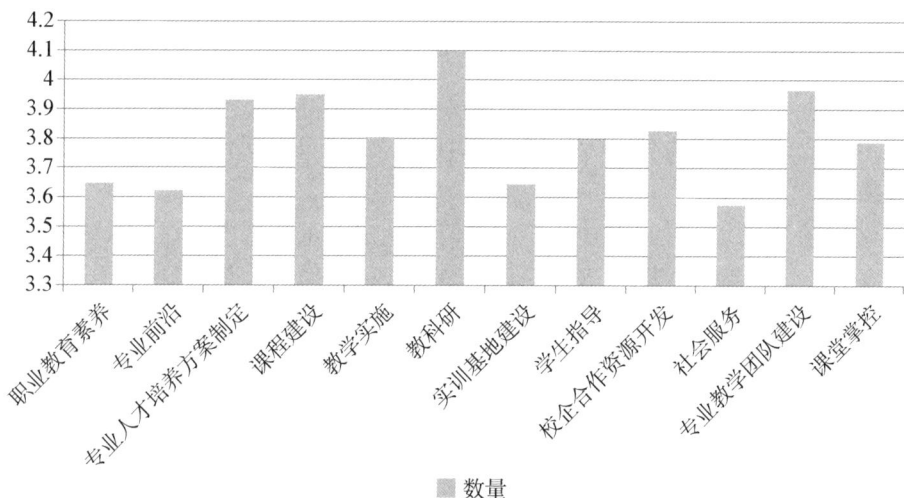

图 14　教师对能力素养难易程度的评价

◇ 发生频率

根据附录6,在具体的职业能力任务中,教师们认为发生最频繁的前三名依次是12.1学生课堂管理、5.4教学反思、5.1教学准备,相较而言,老师们认为发生较少的依次是10.3技术服务、7.2编制设备采购计划、10.2社会培训。

统计各个能力素养领域的结果并进行分析后发现(如图15所示),教师们认为发生最频繁的依次是课堂掌控、教学实施、学生指导;而发生频率最少的依次是社会服务、实训基地建设、教科研。

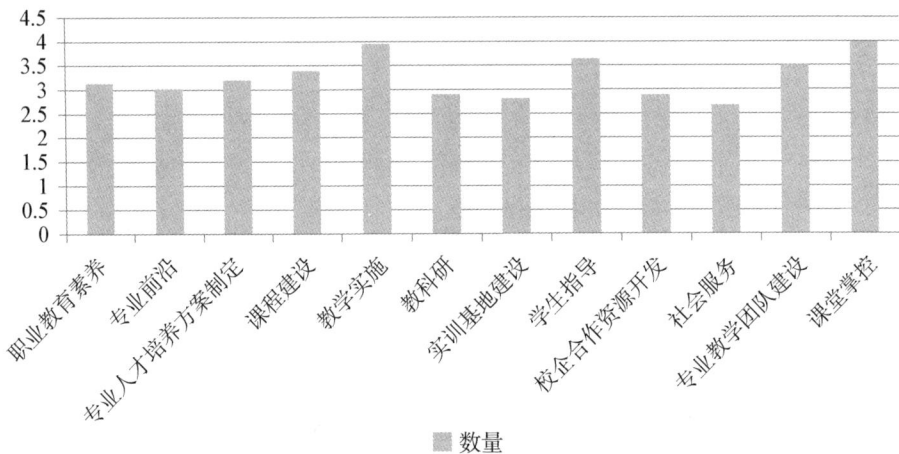

图15 教师对能力素养发生频率的评价

3. 调查结论及思考

(1)调查结论。通过上述对国际商务专业教师能力素养方面调查的总结,我们得出以下结论:

首先,近年来在各方面的重视下,"双师型"教师比例偏低的情况有所改善。被调研的教师中有近74%的教师有各种职业资格证书,有约83%的教师有企业工作经历,有近86%的教师近五年参加过企业实践。但获得技师以上职业资格证书的教师只有9.5%,有企业工作经历的教师中有近46%的人企业工作经历在1年以内,近五年参加过企业实践的教师中有约47%的人企业实践的时间是10天到3个月,时间较短。这说明对"双师型"教师的培养还要继续加强。

其次,在专业教师培训中应该侧重于教师们所认定的重难点上。在这次调研中,教师们认为最重要的依次是课程建设、专业前沿、教学实施,最难的依次是教科研、专业教学团队建设、课程建设、专业人才培养方案制定。特别是课程建设既是重点又是难点,其内容主要包括课程开发调研、制定课程标准、项目教学设计、教材开发、课程资源开发。相应的培训内容应该在今后的培训中加强。

再次,社会服务、实训基地建设、教科研既是教师们认为最不重要的,也是发生频率最低的几个方面,同时教科研还是教师们认为最难的部分。而"目前职业教育的服务功能在被不断强调"、"实训基地建设是为职业教育的实践环节创造条件的"以及"教科研为职业教育的长远发展提供思路",这几个方面需要我们在培训中进行理念灌输和实践强化。

另外,在与教师们的面谈中,老师们还提出培训信息最好提前半年通知,在排课上更有弹性,减少对学校工作与自身本职工作的影响。希望多组织安排到企业考察实习,通过各种途径了解国家、上海市规划中与国际商务专业相关的建设发展趋势,组织开展校际交流等。

(2)国际商务专业教师培训的思考。通过该调研,我们认为中职专业教师培训课程体系开发应遵循科学性、发展性、针对性、规范性等原则,以满足专业教师职业生涯可持续发展的实际需求为目标,创新培养培训模式,助推教师专业化发展。主要可以从以下几个方面着手:

① 采取多种形式,解决工学矛盾。

教师们认为培训非常必要也愿意积极参加,但绝大多数的教师不愿意占用休息时间完成培训。考虑到教师平时既要上课又要做好其他工作的实际情况,每次培训的时间不宜过长,以每周一天到两天为宜。另外,可以采用走训式,课程内容及时间挂上网,提前一个月选课,人数达到标准开课。还可以开设网络课程,结合学分银行、学分累计等形式,为学员提供便利,并提高他们的积极性。

② 优化培训内容,提高综合素质。

要提高中等职业教育质量,必须加强师资队伍建设,培养一支既有专业理论知识和教育教学技能、又有实践经验和操作技能的高素质教师队伍。因此,我们的培训内容应该主要涉及基本素养、专业教学能力和专业实践能力三大模块。同时,我们在设置课程时可以使课程模块化,明晰培养培训目标及内容,根据学员的专业能力层次提供合适的培训内容,提高培训的针对性。一般的培训中,比较强调专业教学能力和专业实践能力方面的培训。但在调研中我们发现,有 64.29％的人对工作谈不上有激情,只是本着负责任的态度认真做好眼前的工作;另外,教师们认为不重要的恰恰是现在职业教育发展的趋势。所以,师德及基本素养这一模块的内容不可缺失,只有这样才能培养出高素质的中职专业教师队伍。

③ 加强实践交流,拓宽教师视野。

在培训中,我们可以组织安排到企业考察实习,让专业教师有更多机会了解企业对本专业培养人才的要求;通过各种途径让专业教师更多地了解与本专业相关的企业岗位具体工作环节和流程,了解日常业务的操作要求;通过了解国家、上海市规划中与国际商务专业相关的建设发展趋势,让老师开眼界、拓视野;有可能的话,组织开展校际交流,进行一些新课标的学习和专业建设研讨活动。教师之间互相听课,互相评课,互相交流,互相学习,共同探讨和解决在教学实践中遇到的新问题,对优化课堂教学结构、提高课堂教学效果将起到积极的推动作用。

总之,通过开发全方位的国际商务专业教师培训课程体系,相信中职国际商务专业教师培养培训工作将会更加科学化、规范化。

三、专业教师培训课程体系——专业案例

基于对上述理论、政策、调研的分析,我们认为,在专业教师培训体系框架细化为课程体

系过程中应考虑如下几点要求：①教师培训目标要以问题解决为导向。如果职前教师培养的目的主要是提高教师基本素质和专业素养，把系统知识学习作为在校期间的主要教育目标，那么教师的职后专业发展方面的培训则需要着眼于教师工作实践中遇到的问题及问题解决的方法，关注学员培训后回到工作岗位上学以致用体现的绩效目标。②教师培训内容要以案例为载体。受训教师的直接经验与要获得的间接经验之间需要以教学案例为载体，建立理论知识实践化和实践知识理论化的转化桥梁。这些以案例为载体的培训内容体现出实践导向的培训特征，即源于对教育实践者发展的需求分析，基于对实践的真实问题与现实条件的准确把握，归于实践者的专业发展、现实问题的解决以及实践性理论的生成。③教师培训的实施应以互动参与式为主。在培训过程中，受训教师不是被动的接受者，而是积极的参与者，培训专家与受训教师、受训教师与受训教师之间产生的各种形式的互动交流，会使受训教师不仅吸收消化所学知识，而且将所学知识转化为自己的真实认知并以输出的方式与他人进行互动交流，从而达到全体受训教师互相学习共同提高的目的。

专业教师培训，更注重拓展教师们的视野、激发教师们的教学灵感。突破原有培训课程模式(如附录6)，课题组以专业教师培训为主，以学分选修的形式兼顾转岗专业教师、专业带头人培训，拟定专业教师培训课程体系框架(如表23和24所示)。其中，强调夯实专业基础知识及专业实例的积累，强调能根据最新的职业教育的形式从宏观上把控整个专业建设，侧重于人才培养专业方案的设计及专业教学标准的开发。

(表见下页)

四、关于上海市中职专业教师市级培训课程体系开发及实施的建议

前文针对中职专业教师职后培训进行了系统的理论分析、政策分析和现状调研，并在此基础上给出了有关中职教师职后培训工作的基本考虑，特别是依托《中等职业学校教师专业标准(试行)》等上位文件，结合中职专业教师职后专业发展的规律和需要，开发了《中职专业教师能力发展要求与培训课程体系框架》表，并在此基础上，以案例专业为载体，通过深入调研和细化设计，形成了中职汽车和国际商务两个代表性专业的教师培训课程体系。

《中职专业教师能力发展要求与培训课程体系框架》及两个专业的案例，为其他中职专业开发专业教师培训课程体系提供了内容和方法上的参考。在此基础上，仍有必要对中职专业教师培训课程开发和培训过程的具体操作做进一步的约定，以规范职教教师培训基地的课程开发和培训实施，切实保证上海市中职专业教师职后培训工作的有序、高效开展。

就中职教师培训的常规分类而言，市级培训、区县和职教集团培训及校本培训共同构成了上海市中职专业教师培训体系的核心(所谓的三级培训体系，国家级培训等仅占微小比例)。市级培训作为区域中职专业教师培训的资源统合平台和培训高级阶段，在整个三级培训体系中占据重要地位，需要发挥统领性、示范性作用。

为更好地规范和指导各具体专业的培训课程开发，本课题建议起草《上海市中职专业教师市级培训课程开发指导意见》；与此同时，还应对中职专业教师培训的整体制度设计、组织和条件保障给予充分考虑，以确保所设计出的专业教师市级培训方案能够得到有效实施。

表 23　上海中职汽车运用与维修专业教师培训模块与课程内容

维度	拟开课程模块及领域		课程与课程内容、要求	主要形式					建议课时	实施主体	备注
				讲座	研讨	考察	观摩	展示			
1.师德与基本素养	1.1 职教政策解读	1.1.1	上海十二(三)五发展规划诠释	√	√				60—100课时	市级培训项目	
		1.1.2	《国务院关于加快发展现代职业教育的决定》	√	√						
		1.1.3	《现代职业教育体系建设规划(2014—2020年)》	√	√						
		1.1.4	《中等职业学校教师专业标准(试行)》	√	√						
		1.1.5	《上海现代职业教育体系建设规划(2015—2030年)》	√	√						
		1.1.6	《教育部办公厅关于建立职业院校教学工作诊断与改进制度的通知》	√	√						
	1.2 现代职业教育发展国际视野	1.2.1	世界职业教育发展现状及趋势	√							
		1.2.2	典型国家教育模式:德国"双元制",英国"BTEC",美国"社区学院",加拿大"CBE"等	√							
	1.3 职业道德培育	1.3.1	德育理论介绍和研究	√							
		1.3.2	教师职业道德修养的方法和途径	√	√						
		1.3.3	师德范例介绍	√		√					
	1.4 职业教育学科补充课程	1.4.1	职业教育学:基础知识介绍、教师发展规划、学生管理、教学能力培养等	√							
		1.4.2	职业教育心理学:基础理论、教学评价、学生心理分析,教师心理与教学环境分析、学生心理探析	√	√						

续表

维度	拟开课程模块及领域	课程与课程内容、要求	主要形式					建议课时	实施主体	备注
			讲座	研讨	考察	观摩	展示			
	1.5 个人修养提升课程	1.5.1 工作沟通协调的方法与技巧	√	√						
		1.5.2 凝聚力工程和团队合作管理方法和技术	√	√						
		1.5.3 语言能力提升简介	√							
		1.5.4 规范书写科技论文写作能力提升	√							
	1.6 教育知识提升课程	1.6.1 专业教学标准研发	√	√						
		1.6.2 专业课程标准开发的设计思想和方法	√	√						
		1.6.3 专业建设实践探索及案例分析	√	√						
		1.6.4 实践教学环节改革的探索及案例分析	√	√			√			
2. 专业知识与能力	2.1 中职汽修专业与职业世界映射关系	2.1.1 世界汽车、汽修行业技术技能前沿水平	√				√	250—350 课时	市级、区级、校级培训	
		2.1.2 先进汽修技术对中职培养的一线工作人员的综合素质要求	√	√	√					
		2.1.3 区域经济发展对汽车维修企业发展的相互影响	√	√						
		2.1.4 中职汽修专业的知识体系和发展规律	√	√		√				
		2.1.5 汽修专业的国际职业证书及其标准	√	√		√	√			
	2.2 汽车维修企业的劳动组织与管理	2.2.1 汽车工作环境中的安全与健康(转岗教师或新教师)	√							
		2.2.2 汽车工作环境中的角色支持(转岗教师或新教师)	√	√						

续表

维度	拟开课程模块及领域	课程与课程内容、要求	主要形式					建议课时	实施主体	备注
			讲座	研讨	考察	观摩	展示			
	2.3 "新知识新方法新技术新工艺"等系列课程	2.2.3 汽车工作环境中的材料、加工、工量具使用(转岗教师或新教师)	✓				✓			
		2.3.1 汽油发动机新技术	✓			✓	✓			
		2.3.2 电控柴油发动机技术	✓			✓	✓			
		2.3.3 车载网络控制技术	✓			✓	✓			
		2.3.4 新能源汽车	✓				✓			
		2.3.5 智能驾驶技术	✓				✓			
	2.4 专业核心系列课程(选学)	2.4.1 汽车定期维护(转岗教师或新教师)	✓			✓	✓			
		2.4.2 汽车发动机机械拆装、故障诊断和修理技术(一般专业教师)	✓				✓			
		2.4.3 汽车发动机控制系统故障诊断和修理技术(一般专业教师)	✓			✓	✓			
		2.4.4 汽车驱动系拆装、故障诊断和修理技术(一般专业教师)	✓				✓			
		2.4.5 汽车悬挂、转向与制动系拆装、故障诊断和修理技术(一般专业教师)	✓				✓			
		2.4.6 汽车电气系统故障诊断和修理技术(一般专业教师)	✓				✓			
		2.4.7 汽车空调系拆装、故障诊断和修理技术(一般专业教师)	✓			✓	✓			

续表

维度	拟开课程模块及领域	课程与课程内容、要求	主要形式					建议课时	实施主体	备注
			讲座	研讨	考察	观摩	展示			
		2.4.8 汽车维修接待实务（专业骨干教师选学）	✓			✓	✓			
		2.4.9 汽车保险与理赔（专业骨干教师选学）	✓			✓	✓			
		2.4.10 新车销售实务（专业骨干教师选学）	✓			✓	✓			
		2.4.11 二手车评估与交易（专业骨干教师选学）	✓			✓	✓			
	2.5 汽车维修资料查询与运用	2.5.1 汽车维修手册的使用（转岗教师或新教师）	✓			✓	✓			
		2.5.2 汽车维修技术网站资源与利用（转岗教师或新教师）	✓			✓	✓			
		2.5.3 汽车诊断设备的使用（转岗教师或新教师）	✓			✓	✓			
	2.6 企业实践（课程）	2.6.1 汽车维修服务顾问岗位实习（专业骨干教师选学）			✓	✓	✓			
		2.6.2 汽车保修员岗位实习（专业骨干教师选学）			✓	✓	✓			
		2.6.3 汽车备件管理岗位实习（专业骨干教师选学）			✓	✓	✓			
		2.6.4 机电维修技师岗位实习（专业骨干教师选学）			✓	✓	✓			
		2.6.5 汽车钣金技师岗位实习（专业骨干教师选学）			✓	✓	✓			
		2.6.6 汽车漆装技师岗位实习（专业骨干教师选学）			✓	✓	✓			
		2.6.7 二手车交易业务岗位实习（骨干教师选学）			✓	✓	✓			

续表

维度	拟开课程模块及领域	课程与课程内容、要求	主要形式						建议课时	实施主体	备注
			讲座	研讨	考察	观摩	展示			
3. 专业教学能力	2.7 职业资格认证	2.7.1 IMI 二级国际职业资格培训考证	√			√	√			
		2.7.2 IMI 三级国际职业资格培训考证	√			√	√	120—200 课时	市级培训	
	3.1 专业教学能力	3.1.1 双证融通教学实践	√	√			√			
		3.1.2 五年制人才培养方案实施与研究	√	√			√			
		3.1.3 教育教学评介	√	√			√			
	3.2 教学科研	3.2.1 科研工作的组织和管理	√	√						
		3.2.2 教改工作的组织和管理	√	√						
		3.2.3 教师专业发展规划	√	√						
		3.2.4 教育技术方法研究和前沿技术介绍	√			√	√			
		3.2.5 网络课件开发	√			√	√			
		3.2.6 精品课程录像技术和后期制作	√			√	√			

备注：
(1) 部分模块可与其他体系培训课程互换（如中职新进教师培训课程）。
(2) 本课程体系提供建议课时。
(3) 鼓励教师在第一年选择基础上，第二年完成剩下学分的培训课程。

培训评价：
1. 学员培训效果的评价
① 过程考核占 30%；目标考核占 70%；
② 过程考核中，出勤率占 40%，在培训中的参与程度占 60%；

③ 目标考核以理论测试成绩和实操考评为依据。

2. 优秀学员评选

(1) 入围条件：

① 出勤率：100%，无迟到和早退记录；

② 积极参加培训，在培训活动中起主导作用；

③ 专业知识和技能达到普遍认可；

④ 70%以上学员推选。

(2) 评选方法：

① 依据理论测试成绩；

② 由培训教师共同评议；

③ 产生比例：不超过 10%。

3. 培训基地的评价

参考师资中心对基地检查工作方案。

表 24　上海中职国际商务专业教师培训模块与课程内容

维度	拟开课程模块及领域	课程与课程内容、要求	主要形式					建议用课时	实施主体	备注
			讲座	研讨	考察	观摩	展示			
1. 师德与基本素养	1.1 职教政策解读	1.1.1 上海十二(三)五发展规划诠释	√	√				60—100 课时	市级培训	
		1.1.2 《国务院关于加快发展现代职业教育的决定》	√	√						
		1.1.3 《现代职业教育体系建设规划(2014—2020年)》	√	√						
		1.1.4 《中等职业学校教师专业标准(试行)》	√	√						
		1.1.5 《上海现代职业教育体系建设规划(2015—2030年)》	√	√						

续表

维度	拟开课程模块及领域	课程与课程内容、要求	讲座	研讨	考察	观摩	展示	建议用课时	实施主体	备注
		1.1.6 《教育部办公厅关于建立职业院校教学工作诊断与改进制度的通知》	✓	✓						
	1.2 现代职业教育发展国际视野	1.2.1 世界职业教育发展现状及趋势	✓							
		1.2.2 典型国家模式介绍：德国"双元制"，英国"BTEC"，美国"社区学院"，加拿大"CBE"等	✓							
	1.3 职业道德培育	1.3.1 德育理论介绍和研究	✓							
		1.3.2 教师职业道德修养的方法和途径	✓	✓						
		1.3.3 师德范例介绍	✓		✓					
	1.4 职业教育学科补充课程	1.4.1 职业教育学：基础知识介绍，教师发展规划、学生管理，教学能力培养等	✓							
		1.4.2 职业教育心理学：基础理论，教学评价、学生心理分析，教师心理与教学环境探析	✓	✓						
	1.5 个人修养提升课程	1.5.1 工作沟通协调的方法与技巧	✓	✓						
		1.5.2 凝聚力工程和团队合作管理方法和技术	✓	✓						
		1.5.3 语言能力提升简介	✓							
		1.5.4 规范书写与科技论文写作能力提升	✓	✓						
	1.6 教育知识提升课程	1.6.1 专业教学标准研发	✓	✓			✓			
		1.6.2 专业课程开发的设计思想和方法	✓	✓						
		1.6.3 专业建设实践探索及案例分析	✓	✓						
		1.6.4 实践教学环节改革的探索及案例分析	✓	✓			✓			

续表

维度	拟开课程模块及领域	课程与课程内容、要求	讲座	研讨	考察	观摩	展示	建议用课时	实施主体	备注
2.专业知识与能力	2.1 了解中职国际商务专业与行业发展映射关系	2.1.1 世界经济的发展趋势及对我国外贸十三五规划的影响	√							
		2.1.2 现代外贸企业对中职培养的一线工作人员的综合素质要求	√	√						
		2.1.3 长江三角洲城市群发展规划为外贸企业发展带来的机遇及挑战	√		√					
		2.1.4 中职国际商务专业的培养目标和外贸行业发展的关系	√							
		2.1.5 中职国际商务专业的职业证书(如营销师(国际商务))及其标准	√					250—350 课时	市级、区级、校级培训	
	2.2 了解国际商务企业的经营管理	2.2.1 现代外贸企业的劳动组织形式与机构以及经营管理模式简介	√							
		2.2.2 现代外贸企业员工的综合职业能力要求及基层岗位职责	√	√						
		2.2.3 商务礼仪及职业行为规范	√	√						
		2.2.4 商贸专业通用职业能力的培养与训练	√	√	√					
		2.2.5 中职毕业生对口单位的用人标准、岗位职责等情况	√							
	2.3 "新知识新方法新技术新工艺"等系列课程	2.3.1 新技术应用(互联网+、物联网等)引发的外贸业务模式、流程的变革	√	√						
		2.3.2 跨境电子商务业务模式及政策解读	√	√	√					

续表

维度	拟开课程模块及领域	课程与课程内容、要求	主要形式					建议用课时	实施主体	备注
			讲座	研讨	考察	观摩	展示			
		2.3.3 我国自由贸易区战略的实施及发展趋势	✓		✓					
		2.3.4 上海自贸区相关政策解读以及金融创新案例解读	✓		✓					
	2.4 提升专业核心系列课程的教学能力	2.4.1 国际贸易业务流程	✓		✓	✓				
		2.4.2 常用国际商务单证制作	✓			✓				
		2.4.3 国际商务综合实训	✓		✓	✓				
		2.4.4 国际商务英语	✓			✓				
		2.4.5 国际贸易业务流程教法示范、研讨	✓		✓					
		2.4.6 常用国际商务单证制作教法示范、研讨	✓		✓					
		2.4.7 国际商务综合实训教法示范、研讨	✓		✓					
		2.4.8 专业教学中双证融通的实践及案例研讨	✓		✓	✓				
		2.4.9 最新专业业务、政策解读	✓	✓		✓	✓			
	2.5 专业软件学习与应用	2.5.1 SIMTRADE外贸实习平台软件学习与应用	✓	✓			✓			
		2.5.2 《营销师》(国际商务)考证软件学习与应用	✓	✓	✓					
	2.6 企业(岗位)实践课程	2.6.1 出口业务流程及各环节业务操作要领	✓	✓	✓					
		2.6.2 进口业务流程及各环节业务操作要领	✓	✓	✓					
		2.6.3 进出口业务常见问题及纠纷解决的方法和典型案例剖析	✓	✓						
		2.6.4 外贸行业专家谈业务中的疑难杂症及应对策略	✓	✓						

续表

维度	拟开课程模块及领域	课程与课程内容、要求	主要形式					建议课时	实施主体	备注
			讲座	研讨	考察	观摩	展示			
3. 专业教学能力	3.1 专业教学论	3.1.1 国际商务专业国际水平教学改革试点实践与研究	√	√				120—200课时	市级培训	
		3.1.2 国际商务专业中高贯通改革试点实践与研究	√	√						
	3.2 教育教学评价介绍	3.2.1 教育教学评价的理论基础	√	√						
		3.2.2 教学评价	√	√						
		3.2.3 学生评价	√	√						
		3.2.4 教师自评	√	√						
		3.2.5 其他评价方式	√	√						
	3.3 科研工作的组织和管理	3.3.1 教研课题申请与立项	√	√						
		3.3.2 组织开展教研活动	√	√						
		3.3.3 职业教育科研热点、选题指南、申请书写作方法	√	√						
		3.3.4 职业教育科研常用研究方法、科研论文写作方法	√	√						
		3.3.5 校本研究内容选题方法	√	√						
		3.3.6 科研与教师专业化发展	√	√						
		3.3.7 科研案例剖析——国家级课题研究经验介绍	√	√						

续表

维度	拟开课程模块及领域	课程与课程内容、要求	主要形式					建议课时	实施主体	备注
			讲座	研讨	考察	观摩	展示			
	3.4 教改工作的组织和管理	3.4.1 教改现状调研与评价方法的实施	✓	✓						
		3.4.2 教改方案的撰写及优化	✓	✓						
		3.4.3 教改方案的组织与实施	✓	✓						
		3.4.4 教改效果的评价方法及要求	✓	✓						
	3.5 教师专业发展规划	3.5.1 现代职业教育的发展趋势与教师个人的职业生涯发展规划	✓	✓						
		3.5.2 职业教育教学工作中的现实需要与问题的探索研究	✓	✓						
		3.5.3 校本教学研究和教学改革的实践与个人专业能力、教学能力的成长	✓	✓						
	3.6 现代教育技术应用	3.6.1 互联网⁺快速发展条件下教育教学前沿技术的发展与展示	✓	✓			✓			
		3.6.2 网络课件开发技术与实施中问题的解决	✓	✓		✓	✓			
		3.6.3 精品课程录像技术和后期制作	✓	✓		✓	✓			

备注:
1. 部分模块可与其他体系培训课程互换（如中职新进教师培训课程）。
2. 本课程体系提供建议课时。
3. 鼓励教师在第一年选择的基础上，第二年完成剩下学分的培训课程。

(一) 关于上海市中职专业教师市级培训课程体系开发的建议

教育行政主管部门在组织和推动,或者师资培训基地和相关受托机构在开发针对各具体专业的教师市级培训课程体系时,首先要明确开发目的、开发主体、开发过程与方法、课程体系的构成、开发组织等问题,针对这些问题所出现的回答和相关约定,也正是各具体专业市级培训课程体系开发所要遵循的要求。

1. 开发目的

(1) 培训对象:已经历了系统入职培训的中职专业教师

(2) 培训目标:促进中职专业教师职后专业化发展,在师德与基本素养、专业知识与能力、专业教学能力等核心维度上均获得持续、稳定提升,更好地胜任中职教师职业。

2. 开发主体

(1) 由受教育行政主管部门委托的职教教师培训基地等主体负责开发工作,要有效整合具有此专业培训经验的基地和师资参与方案开发;

(2) 也要特别注意有效整合市级师资培训基地、区县教育局、相关专业优势学校等资源,形成集市级、区县级及校本培训为一体综合设计课程体系的格局。

3. 开发过程与方法

(1) 遵守所给出的《专业教师能力发展要求与培训课程体系框架》(见表5-2),明确各级培训在整个课程体系中的定位;

(2) 充分开展调研工作,根据相关专业教师群体的发展目标与能力现状细化形成更有针对性的培训目标和课时设置;

(3) 在方案开发时能够对师资和课程资源做基本确认。

4. 课程体系的构成

(1) 课程体系依维度、领域与课程模块、课程与课程内容、主要形式(讲座、研讨、考察、观摩、展示及适用课时)、实施主体等列出关键信息;

(2) 课程体系的内容维度为师德与基本素养、专业知识与能力、专业教学能力等,其后通过领域与课程模块、课程与课程内容、主要形式、实施主体等呈现细化信息;

(3) 为保证课程内容的涵盖范围和选学机会,三个维度的总课时分别设置为60—100、250—350、120—200。

5. 开发组织

(1) 上海市中职专业教师培训课程体系开发由上海市中职师资培训中心负责组织;

(2) 课程体系的开发组织包括任务发布、任务申报、方案评审核准、课程体系开发、课程体系评审论证、课程体系对外发布等环节;

(3) 上海市中职师资培训中心组建专门的专家团队,负责课程体系开发过程中所需要的方案评审、开发指导、成果论证等任务;

(4) 应建立持续完善机制,促进相关培训基地遵循《上海市中职专业教师培训课程体系框架》要求,围绕如何当好专业教师为主线,不断细化培训计划,持续完善课程体系。

（二）关于上海市中职专业教师市级培训组织实施的建议

除了开发相对科学的课程体系之外,对上海市中职专业教师培训质量起关键作用的还有培训的具体实施工作,可以说,课程开发之后的实施环节更为关键,这涉及到比较完整、系统的中职教师队伍建设制度和管理体系,例如课程准入、过程管理与监控、质量评价与效果跟踪、经费保障与支撑平台等方面,以及培训管理机构和培训基地等主体,需要更为有效地约定与培训相关的各方的责任和义务。

依托上海市中职专业教师总体调研情况,在开发相对系统的培训课程体系之后,应采取以下体系建设措施:

1. 课程准入

（1）市级培训管理机构于特定时间发布专业教师培训课程申报通知,并组织专家对申报方案进行评审、批准;

（2）培训基地根据申报通知在充分调研的基础上形成申报方案,申报方案所列培训课程应遵循《上海市中职专业教师培训课程体系框架》要求,并为该专业已开发的课程体系设置相应模块或课程;

（3）培训模块或课程应经过网上公示及报名环节,便于专业教师根据自身实际需求选读和报名;

（4）申报举办相关培训模块或课程的相关基地经申报批准后,方可开班。

2. 过程管理与监控

（1）培训基地具有内部过程管理、学员考核、证书颁发等职责,并应按要求做好逐项文档记录;

（2）市级培训管理机构应组织专家对具体开展的培训课程和培训过程进行跟踪、监督,除参与部分培训基地质量监控环节、审核检查培训基地的过程记录之外,还可通过多种方式直接调研参训学员及送培学校对培训的评价意见。

3. 效果跟踪与持续改进

（1）培训基地应进一步延伸培训过程管理,深度跟踪培训之后教师在工作岗位上的行为变化和实际效果,并借此持续完善自身的培训方案,同时也针对业已存在的整体性专业教师培训课程体系提出针对性的修改建议;

（2）市级培训管理机构应组织开发完善的上海市中职专业教师市级培训质量监控总体方案,重点考察课程开发的前期调研、过程评价、培训效果评价与跟踪等几大环节,围绕这些环节的核心内容选取关键指标,并将其传送到培训基地;

（3）应定期组织培训基地和校际之间的交流活动,以促进相互学习和适度竞争,不断提高各自的工作质量;

（4）市级培训管理机构应汇总基地及培训课程的关键评价指标,并借此进一步完善现行中职教师培训年度报告的内容。

4. 经费保障与支撑平台

（1）进一步完善和稳定市级层面职教教师队伍建设的经费保障机制；

（2）市级培训管理机构可建立"中职专业教师培训课程（市级培训）"网上申报平台，供上海市职教相关单位及时有效地掌握上海市中职专业教师培训情况。

以上相对系统的考虑，对创新和完善上海市职教教师培训制度，优化职教教师能力结构，建设高水平"双师型"教师队伍都具有十分重要的意义。在上海市加快构建现代职业教育体系的重要时期，加强中等职教教师的培养与培训工作，对专业教师培训工作进行系统研究，并对教师专业化发展视野下的师资培训问题进行深入解读，是提高上海市职教教师培训实效性与科学性的有效途径。

第六章　研究总结与展望

在已开展的研究工作基础上，上海市中等职业教育专项培训规划课题——专业教师培训课程体系开发研究课题组于 2013 年 9 月至 2016 年 8 月期间，继续进行课题的深入研究与讨论。在项目例会上，大家互相交流了对本课题已有成果的看法，对研究过程中出现的问题给予有效解答，及时纠正偏差。此外，各方专家提出了很多有建设性的改进意见，建议抓紧时间开展下一阶段工作，继续完善研究工作，完善课程体系框架和体系内容设置。

一、创新之处

课题研究的创新之处主要体现在以下三个方面。

（一）开发内容的创新之处

基于专业教师的专业化发展、培训系统化以及教师需求等维度，建立基于教师工作过程系统化的培训课程体系。

（二）开发方法论的创新之处

本课题通过对上海市中职教师市级培训活动的各相关主体、主要影响因素、核心质量环节的系统调研和全面分析，在概括现状和问题的基础上，从相对全局的视角探讨提升中职教师市级培训实效性及长效性的有效策略。

（三）开发目标的创新之处

课题着眼于师资综合素质的提高，制定统一的上海市中职教师市级专业（项目）培训课程体系开发标准及评价指标体系，有利于教师的专业化发展。以职业性和师范性为手段，培训教师专业实践工作能力，实行上海市职教教师培训的全方位、全过程质量管理，有利于教师培训工作的规范化及制度化建设。

二、后续工作方向

针对已开发的中职专业教师培训课程体系,召开专家论证会、教师体验会,根据反馈意见进行调整。同时处理好与其他课程体系的并行关系,完善上海市中职专业教师市级培训实施建议。

在设计课程体系框架的基础上,形成《上海市中职专业教师市级培训课程开发指导意见》,并将其作为参照标准,指导各基地在课程体系框架约定内开发和设计培训课程。

附录 1　上海市中职新进教师培训课程结构

一、培训目标

帮助新进教师掌握职业教育理论,提升职教理论素养;帮助新进教师认识中职课堂和教学,提升教学能力;帮助新进教师熟悉中职学生与教师育德方法,提升教师育德能力;帮助新进教师了解行业企业状况,提升专业实践能力。

二、课程结构

培训课程由四个模块构成,分别是职教理论模块(M1)、专业教学能力模块(M2)、教师育德能力模块(M3)及专业实践能力模块(M4)。每个模块下设若干课程单元,见表附 1-1。

表附 1-1　上海市中职新进教师培训课程结构

模块	课程编号	课 程 名 称	学时
职教理论(M1)	M1-01	职业教育现状及发展趋势	8
	M1-02	职业教育学	8
	M1-03	职业教育心理学	12
	M1-04	中职教师专业发展	12
		职教理论(M1)小计	40
专业教学能力(M2)	M2-01	教学设计	20
	M2-02	专业教学法	40
	M2-03	信息技术应用	20
	M2-04	教学实践	60
		专业教学能力(M2)小计	140

续表

模块	课程编号			课 程 名 称	学时
教师育德能力(M3)	M3-01	育德理论	M3-01-1	中职校德育价值观导论	4
			M3-01-2	德育理论与育德智慧	8
			M3-01-3	中职教师优良德育素养提升	4
			M3-01-4	全面解读中职生发展规律	4
			M3-01-5	专业、学科育德方案设计	4
			M3-01-6	班级管理经典研读	4
			M3-01-7	课堂突发事件指导	8
	M3-02	育德实践	M3-02-1	中职校班级文化设计与组织	4
			M3-02-2	捕捉班级管理育德契机	16
			M3-02-3	育德案例撰写(数字故事)	4
			M3-02-4	育德实施及反思	8
			M3-02-5	拓展实践课程	4
			M3-02-6	参访实践课程	8
	教师育德能力(M3)小计				80
专业实践能力(M4)	M4-01	行业企业认知			12
	M4-02	企业岗位调研			48
	M4-03	职业技能实践			120
	M4-04	职业资格(岗位)考证			80
	专业实践能力(M4)小计				260
合计					520

附录2 上海市中职汽车类教师调研问卷

尊敬的各位老师:

您好!

为了解上海市汽车类中职教师职业能力现状,促进教师的专业发展,全面提高学校教学的质量,课题组特制定此问卷。您的回答无对错之分,不作为评价您本人和学校的依据,所得资料是我们研究分析的重要依据,只作为课题调研之用,我们将严格保密,特别希望得到您的真实回答。

对您的支持,我们表示诚挚的感谢!

上海市中等职业教育专项培训规划项目
专业教师培训课程体系开发研究课题组
2014 年 6 月

一、您的背景资料

1. 年龄:① 20—29　② 30—39　③ 40—49　④ 50—59

2. 教龄:① <3 年　② 2—5 年　③ 4—10 年　④ 11—15 年　⑤ 16—20 年　⑥ 20 年以上

3. 职称:① 高级　② 中级　③ 初级　④ 未定级

4. 最高学历:① 大专　② 本科　③ 硕士研究生　④ 博士　⑤ 其他

5. 您的职业资格证书:① 有　② 无

6. 您近五年累计在企业的实践经历时间:① 六个月　② 一年　③ 两年　④ 无

7. 您近五年是否与企业主持过应用技术研究项目:① 有　② 无

8. 您近五年是否主持过校内实践教学设备项目:① 有　② 无

9. 总体来说,您对自己从事汽车类教师这一职业感到:
① 满意　② 比较满意　③ 不太满意　④ 很不满意

二、职业能力调研

说明:请在重要性程度、难易程度、发生频率栏目中填上 1—5 中的一个数字,用以表示其程度的大小或频率的高低。

表附 2-1　中职汽车类教师工作任务调查表

工作领域	工作任务	重要性程度(1—5)	难易程度(1—5)	发生频率(1—5)
1. 专业人才培养方案制定	1.1 专业调研			
	1.2 组织工作任务分析会			
	1.3 确定专业课程体系			
	1.4 编写人才培养方案			
2. 课程建设	2.1 课程开发调研			
	2.2 制定课程标准			

工作领域	工作任务	重要性程度 (1—5)	难易程度 (1—5)	发生频率 (1—5)
	2.3 项目教学设计			
	2.4 教材开发			
	2.5 课程资源开发			
3. 教学实施	3.1 教学准备			
	3.2 课堂教学组织			
	3.3 教学评价			
	3.4 教学反思			
4. 教科研	4.1 撰写专业技术论文			
	4.2 撰写教改论文			
	4.3 课题申报研究			
	4.4 参与企业项目研究			
5. 实训基地建设	5.1 制定专业实训基地建设方案			
	5.2 编制设备采购计划			
	5.3 实训场地布置			
	5.4 制定实训基地运行管理制度			
	5.5 实训基地运行			
	5.6 实训文化建设			
6. 学生指导	6.1 技能竞赛指导			
	6.2 实习指导			
	6.3 学生考证指导			
7. 校企合作资源开发	7.1 开发(选择)合作企业			
	7.2 拟定校企合作协议			
	7.3 建立专业建设指导委员会			
	7.4 校企合作开发课程			
	7.5 校企合作共建资源库			
	7.6 校企合作共建实训基地			
	7.7 校企合作共建培养师资			

工作领域	工作任务	重要性程度 (1—5)	难易程度 (1—5)	发生频率 (1—5)
8. 社会服务	8.1 企业培训			
	8.2 社会培训			
	8.3 技术服务			
9. 专业教学团队建设	9.1 团队建设方案制定			
	9.2 教师传帮带			
	9.3 组织教研活动			
	9.4 组织教师企业挂职			
	9.5 建立企业兼职教师资源库			

附录3 专业工作任务和职业能力分析表

表附 3-1 专业工作任务和职业能力分析表

工作领域	工作任务	职业能力
1. 专业人才培养方案制定	1.1 专业调研	● 能根据专业领域制定调研方案 ● 能根据专业调研方案要求,设计调研表格 ● 能根据调研工作计划,选定调研对象,开展调研活动 ● 能对调研数据进行分析整理,撰写调研报告
	1.2 组织工作任务分析会	● 能根据调研情况,设计工作任务与职业能力分析表 ● 能按工作任务分析要求选好分析专家、企业专家 ● 能按要求组织召开工作任务分析会 ● 能根据专家分析材料,提炼出专业工作领域、工作任务及对应的职业能力 ● 能组织召开专业工作任务及职业能力专家评审会
	1.3 确定专业课程体系	● 能根据工作任务与职业能力分析表,确定课程设置方案 ● 能根据课程设置方案,构建专业课程体系
	1.4 编写人才培养方案	● 能根据专业课程体系,编写专业教学标准 ● 能根据专业教学标准,编制专业人才培养方案

工作领域	工作任务	职 业 能 力
2. 课程建设	2.1 课程开发调研	● 能根据课程开发目的制定课程调研方案 ● 能根据调研方案,设计调研表格 ● 能根据调研工作计划,选定调研对象,开展调研工作 ● 能对调研数据及时进行分析整理,撰写调研报告
	2.2 制定课程标准	● 能根据课程性质,确定设计思路 ● 能根据人才培养规格,确定课程目标 ● 能根据课程教学目标,确定课程教学内容和要求 ● 能根据课程内容,提出合理的实施建议(教材编写、教学建议、教学条件、课程资源、教学评价等)
	2.3 项目教学设计	● 能根据课程标准,进行项目模式设计 ● 能选取与序化项目,并确定项目内容 ● 能编制完整的项目实施方案
	2.4 教材开发	● 能根据课程标准,确定教材结构与内容 ● 能根据教材内容,进行素材收集 ● 能根据课程目标,确定教材内容的叙述方式 ● 能按教学标准要求,对教材素材进行编辑加工
	2.5 课程资源开发	● 能根据课程教学内容收集各种相关课程资源素材 ● 能与行业企业合作,对收集的课程资源素材进行分析整理,建设课程教学资源库
3. 教学实施	3.1 教学准备	● 能依据课程标准撰写授课计划 ● 能分析学生心理特点和心理发展需要 ● 能根据教学内容收集相关资料 ● 能进行教学设计,按规范撰写教案 ● 能制作PPT课件 ● 能根据教学内容选择或自制教学用具及教学模型 ● 能按照实践教学要求准备设备与环境
	3.2 课堂教学组织	● 能明确教学目标,激发学生学习兴趣 ● 能使用各种教学设备呈现教学内容 ● 能用清晰、规范的语言讲授教学内容 ● 能运用项目教学、任务驱动、案例教学等各种教学方法组织教学 ● 能运用目光注视法、情绪感染法、趣味激励法等多种教学方法激发学生学习兴趣 ● 能进行课堂管理,及时有效地处理课堂中存在的问题,正确处理课堂突发事件 ● 能根据学生课业发现教学中存在的问题,及时改进教学策略 ● 能填写《教学日志》

续表

工作领域	工作任务	职 业 能 力
	3.3 教学评价	● 能根据课程特点设计课程评价方案 ● 能根据课程目标、学生具体情况、教学进程设置课内、课外作业 ● 能建立适用的课程题库 ● 能运用恰当的评价方法评价学生学习结果 ● 能根据学生考核结果进行及时反馈
	3.4 教学反思	● 能对每一次的教学活动进行总结,发现不足,提出改进思路 ● 能根据学生的意见反馈、学生考试结果分析、同行教师意见总结优点,发现不足,提出改进方案 ● 能根据教学反思的积累撰写教学体会、教学论文
4. 教科研	4.1 撰写专业技术论文	● 能结合行业企业需求和专业发展需要,确定论文选题 ● 能搜集相关研究资料 ● 能选择正确的研究方法开展研究 ● 能按照学术规范要求撰写专业技术论文
	4.2 撰写教改论文	● 能针对教育教学工作中的现实需要与问题,确定论文选题 ● 能搜集相关研究资料 ● 能选择正确的研究方法开展研究 ● 能按照学术规范要求撰写教学改革论文
	4.3 课题申报研究	● 能确定课题研究选题 ● 能撰写课题研究申报书 ● 能制定课题研究实施方案 ● 能组建课题研究团队 ● 能组织实施课题研究 ● 能撰写课题研究报告、汇编课题研究成果 ● 能组织召开课题验收评审会 ● 能申报教学研究改革成果、并填写《优秀教学改革成果申报书》
5. 实训基地建设	5.1 制定专业实训基地建设方案	● 能根据实训项目要求、学生人数、设备条件等确定实训工位 ● 能对校内实训基地状况进行分析 ● 能拟定专业实训基地建设方案
	5.2 设备采购	● 能根据实训基地建设方案确定采购设备数量 ● 能进行市场调查和成本核算确定采购设备参数 ● 能填写采购设备需求表 ● 能完成招标中的技术评标工作 ● 能对采购设备进行验收入库
	5.3 实训场地布置	● 能根据实训功能区相互间关系划分场地 ● 能填报水电基建等建设要求 ● 能完成设备进场及安装统筹工作

工作领域	工作任务	职 业 能 力
	5.4 制定实训基地运行管理制度	● 能制定实训基地各项目运行的管理规章制度 ● 能编写实训基地的安全生产预案 ● 能根据基地的运行状况优化管理制度
	5.5 实训基地运行	● 能根据专业班级教学进程安排实训基地教学任务 ● 能检查评估实训基地的运行状态(如安全隐患) ● 能根据培养质量要求适时调整实训基地的运行管理 ● 能处理实训基地运行中的突发事件
	5.6 实训文化建设	● 能制定实训基地文化建设方案 ● 能组织教师开展具有真实工作情境的实训基地文化建设 ● 能评估实训基地文化对学生的熏陶效果 ● 能根据企业动态调整实训基地文化
6. 学生指导	6.1 技能竞赛指导	● 能制定校内技能竞赛项目实施方案 ● 能制定校内技能竞赛耗材采购计划 ● 能进行校内竞赛项目宣传,组织学生报名参赛 ● 能组织或参与竞赛培训指导 ● 能进行校内竞赛的现场组织与管理 ● 能进行校内技能竞赛成绩评定 ● 能挑选学生技能竞赛优秀作品并展示 ● 能进行校内竞赛总结与经验交流
	6.2 校外技能竞赛指导	● 能制定校外技能竞赛培训实施方案 ● 能根据竞赛要求挑选参赛学生 ● 能组织并根据竞赛要求培训学生 ● 能带队参加校外技能竞赛 ● 能进行竞赛总结与经验交流
	6.3 校内实训指导	● 能制定校内实训计划及方案 ● 能协调、落实学生校内实训工作 ● 能参与校内实训教学 ● 能指导学生填写《学生校内实训手册》 ● 能评定学生实训成绩 ● 能指导学生制作实训作品并展示 ● 能编写校内实训总结
	6.4 顶岗实习指导	● 能制定顶岗实习的计划及方案 ● 能协助就业办安排学生顶岗实习 ● 能对学生顶岗实习进行过程指导 ● 能对学生顶岗实习进行跟踪、巡访、信息收集,填写《顶岗实习巡查工作手册》 ● 能回收并分析《顶岗实习企业用人反馈意见表》,并评定学生顶岗实习成绩 ● 能编写顶岗实习总结

工作领域	工作任务	职 业 能 力
	6.5 学生考证指导	● 能制定考证培训计划及方案 ● 能进行考证宣传 ● 能组织学生完成考证报名 ● 能参与考证培训 ● 能组织证书认证考试 ● 能跟踪证书办理进程 ● 能编写学生考证总结
7. 校企合作资源开发	7.1 开发(选择)合作企业	● 能与相关专业适应的企业单位建立良好合作关系 ● 能进行区域内企业分布状况分析 ● 能与行业企业建立良好的沟通关系 ● 能优选某些企业作为合作对象
	7.2 建立校企合作关系	● 能与行业企业洽谈合作意向 ● 能草拟合作协议书 ● 能协助学校与行业企业签订合作协议
	7.3 建立专业建设指导委员会	● 能物色适合的行业企业专家 ● 能协助学校组建专业指导委员会 ● 能组织专业指导委员会参与专业建设
	7.4 校企合作开发课程	● 能根据专业教学或企业培训要求进行课程开发调研及分析 ● 能组建课程开发团队 ● 能组织课程开发成果的验收 ● 能推广课程开发成果
	7.5 校企合作共建资源库	● 能组建校企共享的人才资源库 ● 能组织校企共建专业教学资源库 ● 能组建校企共享的硬件资源库
	7.6 校企合作共建实训基地	● 能组织校企共建校外实训基地 ● 能组织校企共建校内实训基地
	7.7 校企合作共建培养师资	● 能提出校企合作师资的培养方案 ● 能对企业业务、技术骨干进行培训 ● 能组织校企合作开展校内师资培养 ● 能对师资培养成效进行评价
8. 社会服务	8.1 企业培训	● 能了解企业培训需求 ● 能制定企业培训方案 ● 能组织相关资源开展企业培训 ● 能评估培训质量

工作领域	工作任务	职 业 能 力
	8.2 社会培训	● 能了解社会需求状况 ● 能制定社会培训方案 ● 能组织相关资源开展社会培训 ● 能评估培训质量
	8.3 技术服务	● 能制定技术服务方案 ● 能有效开展技术服务
9. 专业教学团队建设	9.1 团队建设方案制定	● 能结合专业发展要求和教师队伍现状,制定团队建设方案 ● 能根据专业发展需要与行业要求,制定用人计划 ● 能制定本专业教师团队发展的年度计划 ● 能根据团队建设方案实施情况及时调整方案
	9.2 教师传帮带	● 能制定本专业教师传帮带计划 ● 能组织、实施、监控传帮带计划 ● 能撰写传帮带工作总结
	9.3 组织教研活动	● 能制定教研组活动计划 ● 能组织教师开展日常教研活动,如听课、评课、集体备课等 ● 能制定本专业公开课计划并实施 ● 能组织专业教师与校外同行教师之间的教研活动
	9.4 组织教师企业挂职	● 能根据专业发展要求、教师个人发展需要制定本专业教师企业挂职计划 ● 能联系企业进行教师挂职 ● 能填写教师企业挂职报告 ● 能协调教学与挂职的关系,合理安排教师的企业挂职
	9.5 建立企业兼职教师资源库	● 能利用各种渠道收集兼职教师资源 ● 能根据专业教学要求制定兼职教师职责、标准 ● 能根据专业发展需求及时调整兼职教师的人员构成

附录 4 上海市中职汽车类教师工作任务调查表

说明:请在重要性程度、难易程度、发生频率栏目中填上 1—5 中的一个数字,用以表示其程度的大小或频率的高低。

表附 4-1 上海市中职汽车类教师工作任务调查表

工作领域	工作任务	重要性程度（1—5）	难易程度（1—5）	发生频率（1—5）
1. 专业人才培养方案制定	1.1 专业调研	4.6	4.1	2.4
	1.2 组织工作任务分析会	4.5	4.4	2.5
	1.3 确定专业课程体系	4.7	4.1	2.6
	1.4 编写人才培养方案	4.5	3.8	2.5
2. 课程建设	2.1 课程开发调研	4.3	3.8	2.7
	2.2 制定课程标准	4.5	4.3	2.6
	2.3 项目教学设计	4.4	3.9	2.8
	2.4 教材开发	4.1	4.1	2.5
	2.5 课程资源开发	4.0	3.6	3.0
3. 教学实施	3.1 教学准备	3.9	3.1	3.8
	3.2 课堂教学组织	4.2	3.2	3.7
	3.3 教学评价	3.7	3.0	3.2
	3.4 教学反思	3.8	2.9	3.0
4. 教科研	4.1 撰写专业技术论文	3.8	3.7	2.4
	4.2 撰写教改论文	3.8	3.6	2.5
	4.3 课题申报研究	3.9	4.1	1.8
	4.4 参与企业项目研究	3.4	4.0	1.6
5. 实训基地建设	5.1 制定专业实训基地建设方案	4.0	3.6	1.9
	5.2 编制设备采购计划	3.6	3.3	1.9
	5.3 实训场地布置	4.0	3.1	2.2
	5.4 制定实训基地运行管理制度	4.0	2.8	2.3
	5.5 实训基地运行	3.9	3.1	3.2
	5.6 实训文化建设	3.5	2.8	2.3
6. 学生指导	6.1 技能竞赛指导	3.7	3.2	2.4
	6.2 实习指导	4.0	3.0	2.3
	6.3 学生考证指导	3.7	3.0	2.4

续表

工作领域	工作任务	重要性程度 (1—5)	难易程度 (1—5)	发生频率 (1—5)
7. 校企合作资源开发	7.1 开发(选择)合作企业	3.6	3.9	2.0
	7.2 拟定校企合作协议	3.5	3.4	1.8
	7.3 建立专业建设指导委员会	3.5	3.7	2.0
	7.4 校企合作开发课程	3.6	4.0	1.9
	7.5 校企合作共建资源库	3.8	3.8	1.8
	7.6 校企合作共建实训基地	3.6	3.8	1.8
	7.7 校企合作共建培养师资	3.6	3.7	1.8
8. 社会服务	8.1 企业培训	3.5	3.2	2.2
	8.2 社会培训	3.4	3.0	2.2
	8.3 技术服务	3.2	3.1	1.7
9. 专业教学团队建设	9.1 团队建设方案制定	3.7	3.2	2.0
	9.2 教师传帮带	3.8	2.7	2.6
	9.3 组织教研活动	3.9	3.2	3.1
	9.4 组织教师企业挂职	3.6	3.3	2.7
	9.5 建立企业兼职教师资源库	3.6	3.2	2.5

统计说明：参与工作任务分析会的中职教师中有22位骨干教师，以上调查统计结果取平均值。

附录5 上海市中职国际商务专业教师能力素养调查问卷

尊敬的各位老师：

　　您好！非常感谢您能在百忙之中抽出时间做此问卷。

　　为了解上海市国际商务专业中职教师职业能力现状，促进教师的专业发展，构建科学、完善的培养评价指标体系，规范职教教师培训工作、确保培训工作的科学性及实效性，课题组特制定此问卷。您的回答无对错之分，不作为评价您本人和学校的依据，所得资料是我们研究分析的重要依据，希望能得到您的帮助。我们向您保证有关调查资料只用于学术研究，绝对不会透露您的个人信息。

　　对您的支持，我们表示诚挚的感谢！

上海市中等职业教育专项培训规划项目

专业教师培训课程体系开发研究课题组
2014 年 9 月

一、您的背景资料

1. 您的年龄：□20 岁—25 岁　□26 岁—30 岁　□30 岁—35 岁　□36 岁—40 岁
　　　　　　□40 岁—50 岁　□50 岁以上

2. 您的最高学历：□中职　□高职　□本科　□硕士　□博士

3. 您的职称：□初级　□中级　□高级　□其他：_____

4. 您的职业资格证书：□初级工　□中级工　□高级工　□技师
　　　　　　　　　　□高级技师　□无　□其他：_____

5. 您从事中等职业教育教学的教龄是：□3 年以下　□3 年—5 年　□5 年—10 年
　　　　　　　　　　　　　　　　　□10 年以上

6. 您在企业中工作的经历是：□没有企业经历　□1 年以内　□1 年—3 年
　　　　　　　　　　　　　□3 年以上

7. 您最近五年以来在企业实践的累计时间为：
□10 天以内　□10 天—3 个月(含 3 个月)　□3 个月—6 个月(含 6 个月)
□6 个月—1 年(含 1 年)　□1 年—2 年(含 2 年)　□无

8. 您近五年是否参与、主持过企业项目工作或为企业提供培训：
□有　　　　□无

9. 您近五年是否参与、主持过校内实训建设项目：
□有　　　　□无

10. 您对现所从事的国际商务专业教师工作的态度：
□充满激情和信心，想要开拓更大的发展空间
□谈不上激情，但本着责任感，认认真真做好眼前的工作
□没有激情

二、工作任务调研

说明：请在重要性程度、难易程度、发生频率栏目中填上 1—5 中的一个数字，用以表示其程度的大小或频率的高低。

表附 5-1　上海市中职国际商务专业教师工作任务调查表

能力素养领域	任　务	重要性程度 (1—5)	难易程度 (1—5)	发生频率 (1—5)
1. 职业教育素养	1.1　了解职业教育改革与发展趋势			
	1.2　了解现代职业教育体系建设内容			

能力素养领域	任务		重要性程度 （1—5）	难易程度 （1—5）	发生频率 （1—5）
	1.3	了解中高职协调发展主要做法			
	1.4	现代教育技术			
	1.5	信息化教学设计			
2. 专业前沿	2.1	掌握国商专业最新的理论知识			
	2.2	了解外贸行业的新发展			
	2.3	专业系统的操作训练			
3. 专业人才培养方案制定	3.1	专业调研			
	3.2	组织工作任务分析会			
	3.3	确定专业课程体系			
	3.4	编写人才培养方案			
4. 课程建设	4.1	课程开发调研			
	4.2	制定课程标准			
	4.3	项目教学设计			
	4.4	教材开发			
	4.5	课程资源开发			
5. 教学实施	5.1	教学准备			
	5.2	课堂教学组织			
	5.3	教学评价			
	5.4	教学反思			
6. 教科研	6.1	撰写专业技术论文			
	6.2	撰写教改论文			
	6.3	课题申报研究			
	6.4	参与企业项目研究			
7. 实训基地建设	7.1	制定专业实训基地建设方案			
	7.2	编制设备采购计划			
	7.3	实训场地布置			

续表

能力素养领域	任　　务	重要性程度 (1—5)	难易程度 (1—5)	发生频率 (1—5)
	7.4　制定实训基地运行管理制度			
	7.5　实训基地运行			
	7.6　实训文化建设			
8. 学生指导	8.1　技能竞赛指导			
	8.2　实习指导			
	8.3　学生考证指导			
9. 校企合作资 　源开发	9.1　开发(选择)合作企业			
	9.2　拟定校企合作协议			
	9.3　建立专业建设指导委员会			
	9.4　校企合作开发课程			
	9.5　校企合作共建资源库			
	9.6　校企合作共建实训基地			
	9.7　校企合作共建培养师资			
10. 社会服务	10.1　企业培训			
	10.2　社会培训			
	10.3　技术服务			
11. 专业教学 　团队建设	11.1　团队建设方案制定			
	11.2　教师传帮带			
	11.3　组织教研活动			
	11.4　组织教师企业挂职			
	11.5　建立企业兼职教师资源库			
12. 课堂掌控	12.1　学生课堂管理			
	12.2　处理学生突发事件			
	12.3　与班主任沟通			

统计说明：

1. 背景资料统计了各个选项选择的人数。

2. 参与填表调研的中职老师有 42 位，以上调查统计结果取平均值。

附录6　上海市中职国际商务教师工作任务调查表

说明：请在重要性程度、难易程度、发生频率栏目中填上1—5中的一个数字，用以表示其程度的大小或频率的高低。

表附6-1　上海市中职国际商务教师工作任务调查表

能力素养领域	任　　务	重要性程度 （1—5）	难易程度 （1—5）	发生频率 （1—5）
1. 职业教育素养	1.1　了解职业教育改革与发展趋势	4.4	3.4	3.0
	1.2　了解现代职业教育体系建设内容	4.0	3.6	2.9
	1.3　了解中高职协调发展主要做法	4.1	3.7	3.1
	1.4　现代教育技术	4.5	3.7	3.3
	1.5　信息化教学设计	4.3	3.7	3.4
2. 专业前沿	2.1　掌握国商专业最新的理论知识	4.5	3.7	3.0
	2.2　了解外贸行业的新发展	4.5	3.5	3.1
	2.3　专业系统的操作训练	4.5	3.7	3.0
3. 专业人才培养方案制定	3.1　专业调研	4.4	4.0	3.2
	3.2　组织工作任务分析会	4.2	3.9	3.1
	3.3　确定专业课程体系	4.4	4.0	3.3
	3.4　编写人才培养方案	4.3	3.9	3.3
4. 课程建设	4.1　课程开发调研	4.0	4.0	3.2
	4.2　制定课程标准	4.7	4.0	3.5
	4.3　项目教学设计	4.6	4.0	3.6
	4.4　教材开发	4.3	4.0	3.4
	4.5　课程资源开发	4.4	3.7	3.3
5. 教学实施	5.1　教学准备	4.5	3.8	4.0
	5.2　课堂教学组织	4.4	3.8	3.9

续表

能力素养领域	任　　务	重要性程度 （1—5）	难易程度 （1—5）	发生频率 （1—5）
	5.3　教学评价	4.3	3.8	3.8
	5.4　教学反思	4.5	3.9	4.1
6. 教科研	6.1　撰写专业技术论文	4.0	3.9	3.1
	6.2　撰写教改论文	4.1	4.2	3.1
	6.3　课题申报研究	4.0	4.3	2.7
	6.4　参与企业项目研究	4.0	4.0	2.7
7. 实训基地建设	7.1　制定专业实训基地建设方案	4.3	3.7	2.9
	7.2　编制设备采购计划	3.9	3.6	2.6
	7.3　实训场地布置	3.9	3.6	2.8
	7.4　制定实训基地运行管理制度	4.0	3.6	2.8
	7.5　实训基地运行	4.1	3.7	3.1
	7.6　实训文化建设	4.1	3.7	2.8
8. 学生指导	8.1　技能竞赛指导	4.1	3.9	3.8
	8.2　实习指导	4.1	3.6	3.6
	8.3　学生考证指导	4.2	3.9	3.5
9. 校企合作资源开发	9.1　开发(选择)合作企业	4.4	4.1	2.9
	9.2　拟定校企合作协议	4.0	3.6	2.0
	9.3　建立专业建设指导委员会	4.1	3.6	2.9
	9.4　校企合作开发课程	4.2	4.0	2.9
	9.5　校企合作共建资源库	4.2	3.9	2.9
	9.6　校企合作共建实训基地	4.1	3.9	3.0
	9.7　校企合作共建培养师资	4.2	3.7	2.9
10. 社会服务	10.1　企业培训	3.9	3.7	2.9
	10.2　社会培训	3.9	3.4	2.7
	10.3　技术服务	3.9	3.6	2.5

能力素养领域	任　务	重要性程度 （1—5）	难易程度 （1—5）	发生频率 （1—5）
11. 专业教学团队建设	11.1　团队建设方案制定	4.3	4.0	3.5
	11.2　教师传帮带	4.4	3.9	3.6
	11.3　组织教研活动	4.3	3.9	3.6
	11.4　组织教师企业挂职	4.3	4.0	3.4
	11.5　建立企业兼职教师资源库	4.4	4.0	3.5
12. 课堂掌控	12.1　学生课堂管理	4.5	3.8	4.3
	12.2　处理学生突发事件	4.5	4.6	3.7
	12.3　与班主任沟通	4.1	4.6	3.9

2013 年上海市中等职业教育
专项培训规划项目

上海市中等职业学校

新进教师培养培训

课程体系开发研究

上海市中等职业学校新进教师培养培训方案项目组

2014 年 9 月 2 日

项目组成员

组　长：周齐佩　上海市教育委员会教育技术装备中心副主任
　　　　王继平　同济大学职业技术教育学院

成　员：赵晓伟　上海市教育委员会教育技术装备中心
　　　　蔡　跃　同济大学职业技术教育学院
　　　　张　勤　上海信息技术学校
　　　　张建荣　同济大学职业技术教育学院
　　　　陆国民　原上海市医药学校
　　　　陈明宏　原上海市宝山职业技术学校
　　　　王建初　同济大学职业技术教育学院
　　　　徐景双　华东师范大学职业教育与成人教育研究所
　　　　王奕俊　同济大学职业技术教育学院
　　　　李　俊　同济大学职业技术教育学院
　　　　谢永业　上海市工商外国语学校
　　　　尚晓萍　上海市教育委员会教育技术装备中心

目　录

MU　LU

上海市中等职业学校新进教师培养培训工作方案
（讨论稿）

为贯彻落实《国务院关于加强教师队伍建设的意见》（国发〔2012〕41 号）、《中等职业学校教师专业标准（试行）》（教师〔2013〕12 号）、《上海市中长期教育改革和发展规划纲要（2010—2020 年）》《上海市中等职业教育师资培养培训行动计划（2011—2015）》（沪教委职〔2011〕16 号）及《教育部、财政部关于实施职业院校教师素质提高计划（2017—2020 年）的意见》（教师〔2016〕10 号）等文件精神，着力加强新进教师培养培训工作，建设高素质中职师资队伍，特制定本方案。

一、指导思想

以邓小平理论、"三个代表"重要思想为指导，深入贯彻科学发展观，全面落实全国教育工作会议精神和教育规划纲要，以建设"双师型"教师队伍为目标，以完善新进教师培养培训制度为重点，以创新教师培养培训模式为突破口，进一步提升新进教师能力水平，夯实教师专业化发展基础，适应职业教育改革创新的需要，满足职业教育内涵发展的要求。

二、工作目标

对中等职业学校新进教师进行相对系统、富有针对性的培养培训，提高新进教师对中职教育、教学、学生与专业的认识，提升新进教师的职教理论素养、教学能力、教师育德能力与专业实践能力，帮助新进教师尽快适应中等职业学校的教育教学工作，为教师专业发展打下良好基础。

新进教师培养培训学时计入继续教育学时。对考核合格者颁发由市教委统一印制的结业证书，该证书作为新进教师继续在上海市中等职业学校从事教育教学工作的重要条件。

2014 年，将在部分学校进行教师资格证书、结业证书（双证）持证上岗试点。

三、培养培训对象

首次进入上海市中等职业学校任教的新进教师（以下简称"新进教师"）。

2014 年招收的培训对象为：2012 年 9 月 1 日以后进入中专、技校的在编在岗、具有教师资格证的新进教师。

四、培养培训内容、时间、形式

培养培训内容主要由职教理论、专业教学能力、教师育德能力及专业实践能力等模块构成。

培养培训时间为1年,按不同对象分模块实施。其中,对于非专业课教师,培训内容分为职教理论模块、专业教学能力模块、教师育德能力模块、专业实践能力基础模块四个部分,采用半脱产形式;对于专业课教师,在上述4个模块培训的基础上,须参加专业实践能力提高模块及职业资格(岗位)考证模块培训。

五、保障措施

1. 组织保障

成立培养培训工作领导小组、工作小组。领导小组负责整体规划、宏观指导及政策支持;工作小组负责制定计划、组织协调及日常管理。

领导小组由市教委分管领导任组长,由市教委职教处、市教委人事处、市教委教育技术装备中心、市教委教研室、同济大学、华东师范大学、上海信息技术学校等相关单位或机构负责人构成;工作小组由市教委教育技术装备中心、同济大学、华东师范大学、上海信息技术学校等相关单位人员构成。

2. 经费保障

培养培训经费由派出学校及市财政共同承担。

上海市中等职业学校新进教师培养培训实施方案
（讨论稿）

根据《上海市中等职业学校新进教师培养培训工作方案（讨论稿）》，特制定本实施方案。

一、主要目标

通过培养培训工作，帮助新进教师掌握职业教育理论，提升职教理论素养；帮助新进教师认识中职课堂和教学，提升教学能力；帮助新进教师熟悉中职学生与教师育德方法，提升教师育德能力；帮助新进教师了解行业企业状况，提升专业实践能力。

二、主要内容

培养培训主要内容由职教理论（40 学时）、专业教学能力（132 学时）、教师育德能力（80 学时）、专业实践能力〔基础模块 60 学时，提高模块 120 学时、职业资格（岗位）考证模块 80 学时，合计 260 学时〕等模块构成。

职教理论模块主要由职业教育现状及发展趋势、职业教育学、职业教育心理学、中职教师专业发展等核心课程单元构成；专业教学能力模块主要由教案设计、专业教学法、信息技术在教学中的应用及教学实践等核心课程单元构成；教师育德能力模块主要由育德理论及育德实践等核心课程单元构成；专业实践能力模块主要由行业企业认知、企业岗位调研、职业技能实践、职业资格（岗位）证书获取等核心课程单元构成。

以上培训内容按不同对象分别实施。其中，职教理论模块、专业教学能力模块、教师育德能力模块、专业实践能力基础模块面向全体新进教师；专业课教师（含实践类课程指导）在参加上述 4 个模块的基础上，须参加专业实践能力提高模块及考证模块培训。

三、时间与形式

培养培训时间为 1 年，采用半脱产形式。其中，职教理论模块、专业教学能力模块、教师育德能力模块由相关培养培训基地组织实施，原则上每周安排在 1 个工作日进行；专业实践能力模块中的基础模块及提高模块由市级教师企业实践基地或学校组织实施，原则上采用平时分散与假期集中相结合的方式进行。职业资格（岗位）考证模块由学校组织实施，培训合格并取得相关中级及以上职业资格（岗位）证书后，予以学分认定。

四、课程安排

表 1　课程安排表

阶段	模块	核心课程单元	课程内容	学时	授课师资
第一阶段	职教理论	职业教育现状及发展趋势	➤ 国际视野下的职业教育发展	4	石伟平、陆国民
			➤ 上海市职业教育发展	4	骆德溢、邬宪伟
		职业教育学	➤ 职业教育课程论	4	徐国庆、王珺萩
			➤ 职业教育教学论	4	匡瑛、曾海霞
		职业教育心理学	➤ 中职学生心理特点分析	4	付雪凌
			➤ 中职学生认知特点分析	4	张永
			➤ 中职教师心理素养	4	陈默
		中职教师专业发展	➤ 中职教师专业标准	4	徐国庆
			➤ 中职教师生涯发展	4	刘德恩
			➤ 中职教师专业成长困惑	4	陆素菊、张杨莉
		小计		40	
	专业教学能力	教学设计	➤ 职业教育的教学要求	4	张建荣、诸葛棠
			➤ 课程教学目标设计	4	徐朔、朱建柳
			➤ 教学内容选择与组织	4	王奕俊
			➤ 教学评价设计	4	李俊、朱玉萍
			➤ 教案设计及教案开发	4	王建初
		专业教学法	➤ 职业教育专业教学特点	4	张建荣
			➤ 项目教学法	4	徐朔、倪厚滨
			➤ 考察调查教学法	4	王建初、庄燕
			➤ 头脑风暴教学法	4	王建初、庄燕
			➤ 引导文教学法	4	李俊
			➤ 案例教学法	4	王奕俊、王翔
			➤ 角色扮演法	4	师慧丽、陈慧
			➤ 实验教学法	4	颜明忠
			➤ 四阶段教学法	4	陈永芳、罗玉梅
			➤ 任务引领型教学实施	4	郑建萍、程群

阶段	模块	核心课程单元	课程内容	学时	授课师资
		信息技术应用	➢ 信息化教学设计方法	8	蔡跃、陈天翔
			➢ 现代化教学媒体开发	8	蔡跃、赵俊卿
			➢ 信息化技术与课程整合	4	蔡跃、张剑
		教学实践	➢ 教学媒体开发与应用	8	蔡跃、陈天翔
			➢ 项目教学法实施剖析	4	徐朔、倪厚滨
			➢ 考察调查教学法实施剖析	4	王建初、庄燕
			➢ 头脑风暴教学法实施剖析	4	王建初、庄燕
			➢ 引导文教学法实施剖析	4	李俊
			➢ 案例教学法实施剖析	4	王奕俊、王翔
			➢ 角色扮演法实施剖析	4	师慧丽、陈慧
			➢ 实验教学法实施剖析	4	颜明忠
			➢ 四阶段教学法实施剖析	4	陈永芳、罗玉梅
			➢ 任务引领型教学实施剖析	4	郑建萍、程群
			➢ 汇报交流与研讨	8	特邀专家
		小计		132	
	教师育德能力	育德理论	➢ 中职校德育价值观导论	4	邬宪伟
			➢ 德育理论与管理智慧	8	陈镇虎、匡瑛
			➢ 中职教师德育素养提升	4	张勤、廖丽娟、王平、徐岚
			➢ 中职生发展规律	4	项秉健、蒋薇美
			➢ 专业、学科育德方案设计	4	张勤、黄虹、陆文捷、汪志颖、祝纪景、周培元
			➢ 班级管理经典研读	4	胡卫芳
			➢ 课堂突发事件处理	8	陆文捷、汪志颖、祝纪景、周培元、黄虹

续表

阶段	模块	核心课程单元	课程内容	学时	授课师资
			➢ 中职校班级文化设计与组织	4	祝纪景、刘鸿雁
			➢ 捕捉班级管理育德契机	16	陈镇虎、匡瑛、张勤、廖丽娟
		育德实践	➢ 育德案例撰写(数字故事)	4	张勤
			➢ 育德实施及反思	8	郑洁、祝纪景
			➢ 拓展实践课程	4	孔令源
			➢ 参访实践课程	8	张勤等
		小计		80	
第二阶段	专业实践能力	基础模块	行业企业认知	➢ 产业发展动态及趋势 ➢ 企业安全意识 ➢ 企业文化及管理	12	市级教师企业实践基地或学校组织实施
			企业岗位调研	➢ 企业主要业务工作流程 ➢ 岗位知识和能力要求 ➢ 岗位操作流程与规范	48	市级教师企业实践基地或学校组织实施
		小计		60	
		提高模块	职业技能实践(针对专业课教师)	➢ 岗位技能实践	120	市级教师企业实践基地或学校组织实施
		考证模块	职业资格(岗位)证书考证(针对专业课教师)	➢ 岗位证书获取(中级及以上) ➢ 职业资格获取 ➢ 已有证书认定	80	各派出学校
		合计		260	
总计				512	

五、经费预算(略)

六、管理与考核

新进教师培养培训工作由上海市教育委员会教育技术装备中心组织、协调、管理、服务与评价,各相关培养培训基地分别组织实施,各中等职业学校配合落实。

各基地要加强领导、尽快建章立制、强化过程管理,建立新进教师成长档案,确保培养培训项目有效实施。各中职学校校长是第一责任人,学校应制定新进教师专业发展规划,做好培养培训工作。

新进教师培养培训工作采用双导师制,市级培训机构和学员派出学校分别配备导师。实施小班化教学,针对教育教学环节设计培训专题,既有理论导航、示范观摩,又有企业见习、实践体验、顶岗实践,突显理论与实践相结合。

采用形成性与终结性评价相结合的考核方式,通过开设展示课、撰写实践报告及组织主题班会等形式,突出实践能力的考核。职业资格(岗位)考证模块由学校组织实施,培训合格并取得与专业有关的中级及以上职业资格(岗位)证书后,予以学分认定,在其他培训模块考核合格基础上,专业实践能力考核合格方能获得结业证书。已经具备与所教专业有关的中级及以上岗位等级证书或职业资格证书者,经学校认定,职业资格(岗位)考证模块可予以免修。

上海市中等职业学校新进教师培养培训项目管理办法（征求意见稿）

为加强上海市中等职业学校新进教师培养培训项目（以下简称项目）管理，提高培训工作质量，根据《上海市中等职业学校新进教师培养培训工作方案》（沪教委职〔2014〕××号）和上海市有关规章制度，制定本办法。

第一章　培训目标和对象

第一条　培训目标是对上海市中等职业学校新进教师进行相对系统、富有针对性的培养培训，提高新进教师对中职教育、教学、学生与专业的认识，提升新进教师的职教理论素养、教学能力、教师育德能力与专业实践能力，帮助新进教师尽快适应中等职业学校的教育教学工作，为教师专业发展打下良好基础。

第二条　培训对象是首次进入上海市中等职业学校任教的新进教师（含实践类课程指导教师）。2014 年招收的培训对象为：2012 年 9 月 1 日以后进入中专、技校的在编在岗、具有教师资格证的新进教师。

第二章　培训内容和形式

第三条　培养培训主要内容由职教理论（40 学时）、专业教学能力（140 学时）、教师育德能力（80 学时）及专业实践能力（基础模块 60 学时，提高模块 120 学时，考证模块 80 学时）等模块构成。

职教理论模块主要由职业教育现状及发展趋势、职业教育学、职业教育心理学、中职教师专业发展等核心课程单元构成；专业教学能力模块主要由教案设计、专业教学法、信息技术在教学中的应用及教学实践等核心课程单元构成；教师育德能力模块主要由育德理论及育德实践等核心课程单元构成；专业实践能力模块主要由行业企业认知、企业岗位调研、职业技能实践及职业资格（岗位）证书考核认定等核心课程单元构成。

第四条　培养培训时间为 1 年，按不同对象分模块实施。

职教理论、专业教学能力、教师育德能力模块的培训采用半脱产形式。原则上每周安排在 1 个工作日进行。

专业实践能力由市级教师企业实践基地或学校组织实施,原则上采用平时分散与暑期集中相结合的方式进行。

第三章　培训机构

第五条　上海市中等职业学校新进教师培养培训由具有相关专业优势和培训工作基础的上海市职业教育师资培训基地、上海市中等职业教育教师企业实践基地承担,同时鼓励有条件的职业学校及大中型企业参与。各培训机构要组建相对稳定的授课师资团队,保证教学内容的系统性和完整性。

第六条　承担新进教师培养培训任务的培训机构,采取机构申报,专家评审,领导小组审定的方式确定,每年公布一次。年度学员评价满意率低于 60% 的培训机构,取消申报资格。

第四章　教学管理

第七条　新进教师培养培训工作由上海市教育委员会教育技术装备中心组织、协调、管理、服务与评价,各相关培养培训基地分别组织实施,各中等职业学校配合落实。设立培养培训教务管理办公室,挂靠同济大学职业技术教育学院。建立由师资培训基地教师、中职骨干教师、企业技术人员等组成的新进教师培养培训师资队伍。为每位新进教师配备一位专业教学导师和班级管理导师。

第八条　培训机构要认真做好培训需求调研,科学研制培训实施方案。培训机构要加强领导、尽快建章立制、强化过程管理,确保培养培训项目有效实施。各中职学校应制定新进教师专业发展规划,由校长作为第一责任人,共同做好培养培训工作。

第九条　新进教师培养培训工作实施小班化教学,既有理论导航、示范观摩,又有企业见习、实践体验、顶岗实践,突显理论与实践相结合。培训机构应科学设计培训课程内容,以问题为中心,以案例为载体,实施主题式培训,为学员提供具有针对性和实效性的培训,提升教师教育教学能力,促进教师专业发展。

第十条　培训机构要严格按照本办法组织培训,认真编制和执行培训计划,不得删减培训环节,不得压缩学时和天数。培训机构要注重培训方式方法创新,采取参与式、研讨式、案例式、情境式、体验式等多种方式,将专题学习与现场观摩实践相结合,注重学员参与,充分调动学员学习的主动性和积极性,增强培训的针对性和实效性。

第十一条　培训机构要加强培训档案管理，及时收集整理、妥善保存学员学籍档案、考核资料以及培训成果等。

第十二条　培训机构做好后勤服务，为学员创造良好的学习生活环境。

第十三条　培训机构要及时收集、分析学员对培训工作的反馈意见，不断改进和完善培训方案。要加强对已结业学员教学的跟踪调查和咨询指导。

第五章　学员管理

第十四条　参加新进教师培养培训的学员要按照录取通知要求，按时报到。不能按时报到的，应事先向培训机构说明理由，并由所在工作单位出具书面证明，延期报到时间不得超过 5 天。延期报到超过 5 天或无故逾期 3 天未报到的，取消培训资格，并由培训机构向上海市教育委员会教育技术装备中心通报。

第十五条　新进教师培养培训实行考勤制度。学员因故不能参加培训活动须书面请假。在某一模块培训活动中累计请假超过 1 个教学日或无故旷课 1 次者，该模块培训成绩不得评定为优；在某一模块培训活动中累计请假超过 1/3 教学时间或无故旷课 2 次者，该模块培训成绩为不合格。凡有培训模块成绩不合格者，不予结业，已产生费用由学员所在中等职业学校或个人负担。

第六章　考核结业

第十六条　新进教师培养培训实行考核制度。考核方式采取分模块考核基础上综合评定的方式。分模块考核由相应的培训机构负责，综合评定由新进教师培养培训教务管理办公室负责。分模块考核成绩采用优、良、中、合格、不合格的五级计分制，综合评定成绩分为优秀、合格、不合格。其中优秀等级的学员比例不超过学员总数的 10%。

第十七条　考核采用形成性与终结性评价相结合的方式，通过开设展示课、撰写实践报告及组织主题班会等形式，突出实践能力的考核。考核内容主要包括：学员出勤、作业、平时表现和学习态度等日常情况；培训课程成绩和企业出具的实践鉴定；培训成果，包括研修日志、教案并进行讲课、专业教学研究论文、研修报告等。

第十八条　参加新进教师培养培训的学员要按照要求完成全部培训计划。为通过考核的学员颁发统一编号的结业证书。

第七章　职责分工

第十九条　成立培养培训工作领导小组、工作小组。领导小组负责整体规划、宏观指导及政策支持;工作小组负责计划制定、组织协调及日常管理。

领导小组由市教委分管领导任组长,由市教委职教处、市教委人事处、市教委教育技术装备中心、市教委教研室、同济大学、华东师范大学、上海信息技术学校等相关单位或机构负责人构成;工作小组由市教委教育技术装备中心、同济大学、华东师范大学、上海信息技术学校等相关单位人员构成。

第二十条　上海市教育委员会教育技术装备中心负责项目的组织管理考核、授课师资资格审查、跟踪反馈等工作。

第二十一条　培养培训教务管理办公室负责学员的资格审核、录取注册、成绩管理、考评、档案管理等工作。

第八章　经费管理

第二十二条　新进教师培养培训经费由市财政及派出学校共同承担,以市财政投入为主,主要用于支付培训费和培训期间的交通费等其他相关费用。

第二十三条　培训机构要加强对培训经费的管理,确保专款专用,不得以管理费等名义截留、挪用。

上海市中等职业学校新进教师在职
攻读硕士学位培养方案（讨论稿）

根据《上海市中等职业学校新进教师培养培训工作方案（讨论稿）》，特制定本培养方案。

一、报考条件及考试内容

1. 报考条件

报考者应同时满足以下条件：

（1）国民教育序列大学本科毕业（一般应有学位证书）；

（2）至报名日止已在中等职业学校工作满 2 年以上；

（3）正在参加或已经考核通过上海市中等职业学校新进教师培养培训；

（4）经工作单位人事部门同意报考并填表推荐。

2. 考试内容

（1）全国硕士学位研究生入学资格考试（英文简称"GCT"）；

（2）职业教育综合（由研究生培养单位自主命题）。

二、培养目标及学位类别

培养中职教师掌握坚实的职业技术教育理论，养成严谨求实的科学态度、身正学高的职业素养和勇于探索的创新精神，具备开展专业建设、课程与教学改革、职业教育科学研究的能力，能够运用一门外语开展学术研究和学术交流，逐步成长为能胜任中等职业学校教学、科研和管理工作的高级专门人才。

完成各个培养环节并考核合格者，由培养单位审批授予专业硕士学位。

三、学制及学习方式

中等职业学校教师在职攻读硕士学位，课程学习实行学分制。所修学分包含研究生入学前参加"上海市中等职业学校新进教师培养培训项目"培训并考核通过的课程学分。学习年限为 2 年（不含研究生参加"上海市中等职业学校新进教师培养培训项目"的时间），特殊情况无法按时完成培养计划者，可申请延长，但最长不超过 4 年。

学习方式第一年以半脱产的方式进行，在工作的同时参加硕士学位研究生培养方案所规定的课程学习，并完成硕士学位论文选题。第二年原则上在职研修，边工作边从事课题研究并撰写学位论文。

四、学分要求及课程设置

研究生应修总学分为 34 分,包括必修 28 学分,选修 6 学分。并完成学术行为规范自主学习和网上考核。

所修课程按内容分为六个模块,包括公共基础模块(必修 6 学分)、职教理论模块(必修 5 学分)、教学能力模块(必修 8 学分)、教师育德能力模块(必修 4 学分)、专业实践能力模块(必修 3 学分)及研究能力模块(必修 2 学分)。此外,研究生必须选修至少 3 门(6 学分,108 学时)专业选修课。

所修课程按教学顺序分两期实施,即前期由上海市教育委员会教育技术装备中心负责组织考核的"上海市中等职业学校新进教师培训方案"中的全部内容(计 15 学分,320 学时),及后期由研究生培养单位负责组织实施的课程(计 19 学分,396 学时)。

表 2 学分要求及课程设置表

课程类别	课程编号	模块	课程名称	课内学时	学分	前期	后期	
							必修	选修
公共学位课		公共基础	中国特色社会主义理论与实践	36	2		36	
			自然辩证法概论	18	1		18	
			马克思主义与社会科学方法论					
			第一外国语(英语)	108	3		108	
专业学位课		职教理论	职业教育现状及发展趋势	8		8		
			职业技术教育前沿讲座	18	1		18	
			职业教育学(一)	8		8		
			职业教育学(二)	18	1		18	
			职业教育心理学(一)	12		12		
			职业教育心理学(二)	18	1		18	
			中职教师专业发展	12		12		
			职业技术教育史与名著选(导)读	36	2			36
			职业教育国际比较	36	2			36
		教学能力	教案设计	20		20		
			专业教学法	40		40		

续表

课程类别	课程编号	模块	课程名称	课内学时	学分	前期	后期	
							必修	选修
			现代媒体技术应用	20		20		
			教学实践	60		60		
			职业教育课程开发	36	2		36	
			教育技术与教学媒体开发	36	2			36
			培训理论与技术	36	2			36
		教师育德能力	班主任工作实务	40		40		
			教育实践	40		40		
			生涯指导理论与方法	36	2			36
			教育管理与人力资源开发	36	2			36
		专业实践能力	行业企业认知	12		12		
			岗位素养及技能要求	48		48		
			职业科学导论	36	2			36
			技术哲学与教育哲学	36	2			36
		研究能力	教育研究方法导论	36	2		36	
			劳动经济学	36	2			36
			教育经济学	36	2			36
合计						320	288	360

五、论文工作

论文工作是培养研究生从事科学研究能力的主要途径,论文的选题、撰写、发表是研究生培养的重要环节和成果。中职学校教师攻读硕士学位,须完成学位论文选题和开题,独立完成论文工作并通过答辩,公开发表至少1篇论文。

研究生应在导师指导下进行论文选题,选题来源应与教师所在学校的专业建设、教学改革或管理工作相结合,具有理论意义,体现先进性和创新性。选题后应公开举行开题报告,经由3至5人组成的专家小组评审通过后,方可进行论文写作。

研究生应在导师指导下独立开展研究工作,综合运用所学理论、方法和技术手段,解决实际问题,完成论文撰写。申请硕士学位论文必须先由指导教师审阅,写出详细的学术评语,并在答辩前一个月将论文送交至少 2 名校内外在本学科领域具有副高级(含)职称以上的专家评阅。评阅意见同意答辩后,组织由 3 至 5 名具有副教授(含)以上或相当职称的专家组成答辩委员会,举行公开答辩。研究生从事学位论文工作的时间(自开题报告通过日算起)不得少于一年。论文工作期间必须接受中期考核。学位论文必须接受双盲检查。

申请学位前,研究生应在具有公开出版刊号的学术期刊发表至少 1 篇论文。论文内容须与职业教育相关、且与硕士学位论文相关。论文署名顺序为研究生排第一;或导师排第一、研究生排第二。

积极建立双导师机制,在由学位授予单位具有硕士研究生导师资格的教师担任导师的同时,聘请中等职业学校具有高级职称的专家担任副导师。

附件1　上海市中等职业学校新进教师培训课程大纲

一、培训目标

帮助新进教师掌握职业教育理论,提升职教理论素养;帮助新进教师认识中职课堂和教学,提升教学能力;帮助新进教师熟悉中职学生与教师育德方法,提升教师育德能力;帮助新进教师了解行业企业状况,提升专业实践能力。

二、课程结构

培训课程由四个模块构成,分别是职教理论模块(M1)、专业教学能力模块(M2)、教师育德能力模块(M3)及专业实践能力模块(M4)。每个模块下设若干课程单元,见表附1-1。

表附1-1　上海市中等职业学校新进教师培训课程结构

模块	课程编号	课程名称			学时
职教理论(M1)	M1-01	职业教育现状及发展趋势			8
	M1-02	职业教育学			8
	M1-03	职业教育心理学			12
	M1-04	中职教师专业发展			12
		职教理论(M1)小计			40
专业教学能力(M2)	M2-01	教学设计			20
	M2-02	专业教学法			40
	M2-03	信息技术应用			20
	M2-04	教学实践			60
		专业教学能力(M2)小计			140
教师育德能力(M3)	M3-01	育德理论	M3-01-1	中职校德育价值观导论	4
			M3-01-2	德育理论与育德智慧	8
			M3-01-3	中职教师优良德育素养提升	4
			M3-01-4	全面解读中职生发展规律	4

续表

模块	课程编号		课 程 名 称	学时
		M3-01-5	专业、学科育德方案设计	4
		M3-01-6	班级管理经典研读	4
		M3-01-7	课堂突发事件指导	8
	M3-02 育德实践	M3-02-1	中职校班级文化设计与组织	4
		M3-02-2	捕捉班级管理育德契机	16
		M3-02-3	育德案例撰写(数字故事)	4
		M3-02-4	育德实施及反思	8
		M3-02-5	拓展实践课程	4
		M3-02-6	参访实践课程	8
	教师育德能力(M3)小计			80
专业实践能力(M4)	M4-01	行业企业认知		12
	M4-02	企业岗位调研		48
	M4-03	职业技能实践		120
	M4-04	职业资格(岗位)考证		80
	专业实践能力(M4)小计			260
合计				520

三、课程教学大纲

课程编号：M1-01

课程名称：职业教育现状及发展趋势

课程所属模块：■职教理论　□专业教学　□教师育德　□专业实践

课堂学时：□4学时　■8学时　□12学时　□16学时　□20学时　□24学时

教学方式：■专家报告　□专题研讨　□案例教学　□小组讨论　□上机实操

考核方式：课堂讨论与学习总结报告(论文)

授课师资：石伟平、陆国民、骆德溢、邬宪伟

课程目标

帮助中职新进教师了解国内外职业教育发展的现状，了解各国政府促进职业教育发展的政策、发达国家职业教育体系；分析职业教育的发展趋势，在宏观上能够初步形成职业教

育的国际视野,增强中职新进教师的职业责任感和发展我国职业教育的使命感。

课程内容

1. 德国、澳大利亚、英国、日本、新加坡等国家和地区,以及有关国际组织近年来关于职业教育改革与发展的成果、经验和教训。

2. 通过职业教育现象描述和案例分析,归纳职业教育的发展规律,认清国际职业教育未来发展的方向。

3. 中国职业教育发展与改革的经验与反思、本质与规律、措施与创新。

4. 上海市职业教育发展的政策背景、经济背景以及改革思路。

5. 上海市中职教育发展的挑战与机遇。

6. 职业教育发展对教师素质的要求。

课程编号：M1‐02

课程名称：职业教育学

课程所属模块：■职教理论　□专业教学　□教师育德　□专业实践

课堂学时：□4 学时　■8 学时　□12 学时　□16 学时　□20 学时　□24 学时

教学方式：■专家报告　□专题研讨　□案例教学　□小组讨论　□上机实操

考核方式：课堂讨论与学习总结报告(论文)

授课师资：徐国庆、王珺萩、匡瑛、曾海霞

课程目标

帮助中职新进教师学习职业教育学基础知识和基本理论,系统学习职业教育课程与教学论的基本理论知识,了解和掌握职业教育课程开发技术和教学理论、教学活动过程等,培养中职教师的课程意识,建立初步的课程观和教学实践观点,促进教师形成较好的适应中等职业学校教育教学工作的教师素质基础。

课程内容

1. 职业教育学的基础知识和基本理论,侧重于基于能力的职业教育课程论。

2. 职业教育课程的目标与内容,含职业教育课程目标的确定以及职业教育课程内容中理论知识和实践知识的整合。

3. 职业教育项目课程的原理,含项目课程的含义及设计原理。

4. 职业教育的教学理论,含学习动机激发理论、范例教学理论等。

5. 职业教育教学活动与过程,含理论课和实训课的教学环节与过程。

6. 职业教育常用的教学模式与方法。

课程编号：M1‐03

课程名称：职业教育心理学

课程所属模块：■职教理论　□专业教学　□教师育德　□专业实践

课堂学时：□4 学时　□8 学时　■12 学时　□16 学时　□20 学时　□24 学时

教学方式：■专家报告　□专题研讨　□案例教学　□小组讨论　□上机实操

考核方式： 课堂讨论与学习总结报告（论文）

授课师资： 付雪凌、张永、陈默

课程目标

帮助中职新进教师了解职业教育心理学的学科体系，掌握中职学生的心理特点及认知特征，并提升教师自身的心理素养。

课程内容

1. 职业教育心理学的概念与体系，职业教育心理学的发展，职业教育心理学的研究原则与方法。

2. 中职学生心理特点分析，含学生心理健康教育特点，职业学校学生心理发展，学生的心理辅导，学生的认知发展与教育，学生的社会化发展与教育，学生的个别差异与因材施教等。

3. 中职学生认知特点分析，含学生学习理论，职业学校学生的智力差异及教育，职业学生的学习风格差异及教育，学生的性格、气质差异及教育，学习困难学生及其教育等。

4. 中职教师心理素养，含职业学校教师应具备的心理素质，教师的角色与压力，教师的心理健康及其维护等。

课程编号：M1－04

课程名称： 中职教师专业发展

课程所属模块： ■职教理论　　□专业教学　　□教师育德　　□专业实践

课堂学时： □4学时　　□8学时　　■12学时　　□16学时　　□20学时　　□24学时

教学方式： ■专家报告　　□专题研讨　　□案例教学　　□小组讨论　　□上机实操

考核方式： 课堂讨论与学习总结报告（论文）

授课师资： 徐国庆、刘德恩、陆素菊、张杨莉

课程目标

帮助中职新进教师理解、领会中等职业学校教师专业标准，掌握教师专业发展理论，构建专业思想，帮助新进教师走向自觉、自主与探究的专业发展之路。树立中职教师专业发展的理念，经过自身学习与工作的反思找到自我发展的定位。

课程内容

分析国外主要发达国家尤其是德国、英国、日本等促进职业学校教师专业发展的运作机制和实践模式，结合我国当前所进行的职业教育改革实践，讨论促进我国中职教师专业发展的政策机制和模式选择。

1. 中职教师专业标准：解读我国中职教师专业标准，含按照中职教师专业标准制定的指导思想、依据、内容等。

2. 中职教师生涯发展：探讨中职教师专业发展路径，帮助新进教师制定生涯发展规划。

3. 中职教师专业成长困惑：讨论与中职教师专业成长相关的政策因素、社会因素、观念

因素等。

课程编号：M2 - 01

课程名称：教学设计

课程所属模块：□职教理论　■专业教学　□教师育德　□专业实践

课堂学时：□4学时　□8学时　□12学时　□16学时　■20学时　□24学时

教学方式：■专家报告　□专题研讨　□案例教学　■小组讨论　□上机实操

考核方式：提交报告

授课师资：张建荣、徐朔、王奕俊、李俊、王建初、诸葛棠、朱建柳、朱玉萍

课程目标

帮助新进教师理解职业教育教学的特殊性，能分析职业教育专业教学与学科教学的差异，了解职业教育专业教学围绕职业能力培养目标所需要采用的教学方式和教学资源，掌握理实一体的教学理念。

帮助新进教师了解职业科学的基本原理，了解国内外课程开发的基本理论和方法，了解我国职业教育课程改革的现状及发展趋势。培养新进教师能够结合自身专业教学需要，认识相应职业领域岗位与职业资格基本要求，并能进行基本的岗位职业分析。能够根据专业培养目标和该专业所对应的行业职业岗位、职业能力要求，确定专业培养目标、设置核心课程、设计课程教学目标。能够根据与自身专业相关行业的生产过程以及对劳动组织的分析，结合教学目标选择生产任务，并根据生产任务开发教学任务，实现职业教育教学内容的选择和教学过程的建构。

能够针对教学目标需要，分析、选择、组织合适的教学材料，设计出教学重点与难点，并能有针对性地采用合适的教学方法，有效安排教学过程。

能对所教专业领域的相关职业资格、培养方案和教学目标做出正确分析，在此基础上，有效结合课程大纲和教材为专业教学设计做好准备。了解和认识所授课班级学生的基本情况，包括学生的学习状态、优缺点所在、现有专业学习基础，制定合适的教学策略，为做好教学方案设计提供相应保证。能围绕某一教学主题、针对相应的教学目标选择教材，清晰呈现教学方案及其设计思路，较好地满足教学准备要求。

课程内容

1. 职业发展的基本规律及其影响因素，职业分析方法，职业岗位与资格要求分析；

2. 专业教学目标与人才培养目标的关系分析，对职业教育人才培养目标及职业能力培养进行分析，专业教学功能及课程教学目标设计；

3. 职业资格要求与工作内容分析，职业关键能力培养，职业教育课程开发的方法，教学内容选择与教学组织；

4. 中等职业教育教材的特点，教材分析方法，教材的选择和评价；

5. 职业教育专业教学的内涵，专业教学环境建设与教学资源配置；

6. 职业教育课程教学的评价，教学质量保障体系；

7. 教案的作用、一般内容、基本要求，教案编写的原则、方法；

8. 教案开发的基本步骤,教案编写中的注意事项。

课程编号: M2 - 02

课程名称: 专业教学法

课程所属模块: □职教理论　■专业教学　□教师育德　□专业实践

课堂学时: □4 学时　□8 学时　□12 学时　□16 学时　□20 学时　■40 学时

教学方式: □专家报告　■专题研讨　■案例教学　□小组讨论　□上机实操

考核方式: 提交专业教学法应用教案

授课师资: 张建荣、徐朔、王奕俊、陈永芳、王建初、颜明忠、李俊、郑建萍、师慧丽、倪厚滨、庄燕、罗玉梅、程群、王翔、陈慧

课程目标

理解行动导向教学法的基本原理,掌握项目教学法、引导文教学法、头脑风暴教学法、思维导图教学法、案例教学法、模拟教学法、角色扮演法、调查教学法、实验教学法等行动导向教学法的基本特点、功能、适用范围、设计步骤和应用要求,能结合职业学校相应专业课程教学开发出具体教学案例,能在职业学校专业教学工作中进行有针对性的应用与实践行动导向教学法。

围绕学校教育教学改革需要,在课程开发的基础上,正确认识任务引领的职业教育教学理念,能设计出符合教学目标要求和学生学习特点的教学任务并有效实施,能对任务引领的教学进行有针对性的评价和反思。

课程内容

1. 行动导向教学法的基本原理;

2. 行动导向教学法的特点、意义与作用;

3. 行动导向教学法的实施注意事项与应用举例;

4. 任务引领型职业教育课程与教学改革背景、发展及实施状况;

5. 任务引领型教学实施环节、过程管理、有效教学评价与教学反思。

课程编号: M2 - 03

课程名称: 信息技术应用

课程所属模块: □职教理论　■专业教学　□教师育德　□专业实践

课堂学时: □4 学时　□8 学时　□12 学时　□16 学时　■20 学时　□24 学时

教学方式: □专家报告　□专题研讨　■案例教学　□小组讨论　■上机实操

考核方式: 项目式作业

授课师资: 蔡跃、陈天翔、赵俊卿、张剑

课程目标

提高新进教师的信息素养,提升新进教师开发和使用符合职业教育教学特点的现代化教学媒体的能力。培养和提高新进教师制作和使用多媒体软件的能力,使新进教师能够运用信息技术开展教学活动。培养新进教师基本的现代教育技术与信息技术的能力和素养,

使新进教师学会使用各种现代教学媒体,能采集各种多媒体素材并设计、制作成多媒体教学软件。通过项目实践操作,提高中职信息化教学设计能力;提高教育技术手段的现代化水平和信息化程度。通过本课程的学习,使新进教师在掌握信息技术与课程整合基本理论的基础上加强实践动手能力,提升其信息化教学能力。

课程内容

1. 使用信息化技术进行教学资源搜集与检索:教学资源检索与搜集,使用软件进行教学资源下载;

2. 交互式测试媒体开发;

3. 视频教学资源加工与编辑;

4. 信息技术与课程整合的目标、意义及教学环境、学习资源;

5. 信息技术与课程整合的模式、方法,常用工具介绍;

6. 专题学习网站的构成,网络课程的设计与开发等。

课程编号:M2-04

课程名称:教学实践

课程所属模块:□职教理论 ■专业教学 □教师育德 □专业实践

课堂学时:□4 学时 □8 学时 □12 学时 □16 学时 □20 学时 ■60 学时

教学方式:□专家报告 ■专题研讨 ■案例教学 ■小组讨论 □上机实操

考核方式:公开课、教学法专题研讨

授课师资:蔡跃、徐朔、陈永芳、王建初、王奕俊、颜明忠、李俊、郑建萍、师慧丽、陈天翔、倪厚滨、庄燕、罗玉梅、程群、王翔、陈慧及其他参加教学法专题研讨的特邀专家

课程目标

通过本模块的活动,新进教师能够根据课程标准的要求和教学对象的特点,基于自身专业背景及相关课程,综合运用职业教育特别是专业教学的相关理论。教师能够恰当科学地设定教学目标和教学重难点,有序安排教学诸要素,选择合适的教学方法和教学媒体,合理有效地规划教学步骤,并恰当地分配教学时间,确定合适的、能够有效实施的教学方案。

在理论学习与实践基础上,以举行公开课和教学法比赛的形式,考核与评价学员教学能力的提升状况,给出相应评价和结果认定。

课程内容

1. 新进教师以报告形式分析本专业领域职业资格要求和职业去向、培养方案构成及特点、专业课程设置状况、所从事专业教学的课程与教材分析。并围绕这一主题进行讨论和交流。在对所授专业班级学生分析的基础上围绕学生基本背景、兴趣、动机、学习基础和投入程度等方面,提出相应的教学策略和方式,以提高其课堂学习的积极性和参与度。以学员报告的形式,进行交流与讨论。

2. 围绕某一教学主题并结合教学目标,提出教学材料的选择依据和原因;结合所授课专

业班级学生的学习状况,确定教学重点与难点并给出相应的合理解释,对所采用的教学方法的恰当性和有效性进行分析。以学员报告的形式,进行专题研讨与交流。

3. 学员围绕教学主题分析合适的教学媒体技术选择和应用依据,介绍所教专业拥有的教学资源与用具状况及使用规范,同时介绍所涉教学主题应如何选用相关教学资源与用具。在此基础上进行具体深入的讨论和交流。

4. 学员借助自身教学录像进行介绍和分析,指出自己教学中的优缺点,围绕不足之处提出改进设想或举措,并有针对性地对自己的教学反思进行记录,为进一步提升教学能力提供帮助。在此基础上进行具体深入的讨论和交流。

5. 要求新进教师在教学实践中能够选用合适的教学媒体(包括 PPT、视频、音频、图片),充分利用学校已有相关教学资源与用具,以增强教学实效。

6. 以专题研讨、说课的形式组织教师交流、共同提高。以公开课的形式组织新进教师互相听课,并组成评价小组对新进教师课堂教学进行实地考核和评价,并提出评价结果和建议。

课程编号:M3-01-1

课程名称:中职校德育价值观导论

课程所属模块:□职教理论　□专业教学　■教师育德能力　□专业实践

课堂学时:■4 学时　□8 学时　□12 学时　□16 学时　□20 学时　□24 学时

教学方式:■专家报告　■专题研讨　□案例教学　□小组讨论　□上机实操

考核方式:主题作业

授课师资:邬宪伟

课程目标

使中职新进教师了解中职学校德育工作在当今的教育环境中的重要性。结合《中等职业学校德育大纲》介绍中职学校的德育价值观取向及当下中职学生的实际情况,针对性地进行德育教学工作。了解目前中职德育工作的重点和难点,以及中职校德育工作的新思考。

课程内容

1.《中等职业学校德育大纲》精神;

2. 中职学校德育现实环境;

3. 中职德育工作的重点和难点;

4. 中职德育工作的新思考;

5. 探寻中职德育的有效方法与途径。

课程编号:M3-01-2

课程名称:德育理论与管理智慧

课程所属模块:□职教理论　□专业教学　■教师育德能力　□专业实践

课堂学时:□4 学时　■8 学时　□12 学时　□16 学时　□20 学时　□24 学时

教学方式:■专家报告　■专题研讨　■案例教学　□小组讨论　□上机实操

考核方式： 主题作业

授课师资： 陈镇虎、匡瑛

课程目标

帮助中职新进教师系统学习国内外经典德育理论知识，了解中职德育特色，掌握德育的功能、内容，以及德育工作的途径与方法，增强新进教师的德育育人认知与思考，整体提升中等职业学校新进教师德育理论素养。

课程内容

1. 德育概念。

2. 德育功能。

3. 德育过程的要素和规律。

4. 德育的原则：认知与实践并重；要求与信任并举；说理疏导与纪律约束并行；集体教育与个别教育结合；学校教育与社会影响统一。

5. 德育的内容。①内容选择的制约因素；②基本道德与行为规范教育；③公民道德与政治品质教育；④世界观、人生观和理想教育。

6. 德育的方法：语言说理法；形象感染法；实际训练法；品德评价法。

7. 新时期的德育工作：当代学校德育的新形势；新时期德育工作的实施。

8. 中职德育特色解析。

课程编号：M3-01-3

课程名称： 中职教师优良德育素养提升

课程所属模块： □职教理论　□专业教学　■教师育德能力　□专业实践

课堂学时： ■4学时　□8学时　□12学时　□16学时　□20学时　□24学时

教学方式： ■专家报告　□专题研讨　■案例教学　■小组讨论　□上机实操

考核方式： 主题作业

授课师资： 张勤、廖丽娟、王平、徐岚

课程目标

了解教师的德育素养在班级管理中的育德效果，从服装、礼仪、沟通方式、体态语言等细节潜移默化地影响中职学生；使新进教师明白积极的职业心理健康对教师个人发展的重要性，学会自我疏导与调整，提升中职教师的职业道德修养。

课程内容

通过模块化教学，分层次详细解析中职新进教师的职业素养，为新进教师提供专业化培训。

1. 教师的师德、师表规范：师德内涵；教师的职业形象；教师的礼仪规范。

2. 教师的沟通技巧探讨：沟通原则；沟通内涵；沟通过程；语言沟通原则；体态语言沟通原则——积极的身体语言、消极的身体语言；倾听法则。

3. 教师的心理素质提升：教师心理健康解析；职业倦怠与压力；心理素养与保健；心理

素质的维护与提高——职业生涯、情绪调节、人际关系等;新进教师的心理健康指导。

课程编号:M3-01-4

课程名称:全面解读中职生发展规律

课程所属模块:□职教理论 □专业教学 ■教师育德能力 □专业实践

课堂学时:■4学时 □8学时 □12学时 □16学时 □20学时 □24学时

教学方式:■专家报告 ■专题研讨 ■案例教学 ■小组讨论 □上机实操

考核方式:主题作业

授课师资:项秉健、蒋薇美

课程目标

全面解读《2010—2011年上海市中等职业学校学生发展报告》和《2012—2013年上海市中等职业学校学生发展报告》,使中职新进教师快速、全面了解中职学生,掌握中职学生发展主旋律;帮助新进教师转变传统教育思维,树立德心融合的教育理念,掌握基本的心理辅导技巧和工具,了解并理解中职学生常见的心理困惑和问题,抓住育德契机,建立教育是让每一位学生都得到发展的使命意识。

课程内容

全面解读《2010—2011年上海市中等职业学校学生发展报告》、《2012—2013年上海市中等职业学校学生发展报告》,并总结近四年来中职学生的发展规律、趋势,以及上海市各中职校学生情况,使新进教师对中职学生发展有全面的认识。使学员深入了解当代中职学生的心理特点和行为特征,中职学生的兴趣焦点、特有语言等,注重学生的习惯养成、性格锻炼、人格完善,让新进教师与中职学生的沟通更加的便捷、有效,使教育取得事半功倍的效果。

课程编号:M3-01-5

课程名称:专业、学科育德方案设计

课程所属模块:□职教理论 □专业教学 ■教师育德能力 □专业实践

课堂学时:■4学时 □8学时 □12学时 □16学时 □20学时 □24学时

教学方式:■参与式 ■研讨式 ■案例式 □情境式 ■体验式

考核方式:学员讲解、主题作业

授课师资:张勤、陆文捷、汪志颖、周培元、祝纪景、黄虹

课程目标

推动中职学科德育精品课程建设,示范引领新进教师更新教学观念、改革教学方法、提升教学效果,在教学过程中坚持育人为本、德育为先,探索结合学科教学开展德育工作的有效途径和方法,充分发挥课堂教学的育人功能,促进学生全面发展。

课程内容

通过组织研讨会,邀请优秀专业带头人讲解知识与技能、过程与方法、情感态度与价值观。激发新进教师对育德的思考,准确把握课程标准要求,结合教材内容,较好地完成课堂教学任务,并恰当处理文化知识和德育融入的关系。要充分挖掘教学内容所蕴涵的德育资

源,把育人目标有机渗透到教学过程之中,同时要注重教学方式的创新,贴近学生、贴近实际,充分调动学生的积极性,倡导新进教师引导学生主流价值观的意识,发现德育契机,把握教育机遇。

课程编号:M3－01－6

课程名称: 班级管理经典研读

课程所属模块: □职教理论　□专业教学　■教师育德能力　□专业实践

课堂学时: ■4学时　□8学时　□12学时　□16学时　□20学时　□24学时

教学方式: ■专家报告　□专题研讨　■案例教学　■小组讨论　□上机实操

考核方式: 主题作业

授课师资: 胡卫芳

课程目标

系统学习班级管理理念、结构、功能、原则、方法;理解班级管理对于学校、学生发展的意义,了解班级管理的新模式、新途径,认识加强和改进班级管理的重要性;通过对德育实效案例的研究,提高新进教师对班级管理的系统认识,将育德观念与班级管理相融合。

课程内容

1. 班级组织:班级组织的概念、结构、特点、功能。

2. 班级管理的内容:班级组织建设、班级制度管理、班级教学管理。

3. 班级管理的新理念、新模式、新方法、新途径。①班级管理的新理念:生本自管,环境熏陶,科学有法,民主和谐。②班级管理的新模式:自主体验—赏识激趣—目标导行—和谐有序。③班级管理的新方法:"主人翁"法、"班务日记"法、"闪光点"法、"目标"法、"微笑"法。④班级管理的新途径:现代网络途径(巧用网络、QQ、博客,让学生说心里话);"班科协调"途径(定期召开班科任教师协调会,群策群力,齐抓共管)。

4. 班级德育工作的途径与方法。

课程编号:M3－01－7

课程名称: 课堂突发事件指导

课程所属模块: □职教理论　□专业教学　■教师育德能力　□专业实践

课堂学时: □4学时　■8学时　□12学时　□16学时　□20学时　□24学时

教学方式: □专家报告　□专题研讨　□案例教学　□小组讨论　□上机实操

或(教学方式: ■参与式　□研讨式　■案例式　■情境式　□体验式)

考核方式: 主题作业

授课师资: 张勤、陆文捷、汪志颖、周培元、祝纪景、黄虹

课程目标

掌握班级管理中突发事件的处理与善后原则:如教育性、发展性、针对性、公证性等。通过对一系列课堂管理中的突发事件案例的剖析,如:师生冲突、学生恶作剧、课堂违纪等,提高新进教师化解突发危机,并抓住教育契机提升班级育德水平的能力。

课程内容

1. 突发事件的特点：成因不定性；出现突然性；后果破坏性；紧迫性。

2. 班级突发事件的成因：学生方面；教师方面；社会影响；家庭因素。

3. 班级突发事件的类型。

4. 突发事件处理的原则：教育性原则；因材施教原则；客观性原则；启发性原则；一致性原则；可接受原则；有效性原则。

5. 巧妙处理突发事件的方法：假托法；联系法；转移法；滑稽法；顺承法；引用法。

6. 处理突发事件应注意的问题。

7. 班级管理中突发事件处理的典型案例。

8. 及时处理突发事件的意义。

课程编号：M3 - 02 - 1

课程名称：中职校班级文化设计与组织

课程所属模块：□职教理论　□专业教学　■教师育德能力　□专业实践

课堂学时：■4 学时　□8 学时　□12 学时　□16 学时　□20 学时　□24 学时

教学方式：□专家报告　□专题研讨　□案例教学　□小组讨论　□上机实操

考核方式：主题作业

授课师资：祝纪景、刘鸿雁

课程目标

通过分享不同专业课教师的优秀班级文化建设成果，让学员吸取专业教师将专业技能运用于班级管理和班级文化建设、并提炼班级文化的经验，引导学员挖掘本专业育德优势，激发班级文化建设精神，增强班级凝聚力，提升德育实效性。

课程内容

1. 通过解读优秀专业课教师示范和实例，剖析专业教师利用专业优势建设班级文化的理念、方法、形式和成效，吸取他们将专业优势融入班级管理中的成功经验。

2. 讨论建设班级文化的形式和内涵，如墙壁等班级环境；班徽、班歌、班服；网络文化、精神文化、活动文化等，并延伸到各相关专业的班级文化建设。

3. 开展系列化的专业课学期总结成果秀，使中职新进教师享受一场班级管理的文化大餐，体会班级文化建设的精髓。

课程编号：M3 - 02 - 2

课程名称：捕捉班级管理育德契机

课程所属模块：□职教理论　□专业教学　■教师育德能力　□专业实践

课堂学时：□4 学时　□8 学时　□12 学时　■16 学时　□20 学时　□24 学时

教学方式：■参与式　■研讨式　■案例式　□情境式　■体验式

考核方式：现场展示、问题答辩

授课师资：陈镇虎、匡瑛、张勤、廖丽娟

课程目标

学员进行实际班级管理实践,录制班级管理相关视频,截取十分钟精彩内容;运用所学知识技能,将育德融入班级管理并创造性地解决问题。检验学员对于育德班级管理的知识掌握情况和现场突发事件的处理能力。

课程内容

由学员对所拍摄的实际课堂中的突发情况进行讲解,详细讲述真实故事的发生背景,处理问题的过程,以及所运用到的相关理论和原则。自我点评对班级管理中所遇到问题的处理方式,并结合专家提问,进行展示。最后以学员的选取视频质量、处理问题的方式方法、所运用的班级管理的知识和技能,专家在答辩过程中给出的意见等制定考核标准,作为中职教师班级管理能力的过程性考核之一。

课程编号:M3-02-3

课程名称:育德案例撰写(数字故事)

课程所属模块:□职教理论 □专业教学 ■教师育德能力 □专业实践

课堂学时:■4学时 □8学时 □12学时 □16学时 □20学时 □24学时

教学方式:■参与式 ■研讨式 ■案例式 □情境式 □体验式

考核方式:实践报告

授课师资:张勤

课程目标

了解教育案例的功能、价值,理解优秀案例的类型和要点,掌握教育案例撰写的方法。使学员明白,教育案例撰写是积累教育方法、促进教育反思、积累教育素材的重要手段,提升学员运用信息化手段撰写优秀教育案例的能力。

课程内容

1. 教育案例的概念、特性。

2. 教育案例的要求:积累实验资料;促使实践反思;理性思考问题;丰富试验内容。

3. 教育案例的功能和价值。

4. 教育案例的撰写要点:完整的结构形式;变式结构形式;案例形成方法与步骤。

5. 教育案例的类型:课程建设、服务平台、教师教育、评价改革;课程案例、事件案例、活动案例、个人案例。

课程编号:M3-02-4

课程名称:育德实施及反思

课程所属模块:□职教理论 □专业教学 ■教师育德能力 □专业实践

课堂学时:□4学时 ■8学时 □12学时 □16学时 □20学时 □24学时

教学方式:■参与式 ■研讨式 □案例式 ■情境式 ■体验式

考核方式:教育感悟

授课师资:郑洁、祝纪景

课程目标

通过对德育经典影视作品和书籍的欣赏与阅读、鉴赏和分析,加深中职新进教师对育德实践的感受,找到经典作品与德育管理的契合点,将育德艺术切入到影视教育中,提升新进教师发掘德育素材的能力,感受电影中的育德艺术,开阔育德视角,加强育德管理能力的培养;通过阅读育德班级管理经典书籍,强化育德技能,扩展新进教师育德视野和思维;促进新进教师的育德反思能力。

课程内容

所有学员共同欣赏一部经典德育影视作品,老师针对经典影视作品进行引导和点评;学员要对德育影视作品的各元素构成(如画面、音乐、人物、剧情等)有较清楚和深刻的认识和理解,学员要运用相关德育理论知识,思考有效方法,研究有效对策,用评论、对比等方式阐述自己对影视作品的理解。通过小组讨论交流,发表德育理解、育人观点、德育影响作用等,丰富课堂教学环境,激发学员学习兴趣,提高学生学员德育认知。

培训伊始,所有学员利用业余时间共同阅读一本书,在培训期间,分阶段上交读书感悟,以及在工作中的实践体会报告。在培训项目快结束时,利用四个课时作读书分享,由老师引导主题思想,学员分小组互动讨论。基本要求是:保证阅读质量,读书笔记不许抄袭网上资料;制定严格的阅读进度,使学员能够有序地进行阅读积累。读书会成果展示部分,节选优秀读书笔记汇集成册,供大家分享交流,提升教师育德智慧。

课程编号:M3－02－5

课程名称:拓展实践课程

课程所属模块:□职教理论 □专业教学 ■教师育德能力 □专业实践

课堂学时:■4 学时 □8 学时 □12 学时 □16 学时 □20 学时 □24 学时

教学方式:■参与式 ■研讨式 □案例式 ■情境式 ■体验式

考核方式:主题作业

授课师资:孔令源

课程目标

通过拓展体验式培训,使新进教师重新认识自我,重新定位自我,实现自我超越;体会班级管理中所需要的个人与团队的关系,学习如何面对班级管理中的困难,树立信心;培养团队合作精神,增强团队活力、创造性和凝聚力;提升团队的沟通与协作能力,增强学员的学习迁移意识,从而提高班级管理效力。

课程内容

1. 团队热身。在培训开始时,团队热身活动将有助于加深学员之间的相互了解,消除紧张,使学员轻松愉悦地投入到各项培训活动中去。

2. 个人项目。本着心理挑战最大、体能冒险最小的原则设计,每项活动对受训者的心理承受能力是一次极大的考验。

3. 团队项目。团队项目以提高受训者的合作意识和受训集体的团队精神为目标,通过复杂而艰巨的活动项目,促进学员之间的相互信任、理解、默契和配合。

4. 回顾总结。回顾将帮助学员消化、整理、提升训练中的收获,以便达到活动的目的。总结使学员能将训练的收获迁移到工作中去,以实现整体培训目标。

课程编号: M3‒02‒6

课程名称: 参访实践课程

课程所属模块: □职教理论　□专业教学　■教师育德能力　□专业实践

课堂学时: □4学时　■8学时　□12学时　□16学时　□20学时　□24学时

教学方式: ■参与式　□研讨式　□案例式　■情境式　■体验式

考核方式: 实践报告

授课师资: 张勤及典型学校和标杆大型企业相关领导。

课程目标

通过参访标杆性企业和育德特色学校,吸纳优秀企业和校园的德育资源,学习育人方式,拓宽管理视野,创新育德管理方法,提升德育实效。学会撰写实践报告。

课程内容

1. 做好参访企业和学校的背景调查,初步了解参访对象的特色项目,做好访谈大纲和相关调研。

2. 基地制定参访的具体活动方案和实施方案,制定相关的实践管理制度。

3. 在参访过程中,充分调动学员积极性,使学员主动与参访单位领导、专家互动;参访结束后,撰写实践报告,主动与实际工作相结合,回校后将参访单位的优秀做法回校进行分享交流,提高培训效果。

课程编号: M4‒01

课程名称: 行业企业认知

课程所属模块: □职教理论　□专业教学　□教师育德　■专业实践

课堂学时: □4学时　□8学时　■12学时　□16学时　□20学时　□24学时

教学方式: 企业参观考察

考核方式: 项目式作业

课程目标

帮助新进教师了解与所教专业相关的行业背景,了解该行业内的相关骨干企业在生产组织方式、生产工艺流程、核心岗位设置、管理制度与企业文化、人员结构与招聘要求等方面的基本情况,了解该行业的行业文化特征、产业发展趋势、用人特殊要求。

课程内容

1. 认识企业业务实践,了解企业生产的产品种类、结构和生产过程,理解企业业务流程背后的逻辑。

2. 了解企业的组织结构,包括各职能科室部门的划分、组成、管理体制和职权范围;理解企业是生产组织、管理的逻辑关系和理论依据。

3. 了解企业人力资源管理状况,企业的员工招聘条件(员工在踏上工作岗位前所必须具备的知识能力要求),企业员工的职业升迁途径,员工继续教育(例如员工在踏上工作岗位后是如何定期进行知识更新和技能提升的? 包括工人在内的企业人员的培训知识点、技能点有哪些?)。

4. 了解企业的培训模式:企业是如何对包括工人在内的人员进行培训的? 如何将培训目标所确定的知识点、技能点传授给被培训人员?

课程编号: M4－02

课程名称: 企业岗位调研

课程所属模块: □职教理论　　□专业教学　　□教师育德　　■专业实践

课堂学时: □4 学时　　□8 学时　　□12 学时　　□16 学时　　□20 学时　　■48 学时

教学方式: 企业参观、考察、访谈

考核方式: 项目式作业

课程目标

通过企业岗位调研,使新进教师了解企业生产组织方式、生产工艺流程、工种岗位设置等基本情况,熟悉企业关键核心岗位(工种)职责、操作规范、用人标准及管理制度等具体内容,帮助新进教师掌握在真实的企业业务情境下的实践教学方法,并能够根据企业情境独立设计实践教学课程,有的放矢地把握整个实践教学过程。

课程内容

1. 帮助新进教师认识企业业务实践内涵、了解企业业务流程的组织管理以及相应的人力资源保障。

2. 以某一企业真实业务情境为依托,了解企业生产组织方式、生产工艺流程、工种岗位设置等基本情况。

3. 基于企业生产业务,熟悉企业关键核心岗位(工种)职责、操作规范、用人标准及管理制度等具体内容,了解职业岗位标准。

4. 根据企业业务情境设计实践教学任务,根据职业岗位要求提出培训的技能目标、知识目标、素质目标,形成单元样板课程。

课程编号: M4－03

课程名称: 职业技能实践

课程所属模块: □职教理论　　□专业教学　　□教师育德　　■专业实践

课堂学时: □8 学时　　□12 学时　　□16 学时　　□24 学时　　■120 学时

教学方式: 企业实践

考核方式: 项目式作业

课程目标

通过岗位技能实践使新进教师学习所教专业面向的岗位在生产或实际工作中应用的新知识、新技能、新工艺、新方法,增进对企业生产和产业发展的了解,并结合企业实践成果,改进专业教学。

课程内容

新进教师岗位技能实践培训采用"师带徒"模式,企业实践基地须按工作岗位为每位实践教师配备专门的指导老师(师傅)。企业实践培训采取企业调研、生产现场考察观摩、技能训练、专题讲解、上岗操作和演练、参与产品开发和技术改造等形式进行。

新进教师岗位技能实践培训分三个步骤实施,其中,第一阶段岗前培训,包括岗位技能训练、岗前教育、专题讲解等;第二阶段顶岗工作,包括上岗操作和演练、参与产品开发和技术改造等;第三阶段实践总结,包括企业实践成果考核,培训总结,教学应用实践的设想等。

岗位技能实践案例(以会计专业为例)

一、培训目标

熟悉企业实践用人标准;熟悉企业业务流程、岗位职责及岗位任务;提升职业判断力、业务处理能力、任务分析能力;能够设计和开发符合企业用人标准的实践教学课程,提升实践教学培养目标的针对性和有效性。

二、实践内容和活动(岗位)安排

培养方案的设计遵循"以终为始"的思想,在培养内容上,让老师知道企业业务实践是什么(What)、了解企业业务流程背后的逻辑(Why)以及企业实践如何培养人(How);

在培养阶段上,将整个实践过程分为三个阶段。第一阶段先让老师对企业实践有一个初步的感知,了解企业流程、职业要求。第二阶段通过亲自到企业中顶岗实践,对企业实践有史深刻的体验和认知。第三阶段通过企业岗位人才培养目标、方法的学习,将企业实践过程中所学的知识成果转化成课堂教学内容。

形 式	内 容	阶 段
初识企业 角色转换	考察标杆企业;企业专家座谈 职业化素养培训 职业化技能	感知企业
顶岗实践	熟悉岗位职责、岗位工作内容、企业文化 亲身到企业中实践,做到"知行合一"	认知
实践课程 开发	熟悉企业岗位人才培养方法 掌握企业实践课程开发方法 掌握企业人才培训方法 掌握实践课程教学工具的应用	成果转化

(一) 初识企业、角色转换(5 天)

主题	内　容	天数
《走进行业标杆企业》	带老师走访不同行业的标杆企业,感受不同企业物流、信息、资金的运营过程和管理方法;通过和企业管理专家的面对面交流,了解不同行业企业财务管理活动过程和主要财务业务流程;了解不同企业财务岗位用人的要求及企业员工培养方法。	2 天
《职业化塑造》	培训形式:案例教学、情景教学、小组研讨、互动教学	2 天
	培训内容:本课程从态度、行为、沟通的角度,使学员能够: ① 通过视频案例,演练积极乐观、度人助己的看待问题方式; ② 通过角色扮演和小组讨论,分享最常用的商业礼仪,演练专业做事的方式; ③ 通过视频分析,讨论常见的沟通问题的解决办法;通过角色扮演,鼓励学员尝试使用简单而有效的沟通方式,优化工作沟通。	
《怎样成为优秀的企业财务人员》	培训形式:小组研讨、案例教学	1 天
	培训内容:该课程以讲师亲身工作经历和职业成长经历讲解企业财务人员的新思维,以案例分析的形式分享先进的财务管理理念,探讨适合现代企业需要的财务管理核心技术和方法。 主要内容如下: 财务核心工作和核心岗位及其职责的具体内容,辅以案例讨论财务使命和职能。 财务之魂——财务人员必备常识。 基本财务观念和理财原则。 财务职业定位和角色认知。 财务的职业道德、职业素养和职业健康。 财务人员如何与企业内外部人员有效沟通。	

(二) 顶岗实践(15 天)

主题	内　容	时长
岗前培训	熟悉企业组织架构、制度、企业文化 熟悉岗位工作内容、工作方法、岗位职责	1 天
顶岗实践	岗位: 财务咨询顾问等 任务: ① 全面了解客户财务岗位设置、岗位职责设置、工作流程设置、管理风险控制等方面内容。 ② 全面了解行业内最新财务法律制度对企业财务管理的要求。	14 天

主题	内　　容	时长
	③ 全面了解行业企业财务会计处理方法、报表分析管理、财务管理方法等。 ④ 在导师指导下了解企业核算流程、主要核算方法、报表编制,以及预算管理、资金管理、风险控制等管理制度,探讨目前遇到的问题,参与编制分析报告。 ⑤ 在导师指导下参与讨论企业业务流程、核算方法、管理预算、资金管理方法的设计,参与编制咨询方案。 ⑥ 了解、协助实施顾问将咨询方案在 ERP 系统实现的过程方法。 ⑦ 了解和学习企业 ERP 系统使用方法及管理逻辑。	

(三) 企业教学方法培训(5 天)

课程	课　程　介　绍	天数
《企业情境教学课程开发方法》	培训形式: 小组研讨、案例分析 培训内容:如何随心所欲地根据企业的用人标准开发实践教学课程? 如何分析职业典型任务的流程和情境形成教学目标? 如何设计基于企业真实岗位和业务实践的情境任务? 教学过程如何设计才能够让学生有兴趣参与并主动学习? 本课程主要介绍: ① 利用教学设计流程制定教学设计和课程开发计划。 ② 利用业务流程和典型任务模型分析关键问题。 ③ 针对关键问题进行任务情境设计和教学过程设计。 ④ 确立教学设计和课程开发方面的共同语言。	1 天
《信任沟通》	培训形式: 情景教学、小组研讨、互动教学 课程通过录像演示,生动地展开一个个真实企业销售过程中的故事,通过实战动作分解,关键环节演练使学生将高端理论与案例实战相结合,在情境中学习销售沟通技巧。 课程以销售拜访流程为主线,精品视频、情境演练为主要辅助教学工具,通过对销售拜访流程的逐步展开和真实、贴切、深刻、对照鲜明的视频嵌入式教学,配合连续、阶段性案例设计,模拟客户真实情景进行销售拜访与推进,让学员能够在视听、互动和现场演练中体会到课程知识点和内容。同时,深入反思与感悟以建构自己的销售知识与技能体系。 让教师体验情景课程,同时学习沟通的技巧。	1 天
形成实践总结报告	① 所有学员提交实践总结报告。 ② 邀请行业专家对学员实践成果进行考核。	3 天

课程编号：M4－04

课程名称：职业资格（岗位）认证

课程所属模块：□职教理论　□专业教学　□教师育德　■专业实践

课堂学时：□8学时　□12学时　□16学时　□24学时　■80学时

教学方式：企业职业岗位实践＋职业技能鉴定培训＋考证培训

考核方式：考证或证书认定

课程目标

通过企业职业岗位实践、相关行业职业技能鉴定培训或考证培训等方式，使教师获得相应专业"双师型"教师所要求的相关职业技能证书或中级及以上的岗位等级证书。

课程内容

课程内容为以下三项活动之一。

1. 参加与所教专业相对应的"双师型"教师所要求的相关岗位中级及以上技能等级证书培训，并通过相应的考试考核。

2. 参加与所教专业相对应的"双师型"教师所要求的相关职业（执业）资格证书培训，并通过相应的考试考核。

3. 对于已经具有与所教专业相对应的"双师型"教师所要求的相关职业（执业）资格证书或高级及以上技能等级证书者，由所在学校验证、认定并上报上海市教育委员会教育技术装备中心备案。

附件2 上海市中等职业学校新进教师培训需求调查报告

为了更好地了解上海市中职学校新进教师培养培训需求,我们专门选取了本市中职学校部分新进名教师进行了问卷调查,其中以2年以下教龄的新进教师为主,少部分为教龄在3年及以上的教师。本次调查通过电子邮件和短信的方式通知老师上网填写,有50余位教师成功提交。50份问卷为有效问卷。

一、受调查对象基本情况分析

1. 调查对象中,女教师居多

接受调查的男性教师有18名,占受调查教师总数的36%,女教师为32名,占受调查教师总数的64%。

表附2-1 教师性别情况

选 项	小计	比 例
男	18	36%
女	32	64%
本题有效填写人次	50	

2. 调查对象26—30岁人数居多

受调查对象年龄20—25岁占24%;26—30岁占近46%;30岁以上占30%,近调查对象总数的三分之一。

表附2-2 教师年龄情况

选 项	小计	比 例
20岁—25岁	12	24%
26岁—30岁	23	46%
30岁以上	15	30%
本题有效填写人次	50	

3. 绝大多数受调查对象为本科及以上学历

接受调查的教师在进入职业学校时，基本上为本科及以上学历，其中，拥有本科学历的占 58%，拥有硕士学历的占 40%。只有一位教师拥有中职学历。

表附 2-3　进入职业学校时教师学历情况

选　项	小计	比　例
中职	1	2%
高职	0	0%
本科	29	58%
硕士	20	40%
博士	0	0%
本题有效填写人次	50	

4. 教师来源主要以高校毕业生为主

在教师来源上，属于高校毕业生的 27 位，占 54%；来自普通教育的教师有 5 位，占 10%；来自高等教育(含高职教育)的教师有 6 位，占 12%；来自行业企业工作的有 11 位，占 22%，有 1 位教师来自其他途径。

表附 2-4　教师来源情况

选　项	小计	比　例
高校毕业生	27	54%
普通教育工作者	5	10%
高等教育(含高职教育)工作者	6	12%
行业企业工作者	11	22%
其他	1	2%
本题有效填写人次	50	

5. 调查对象的教龄以 2 年及以下为主

在教龄方面，1 年以内的有 5 人，占 10%，1—2 年的有 30 人，占 60%，3 年及以上的有 15人，占 30%。

表附 2-5 教师教龄情况

选　　项	小计	比　　例	
1 年以内	5		10%
1 年—2 年	30		60%
3 年及以上	15		30%
本题有效填写人次	50		

二、培训需求调查结果分析

1. 半数以上教师表示在入职时感到较难适应

在初入中职学校工作时,有 28 位教师感到比较难适应或非常难适应,占 56%。有 22 位教师觉得没有困难,占 44%。

表附 2-6 教师入职时感到的困难情况

选　　项	小计	比　　例	
非常难适应	3		6%
比较难适应	25		50%
没困难	22		44%
本题有效填写人次	50		

2. 多数教师有学校制定的入职教育计划

关于学校是否制定了教师的系统入职教育计划,58% 的教师回答是肯定的,20% 的教师是否定的,另有 22% 的教师回答为不知道。

表附 2-7 入职教育计划制定情况

选　　项	小计	比　　例	
有	29		58%
没有	10		20%
不知道	11		22%
本题有效填写人次	50		

3. 绝大多数教师认为有必要接受市级岗前培训

关于中职新进教师在上岗前开展市级集中培训是否必要上，有36%的教师认为有必要，有60%的教师认为十分必要，认为必要和十分必要教师占到了受调查教师总数的96%。只有4%的教师回答是不必要。

表附2-8　岗前培训必要性情况

选　项	小计	比　例
十分必要	30	60%
必要	18	36%
不必要	2	4%
本题有效填写人次	50	

4. 大多数教师认为入职培训应作为上岗必要条件

在关于是否应将参加"新进教师入职培训"作为职业学校教师上岗的必要条件上，有41位教师的回答是应该，占到了82%。只有9位教师回答是否定的，占到受调查教师总数的18%。

表附2-9　入职培训作为上岗必要条件情况

选　项	小计	比　例
应该	41	82%
不应该	9	18%
本题有效填写人次	50	

5. 班级管理能力与专业教学能力应为培训最为重要的两个方面

在关于新进教师培训应重点提升的能力方面，采用多选形式，选择比例最高的四个方面为班级管理能力（96%）、专业教学能力（78%）、职教理论（62%）和专业实践能力（58%）。其他选项分别为：信息化能力（30%）、科研能力（24%）。

表附2-10　重点培训内容选择情况

选　项	小计	比　例
职教理论	31	62%
专业教学能力	39	78%

续表

选　　项	小计	比　　例
班级管理能力	48	96%
专业实践能力	29	58%
信息化能力	15	30%
科研能力	12	24%
其他：	4	8%
本题有效填写人次	50	

6. 大多数教师能够应付当前工作,但存在欠缺

在对当前工作能否胜任方面,有 14% 的教师认为能够完全胜任;有 84% 的教师能够应付当前工作,但从教师发展角度来说存在欠缺;只有 1 位教师回答不能胜任现在的教学工作。

表附 2 - 11　当前工作的胜任情况

选　　项	小计	比　　例
不能胜任现在的教学工作	1	2%
能够应付目前的工作,但从教师发展来说有欠缺	42	84%
完全能够胜任工作	7	14%
本题有效填写人次	50	

7. 对信息化教学能力最为满意,课程开发能力最不满意

在对自己的能力是否满意方面,共有 9 个选项。从满意程度来看,教师选择比例最高的前三位分别为:信息化教学能力(78%)、教案设计能力(74%)、专业课教学设计(64%);居于中间的三个能力选择比例依次为:专业实践能力(50%)、专业教学法运用能力(48%)和班主任能力(46%);居于最后的三方面能力分别为:职教理论(40%)、教育科研能力(24%)和课程开发能力(22%)。

这个结果也反映出,最不满意的三个方面能力分别为:课程开发能力、教育科研能力和职教理论。

表附 2 - 12　对自己相关能力的满意情况

题目/选项	满意	不满意	题目/选项	满意	不满意
1. 专业课教学设计	32(64%)	18(36%)	6. 教育科研能力	12(24%)	38(76%)
2. 课程开发能力	11(22%)	39(78%)	7. 班主任能力	23(46%)	27(54%)
3. 教案设计能力	37(74%)	13(26%)	8. 专业实践能力	25(50%)	25(50%)
4. 信息化教学能力	39(78%)	11(22%)	9. 职教理论	20(40%)	30(60%)
5. 专业教学法运用能力	24(48%)	26(52%)			

8. 班主任工作、专业教学法、课程改革与开发专题培训最为急需

在培训专题需求上,最为突出的三项分别为:班主任工作实务(74%)、现代专业教学法(56%)、课程改革与课程开发(54%)。

其他专题选择比例依次为:教案设计(46%)、职业技能大赛(42%)、现代教育技术(40%)、信息化教学设计(38%)、教育科研方法(34%)、精品课程开发(28%)、职业教育改革与发展趋势(28%)、实训室建设(20%)。

表附 2 - 13　培训专题意愿情况

选　　项	小计	比　　例
课程改革与课程开发	27	54%
现代专业教学法	28	56%
信息化教学设计	19	38%
教案设计	23	46%
现代教育技术	20	40%
教育科研方法	17	34%
班主任工作实务	37	74%
精品课程开发	14	28%
职业教育改革与发展趋势	14	28%
实训室建设	10	20%
职业技能大赛	21	42%
其他:	1	2%
本题有效填写人次	50	

9. 职业院校名教师及校长、行业企业专家最受欢迎

在培训师资来源上,选择比例最高的三个来源分别是:职业院校名教师(78%)、行业企业专家(66%)和职业学校校长(46%)。

其他来源依选择比例高低分别为:科研机构学者(32%)、高校教师(30%)、行政专家(10%)、其他(4%)。

表附 2-14 培训师资来源选择情况

选　　项	小计	比　　例
职业院校名教师	39	78%
高校教师	15	30%
职业学校校长	23	46%
行政专家	5	10%
科研机构学者	16	32%
行业企业专家	33	66%
其他:	2	4%
本题有效填写人次	50	

10. 培训时间选择为三个月所占比例最大

在新进教师培训时长的选择方面,选择 3 个月的教师最多,占 48%;选择 1 年的教师占 24%;选择 6 个月的教师占 22%;选择 1 年以上的占 4%,有 1 位教师选择"其他"选项,占 2%。

表附 2-15 培训时间长度选择情况

选　　项	小计	比　　例
3 个月	24	48%
6 个月	11	22%
1 年	12	24%
1 年以上	2	4%
其他:	1	2%
本题有效填写人次	50	

11. 每周 1 个工作日作为培训时间最受欢迎

如果新进教师培训时间跨度为 1 年,那么在培训时间选择上,76%的教师选择每周有 1 个工作日,14%的教师选择每周 2 个工作日,4%的教师选择每周 3 个工作日,6%的教师选择每周安排 5 天作为培训时间。

表附 2-16　每周培训时间选择情况

选　　项	小计	比　　例
1 天	38	76%
2 天	7	14%
3 天	2	4%
4 天	0	0%
5 天	3	6%
本题有效填写人次	50	

12. 近半数选择在学期中进行每周 1 天工作日进行培训

如果新进教师培训时间跨度为 1 年,培训总天数为 50 天,那么选择在学期中进行每周 1 天工作日接受培训的教师占 48%,其比例居于第一位;选择在寒暑假每周 5 天的教师占了 20%,其比例居于第二位。12%的教师选择在学期中进行,每周 2 个工作日;10%的教师选择在学期中进行,每周 1 个工作日,1 个非工作日;另有 10%的教师选择在学期中进行,每周 5 个工作日。

表附 2-17　培训时间安排在学期或假期选择情况

选　　项	小计	比　　例
每周 1 天工作日,在学期中进行	24	48%
每周 2 天工作日,在学期中进行	6	12%
每周 1 天工作日、1 天非工作日,在学期中进行	5	10%
每周 5 天工作日,在学期中进行	5	10%
每周 5 天,在寒暑假集中进行	10	20%
本题有效填写人次	50	

13. 案例分析、交流体验/挂职锻炼、现场考察观摩的培训方式最受欢迎

在培训方式调研上,采用多选的方式,其中案例分析(74%)、交流体验/挂职锻炼

（72%）、现场考察观摩（64%）最受欢迎。

其他方式依选择比例高低分别为：导师引领（48%）、与名师座谈（44%）、论坛研讨（28%）专家讲座或报告（24%）、网络学校/在线课堂（18%）、校本研修（12%）。

表附 2-18　培训形式选择情况

选　　项	小计	比　　例
专家讲座或报告	12	24%
现场考察观摩	32	64%
案例分析	37	74%
论坛研讨	14	28%
导师引领	24	48%
与名师座谈	22	44%
校本研修	6	12%
交流体验/挂职锻炼	36	72%
网络学校/在线课堂	9	18%
其他：	0	0%
本题有效填写人次	50	

14. 解答现实问题、突出重点和课堂组织生动活泼的讲课方式最受欢迎

在培训中的讲课方式调研上，采用多选形式，最受关注的三项分别是：解答现实问题（74%）、突出重点有针对性（72%）和课堂组织生动活泼（62%）。

其他讲课方式依选择比例高低分别为：素材新鲜（56%）、教师与学员互动（50%）、信息量大（42%）、理论新颖（24%）、其他（2%）。

表附 2-19　讲课方式选择情况

选　　项	小计	比　　例
突出重点有针对性	36	72%
理论新颖	12	24%
素材新鲜	28	56%
信息量大	21	42%
课堂组织生动活泼	31	62%

选　项	小计	比　例	
解答现实问题	37		74%
教师与学员互动	25		50%
其他：	1		2%
本题有效填写人次	50		

15. 教育教学公开课选择比例最高

在培训考核方式选择上,教育教学公开课比例最高,占 62%,其他考核方式依选择比例高低分别是：现场答辩(50%)、研修论文(22%)、理论考试(16%)、其他(6%)。

表附 2-20　考核方式选择情况

选　项	小计	比　例	
理论考试	8		16%
研修论文	11		22%
教育教学公开课	31		62%
现场答辩	25		50%
其他：	3		6%
本题有效填写人次	50		

三、相关建议

1. 开展新近教师入职培训十分必要

根据调查问卷,半数以上教师表示在入职时感到较难适应。有 20% 的教师提出,其所在学校没有制定系统入职教育计划,另有 22% 教师不知道其所在学校是否制定系统入职教育计划。绝大多数教师认为有必要接受市级岗前培训,因此,开展新近教师入职培训是十分必要的。

2. 入职培训应作为上岗必要条件

在是否应将参加"新进教师入职培训"作为职业学校教师上岗的必要条件这一调研中,绝大多数教师的回答是应该,因此入职培训应作为上岗必要条件。

3. 班级管理能力、专业教学能力、职教理论和专业实践能力应为培训核心内容

在关于新进教师培训应重点提升能力方面,选择比例最高的四个方面为班级管理能力

（96％）、专业教学能力（78％）、职教理论（62％）和专业实践能力（58％）。

关于当前工作的能否胜任方面，有84％的教师能够应付当前工作，但从教师发展角度来说存在欠缺。对于自己能力方面，教师最为不满意的三个方面能力分别为：课程开发能力、教育科研能力和职教理论。

针对培训专题需求上，最为突出的三项分别为：班主任工作实务（74％）、专业教学法（56％）、课程改革与开发（54％）。其他专题依选择比例分别为：教案设计（46％）、职业技能大赛（40％）、现代教育技术（40％）、信息化教学设计（38％）、教育科研方法（34％）、精品课程开发（28％）、职业教育改革与发展趋势（28％）、实训室建设（20％）。

4. 应充分发挥职业院校名教师及校长、行业企业专家在培训中作用

在培训师资来源上，选择比例最高的三个来源分别是：职业院校名教师（78％）、行业企业专家（66％）和职业学校校长（46％）。别的来源依选择比例高低分别为：科研机构学者（32％）、高校教师（30％）、行政专家（10％）、其他（4％）。

5. 培训时间安排上应考虑教师和学校工作需要

在新进教师培训持续的时间多长最为合适方面，选择3个月的教师最多，占到48％；选择1年的教师占到24％；选择6个月的教师占到33％；选择1年以上的占4％；有1位教师选择其他选项，占2％。

如果新进教师培训时间跨度为1年的话，那么在培训时间选择上，76％的教师选择每周有1个工作日。

如果新进教师培训时间跨度为1年，培训总天数为50天，那么有近半数教师选择在学期中进行每周1天工作日接受培训，占了48％，其比例居于第一位；选择在寒暑假每周5天的教师占了20％，其比例居于第二位。

6. 培训方式方法应灵活多样

在培训方式选择上，其中案例分析（74％）、交流体验/挂职锻炼（72％）、现场考察观摩（64％）最受欢迎。其他方式依选择比例高低分别为：导师引领（48％）、与名师座谈（44％）、论坛研讨（28％）、专家讲座或报告（24％）、网络学校/在线课堂（18％）、校本研修（12％）。

在培训中的讲课方式上，最受关注的三项分别是：解答现实问题（74％）、突出重点（72％）和课堂组织生动活泼（62％）。其他讲课方式依选择比例高低分别包括：素材新鲜（56％）、教师与学员互动（50％）、信息量大（42％）、理论新颖（24％）。

7. 考核方式应以实践形式为主导

在培训考核方式选择上，教育教学公开课比例最高，占到62％，其他考核方式依选择比例高低分别是：现场答辩（50％）、研修论文（22％）、理论考试（16％）、其他（6％）。

附件 3　上海市中等职业学校新进教师培训需求调查问卷

尊敬的　　　　教师：

您好！非常感谢您能在百忙中抽出时间做此问卷。

《上海市中等职业教育专项培训规划——新进教师培养培训方案开发研究》项目是受上海市教委职教处委托，由上海市教育委员会教育技术装备中心与上海市职教师资培训基地——同济大学、华东师范大学等基地联合开展的研究课题，旨在开发上海市中等职业学校新进教师培养培训课程体系，确保新进教师培养培训工作的科学性、实效性。

本次调研的目的在于了解上海市中等职业学校新进教师培训需求，为上海市新进教师培养培训方案的开发提供现实依据及前提条件。

冒昧邀请您参与此次问卷调查，对给您带来的不便我们深感抱歉。随函附上的是调查问卷，以征求您的判断和宝贵意见，希望能得到您的帮助。我们向您保证，有关调查资料只用于学术研究，并且绝对不会透露您的个人信息。我们特此向您致谢！

2013 年上海市中等职业教育专项培训规划——

"上海市中等职业学校新进教师培养培训方案开发"项目组

2013 年 11 月 1 日

1. 您的性别：

□男　□女

2. 您的年龄：

□20 岁—25 岁　□26 岁—30 岁　□30 岁及以上

3. 您进入中职学校时的最高学历：

□中职　□高职　□本科　□硕士　□博士

4. 您进入中职学校工作之前，是：

□高校毕业生　　　□普通教育工作者　□高等教育（含高职教育）工作者

□行业企业工作者　□其他

5. 您从事中等职业教育教学的教龄是：

□1 年以内　□1 年—2 年　□3 年及以上

6. 初入中职学校工作您觉得能适应吗？

□非常难适应　□比较难适应　□稍有困难　□没困难

7. 您所在职业学校是否制订了系统的新进教师入职教育计划？

□有　□没有　□不知道

8. 您认为针对中职新进教师在上岗前开展市级集中培训是否必要？

□十分必要　□必要　□不必要

9. 您认为是否应将参加"新进教师入职培训"作为职业学校教师上岗的必要条件?

□是　□否

10. 您认为新进教师培训应重点提升哪几方面的能力(可多选,最多选 3 项)?

□职教理论　　□教学能力　□带班能力　□专业实践能力

□信息化能力　□科研能力　□其他

11. 您认为自己是否能胜任现在的教学工作:

□不能胜任现在的教学工作

□能够应付目前的工作,但从教师发展来说有欠缺

□完全能够胜任工作

12. 您对目前自己具有的以下与教学相关的能力满意吗?

序号	能 力 描 述	满 意 程 度
01	专业课教学设计	□满意　□不满意
02	课程开发能力	□满意　□不满意
03	教案设计能力	□满意　□不满意
04	信息化教学能力	□满意　□不满意
05	专业教学法运用能力	□满意　□不满意
06	教育科研能力	□满意　□不满意
07	班主任能力	□满意　□不满意
08	专业实践能力	□满意　□不满意

13. 如果按专题设置,当前您最希望参加哪些专题的学习(可多选,最多选 8 项):

□课程改革与课程开发　　□现代专业教学法

□信息化教学设计　　　　□教案设计

□现代教育技术　　　　　□教育科研方法

□班主任工作实务　　　　□精品课程开发

□职业教育改革与发展趋势　□实训室建设

□职业技能大赛　　　　　□其他:

14. 您希望的授课师资构成是(可多选,最多选 3 项):

□职业院校名教师　□高校教师

□职业学校校长　　□行政专家

□科研机构学者　　□行业企业专家

□其他:＿＿＿＿＿＿＿

15. 您认为新进教师培训持续的时间多久最为合适：

□3 个月　□6 个月　□1 年　□1 年以上　□其他

16. 如果新进教师培训时间跨度为 1 年，您认为每周几天最为合适：

□1 天　□2 天　□3 天　□4 天　□5 天

17. 如果新进教师培训时间跨度为 1 年，培训总天数为 60 天，您认为以下哪种培训模式最为合适？

□每周 1 天工作日，在学期中进行

□每周 2 天工作日，在学期中进行

□每周 1 天工作日、1 天非工作日，在学期中进行

□每周 5 天工作日，在学期中进行

□每周 5 天，在寒暑假集中进行

18. 您认为什么样的培训方式更加有效（可多选，最多选 3 项）：

□专家讲座或报告　　　□现场考察观摩

□案例分析　　　　　　□论坛研讨

□导师引领　　　　　　□与名师座谈

□校本研修　　　　　　□交流体验/挂职锻炼

□网络学校/在线课堂　□其他：

19. 您对教师在培训中讲课方式的要求是（可多选，最多选 4 项）：

□突出重点有针对性　□理论新颖　　　　　□素材新鲜

□信息量大　　　　　□课堂组织生动活泼　□解答现实问题

□教师与学员互动　　□其他：

20. 您认为合适的培训考核方式是（可多选，最多选 2 项）：

□理论考试　□研修论文　□教育教学公开课　□现场答辩

□其他

21. 您对上海市中职新进教师培训的意见及建议是：_____